Das Umsteigerbuch
für arbeitslose Hochschulabgänger

Herausgegeben
von Wolfgang Henniger
und Horst Linder

DAS UMSTEIGERBUCH

FÜR ARBEITSLOSE HOCHSCHULABGÄNGER

HERAUSGEGEBEN VON
WOLFGANG HENNIGER
UND HORST LINDER

2., unveränderte Auflage

Athenäum
1984

CIP-Kurztitelaufnahme der Deutschen Bibliothek

Das Umsteigerbuch für arbeitslose Hochschulabgänger/hrsg. von Wolfgang Henniger; Horst Linder. – 2. unveränd. Aufl., (11.–17,5. Tsd.). – Königstein/Ts.: Athenäum, 1984.
ISBN 3-7610-8276-2

NE. Henniger, Wolfgang [Hrsg.]

2. Auflage (11.–17,5. Tsd.) Februar 1984
1. Auflage (1.–10. Tsd.) Oktober/November 1983

Umschlaggestaltung: Jutta Schneider, Frankfurt/M.
Cartoons: Klaus Puth, Offenbach/M.
Satz: Computersatz Bonn GmbH, Bonn
Druck und Bindung: Bercker, Graphischer Betrieb GmbH, Kevelaer
Printed in West Germany
ISBN 3-7610-8276-2

Inhalt

Was Sie vorweg wissen sollten

Umsteigen – worum geht es?

Zugegeben, das Foto auf dem Umschlag suggeriert einen Weg, den nur ein Teil der Betroffenen einschlagen will. Wer heute noch leichtfüßig mit Turnschuhen und in Jeans über den Campus streift, muß morgen – beim Aufbruch zu beruflichem Neuland – nicht unbedingt Modeschuhe und Hosen mit Bügelfalte tragen. Bei näherem Hinsehen werden Sie entdecken, daß dieses Buch keineswegs eindimensional auf Karriere angelegt ist.
Der Wechsel der Kleidung auf dem Foto signalisiert außerdem eine *Einstellungsänderung*. Die allerdings ist ein springender Punkt, soweit es darum geht, das Umsteiger-Problem individuell zu bewältigen. Seit Jahren finden Tausende von Hochschulabgängern verschiedenster Fachrichtungen keine Beschäftigung mehr in jenen Berufen, auf die ihr Studium – mehr oder weniger – zugeschnitten ist. Dennoch warten viele zu lange darauf, doch noch das große Los zu ziehen und eine Stelle im Wunschberuf zu bekommen. Das Umsteigerbuch plädiert dafür, von unrealistischen Berufserwartungen Abschied zu nehmen und sich neu zu orientieren.
Der Druck der Verhältnisse auf dem Arbeitsmarkt treibt die Betroffenen häufig in tiefgreifende individuelle Schwierigkeiten. Bei Lehrerstudenten und Referendaren z. B. ist die zunächst vorhandene Erleichterung über das endlich abgeschlossene 1. bzw. 2. Staatsexamen in vielen Fällen begleitet von der zumeist trügerischen Hoffnung, selbst „irgendwie" doch noch eine freie Lehrerstelle zu erhalten. Mit zunehmender Wartezeit treten dann Selbstzweifel und Versagensängste, kurz: Identitätsprobleme auf, die nicht selten zur Resignation und zum Rückzug in die Isolation führen. Ganz allmählich wächst schließlich die Einsicht, daß einem gar nichts anderes übrig bleibt, als sich beruflich neu zu orientieren. Erst jetzt, nach langanhaltender Arbeitslosigkeit, begreifen sich viele Betroffene als Umsteiger, und erst dieses veränderte Selbstverständnis eröffnet ihnen die Chance, tatsächlich zu beruflich neuen Ufern aufzubrechen.

Wie ist es auf dem akademischen Arbeitsmarkt zu diesen bedrohlichen Engpässen gekommen, die vor 10 bis 20 Jahren noch weitgehend unbekannt waren? Warum fällt vielen Studenten die berufliche Neuorientierung so schwer? Wir wollten zumindest an zwei Ursachen erinnern.

1. **Seit den 70er Jahren driften in der Bundesrepublik das Bildungs- und das Beschäftigungssystem auseinander. Weder die Hochschulen noch die Studenten sind auf dieses historisch neue Phänomen eingestellt.**

Die Bildungsreformen seit Mitte der 60er Jahre führten zusammen mit dem „Schülerboom" zu einem rapiden Anstieg der Studentenzahlen, der in der deutschen Geschichte ohne Beispiel ist. Lag die Zahl der Immatrikulierten an Universitäten und Pädagogischen Hochschulen 1955 bei 144 900, so kletterte sie bis 1980 auf 821 500 (einschließlich Gesamthochschulen), stieg also um mehr als das Fünffache.
Mit dieser lawinenartigen Entwicklung hielt die Nachfrage nach Arbeitskräften, die über Hochschulqualifikationen verfügen, nicht Schritt. Verschärfend kam hinzu, daß die weltweite Wirtschaftskrise auch hierzulande von einer strukturellen Arbeitslosigkeit begleitet war (und ist), welche die Aufnahmefähigkeit und -bereitschaft auch für die traditionellen akademischen Berufe spürbar dämpfte.
Die Hochschulen haben inzwischen ihre exklusive und privilegierte Stellung im deutschen Bildungswesen weitgehend eingebüßt. Anders als in früheren Zeiten garantiert ein Hochschulabschluß heute nicht mehr gleichsam automatisch eine ausbildungsadäquate berufliche Zukunft. Wer heute studiert, nimmt – jedenfalls in vielen Fächern – ein erhebliches Beschäftigungsrisiko in Kauf. Weder die Hochschulen als Institution noch die betroffenen Studentinnen und Studenten sind auf diese drastisch veränderte Situation angemessen eingestellt.

2. Aufgewachsen in den Wirtschaftswunder-Jahren, fällt es erheblichen Teilen der heutigen Studentengeneration schwer, die eigenen Erwartungen mit den harten Anforderungen des Arbeitsmarktes auf einen Nenner zu bringen.

Anders als die Hochschüler der Kriegs- und Nachkriegsgeneration hat die Mehrheit der Studenten in der Kindheit und frühen Jugend kaum materielle Not kennengelernt. Viele sind offenbar mit einer unterentwickelten Frustrationstoleranz ausgestattet. Dies kann sowohl zu unrealistischem Optimismus als auch zu übersteigertem Pessimismus führen. Hinzu kommt vielfach eine hochgradige Verunsicherung durch die drohenden Schatten der Umwelt- und der Atomkriegskatastrophe. Solche Zukunftsängste bremsen verständlicherweise den Elan, den ein zielbewußtes Studium erfordert.
Im übrigen weiß ein Teil der heute Immatrikulierten von vornherein, daß die gewählten Studienfächer (z. B. die Geisteswissenschaften oder Soziologie) kaum Aussicht auf eine ausbildungsnahe berufliche Zukunft bieten. Diese Student(inn)en verbinden mit der Fächerwahl zumeist den Wunsch, eigene ästhetische, historische oder soziale Interessen vertiefen zu können. Sie nutzen die Hochschule weniger als Ausbildungs- denn als Bildungsstätte, die zudem eine Schonfrist gegenüber den harten Anforderungen der heutigen Arbeitswelt gewährt. Der Gedanke an die Zeit danach, an die eigene berufliche Zukunft wird dabei häufig erst einmal verdrängt.

Welche Ziele verfolgt das Umsteigerbuch?

Es wendet sich an potentielle Umsteiger(innen) der Lehramtsstudiengänge, der Geistes-, Sozial- und Wirtschaftswissenschaten, darüber hinaus an Absolventen anderer Fachrichtungen. Ein erheblicher Teil des Buches enthält Informationen, die fachübergreifend interessant sein dürften – z. B. die Abschnitte über *Umsteigen als Lernprozeß*, die *Bewerbung*, *Chancen im Ausland* und *Jobben mit Kalkül*. Das gilt ebenfalls für die Mehrzahl jener Beiträge, die *Berufsfelder für Umsteiger* vorstellen.
In besonderer Weise berücksichtigt der Band die Perspektiven von Lehrerstudenten, denen ein umfangreicheres Kapital gewidmet ist, sowie von Studenten der Geistes-, Sozial- und Wirtschaftswissenschaften. Auf Anknüpfungspunkte zu den genannten Studiengängen wird vor allem in den Berufsfeld-Überblicken hingewiesen. Angesichts der Situation auf dem Arbeitsmarkt dürften diese Gruppen am stärksten mit den Problemen des Umstiegs konfrontiert sein.
Die Herausgeber sind sich klar darüber, daß vieles von dem, worüber hier berichtet wird, längst in mündlicher Form zirkuliert – z. B. durch persönliche Kontakte der Betroffenen, durch die Fachberater und -vermittler beim Arbeitsamt sowie in Selbsthilfegruppen von Arbeitslosen. Dennoch muß dieses Erfahrungswissen von jedem, der unmittelbar mit der Arbeitslosigkeit konfrontiert ist, erst wieder mühsam zusammengepuzzelt werden. Das Umsteigerbuch soll dazu beitragen, diese individuelle Detektivarbeit zu systematisieren und abzukürzen.
Selbstverständlich können wir Umsteigern keine Garantie für eine Einstellung geben. Unsere Absicht war vielmehr, die individuelle Orientierung zu erleichtern und Hilfe zur unumgänglichen Eigeninitiative zu leisten.
Im einzelnen soll das Umsteigerbuch der Leserin / dem Leser

- einen Überblick über mögliche Berufsalternativen verschaffen.

  Der Hauptteil des Buches informiert über *Berufsfelder*, die in unterschiedlicher Weise und in unterschiedlichem Ausmaß Perspektiven *für akademische Umsteiger* eröffnen. Die Beiträge stammen in der Regel von Brancheninsidern. Die Autoren haben sich durchweg darum bemüht, in nüchtern-realistischer Weise über Möglichkeiten für akademische Berufsanfänger zu berichten.
  Die Herausgeber räumen ein, daß die Berufsfeldübersicht keinen Anspruch auf *Vollständigkeit* erheben kann. Wir haben uns bemüht, Berichte über möglichst viele sinnvolle Tätigkeitsfelder zusammenzustellen. Dennoch bleiben Lücken. Von Sozial- und Wohlfahrtsverbänden erhielten wir vielfach Absagen oder Informationen, deren Publikationswert die Sprecher der Institutionen z. T. selbst bezweifelten. Ähnlich ging es uns mit den Einrichtungen der Katholischen Kirche. In all diesen Fällen ist der personelle Handlungsspielraum auch wegen der regierungsamtlichen Sparpolitik sehr eng. Eine gewisse Orientierung für diesen

insgesamt breiten und für viele interessanten Personalbereich dürfte der Beitrag über die *Evangelische Kirche* bieten.
Das Kapitel *Berufskarriere? Nein danke!* zeigt beispielhaft, welche Aussichten Hochschulabsolventen als alternative „neue Selbständige" haben. In den vergangenen 10–15 Jahren ist in der Bundesrepublik neben dem traditionellen Beschäftigungssystem ein beachtliches Netz von Selbsthilfe- und Alternativbetrieben entstanden. Zu den Motiven für die Gründung gehörte neben der Kritik z. B. an den hierarchischen Strukturen der herkömmlichen Berufe auch die Hoffnung, durch neue Formen gemeinsamen Arbeitens und Lebens der Perspektivlosigkeit des akademischen Arbeitsmarktes entkommen zu können. Inzwischen hat sich dieses Netz derart ausgeweitet, haben sich manche Projekte so sehr stabilisiert, daß auch eher konservative Politiker und Journalisten anfangen, neugierig zu werden.
Die Alternativszene könnte ein weites Feld für beschäftigungspolitisch wirksame Initiativen werden. In ihrer Projektskizze *Hochschulausbildung und Qualifikationsbedarf im Selbsthilfe- und Alternativsektor* halten Peter Grottian, Dieter Grühn und Zoltán Jákli (FU und TU Berlin) „bei einer systematischen Förderung" dieses Bereichs „eine Ausweitung auf ca. 250 000 neue Arbeitsplätze" für möglich.
Eine weitere Umstiegsmöglichkeit bietet die Existenzgründung. Gegenwärtig läßt sich eine Welle von kleinen Firmengründungen beobachten, vor allem im Dienstleistungsbereich. Häufig sind guter Wille und originelle Geschäftsideen belastet durch einen Mangel an betriebswirtschaftlichen Grundkenntnissen. Dieses Elementarwissen finden Sie im Kapitel *Unternehmensberatung für den Sprung in die Selbständigkeit.*

- zeigen, welche Verhaltensweisen am ehesten zur Überwindung der Arbeitslosigkeit führen und den beruflichen Start erleichtern können.

Dafür eignet sich zum einen das *Bewerbungs*kapitel. Zum andern enthalten die Beiträge über Berufsfelder jeweils wichtige Hinweise für Anfänger. In manchen Fällen wird deutlich, daß der Weg für Umsteiger nur durch den Erwerb einer berufsbezogenen Zusatzqualifikation passierbar ist.
Soweit in diesem Zusammenhang auf Umschulungsveranstaltungen verwiesen wird, halten wir folgenden Rat für angebracht: **Holen Sie, insbesondere bei längerdauernden Umschulungsprogrammen, vorher Erkundigungen über die jeweilige Einrichtung ein**, z. B. beim Fachvermittlungsdienst des Arbeitsamtes, bei Absolventen der Schule, bei Freunden und Bekannten mit Branchenkenntnissen. Wer seine berufliche Umorientierung auf eine solche Karte setzt, sollte vorher wissen, ob sie „sticht": Wie hoch ist die Erfolgsquote, d. h. die Einstellungschance für Absolventen? Welches Ansehen hat die Schule im jeweiligen Berufsfeld? Wie beurteilen Absolventen im nachhinein die Kurse?

- wissenswerte Einzelheiten über *Chancen im Ausland, Jobben mit Kalkül* und *Hilfen der Arbeitsverwaltung für arbeitslose Hochschulabgänger* liefern.

Das Umsteigerbuch soll berufliche Orientierungshilfe leisten. Deshalb wurde z. B. mehr Wert gelegt auf *praktische Tips* und *Kontaktadressen* als auf ausführliche Literaturverzeichnisse. (Herausgeber und Autoren haben sich bei den Adressen um Genauigkeit bemüht. Dennoch: Gewähr für jede Einzelangabe können wir nicht übernehmen.)

Manche Empfehlungen und Warnungen tauchen in mehreren Beiträgen auf und scheinen verallgemeinerbar. Einige Anregungen sind so plausibel, daß wir sie ebenfalls für generalisierbar halten. Der folgende Katalog faßt diese Ratschläge zusammen:

1. Wer die Hochschule noch besucht und ein beruflich heikles Fach studiert, sollte sich – individuell oder zusammen mit anderen – bereits vor der Prüfungsphase ernsthaft um seine Zukunft kümmern.

Hier bieten sich verschiedene Möglichkeiten an – z. B.
- der Gang zur studentischen Berufsberatung
- Gespräche mit Berufspraktikern aus dem Bekanntenkreis
- die Einrichtung studentischer Gruppen, die – auf eigene Faust oder institutionalisiert – ein Berufsorientierungsseminar (z. B. auf der Grundlage dieses Buches) durchführen
- die Verankerung von Berufsorientierungsveranstaltungen im Studium, wobei dann auch Fachberater des Arbeitsamtes und Vertreter verschiedener Berufe eingeladen werden können,
- Praktika und speziell ausgewählte Jobs in den Semesterferien
- die Aneignung berufsbezogener Qualifikationen wie Maschineschreiben, Steno, Datenverarbeitung, Führerschein, Fremdsprachenkenntnisse usw.

2. Wer im Studium oder danach jobben muß, sollte versuchen, diese Phasen für die berufliche Orientierung und für die Ausweitung persönlicher Kontakte zu nutzen.

Sicher, wenn man eine schnelle Mark braucht, fällt es schwer, einen solchen Rat zu beherzigen. Auch sieht es z. Zt. ohnehin nicht rosig aus mit Jobs. Dennoch kann es langfristig lohnend sein, und Möglichkeiten gibt es auch hier:
- Fragen Sie telefonisch an bei Firmen, Verbänden und sozialen Einrichtungen, für die *Sie* sich interessieren, ob dort – ferien- oder krankheitsbedingt – eine Vertretungsstelle zu vergeben ist.
- Erkunden Sie ebenfalls dort, ob in einem bestimmten Arbeitsbereich, auf den *Sie* neugierig sind, ein Praktikum möglich ist.

3. Wer arbeitslos ist, sollte durch psychisch und beruflich sinnvolle Aktivitäten versuchen, der Persönlichkeitsschrumpfung entgegenzuwirken, die längerfristig jeden Arbeitslosen bedroht.

Neue Untersuchungen bestätigen, was eine sozialwissenschaftlich wegweisende Studie bereits 1933 offenlegte: Die Autoren beobachteten, daß Arbeitslose ihre

Ansprüche an das Leben mehr und mehr zurückschraubten (s. M. Jahoda/P. F. Lazarsfeld/H. Zeisel: *Die Arbeitslosen von Marienthal*. Neuausgabe edition suhrkamp 769, Frankfurt/M. 1975, S. 101 f.).
Dieser Gefahr sind auch Hochschulabgänger ausgesetzt – besonders dann, wenn übersteigerter Optimismus („Es ist doch klar, daß wir gebraucht werden.") oder Pessimismus (No future) zu Bremsklötzen für eigene Aktivitäten werden. Auch häufige Absagen bei Bewerbungen können dazu führen, daß Selbstzweifel eine lähmende Sogwirkung entwickeln.
Deshalb ist es sinnvoll, die Bemühungen um eine Stelle durch Aktivitäten abzustützen, die der eigenen psychischen Stabilität dienen und zugleich die persönlichen Berufsaussichten verbessern. Dazu gehören z. B.

- der Erwerb von Zusatzqualifikationen (s. dazu die Hinweise auf den Seiten 81 ff., 244) und
- die Ausweitung Ihres sozialen Netzwerks (s. S. 22 f.).

4. Stellen Sie sich darauf ein, daß Sie Ihren Arbeitsplatz erarbeiten müssen.

Akademische Umsteiger(innen) gelten zunächst einmal als Anfänger ohne Ahnung vom Berufsalltag. In der Regel gibt es Konkurrenten, die zwar kein Diplom, wohl aber eine praxisnähere Ausbildung oder Berufserfahrungen besitzen. Vielfach wird es deshalb unumgänglich sein, eine gewisse Durststrecke in Kauf zu nehmen, um die Chancen für die Einstellung zu verbessern.
In manchen Berufsfeldern ist es sinnvoll, durch frei- oder nebenberufliche Tätigkeiten erste Berufserfahrungen zu sammeln und Kontakte zu knüpfen (z. B. Journalismus, Umweltschutz). – In anderen Fällen kommen Sie nicht umhin, noch einmal die Schulbank zu drücken und sich fachlich notwendige Qualifikationen etwa in einer Umschulung anzueignen (z. B. Datenverarbeitung, Entwicklungshilfe, Information). – Manche Arbeitsplätze schließlich gibt es nur potentiell. Sie müssen durch persönlichen Einsatz erst errungen werden.

5. Prüfen Sie vor einer Bewerbung selbst, ob Sie zum Umstieg innerlich wirklich bereit sind und ob Sie diese Bereitschaft auch glaubwürdig darstellen können.

In vielen Berufsfeldern besteht deutliche Skepsis gegenüber unsicheren Kandidaten mit akademischer Vorbildung. In Bewerbungssituationen wird man Sie zweifellos mit entsprechenden Vorbehalten konfrontieren. Deshalb prüfen Sie am besten vorher selbst, ob Sie tatsächlich bereit sind, den Sprung in diesen Beruf zu machen. Sie sollten sich folgende Fragen stellen:

- Habe ich glaubwürdige Motive für meine Bewerbung gerade um *diese* Stelle?
- Bin ich ggf. mit einem Ortswechsel einverstanden?
- Bin ich bereit, den besonderen Leistungserwartungen gerecht zu werden, die mit der Stelle verbunden sind?
- Nehme ich, zumal in der Anfangsphase, ein Gehalt in Kauf, das unter meinen früheren Erwartungen liegt?

Erst wenn Ihre Antworten positiv ausfallen, wird Ihr Gegenüber bei der Bewerbung Ihren Willen zur Neuorientierung wirklich ernst nehmen können.

Was das Umsteigerbuch nicht enthält

Dieser Band ist vielseitig und einseitig zugleich. Vielseitig, weil der Leser neben allgemeinen, fachunspezifischen Hinweisen ebenso eine Vielzahl von Informationen findet, die an bestimmte Qualifikationen anknüpfen. Vielseitig auch, weil z. B. Vertreter des unternehmerfreundlichen Instituts der deutschen Wirtschaft hier ebenso zu Wort kommen wie Fürsprecher von Alternativen, die politisch eher dem Spektrum der Grünen zuzurechnen sind. Dieser Pluralismus wurde von den Herausgebern angestrebt, weil die Sache selbst es nahelegte.
Dennoch ist die Konzeption des Buches in anderer Hinsicht auch sehr einseitig. Kritiker könnten z. B. folgende Defizite bemängeln:

- Die politisch-soziale Dimension der akademischen Arbeitslosigkeit spielt in diesem Band keine zentrale Rolle.

  Wer gelernt hat, in gesellschaftlichen Zusammenhängen zu denken, der mag einwenden: Es ist ganz und gar verfehlt, die volle Last der Problembewältigung auf jene abzuwälzen, die vom politisch gelenkten Bildungsangebot Gebrauch gemacht, also studiert haben. Das ist sicher richtig, und das Umsteigerbuch soll die politischen Instanzen auch nicht von der Verantwortung befreien, selbst Konzepte zur Behebung der Misere auf dem akademischen Arbeitsmarkt zu entwickeln. Nur: Wer unmittelbar mit der Arbeitslosigkeit konfrontiert ist, dem helfen solche Appelle an die Verantwortung anderer leider gar nicht weiter. In dieser Situation ist jeder Betroffene individuell herausgefordert, auf unbekanntem Terrain gangbare Wege für sich selbst zu entdecken.

- Das Umsteigerbuch geht nicht explizit auf die Arbeitsmarkt- und Berufsforschung ein und ist, gemessen an den methodischen Standards sozialwissenschaftlicher Studien, nicht wetterfest.

  Mittlerweile gibt es eine Fülle von empirischen Untersuchungen, z. B. vom Institut für Arbeitsmarkt- und Berufsforschung, das der Bundesanstalt für Arbeit in Nürnberg angeschlossen ist. Anders als in solchen sozialwissenschaftlichen Analysen steht hier jedoch die Absicht praktischer Beratung im Mittelpunkt.

- Wir haben auf einen eigenständigen Beitrag über Zusatzstudiengänge und -abschlüsse verzichtet, weil wir davon ausgehen, daß die Verlängerung des Studiums die Berufsprobleme im allgemeinen eher vergrößert als verringert.

Dennoch gibt es Berufsfelder, in denen ein ergänzendes Spezialstudium eine günstigere Ausgangsposition verschafft. Informationen dazu findet der Leser in Einzelbeiträgen der Berufsfeld-Übersicht.
Wer sich darüber hinaus für Möglichkeiten des Fernstudiums interessiert, kann bei folgenden Anschriften weiterführende Informationen anfordern:
Deutsches Institut für Fernstudien an der Universität Tübingen, Wöhrdstraße 8, 7400 Tübingen 1
Fernuniversität – Gesamthochschule Hagen, Postfach 940, 5800 Hagen
AKAD Akademikergesellschaft für Erwachsenenfortbildung, Postfach 2845, 7000 Stuttgart 1

- Das Umsteigerbuch berührt nur am Rande naheliegende Aspekte einer Hochschulreform.

In diesem Zusammenhang stellen sich z. B. folgende Fragen: Soll die Hochschule das Auseinanderdriften von Bildungs- und Beschäftigungssystem bewußt in Kauf nehmen? Soll sie den eigenständigen Wert der wissenschaftlichen Lehre und Forschung auch auf die Gefahr hin betonen, zunehmend für die Arbeitslosigkeit zu qualifizieren? Oder soll die Hochschule gefährdete Studiengänge berufsbezogener gestalten und durch neue Studiengänge und Veranstaltungen versuchen, sich der Herausforderung des akademischen Arbeitsmarktes zu stellen?

Das Umsteigerbuch unterläuft die Ebene struktureller Lösungsversuche. Es hätte seinen Zweck erfüllt, wenn es sich für die Betroffenen auf dem unsicheren Gelände der beruflichen Neuorientierung ein Stück weit als Leitfaden erwiese.
Wir danken allen, die uns durch konkrete Hinweise, weiterführende Anregungen und Kritik geholfen haben. Und schließlich bitten wir um Ihre Unterstützung für eine spätere Auflage: Bitte wenden Sie sich mit Tips und Informationen an den Athenäum Verlag, Postfach 1220, 6240 Königstein/Ts., Tel.: (0 61 74) 30 21/30 25/30 26.

Frankfurt/M., im September 1983 *Wolfgang Henniger und Horst Linder*

Umsteigen als Lernprozeß

oder Die subjektive Auseinandersetzung mit der Arbeitslosigkeit

Arbeitslosigkeit ist in unserer Gesellschaft ein Problem, das zwar politische, wirtschaftliche und soziale Ursachen hat, dessen Bewältigung aber auf das Individuum abgewälzt wird. Daß es für die meisten Menschen so schwierig ist, mit der Arbeitslosigkeit fertig zu werden, ist in der Regel *nicht* auf individuelle Defizite zurückzuführen (zu dumm, zu faul, arbeitsscheu oder unflexibel). Dennoch ist Arbeitslosigkeit für viele ein „kritisches Lebensereignis", eine neue, ungewohnte und oft belastende Situation. Man muß erst lernen, mit den Anforderungen dieser Situation umzugehen, und zwar nicht nur im Verhalten, sondern auch gedanklich und gefühlsmäßig. Wir wollen versuchen, diesen notwendigen „Lernprozeß" anzuregen und zu unterstützen. Das heißt, wir wollen keine Rezepte verteilen – Patentlösungen gibt es nicht, und wir können dem einzelnen die aktive Auseinandersetzung mit seiner Situation nicht abnehmen. Aber wir können Sie als Betroffene vielleicht sensibilisieren für die subjektiven Probleme bei der Bewältigung von Arbeitslosigkeit und Anstöße geben, damit konstruktiv umzugehen.

Unsere Erfahrungen beziehen wir aus einem Forschungsprojekt zum Problem „Lehrerarbeitslosigkeit", das z. Zt. an den Universitäten München und Augsburg durchgeführt und von der Deutschen Forschungsgemeinschaft finanziert wird. Ziel unseres Projektes ist es,
- die Belastungen (materiell, sozial, psychisch, gesundheitlich),
- die gedankliche Verarbeitung (Wer ist schuld an meiner Arbeitslosigkeit? Habe ich diese Situation unter Kontrolle? Muß ich Lebensziele aufgeben?) und
- die Bewältigung der Situation Arbeitslosigkeit

über einen längeren Zeitraum hinweg (1½ Jahre) zu untersuchen. Dazu führen wir offene Interviews mit arbeitslosen Lehrern durch und versuchen, die Betroffenen soweit wie möglich zu beraten. Die Erfahrungen, die wir hier mitteilen, sind zum größten Teil verallgemeinerbar für andere arbeitslose Hochschulabgänger.

1. Sich über eigene Ziele klar werden

1.1 Mein Beruf ist mein Leben

Bei Akademikern, vor allem auch bei Lehrern, ist oft eine überstarke Identifikation mit dem Beruf festzustellen. Dies führt dann zu einer Fixierung auf diesen Beruf und erschwert die Umorientierung. Viele Akademiker sehen ihre Berufstätigkeit als „wichtigen Beitrag für die Menschheit", ver-

bunden mit einem hohen Berufsethos (das Bild vom *guten* Arzt, vom *guten* Lehrer). Dies ist nicht nur ein individuelles Problem, sondern liegt auch am Status dieser – im Soziologendeutsch „hoch-professionalisierten" – Berufe in unserer Gesellschaft.
Der Beruf wird so als Hauptteil der eigenen Identität, der Selbstdefinition angesehen; der Verlust dieses Berufes bedeutet dann für den einzelnen eine Verletzung der Identität, der ganzen Person.
Was kann man nun dagegen tun?

- Machen Sie sich bewußt, daß ein solcher Beruf eigentlich sehr privilegiert ist. Ein Büroangestellter oder Fabrikarbeiter z. B. arbeitet in erster Linie, um seinen Lebensunterhalt zu bestreiten, da die Arbeitsinhalte meist nur eine geringe Identifikation mit dem Beruf zulassen. Machen Sie sich klar, daß eine Abkehr vom bisherigen Beruf nicht den Lebensuntergang bedeuten muß.
- Machen Sie sich klar, daß Sie auch in anderen Berufen etwas Sinnvolles machen, daß Sie sich auch in anderen Berufen verwirklichen können. Zumindest können Sie für die Humanisierung der Arbeitsinhalte und -bedingungen etwas tun.
- Machen Sie sich bewußt, daß Sie Ihren bisher angestreben Akademikerberuf auch nicht zu blauäugig sehen und die negativen Seiten nicht verdrängen dürfen.

Diese Ratschläge sind jedoch nicht ganz unproblematisch. Jemand, der lange für einen Beruf ausgebildet wurde, der viele positive Identifikationsmöglichkeiten bietet, ist nicht so schnell bereit, zweifelhafte Arbeitsinhalte zu akzeptieren. Eine Ablehnung bestimmter Berufe kann sehr wohl gerechtfertigt sein.

1.2 Was will ich überhaupt beruflich?

Wenn wir nun im folgenden dazu auffordern, angesichts der Arbeitslosigkeit die eigenen Entscheidungsprozesse für ein bestimmtes Studium oder einen bestimmten Beruf noch einmal zu überdenken, so möchten wir damit nicht unterstellen, daß alle diejenigen, die nun keine entsprechende Arbeit finden, einfach eine unüberlegte oder falsche Entscheidung getroffen hätten. Selbst wenn jemand nach sorgfältiger Prüfung aller Faktoren feststellen sollte, daß z. B. Lehrer wirklich der beste Beruf für ihn persönlich wäre, und wenn er durch Unterrichtsausfall und große Klassenstärken in der Meinung bestätigt wird, daß Lehrer auch gebraucht werden – er wird dennoch gezwungen sein, sich nach Alternativen umzusehen: Aufgrund politischer Entscheidungen werden Stellen und Gelder im Bildungs- und sozialen Bereich zunehmend eingespart.

Beim Versuch der Umorientierung kann es nützlich sein, nach „Transfermöglichkeiten" von Fähigkeiten und Interessen zu suchen. Auch die Wege des Entscheidungsprozesses sollte man noch einmal zurückverfolgen, „Abzweigungsmöglichkeiten" herausfinden und sich Einflußfaktoren auf seine eigene Entscheidung bewußt machen. In diesem Sinn möchten wir dazu anregen, das eigene Berufsinteresse neu zu überdenken.

- *Was bedeutet mir Berufstätigkeit überhaupt?*
  Welchen Stellenwert in meinem Leben soll oder kann Berufstätigkeit einnehmen?

Andersherum gefragt: Könnte ich mir vorstellen, eine Zeitlang nicht berufstätig zu sein (z. B. die Kinder zu versorgen, auch als Mann!), nur teilzeit zu arbeiten, freiberuflich tätig zu sein oder gar keinen „festen Beruf" zu haben, sondern je nach Arbeitsmarktlage „flexibel" verschiedene Tätigkeiten auszuüben?
Wie wichtig ist mir Berufstätigkeit für meine persönliche Entwicklung? Welche Rolle spielen im Vergleich dazu soziale Beziehungen, Hobbies, Interessen, Aktivitäten in Gruppen und Vereinen, Freizeit allgemein?

- *Welche Aspekte von Berufstätigkeit sind mir persönlich besonders wichtig?*

Sind es eher materielle Aspekte, arbeitsinhaltliche, soziale oder individuelle Gesichtspunkte, die für mich den Ausschlag geben? Wie habe ich früher Prioritäten gesetzt, wie setze ich sie heute? In welchen anderen Berufen kann ich das finden, was mir wichtig ist?
Die folgende Zusammenstellung soll dabei helfen:

Materielle Aspekte
Existenzsicherung
auf eigenen Füßen stehen
Zusatzverdienst
hoher Lebensstandard
Arbeitsplatzsicherheit
soziale Sicherheit
Urlaubs- und Arbeitszeitregelung
Aufstiegsmöglichkeiten

Arbeitsinhaltliche Aspekte
Fachinteresse
Spaß an bestimmten Tätigkeiten
Abwechslung
Arbeitsbedingungen
Selbständigkeit bei Planung und Arbeitsausführung
Verantwortung
gesellschaftliche Nützlichkeit der Arbeit
Weiterbildungsmöglichkeiten

Soziale Aspekte
Kontakt
Anerkennung
Status
Karriere
Unabhängigkeit und Selbständigkeit gegenüber Partner oder Familie

Individuelle Aspekte
was zu tun zu haben
Freude an Tätigkeit und Leistung
gefordert werden
eine Aufgabe haben
Bestätigung eigener Fähigkeiten
sich weiterentwickeln
Selbstverwirklichung

Diese Aufzählung von potentiell wichtigen Aspekten erhebt keinen Anspruch auf Vollständigkeit. Sie müssen für sich selbst herausfinden, was Ihnen persönlich besonders bedeutsam ist, welche Ausweichmöglichkeiten in Frage kommen. Ausführlichere Informationen über Transfer- und Ausweichmöglichkeiten für den Lehrerberuf finden Sie in Havers/Innerhofer, 1983 (s. Literatur).

● *Wie bin ich gerade auf dieses Studium oder diesen Beruf gekommen?*

Zunächst ist zu unterscheiden, was zu Beginn des Studiums im Vordergrund stand:
- überhaupt zu studieren
- ein bestimmtes Fach zu studieren
- ein bestimmter Berufswunsch (Studium als Mittel zum Zweck).

Viele machen erst einmal ein Studium und verschieben berufliche Entscheidungen auf die Zeit danach. Fällt nun eine bestimmte Entscheidung, z. B. für den Lehrerberuf, so ist zu prüfen, ob sie nicht von Bedürfnissen und Interessen geleitet wird,
- die in der konkreten Schulsituation möglicherweise sowieso nur eingeschränkt einlösbar sind (z. B. Kreativität, Selbständigkeit, Freizeit, Aufstiegsmöglichkeiten. . .)
- die auch in anderen Berufsfeldern genauso gut oder genauso schlecht realisiert werden können.

Die Entstehung von bestimmten Motiven und Berufsinteressen wird von einer Reihe bewußter und unbewußter äußerer Faktoren beeinflußt, und zwar ganz entscheidend von den mehr oder weniger zufälligen Erfahrungen, die wir mit den Berufen unserer Eltern, Verwandten, Freunde, Nachbarn usw. gemacht haben. Ebenso spielen erworbene Einstellungen und Werthaltungen gegenüber beruflicher Tätigkeit und gegenüber bestimmten Berufen eine wichtige Rolle bei der u. U. einseitigen Informationssuche. Weitere Einflußfaktoren sind z. B. die eigenen Schulerfahrungen, Berufsberatung, Werbung für bestimmte Berufe, Zulassungsbeschränkungen für bestimmte Studiengänge.

Bei der Wahl des Lehrerberufs spielt die Vertrautheit dieses Berufs von Kindheit an sicher eine wichtige Rolle. „Ich wollte schon immer Lehrer(in) werden“, sagen viele der von uns interviewten Lehrer(innen). Die Geradlinigkeit des Ausbildungsweges (Schule – Uni – Schule) führt zur Verengung des Blickfeldes auf lehrende bzw. akademische Berufe.

1.3 Information – der erste Schritt in den neuen Beruf

Nachdem man sich klar geworden ist, in welche berufliche Richtung man will, heißt es auf jeden Fall zunächst, sich weitere Informationen zu verschaffen. Dabei kommt es ganz darauf an, wie klar das Ziel schon ist, das man vor Augen hat.

- Wer nur vage Vorstellungen hat, geht am besten erst einmal zum **Arbeitsamt.** Dort gibt es nämlich etwas, was nur die wenigsten wissen: umfangreiche Informationszentren, in denen über Tausende von Berufen Informationen gesammelt sind. Hier kann man sich Anregungen holen, über Ausbildungswege und Berufschancen nachlesen und sich gleichzeitig über Förderungsmöglichkeiten beraten lassen. In welchen Arbeitsämtern es diesen Informationsservice gibt, kann man in der Broschüre *Was – Wieviel – Wer?* (herausgegeben von der Bundesanstalt für Arbeit, Nürnberg), die über alle Arbeitsämter zu beziehen ist, nachschlagen.
- Bei schon konkreteren Berufsvorstellungen hat es sich bewährt, direkt bei den **Berufsverbänden** oder den zuständigen **Kammern** (z. B. Industrie- und Handelskammer, Handwerkskammer) anzufragen.
  Ein etwas ungewöhnlicherer Weg ist, einmal einen **Unternehmens- oder Personalberater,** die in der Regel nur mit der Arbeitgeberseite in Verbindung stehen, aufzusuchen und um Informationen zu bitten. Diese Leute wissen meist nicht nur über Berufswege und -chancen Bescheid, sondern können auch die Anforderungen der Arbeitgeber realistisch übermitteln.
  Die **Personalchefs** größerer Firmen kann man um ein Gespräch bitten, auch wenn kein konkretes Stellenangebot vorliegt. Hier bekommt man Informationen über Berufs- und Ausbildungschancen in einem speziellen Betrieb und Einblicke in die Gesamtsituation einer Branche.
- Ganz wichtig und weniger offiziell ist es, sich im **Bekannten- und Freundeskreis** umzuhören, ob jemand im gewünschten Bereich arbeitet. Realistische Berichte über Berufsalltag, Verdienstmöglichkeiten und Berufschancen können gute Entscheidungshilfen sein.

2. Umgehen mit der Arbeitslosigkeit

2.1 Es wird schon gut gehen!

Viele von uns haben ein oft unbewußtes Vertrauen darauf, daß schon alles gut gehen wird; daß die Arbeitslosigkeit einen selbst schon nicht erwischen wird; daß man schon irgend etwas anderes finden wird. Dieser übersteigerte Optimismus erschwert dann eine rechtzeitige berufliche Umorientierung und behindert den vollen Einsatz bei der Suche nach Berufsalternativen. Bei arbeitslosen Lehrern ist die Einstellung anzutreffen: „Wir sehen doch, daß wir an der Schule gebraucht werden (Stundenausfälle, zu große Klassen). Der Staat wird schon was für uns tun." Eine österreichische Untersuchung anläßlich einer Betriebsstillegung zeigt jedoch, daß gerade diejenigen, die staatlichen Sanierungsversuchen des Betriebes vergebens vertraut hatten, am inaktivsten bei der Stellensuche waren und so am längsten arbeitslos blieben. Amerikanische Psychologen bezeichnen diese Haltung als die „Hypothese von der gerechten Welt" und zeigen, daß sie oft wider besseres Wissen beibehalten wird.

Welche Konsequenzen kann man daraus ziehen?

- Sie sollten sich die eigene Situation möglichst realistisch vor Augen führen, um dann adäquat handeln zu können. Auf Gerüchte und Versprechungen, so angenehm sie einem auch sein mögen, kann man sich nicht verlassen, wenn es um so wichtige Dinge wie die Arbeitssuche geht.
- Ein übersteigerter Pessimismus (no future) ist jedoch genauso falsch wie ein übersteigerter Optimismus.
- Selbst wenn die berufliche Situation undurchschaubar ist, müssen Sie aktiv werden, um möglichst viele und möglichst vielseitige Informationen zu sammeln.

2.2 Jetzt jobbe ich erst mal – Argumente pro und contra

Für viele arbeitslose Akademiker ist es schon aus finanziellen Gründen notwendig, zunächst zu jobben. Gerade für Lehrer werden häufig befristete „Nebenerwerbsjobs" angeboten; sie haben so die Möglichkeit, einige Stunden in der Woche in ihrem Beruf zu arbeiten. Jedoch:

— Sie werden nur stundenweise bezahlt (keine Bezahlung in den Ferien, bei Krankheit oder hitzefrei).

— Sie sind nicht sozialversichert (d. h. sie erwerben keinen Anspruch auf Arbeitslosengeld oder finanzielle Eingliederungshilfen des Arbeitsamts).

— Die Tätigkeit ist meist auf wenige Monate befristet.

Einige verdienen sich mit anderen „Gelegenheitsjobs" unter ähnlich ungünstigen Arbeitsbedingungen z. B. als Taxifahrer, Schlafwagenschaffner, mit Nachhilfe oder als Krimiautor ein wenig Geld. Was aber bringt dem einzelnen das Jobben?

Kurzfristig:

— etwas Geld: „So kann ich wenigstens meine Miete bezahlen."

— neue Berufserfahrungen: Allerdings ist fraglich, was diese Erfahrung den „Umsteigern" dann wirklich bringt.

— Man hat das Gefühl, sich irgendwo nützlich machen zu können: „Es ist besser, als zu Hause rumzuhängen."

— subjektive Sicherheit: „Jetzt hab ich erst mal was." Da das Problem der Arbeitssuche damit nur verschoben ist, wird es allzuoft verdrängt – nach dem Motto: „Das laß ich dann mal auf mich zukommen." Manche machen sich auch falsche Hoffnungen: „Wenn man erst mal irgendwo drin ist, bekommt man bestimmt wieder was." Gerade bei Lehrern sprechen die objektiven Daten und Prognosen gegen diese Einschätzung; die Arbeitgeber vermeiden außerdem Kettenverträge.

Langfristig bringt das Jobben oft gar nichts:
— Ein Job eröffnet nicht immer die Möglichkeit, in einem Betrieb langfristig mit einer qualifizierten Tätigkeit einzusteigen.
— Die im Studium erworbene Qualifikation kann nur selten eingesetzt werden. Die Chance, einen Beruf zu erlangen, der mit der Ausbildung etwas zu tun hat, verringert sich eher.
— Die Suche nach einem festen Arbeitsplatz und einer qualifizierten Tätigkeit wird meistens während der Jobs nicht fortgesetzt.

Selbst das Argument „Ich muß ja von irgendwas leben" bleibt nicht unumstritten, denn oft muß trotz des Verdienstes noch auf Ersparnisse zurückgegriffen werden.

Jobben ist zunächst immer nur eine kurzfristige Bewältigung der Probleme – eine Notlösung. Es kann aber Teil einer längerfristigen Strategie sein,
— wenn die Tätigkeit irgendwie mit der eigenen Qualifikation verbunden ist, so daß Berufserfahrung gesammelt werden kann;
— wenn Aussicht besteht, daß man über einen Job in ein festes Arbeitsverhältnis übernommen wird;
— wenn die mit dem Jobben verbundene finanzielle und subjektive Sicherheit dazu genutzt wird, einen adäquaten Arbeitsplatz zu suchen. Dies erfordert freilich viel Energie und Zeit, ist aber u. U. erfolgreicher als Arbeitssuche aus der Situation der Arbeitslosigkeit heraus: Man steht nicht so stark „unter Druck".
Eine andere Möglichkeit, eine „richtige" Arbeit aus einer relativ stabilen Situation heraus zu suchen, besteht darin, eine unbefristete Stelle anzunehmen, die einem vielleicht nicht hunderprozentig zusagt – kündigen kann man immer! Viele scheuen davor zurück, selbst einen befristeten Vertrag vorzeitig zu kündigen, auch wenn dies rechtlich möglich ist. Für Lehrer ist es besonders schwierig, einen Job in der Schule kurzfristig aufzugeben, da sie sich meist den Schülern gegenüber verantwortlich fühlen. Hier sollten aber Prioritäten gesetzt werden. Eigene langfristige Interessen müssen wichtiger eingeschätzt werden als die kurzfristigen Interessen des Arbeitgebers.

(Weitere Hinweise und Überlegungen zum *Jobben* finden Sie auf Seite 241 ff.)

2.3 „*Weißt Du nicht Arbeit für mich?*“

Gerade wenn man auf Arbeitssuche ist, sollte man in die Suchstrategie sein „soziales Netzwerk“ mit aufnehmen, d. h. alle sozialen Beziehungen, die man hat. Ein Netzwerk besteht nicht nur aus dem engen Freundes- und Familienkreis, sondern umfaßt auch die weitere Bekanntschaft. Untersuchungen haben ergeben, daß gerade Beziehungen zu flüchtigen Bekannten für die Arbeitssuche besonders ergiebig sind. Das liegt daran, daß in der Regel in einem engen Freundes- und Familienkreis die meisten Informationen über Arbeitsstellen und Berufschancen allen bekannt sind. Über weitläufige Bekannte können nun aber sowohl neue Informationen bezogen als auch Informationen ausgestreut werden. In Ihrem Fall die Information: „Ich suche Arbeit!“ Deshalb ist es nützlich, seinen Arbeitswunsch alten Bekannten zu erzählen und diese zu bitten, sich umzuhören. In diesem Zusammenhang sollte man auch die Leute ansprechen, die bereits Erfahrungen mit Stellensuche und Bewerbungen gemacht haben, um daraus zu lernen und Fehler zu vermeiden.

Nicht jeder kann jedoch auf ein weitverzweigtes Netzwerk zurückgreifen, weil – wie es oft bei Lehrern vorkommt – die meisten Leute im sozialen Umfeld denselben Beruf haben. Hier heißt es Abhilfe schaffen. **Gerade die Zeit der Arbeitslosigkeit ist eine Chance, sein Netzwerk zu vergrößern und speziell Bekanntschaften in anderen Bereichen zu knüpfen.** Man kann sich einem Sportverein anschließen, in kulturelle, kreative oder politische Aktivitäten stürzen oder gezielt weiterbilden und dabei eine Menge Leute kennenlernen, die das eigene Vorhaben weitertragen. In *Selbsthilfegruppen* kann man Berufsinformationen austauschen, Bewerbungssituationen üben und Selbstvertrauen lernen. Adressen bereits bestehender *Arbeitslosen-Initiativen* findet man in der Dokumentation des ersten Bundeskongresses der Arbeitslosen von TUWAS (s. Literaturhinweise auf S. 27).

Ein zu einseitiges Netzwerk birgt auch Gefahren. Gerade wenn das Netzwerk nur aus Leuten besteht, die im gleichen Beruf arbeiten, stößt man häufig auf Vorurteile, die sich gegen alternative, oft vielleicht mit weniger Prestige behaftete Berufe richten („sozialer Abstieg“). Auch hier kann eine Erweiterung des Bekanntenkreises helfen und den Druck mildern, der möglicherweise von den engen Freunden ausgeht. Meistens ergibt sich von selbst eine Umstrukturierung des Netzwerks: in der Phase der Arbeitslosigkeit, weil man einen anderen Tagesrhythmus hat, oder nach dem Antritt einer ausbildungsfremden Stelle, weil man viele neue Leute kennenlernt.

Noch eine Bemerkung: Man hört oft die Aussage von arbeitslosen Akademikern (Lehrern): „Ich mag mich nicht auf Beziehungen verlassen, mich in Abhängigkeiten begeben. Ich will aus eigener Kraft Arbeit finden.“ Mit dieser Einstellung verbaut man sich Informationsmöglichkeiten oder sogar berufliche Chancen, denn Untersuchungen haben gezeigt, daß gerade durch persönliche Beziehungen Arbeitsstellen höchster Qualität gefunden werden können. Darum: **Beziehen sie ihr soziales Netzwerk bewußt in den Arbeits- und Berufsfindungsprozeß mit ein!**

2.4 Was erwartet mich in der Bewerbungssituation?

Jeder Bewerber kommt irgendwann einmal in die Situation, zu einem Vorstellungsgespräch eingeladen zu werden. Dabei ist es nützlich, sich vorher über einige Dinge klar zu werden:

● *Arbeitgeber und Arbeitnehmer stehen in einer Austauschbeziehung.*
Der Arbeitgeber gibt einen mehr oder weniger sicheren Arbeitsplatz, damit verbunden ein geregeltes Einkommen, einen bestimmten beruflichen Status und – mehr oder weniger – die Basis für „berufliche Erfüllung".
Der Arbeitnehmer gibt seine Arbeitskraft, seine berufliche und persönliche Qualifikation, seine Einsatzbereitschaft, kurz: sein gesamtes Wissen und Können. Arbeitgeber und Arbeitnehmer sind also aufeinander angewiesen. Es liegt nun an beiden Partnern, daß sie ihre Erwartungen und Wünsche artikulieren, aufeinander abstimmen und schließlich vertraglich regeln. Die Verhandlungsposition des Arbeitnehmers ist z. Zt. wegen der angespannten Arbeitsmarktsituation schwächer. Das schränkt Ihren Verhandlungsspielraum zweifellos ein, sollte Sie jedoch nicht dazu verleiten, eine Stelle buchstäblich um jeden Preis anzunehmen und Ihr Selbstvertrauen zu verstecken.

● *Welchen Erwartungen stehe ich gegenüber?*
Arbeitgeber oder diejenigen, die für das Personal in einem Betrieb zuständig sind, haben Vorstellungen darüber, „wie Lehrer sind". Von diesen Vorstellungen hängt es häufig ab, ob die Bewerbung eines Lehrers für eine freie Stelle überhaupt ernsthaft geprüft wird.
Wir haben in München eine Reihe von Personalberatern und Personalchefs nach ihren Vorstellungen von Lehrern gefragt. Folgende Urteile über Lehrer wurden genannt:

— *Lehrer können sich nicht auf einen anderen Beruf umstellen:* Sie wurden ein Leben lang darauf hingetrimmt, Lehrer zu sein, Beamter zu sein – sie wünschen sich immer eine Rückkehr in den Lehrerberuf – es ist psychisch eine große Umstellung für sie, in der Industrie zu arbeiten – sie sind nicht wirtschaftsfreundlich – sie haben Klischees über die Wirtschaft – sie sind traditionell in einer anderen Denkweise erzogen – verteufeln die Wirtschaft – können sich nicht mit einer neuen Aufgabe identifizieren.

— *Die Qualifikation paßt nicht:* Lehrer sind in erster Linie pädagogisch ausgebildet – sie haben kein verwertbares Wissen – sie haben keine Berufserfahrung – eine Einarbeitung ist zu aufwendig.
(Für nichtakademische Berufe:) Man setzt Akademiker nicht gern unter der Qualifikation ein – die Gehaltsvorstellungen sind zu hoch – die Lehrer gehen wieder, wenn sie was Besseres gefunden haben.
— Als weitere Barrieren wurden genannt: das für Berufsanfänger zu *hohe Alter* und die *mangelnde Mobilität.*

Die Urteile waren meistens nicht so pauschal formuliert, wie sie hier dargestellt wurden. Setzen Sie sich aber damit auseinander, damit Sie in einer Bewerbungssituation auf solche Vorstellungen über ihre Berufsgruppe entsprechend reagieren können.

Voraussetzungen für eine Einstellung sind:
— Fähigkeiten, die mit den in einer Stellenanzeige geforderten Qualifikationen übereinstimmen,
— formal einwandfreie Bewerbungen: Hinweise dazu finden Sie im nächsten Kapitel, ferner z. B. in dem Buch *So bewerbe ich mich richtig* von Hofstetter. Außerdem bieten manche Volkshochschulen Kurse an, in denen Bewerbungssituationen geübt werden.
— bestimmte Persönlichkeitsmerkmale (für viele Personalmanager „entscheidend"): Der Bewerber soll lernfähig, „qualifizierbar" sein, sich durchbeißen, er muß Eigeninitiative entfalten, flexibel sein, logisch denken können, sich engagieren, sich mit den Problemen auseinandersetzen, unternehmerisch denken und handeln können – er muß sich mit seiner Aufgabe identifizieren können und darf nicht seinem Traum nachlaufen, Lehrer zu sein.

Diese Merkmale klingen vielleicht wie Leerformeln, versuchen Sie aber mal, Sie mit ihren eigenen beruflichen Fähigkeiten zu füllen. (Weitere Informationen zu diesem Aspekt finden Sie im Beitrag *Chancen für Lehrer in der Wirtschaft?* auf S. 71 ff.)

● *Welche Erwartungen bringe ich mit?*

Akademiker knüpfen an ihre berufliche Tätigkeit meist – neben der finanziellen Absicherung – noch ganz bestimmte Erwartungen: Sie soll sinnvoll sein, selbständiges Arbeiten ermöglichen, den Einsatz der erworbenen Qualifikationen fordern und Kontinuität bieten. Vor einem Bewerbungsgespräch sollte man sich über seine Erwartungen ganz klar sein und überlegen, ob die Stelle wirklich paßt bzw. wo man Abstriche machen kann, ohne sich selbst aufzugeben. Dazu gehört auch, sich in die Anforderungen der Stelle hineinzudenken und zu prüfen, ob man die geforderten Voraussetzungen wirklich erfüllen kann und will. Außerdem sollte man eine realistische Vorstellung seiner Gehaltswünsche formulieren, denn dieser Punkt wird bei einem erfolgreichen Gespräch mit Sicherheit angesprochen.

2.5 Nicht resignieren!

Arbeitslosigkeit und Arbeitssuche – das ist für die meisten Menschen eine Situation, die sie „nicht kalt läßt", die stark belastend sein kann. Die Betroffenen müssen sich mit neuen, ungewohnten Anforderungen auseinandersetzen. Mit den Versuchen, diese zu bewältigen, gehen oft Gefühle der Unsicherheit, der Enttäuschung, der Zukunftsangst, der Hilflosigkeit und der Hoffnungslosigkeit einher. Die Gefahr der Resignation ist groß; man muß lernen, mit diesen Gefühlen umzugehen.

Die oft wiederholte Erfahrung von Ablehnungen kann dazu führen,

- daß die Überzeugung entsteht: „Ich kann sowieso nichts ausrichten durch meine Bemühungen, kann meine Situation selber nicht verändern." Oder „Es hängt alles von Zufällen ab."

— daß die Motivation nachläßt, sich zu bewerben: „Ich werde ja doch nur wieder abgelehnt"; „Wenn ich mich nicht bewerbe, kann ich auch nicht abgelehnt werden."
— daß das Selbstvertrauen sinkt, Zweifel an den eigenen Fähigkeiten aufkommen, Apathie und depressive Verstimmungen zunehmen.

Dieses bei Arbeitslosen oft beobachtete Syndrom nennen Psychologen „gelernte Hilflosigkeit": Der Arbeitslose erfährt immer wieder, daß er seiner Situation hilflos gegenübersteht, daß er durch sein Verhalten den gewünschten Erfolg (sprich: eine Anstellung) nicht erhält, und gibt schließlich auf – ein Teufelskreis, denn so bekommt er erst recht keine Arbeit.
Wie aber kann man solche Teufelskreise verhindern und die eigenen Gefühle in den Griff bekommen?

- Erfolgreiche Arbeitssuche ist eine Sache der Erfahrung und des Durchhaltens. Gehen Sie von Anfang an davon aus, daß nicht die ersten Bewerbungen schon erfolgreich sein werden. Werten Sie Ablehnungen nicht nur negativ, sondern auch als einen Gewinn an Erfahrung für spätere Bewerbungen.
- Machen Sie sich immer wieder klar, daß Sie sehr viele und sehr gute Mitbewerber haben und daß die Arbeitslosenquote hoch ist. Bei einer Ablehnung negative Rückschlüsse auf die eigenen Fähigkeiten zu ziehen, am eigenen Selbstwert zu zweifeln und sich in Selbstmitleid zurückzuziehen, hat eher fatale Folgen für Ihre weiteren Chancen auf dem Arbeitsmarkt.
- Machen Sie sich immer wieder klar, daß Sie Ihre Fähigkeiten schon oft genug unter Beweis gestellt haben, und versuchen Sie, das Vertrauen in Ihre eigenen Fähigkeiten wachzuhalten. Dies ist sicher ein Problem, da Arbeitslosigkeit davon gekennzeichnet ist, daß die eigenen Fähigkeiten nicht zum Einsatz gebracht werden können. Aber vielleicht können Sie sich durch Gespräche mit Fachkollegen, durch Lektüre von Fachzeitschriften usw. ein wenig „fit" halten. Bewerben heißt überzeugen. Dazu müssen Sie aber zuerst selber von Ihren Fähigkeiten überzeugt sein bzw. realistisch einschätzen, was Sie können (und auch, was Sie nicht können!).
- Eine Bewerbung erfordert ein gewisses Engagement: Man muß sich hineindenken in die Anforderungen einer Stelle, um den Arbeitgeber von seiner Eignung überzeugen zu können. Je größer aber das Engagement, um so stärker ist auch die Enttäuschung, wenn es dann doch nicht klappt. Versuchen Sie ein wenig, sich selbst zu beobachten, damit resignative Tendenzen von vornherein abgeblockt werden können.
- Viele Menschen sind von Arbeitslosigkeit betroffen. Wenn Sie sich mit anderen zusammenschließen, können Sie sich gegenseitig aufrichten und die Resignation aufbrechen. Adressen bestehender Arbeitslosen-

Selbsthilfegruppen und Arbeitslosenzentren finden Sie in dem schon erwähnten Buch über den Bundeskongreß der Arbeitslosen (TU-WAS).

Literatur

Havers, Norbert/Innerhofer, Paul: *Lehrer werden?* Ein Entscheidungs-Seminar zur Reflexion der Studien- und Berufswahl für Lehrerstudenten. München: Ernst Reinhardt Verlag, 1983 (ca. 20 DM)

Dokumentation zum *1. Bundeskongreß der Arbeitslosen. Protokolle, Presse, Fotos, Initiativen.* Herausgegeben von der Fachhochschule Frankfurt/M., Fachbereich Sozialarbeit, Limescorso 5, 6000 Frankfurt 50. (Vorauskasse 9,50 DM + 1,50 DM Versand. Postscheckkonto 1255-607 BLZ 500 100 60)

Hofstetter, Joseph: *So bewerbe ich mich richtig.* Goldmann Tb 10549, (5,80 DM)

Blanca Degenhardt/Maya Kandler/Philipp Mayring/Petra Strehmel

Die Bewerbung

oder Wie Sie Ihre Arbeitskraft anbieten

Welche verschlungenen Pfade Sie auch betreten werden, um im Dickicht so zahlreicher Firmen, Verbände und Institutionen einen weiterführenden Berufsweg zu finden: Sie werden sich nicht der ernüchternden Erkenntnis verschließen können, daß ein Umsteiger auf dem Arbeitsmarkt beruflich als ungelernte Kraft gehandelt wird. Machen Sie sich mit dem Gedanken vertraut, (fast) bei Null anzufangen. Für jeden Arbeitgeber werden Sie zunächst nur ein teurer Lehrling sein.
Je eher Sie diese Startsituation akzeptieren, desto entschlossener können Sie die Suche nach alternativen Berufsfeldern betreiben. Wer sich noch Hoffnungen hingibt, einen Job zu finden, der seiner Ausbildung entspricht, kann sich für andere Arbeiten nicht mit dem nötigen Engagement bewerben. Personalleiter erkennen mit untrüglichem Blick, wer sich für eine Stelle nicht ernsthaft interessiert. Die sich zwangsläufig anhäufenden Absagen verschlechtern nur Ihre Ausgangslage. Zudem verringert langanhaltende Arbeitslosigkeit Ihre Chancen.
Eine berufliche Neuorientierung bedeutet aber nicht, sich nun wahllos auf alles Verbliebene zu bewerben. Erst einmal gilt es, die eigenen Fähigkeiten, Eigenschaften und Interessen auszuloten, um die Chancen in einem anderen Berufsfeld einzuschätzen. „Was kann ich?" und „Was will ich?" sind die beiden Kardinalfragen dieser Selbstprüfung. Die Stärken und Schwächen, die sich im bisherigen Berufs- oder Studienleben gezeigt haben, müssen genauso intensiv ergründet werden wie die noch ungewissen weiteren beruflichen Vorstellungen.
Mit allem, was Sie dann zu beginnen versuchen, stehen Sie in harter Konkurrenz sowohl zu anderen arbeitslosen Akademikern als auch zu Arbeitskräften, die Ihnen Fachkenntnisse und Berufserfahrung voraus haben. Diese ernüchternde Situation wird Ihre Motivation gelegentlich erlahmen lassen. *Betrachten Sie die Suche nach Arbeit aber als persönliche Herausforderung.* Eine Verbesserung Ihrer Lage ist nicht in Sicht, solange Sie nur ängstlich abwarten, irgendwann einmal mit irgendeinem Job irgendwo unterschlüpfen zu können. Vielmehr sollten Sie davon ausgehen, daß die für die Arbeitsuche nötigen Fähigkeiten wie Initiative, Hartnäckigkeit und Durchsetzungsvermögen jetzt zwar mühsam erworben sein wollen, Ihnen jedoch im weiteren Berufsleben stets helfen werden.
Es kommt nun darauf an, daß Sie beharrlich versuchen, jene Chancen zu nutzen, die allein von Ihnen abhängen. Es ist hier die Rede von der Kunst, für sich zu werben. Die Art und Weise, wie Sie sich mit Ihren erworbenen

Qualifikationen vorstellen, ist für die Einstellung entscheidend. Mit einer optimalen Präsentation Ihrer Kenntnisse und Fähigkeiten können Sie auf sich aufmerksam machen und in den engeren Kreis der aussichtsreichen Kandidaten vorstoßen. *Die Kunst der schriftlichen Bewerbung besteht darin, beim unbekannten Leser Interesse an Ihrer Arbeitskraft zu wecken.* Mit einer schlampigen Bewerbung sind Sie aus dem Rennen. Sie werden dann anderen Konkurrenten den Vortritt lassen müssen, die außer besseren Bewerbungsunterlagen vielleicht auch den Vorzug anbieten können, nicht arbeitslos zu sein wie Sie.

Arbeitslosigkeit ist für einen Bewerber fast stets von Nachteil. *Vermeiden Sie auf jeden Fall, Ihre Arbeitslosigkeit zu vertuschen.* Nennen Sie die Dinge beim Namen, und stehen Sie zu Ihrer Situation ohne Selbstmitleid oder soziale Anklage. Personalleiter wissen schließlich genau, was auf dem Arbeitsmarkt los ist. Tragen Sie Ihre Lage so sachlich vor, wie es Ihnen möglich ist, und versuchen Sie ebenso sachlich die zahlreichen Absagen hinzunehmen, selbst wenn dies mitunter schwerfällt und an das Schicksal von Sisyphos erinnert. Halten Sie sich stets vor Augen, daß ein Personalleiter Ihre Arbeitskraft beurteilen muß, *bevor* er Sie kennt.

Aber selbst eine perfekte Bewerbung kann nicht die fehlende Berufspraxis ersetzen. Das grundsätzliche Problem, vor das Sie sich als Umsteiger gestellt sehen, läßt sich auf die verzwickte Gleichung bringen: ohne Berufserfahrung keine Stelle, und ohne Stelle keine Berufserfahrung. Bei diesem unlösbar erscheinenden Konflikt sind Anfälle von Selbstzweifel und Niedergeschlagenheit, die ab und zu auftreten mögen, absolut verständlich. Sie teilen Ihre Lage mit Tausenden anderer Betroffener.

Aus diesem Teufelskreis können Sie ausbrechen, wenn Sie Ihre *Überqualifikation* in die Waagschale werfen. Immerhin hat ein Hochschulabsolvent gegenüber einem weniger qualifizierten Bewerber einige Vorteile anzubieten, sofern er bei gleicher Bezahlung bereit ist, sich langfristig voll einzusetzen. Allerdings stehen Sie von Anfang an in dem Verdacht, eine Tätigkeit unterhalb des erworbenen Ausbildungsniveaus nur übergangshalber ausüben zu wollen, bis sie schließlich eine passende Arbeit gefunden haben. Kein Arbeitgeber aber kann es sich leisten, ständig neues Personal einzuarbeiten. Es ist daher ganz entscheidend, ob es Ihnen gelingt, die Bedenken Ihres Arbeitgebers über Ihr langfristiges Engagement zu zerstreuen.

Generell läßt sich sagen, daß Bewerber ohne Berufserfahrung bei Großunternehmen die besseren Chancen antreffen, da sie mit einer internen Trainee-Ausbildung die nötige Praxis aufholen können. Mittelständische Unternehmen sind weniger bereit, diese aufwendige Ausbildung zu tragen, und interessieren sich daher mehr für Absolventen mit Berufserfahrung.

1. Bewerbungswege

1.1 Persönliche Kontakte

Geht es darum, ungelernte Arbeitskräfte einzustellen, greifen die meisten Firmen gerne auf Empfehlungen von Verwandten, Bekannten und Betriebsangehörigen zurück. Wer während der Studienjahre für einige Zeit in einer Firma gearbeitet hat, sollte sich mit dem Hinweis auf vollbrachte Taten an den Personalleiter wenden. Die im Hause bewiesene Arbeitsmoral ist Ihre beste Empfehlung. Wenn Sie auf diesem Weg keinen Erfolg haben, sollten Sie Verwandte, Freunde und Bekannte ansprechen, ob sie nicht ihre Kontakte spielen lassen können (vgl. dazu auch die Hinweise auf S. 22 f.).
Die Art der Arbeit sollte nicht unbedingt ausschlaggebend sein: Wenn Sie erst einmal Fuß gefaßt haben, ergeben sich mitunter gute berufliche Entwicklungsmöglichkeiten.

1.2 Das Stellengesuch

Dieser Weg empfiehlt sich für Umsteiger im Grunde nur dann, wenn Sie über relativ seltene Spezialkenntnisse verfügen – z. B. eine rare Fremdsprache oder besondere Auslandserfahrungen usw. Schon der Kosten wegen sollte man die Zeitung, in der man inserieren will, sorgfältig auswählen.
Mit einer überregionalen Zeitung erreicht man zwar einen größeren Leserkreis als mit einer Fachzeitschrift. Meist widmen aber Arbeitgeber einem Branchen-Fachblatt mehr Aufmerksamkeit. Über Auflagenhöhe, Anzeigenpreise und Anschriften der (Fach)Presse informiert der *Stamm,* ein jährlich aktualisierter *Leitfaden durch Presse und Werbung,* den man in jeder Stadtbibliothek einsehen kann.
Mit der Formulierung des Textes gilt es, schlagartig das Interesse des Lesers zu wecken. Rücken Sie Ihre *besonderen* Kenntnisse und Fähigkeiten in den Vordergrund – akademische Titel oder staatliche Examen werden kaum einen Personalleiter neugierig machen.

1.3 Die Telefon-Aktion

Eine umstrittene Möglichkeit, an eine Stelle zu kommen, ist die Telefon-Aktion, die manche für eine Nötigung halten. Man wählt im Branchenverzeichnis die in Frage kommenden Arbeitgeber aus und ruft sie einfach an, ohne daß eine Anzeige vorliegt. Zwar wird man meist von der Sekretärin abgefangen, aber bei entsprechender Hartnäckigkeit hat man irgendwann einmal den gewünschten Gesprächspartner an der Strippe.
Vielleicht können Sie mit Ihrer Beharrlichkeit beeindrucken, vielleicht wer-

den Sie vorgemerkt. Möglicherweise erwischen Sie einfach den richtigen Zeitpunkt. Dies alles aber sind ausgesprochene Glücksfälle. Das Verhandeln am Telefon ist nur rhetorisch begabten Berufsanfängern zu empfehlen. Bei der Telefon-Aktion kommt es entscheidend darauf an, mit einer überzeugenden Argumentation dem Eindruck des Personalleiters entgegenzutreten, Sie würden um eine Stelle betteln. Versuchen Sie Ihren Gesprächspartner dahin zu bringen, daß er mit Ihnen ein Vorstellungsgespräch vereinbart, um Sie kennenzulernen und weitere Fragen zu erörtern.

1.4 Die unaufgeforderte Bewerbung

Statt der Telefon-Aktion kann man auch allen Arbeitgebern, an denen man interessiert ist, unaufgefordert eine vollständige Bewerbung zusenden. Stellen Sie sich kurz vor, erläutern Sie Ihre beruflichen Vorstellungen, und bieten Sie die *Überlassung Ihrer Unterlagen für längere Zeit* an. Dadurch kann ein Personalleiter jederzeit auf eine Reserve zurückgreifen, wenn die Vergabe einer Stelle zur Disposition steht. Ein Teil Ihrer Bewerbungskosten (Kopien, Porto, Fotos) kann vom Arbeitsamt übernommen werden, wenn Sie dies *vorher* beantragen (s. S. 257).
Bei den gegenwärtigen Arbeitsmarktverhältnissen sollten Sie von der oft gebrauchten Kurzbewerbung Abstand nehmen, bei der man nur einen tabellarischen Lebenslauf und ein Anschreiben einsendet und dem unbekannten Leser in Aussicht stellt, bei Interesse die restlichen Unterlagen nachzuschicken. Sie sparen hier lediglich die Kosten für das Porto und für die Kopien Ihrer Zeugnisse, erreichen aber bei weitem weniger als mit einer vollständigen Bewerbung. Denn das Angebot an Bewerbern ist so groß, daß sich kein Personalleiter veranlaßt sieht, einem Umsteiger hinterherzurennen.

1.5 Die Bewerbung auf eine Stellenanzeige

In den meisten Fällen bewirbt man sich auf eine Annonce, die man in irgendeiner Zeitung gesehen hat. Die Art und Weise, in der für eine offene Stelle geworben wird, läßt Rückschlüsse darauf zu, welchen Eindruck der Arbeitgeber nach außen hin vermitteln möchte. Es sind hier beispielsweise seriöse, ausgefallene, witzige oder reißerische Offerten zu nennen, die mitunter erahnen lassen, in welchem Klima Sie Ihre Arbeit ausführen werden. Auffallend sind etwa die Anzeigen von Werbeagenturen, die oft mit einem lockeren Betriebsklima reizen, wenngleich die Arbeitsanforderungen deswegen nicht geringer sein müssen.
Ergiebiger als die äußere Aufmachung ist der Text der Anzeige. Man kann davon ausgehen, daß der Inhalt auf seine Interpretationsmöglichkeiten hin genau durchdacht wurde. Das Stellenangebot enthält alle Informationen,

die nach Auffassung des Arbeitgebers ausreichen, um den richtigen Bewerber anzulocken. Unter diesen exakt kalkulierten Umständen sollten Sie den Text der Anzeige gründlich studieren. Prüfen Sie, ob Sie die genannten Voraussetzungen erfüllen und Ihre Eignung nachweisen können.

2. Die Bewerbungsunterlagen

Jede Bewerbung ist Ausdruck der Individualität eines Bewerbers. Die Daten zur Person, zur Ausbildung und zur Berufserfahrung sind in ihrer Kombination einmalig. Sie gestatten einem Personalleiter, sich von Ihnen ein erstes Bild zu machen.
Mittlerweile hat sich ein formales Muster entwickelt, das einen schnellen und übersichtlichen Vergleich zahlreicher Bewerbungen ermöglichen soll. Wer es nicht einhält, indem er etwa seine Daten zu unübersichtlich ordnet, nur einen Teil seiner Zeugnisse beilegt oder ein Paßbild zu befestigen vergißt, erschwert einem Personalleiter den raschen Vergleich. **Eine optimale Bewerbung in Wort und Bild stellt für einen akademischen Arbeitslosen die einzige Chance dar, nicht von *vornherein* aus dem Kreis der ernsthaften Kandidaten auszuscheiden.** Die gegenwärtigen Arbeitsmarktverhältnisse erlauben es den Personalleitern jederzeit, aus der Fülle der Bewerbungen eine passende Arbeitskraft zu finden.
Unter diesen Umständen können Sie sich eine nachlässige Bewerbung nicht leisten. Kein Personalchef wird sich während seiner knapp bemessenen Arbeitszeit die Mühe machen, einen Bewerber um die Vervollständigung der Unterlagen zu bitten, wenn sich so viele andere Kandidaten mit korrekten Bewerbungsmappen anbieten.

2.1 Die Vorbereitung der Unterlagen

Wer beim Zusammenstellen der Bewerbungsunterlagen zuviel Zeit und Energie verliert, wird nicht systematisch jeder halbwegs aussichtsreichen Annonce nachgehen können: welcher Luxus in rauhen Zeiten! Die Bewerbungsunterlagen können Sie soweit vorbereiten, daß Sie stets in der Lage sind, schnell zu handeln: Alle Dokumente (Lebenslauf, Lichtbild, Zeugnisse) sollten in ausreichender Zahl und richtig geordnet in Klarsichtfolien bereit liegen. Auf alle halbwegs interessanten Stellenangebote einer Wochenendausgabe können Sie dann *sofort* reagieren. Sie brauchen dann nur noch die einzelnen Anschreiben zu formulieren, zu tippen – und schon geht die Post ab!
Eine übersichtlich zusammengestellte Bewerbung wird einen Personalleiter zum Durchblättern einladen. Damit haben Sie die erste Hürde genommen. Natürlich werden Sie eine Stelle nicht allein wegen einer hervorragenden

Bewerbung bekommen. Aber so gut auch Ihre Zeugnisse sein mögen: Ohne eine *hervorragende* Bewerbung werden Sie derzeit *keine* Stelle bekommen.

2.2 Das Anschreiben

Im Rahmen der schriftlichen Bewerbung eröffnet Ihnen das Anschreiben die beste Möglichkeit, das Interesse des Lesers auf sich zu ziehen und ihm Ihre Eignung für diese eine Stelle zu verdeutlichen. Dies darf Sie allerdings nicht zu weitschweifenden Ausführungen verleiten. **Halten Sie das Anschreiben möglichst knapp.**
Bei aller gebotenen Arbeitsersparnis sollten Sie nicht dazu übergehen, nur noch *ein* Anschreiben zu entwerfen und es dann in fotokopierter Form zahlreichen Arbeitgebern vorzulegen. Mag es noch so elegant formuliert sein: Ein solches „Rundschreiben" kann nicht den Eindruck erwecken, als habe der Bewerber ein ausgeprägtes Interesse gerade an dieser vakanten Stelle.
Eindrucksvolle Beispiele für die Hindernisse, über die man mit einem Anschreiben stolpern kann, beschrieb Hugo Mohr im *Blick durch die Wirtschaft* der *F.A.Z.* vom 27. 9. 82 unter dem Titel „Von Beruf Diplom-Kaufmann. Wie Stellenbewerber ihre Chancen schon mit dem Anschreiben verspielen". Auf die folgende Stellenanzeige gingen mehr als 300 Bewerbungen ein, die mühsam ausgewertet wurden:

„Gesucht: zwei Nachwuchsredakteure. Die Anforderungen: Engagement für die Marktwirtschaft, solides theoretisches Wissen, das dazu befähigt, komplizierte wirtschaftliche Zusammenhänge leichtverständlich darzustellen. Redaktionelle Erfahrung ist nicht erforderlich."

Nur rund ein Dutzend Bewerbungen schied bereits bei der ersten Durchsicht aus, weil der Mangel an Eignung offensichtlich war. Wie aber wurde mit dem großen Rest verfahren, bei dem sich Qualifikation und Werdegang fast „wie ein Ei dem anderen" glichen?

„Bei fast gleicher Papierlage müssen zwangsläufig Kleinigkeiten entscheiden. Bleibt also das Anschreiben, das mehr über die Person verrät als all die Zeugnisse von Gymnasien, Universitäten und Firmen, die einander so ähnlich sind. So fallen zunächst die Einheits-Bewerber durchs Sieb. Das sind die Kandidaten, die im fotokopierten Brief versichern, ‚die in Ihrer Anzeige erwähnten Fähigkeiten zu besitzen'. Das einzige Individuelle ist der Bezug auf den Zeitungstitel und das Erscheinungsdatum der Anzeige.
Auch von denen, die ihren Brief persönlicher gestalten, bringen sich wider Erwarten viele um ihre Chance. Wer Journalist werden will, wer vom geschriebenen Wort leben will, von dem muß erwartet werden, daß er sorgfältig mit der Sprache umgeht, daß er Orthographie, Grammatik und Zeichensetzung beherrscht. An die hundert

Briefe genügen dieser Anforderung nicht. Da passieren fünf Kommafehler auf 20 Zeilen, da wird gleich zweimal auf ‚Propleme' hingewiesen. Man rühmt sich ‚aquistorischer' Fähigkeiten, betont das ‚solide Wissen *für* wirtschaftliche Zusammenhänge'. Nicht gezählt, wie oft ‚statt dessen', ‚um so' oder ‚so daß' in einem Wort geschrieben wurden.
Zahlreichen anderen Bewerbern bringen Flüchtigkeitsfehler Minuspunkte ein. Ob ‚Diplom-Kuafmann' oder ‚Studuengang', ‚Anfagsstelle' oder ‚Aueßnhandel' – wer solche Fehler in seiner Bewerbung übersieht, der wird sich zum Korrekturlesen, einer der wichtigsten Aufgaben im Rahmen der ausgeschriebenen Tätigkeit, kaum eignen. Das gilt auch bei denen, die nicht einmal die Adresse richtig abschreiben.
Etwa jeder zehnte versucht, mit Selbstanpreisungen Aufmerksamkeit zu erregen. ‚Wenn Sie mich nehmen, haben Sie den besten Fang gemacht'. ‚Ich bin der, auf den Sie schon lange gewartet haben.' Erstaunlich, daß sich noch immer nicht herumgesprochen hat, wie schlecht diese aggressive Masche in der Bundesrepublik ankommt.
Die Mehrheit aber gibt sich altväterlich und kreuzbrav in den Formulierungen. Mitt-Zwanziger mit devot-bürokratischem Stil ohne jede Frische. Man nimmt ‚Bezug auf Ihr oben spezifiziertes Inserat' und bittet ‚um wohlwollende Prüfung'. Man bedankt sich ‚für das an meiner Person gezeigte Interesse' und würde sich ‚über das Zustandekommen eines gegenseitigen Informationsgesprächs sehr freuen', für das man ‚Ihre diesbezüglichen Terminvorstellungen' erwartet, ‚schriftlich oder fernmündlich unter obiger Rufnummer'. Eine Juristin teilt mit: ‚Der von Ihnen in Aussicht gestellte Tätigkeitsbereich findet neigungsmäßig mein besonderes Interesse'. Heiliger Bürokratius, wie wird da erst der Versuch aussehen, komplizierte wirtschaftliche Zusammenhänge leichtverständlich darzustellen?. . ."

Angesichts der zahlreichen Fallen, in die Sie mit unbedachten Formulierungen unversehens geraten können, sollten Sie beim Entwerfen des Anschreibens versuchen, auf die Kriterien des Empfängers einzugehen: Halten Sie sich strikt an die in der Anzeige genannten Anforderungen. Begründen Sie im Anschreiben knapp und präzise, warum Sie sich auf dieses Stellenangebot bewerben und dafür geeignet halten. Dies ist besonders wichtig bei Stellen, die auf den ersten Blick keine Verbindung zu Ihrem Studium erkennen lassen. Bleiben Sie bei Ihrer Darstellung sachlich und nennen Sie Ihre Qualifikationen und Berufserfahrungen. Glaubensbekenntnisse sollten vermieden werden, denn vorhandene Qualifikationen sprechen für sich und lassen sich nicht herbeireden. Versuchen Sie auch nicht, das Urteil des Lesers zu beeinflussen. Schlechte Zeugnisse kann man nicht wegdiskutieren – auch dann nicht, wenn sie an einer „besonders schweren Universität" erworben wurden.
Persönliche Daten zu Ihrem Werdegang gehören in den Lebenslauf und werden in einem Anschreiben als störend empfunden. Vermeiden Sie den Eindruck zu erwecken, Sie wollten nur irgendeine Arbeit, um bloß nicht mehr arbeitslos zu sein. Ihr potentieller Arbeitgeber wird aller Erfahrung nach nicht karitativ tätig werden wollen.

Muster eines Anschreibens

Name

Adresse
Telefon
Datum

An

....

....

....

Betrifft: Bewerbung auf Ihre Anzeige in ....
vom ....

Sehr geehrte Damen und Herren,

(Text)

Mit freundlichen Grüßen

Unterschrift

Anlagen: 1 Lebenslauf
1 Kopie des Zeugnis ....
1 Kopic ....

Checkliste: **Das Anschreiben**

- Nehmen Sie erstklassiges weißes Briefpapier im DIN-A-4-Format.
- Schreiben Sie ein Original, da Ihr Brief sonst den Eindruck einer Massendrucksache erweckt.
- Machen Sie einen Durchschlag mit Kohlepapier, so daß Sie im Fall eines Vorstellungsgesprächs noch wissen, was Sie geschrieben haben.
- Tippen Sie mit der Schreibmaschine, und achten Sie auf ein sauberes Schriftbild.
- Versuchen Sie mit *einer* DIN-A-4-Seite auszukommen.
- Beachten Sie die genaue Anschrift der Firma.
- Geben Sie im Betreff an, auf welche Anzeige in welcher Zeitung zu welchem Erscheinungsdatum Sie sich beziehen.
- Sofern in der Anzeige eine Kontaktperson genannt wurde, sprechen Sie diese namentlich an. Ansonsten: „Sehr geehrte Damen und Herren".
- Begründen Sie knapp und präzise, warum Sie sich für die Stelle geeignet halten. Gehen Sie auf die Anforderungen laut Anzeige ein. Vermeiden Sie, den Eindruck eines verzweifelten Arbeitslosen entstehen zu lassen.
- Geben Sie zum Ausdruck, daß Sie sich auf ein Vorstellungsgespräch freuen würden.
- Unterschreiben Sie Ihren Brief.
- Führen Sie unter „Anlagen" an, welche Unterlagen Sie einsenden.

2.3 Der tabellarische Lebenslauf

Von allen Bewerbungsunterlagen ragt der tabellarische Lebenslauf in seiner Bedeutung heraus: Hier kann der Personalchef die wichtigsten Daten des Kandidaten zu Person, Ausbildung und Berufserfahrung mit einem Blick erfassen und sie mit denen anderer vergleichen. Ein klar und übersichtlich aufgebauter Lebenslauf wird ihn zum Lesen animieren; ein undurchdringbares Informationsgestrüpp hingegen wird erst gar nicht zum Vergleich herangezogen.

Die Chronologie eignet sich nicht als einziger Leitfaden zur Anordnung der Daten, weil Ausbildung und beruflicher Werdegang oft sprunghaft verlaufen und weil eine daran orientierte Darstellung eher verwirrt. Sinnvoller ist eine schwerpunktmäßige Anordnung nach *persönlichen Daten, Ausbildung, Berufserfahrung, Sprachkenntnissen und sonstigen Fähigkeiten,* die aber dann in sich chronologisch geordnet sein sollte.

Alle Zeitangaben müssen sich lückenlos aneinanderreihen, falls Sie nicht zu Mißtrauen Anlaß geben wollen. Ein Personalleiter, der jahrelang Bewerbungen geprüft hat, stößt mit Sicherheit auf Schwachstellen Ihrer Chronologie. Geben Sie möglichst exakte Monatsdaten an, etwa: „9/80 – 8/82 Volontariat bei. . .". Achten Sie auf Vollständigkeit: Was nicht im Lebenslauf steht, existiert für den Leser nicht. Ausgeübte Tätigkeiten, die nicht belegt

Muster eines Lebenslaufs

Foto

Persönliche Daten:

Name:	....
Anschrift:	....
	....
Telefonnummer:	....
Geburtsdatum und -ort:	....
Familienstand:	....
Kinder: (Zahl und Alter)	....

Ausbildung:

1956 - 1960	Volksschule	Bei mehrmaligen
.. ..	Gymnasium	Wechsel nicht alle
.. ..	Universität	Schulen usw. benennen

- Fächer (evtl. Fachrichtungswechsel)
- Schwerpunkte
- Praktika
- Auslandsaufenthalt
- Examensarbeit
- Note
- Abschluß

.. .. Fortbildung außerhalb der Uni

Berufserfahrung:

.. ..	Stelle/Funktion im Betrieb
.. ..	" " " "
.. ..	" " " "

Sprachkenntnisse:

- Welche
- Wie lange
- Wo erworben
- Nachweise

Sonstiges:

- Führerschein
- Schreibmaschinenkenntnisse
- Stenographiekenntnisse
- Sonstige Informationen, die für die Besetzung der Stelle interessant sein könnten

Unterschrift und Datum

werden können, aber für die angestrebte Position von Interesse sind, sollten benannt und kurz umschrieben werden.
Es scheiden sich die Geister darüber, ob man den Lebenslauf als Original oder als Kopie vorlegen sollte. Zwar macht ein Original noch immer den besseren Eindruck, aber bei den gegenwärtigen Arbeitsmarktverhältnissen wird ein Arbeitgeber kaum die Tatsache verkennen, daß sich ein arbeitsloser Akademiker sehr oft bewerben muß. Eine Kopie kann nicht schaden, aber sie sollte zumindest sauber und ohne dunkle Flecken sein. Unterschreiben Sie jede einzelne Kopie mit ihrem vollständigen Namen, und setzen Sie das Datum Ihrer Bewerbung darunter.

2.4 Das Lichtbild

Das Lichtbild soll einen Eindruck Ihres gegenwärtigen Aussehens vermitteln. Ein Foto, das Sie im Freizeitlook zeigt, ist für die Bewerbung genauso wenig geeignet wie ein Ganzbild. Einen Personalleiter interessiert nur eine Studie Ihres Gesichts. Die Aufnahme kann in Schwarz-Weiß oder in Farbe gemacht werden.
Der Besuch bei einem Porträtfotografen wird sich lohnen, denn ein Automatenfoto bringt ein Gesicht in der Regel nicht besonders vorteilhaft zur Geltung. Lassen Sie sich von der einmal für gut befundenen Aufnahme (im Paßbildformat) zahlreiche Abzüge machen.
Befestigen Sie Ihr Foto mit Trockenkleber auf dem Lebenslauf, am besten oben rechts. Ein Lichtbild, das mit einer Büroklammer angebracht wird, geht unter Hunderten von Bewerbungen leicht verloren. Vergessen Sie nicht, Name und Anschrift auf der Rückseite des Bildes zu vermerken.

2.5 Die Zeugnisse

Zum Studium Ihrer Zeugnisse kommt ein Personalchef erst am Schluß. Er wird anhand Ihrer Zeugnisse prüfen, ob der bisher positive Eindruck bestehen bleiben kann. Da Sie als Umsteiger oder Anfänger wenig Berufserfahrung vorweisen, kommt Ihrem Zeugnis, speziell Ihrer Note, besondere Bedeutung zu.
Bei der ersten Auswahl der eingegangenen Bewerbungen wird der Personalleiter mit Sicherheit Ihre Abschlußnote in Augenschein nehmen. Ihm wird klar sein, daß eine Note nur begrenzten Aussagewert besitzt. Sie gibt Aufschluß über die Leistung zu einem bestimmten Zeitpunkt unter bestimmten persönlichen wie universitären Voraussetzungen, ohne daß eine zuverlässige Vergleichsgröße erkennbar wäre. Dennoch läßt Ihre Zeugnisnote mehr Rückschlüsse zu als etwa Ihre Telefonnummer oder Ihr Wohnort. Bei der großen Zahl der Bewerber mit einer guten oder sehr guten Note besteht kaum ein Grund, sich für einen Kandidaten mit einem

schlechteren Zeugnis zu entscheiden. Man versuche daher auch nicht, eine wenig glanzvolle Note durch den Hinweis anzuheben, daß man sein Examen bei einem renommierten Professor absolviert hat. Hervorragende Examensnoten wiederum lassen besonders in der Privatwirtschaft gelegentlich den Verdacht eines zu starken wissenschaftlichen Interesses aufkommen. Die Wertung Ihres Zeugnisses sollten Sie allein dem Personalleiter überlassen. Geben Sie nur dann einen Kommentar zu Ihrer Note, wenn sie unter erschwerten persönlichen Umständen zustandekam.
Vergessen Sie nicht, alle *wichtigen* Zeugnisse einzureichen. Sie laufen sonst Gefahr, einen günstigen Platz in der Vorauswahl zu verlieren. Wichtig sind nur die Zeugnisse, die für die vakante Stelle bedeutsam sind. Wenn Sie zu viele unwichtige Zeugnisse vorlegen, wird sich ein Personalleiter fragen, ob Sie die Bedeutung der Stelle überhaupt erkannt haben. Tätigkeiten vor dem Studium oder in einem ganz anderen Beruf müssen nicht belegt werden. Ebenso wenig sind Zwischenzeugnisse vonnöten – es sei denn, daß Sie absolut keine Berufserfahrung, etwa durch Jobs in den Semesterferien, vorweisen können. Wer Zeugnisse über allgemein berufsbezogene Kenntnisse anbieten kann, sollte dies unbedingt tun. Kenntnisse in Maschinenschreiben, Stenographie, EDV oder Sprachen können eine schlechte Note durchaus ausgleichen.
Legen Sie niemals Originale vor! Nicht immer erhalten Sie Ihre Unterlagen zurück, und schon gar nicht immer in bester Verfassung. Machen Sie von den Originalen gute Kopien, und stellen Sie alle Zeugnisse in zeitlicher Reihenfolge zusammen: das jüngste Zeugnis zuerst und das älteste zuletzt. Einige Bewerber heften alle Dokumente zusammen und stecken diese dann in eine seitlich geöffnete Klarsichthülle. Andere lochen die Dokumente und befestigen sie in einem Schnellhefter. Dies sei ganz Ihrem persönlichen Geschmack überlassen. Jedenfalls genügt es, das Anschreiben lose beizulegen, denn es verbleibt bei der Firma.

Countdown: **Die Bewerbungsunterlagen**

- Sie stellen einen tabellarischen Lebenslauf zusammen und bringen ihn mit der Schreibmaschine zu Papier.
- Sie fotokopieren Ihre Zeugnisse und den Lebenslauf in großen Mengen. Einige Ihrer Zeugnis-Kopien lassen Sie amtlich beglaubigen. Jeden Lebenslauf sollten Sie einzeln unterschreiben und später mit dem aktuellen Bewerbungsdatum versehen.
- Sie lassen sich von einem Studiofotografen Porträtaufnahmen herstellen und etliche Abzüge machen. Sie kleben die Lichtbilder auf den Lebenslauf, und zwar am besten oben rechts.
- Sie ordnen alle Ihre Zeugnisse chronologisch (das jüngste obenauf), legen den Lebenslauf darauf und heften alles zusammen.

- Sie stecken diesen Stapel in seitlich geöffnete Klarsichthüllen oder in einen Schnellhefter. Sie legen das Anschreiben lose dazu.
- Sie bilden Reserveunterlagen: Handschriftenprobe, polizeiliches Führungszeugnis, Referenzen.
- Sie stellen sich ein umfangreiches Bürolager zusammen:
  erstklassiges Schreibpapier (für die Anschreiben)
  Briefumschläge mit verstärktem Rücken (DIN-A-4)
  selbstklebende Etiketten (für die Adressen)
  Briefmarken (falls das Gewicht jeder Bewerbung gleich ist)
  Klarsichthüllen (seitlich geöffnet) oder Kunststoffschnellhefter
  Durchschlagpapier
  Kohlepapier
  Hefter
  Trockenkleber
  Farbband für die Schreibmaschine
  Reinigungsmittel für die Schreibmaschinentypen
  Tipp-Ex
  Aktenordner (für die Durchschriften Ihrer Anschreiben)

3. Das Vorstellungsgespräch

Wenn Sie mit einer optimalen Präsentation Ihrer Bewerbungsunterlagen Interesse wecken können, haben Sie zwar eine sehr wichtige, aber nicht die letzte Hürde genommen: Eines Tages wird man Sie zu einem Vorstellungsgespräch einladen. Der Arbeitgeber möchte Sie persönlich kennenlernen, um den positiven Eindruck, den er bisher von Ihnen gewonnen hat, zu überprüfen. Ihr persönliches Auftreten entscheidet jetzt, ob Sie die freie Stelle erhalten werden oder nicht.
Diese Prüfungssituation bringt für den Bewerber eine hohe Nervenbelastung mit sich. Es gibt fast so viele psychische Strategien, mit der Situation fertig zu werden, wie es Bewerber gibt. Während manche gerade in einer angespannten Situation zu großer Form auflaufen, sind andere gehemmt und brauchen Zeit zum Warmwerden. Tips zur seelischen Bewältigung versagen hier. Mit einer gründlichen Vorbereitung auf das Vorstellungsgespräch aber werden Sie sich am besten gegen Unsicherheiten wappnen, die während des Gesprächs auftreten können.

3.1 Informationen über den Arbeitgeber

Zur Vorbereitung auf das Vorstellungsgespräch sollten Sie sich über Ihren neuen Arbeitgeber so umfassend wie nur möglich informieren. Die erworbenen Kenntnisse können Sie während des Gesprächs gezielt einsetzen und damit dem Personalleiter zu erkennen geben, daß Sie an der angebotenen Arbeit ernsthaft interessiert sind.

Diesen Eindruck besonders von einem Umsteiger zu gewinnen, ist für den Arbeitgeber außerordentlich wichtig. Er befürchtet sonst, daß der Bewerber nur mit angezogener Bremse arbeiten wird, bis er eine Stelle gefunden hat, die besser zu seiner Ausbildung paßt. Solchen Bedenken sollten Sie in angemessener Form entgegentreten. Versuchen Sie daher nicht den Eindruck zu vermitteln, Sie würden *jeden* Job annehmen, um bloß nicht mehr arbeitslos zu sein. Ihr *spezielles* Interesse ist gefragt.

Sie können aber nur dann mit Ihren Erkundigungen glänzen, wenn diese sachlich fundiert sind. Halbwissen bringt Sie leicht um Ihre Chance. Der erste Weg Ihrer Recherche führt über die hauseigenen Broschüren und Geschäftsberichte. Bitten Sie das Sekretariat um Zusendung dieser Materialien. Hat ein Arbeitgeber dergleichen nicht anzubieten, können Sie vielleicht auf Zeitungsartikel aus jüngster Zeit zurückgreifen. Wenden Sie sich an die Archive größerer Zeitungen und Fachzeitschriften, die Ihnen vielleicht eine Kopie überlassen können. Die F.A.Z. z. B. hat die Broschüre *Firmen laden ein* zusammengestellt, aus der Sie etwa 500 Firmenporträts entnehmen können (s. Literaturhinweise). Nutzen Sie auch Wirtschaftshandbücher und Fachliteratur. Die Handelsregister der Industrie- und Handelskammern geben Ihnen Auskunft über Produktionsart, Gesellschaftsform und Größe eines Betriebes. Am besten ist natürlich dran, wer auf persönliche Kontakte zurückgreifen kann. Man erhält Informationen aus erster Hand und vielleicht sogar einige Tips, wie man mit den Gesprächspartnern umgehen sollte.

3.2 Das persönliche Auftreten

Bei der Vorbereitung auf das Gespräch sollte man sich auch überlegen, wie man durch sein eigenes Verhalten das Ergebnis zu seinen Gunsten beeinflussen kann. Wer offen und natürlich in das Gespräch geht, wird mit Sicherheit einen besseren Eindruck hinterlassen als jemand, der etwa die Rolle eines dynamischen Karrieristen zu spielen bemüht ist. Erfahrene Personalleiter fallen auf solche Versuche nicht herein.

Es empfiehlt sich, pünktlich und ausgeruht zum vereinbarten Termin zu erscheinen. Besondere Aufmerksamkeit sollten Sie Ihrem Äußeren widmen. Werben Sie für sich mit einer gepflegten Erscheinung, und kleiden Sie sich so, wie Sie Ihren neuen Arbeitgeber nach außen hin repräsentieren würden. Freizeitlook wird nur in den wenigsten Fällen akzeptiert. Auch auf Ihre Körperhaltung wird geachtet: Unbefangenheit können Sie anders vorführen, als sich im Sessel zu aalen.

Wichtig ist auch die Art und Weise, wie Sie an dem Gespräch teilnehmen wollen. Wer ständig den Gesprächspartner unterbricht, um sich in den Vordergrund zu bringen, wird nicht auf Wohlwollen stoßen. Aber auch ein defensives Verharren in Einsilbigkeit wird keine Sympathien wecken. Am besten gehen Sie mit der Einstellung in das Gespräch, ein gleichberechtigter Verhandlungspartner zu sein, der seine Gesprächsteilnehmer von dem

überzeugen will, was er anzubieten hat. Dies setzt allerdings voraus, daß Sie eine realistische Einschätzung jener Fähigkeiten besitzen, die Sie trotz fehlender Berufserfahrung vorweisen können.

Kein Arbeitgeber wird Sie zu einem Vorstellungsgespräch einladen, wenn er sich von Ihrer Arbeitskraft nichts verspricht. Abgesehen von den persönlichen Qualitäten, die jeder Bewerber in unterschiedlicher Weise mitbringt, ist für ihn in erster Linie das *Abstraktionsvermögen* wichtig, das Sie in den Jahren wissenschaftlichen Studiums erworben haben. Ein Arbeitgeber kann davon ausgehen, daß Ihnen das Erkennen komplexer Sachverhalte keine großen Schwierigkeiten bereiten wird. – Ein weiterer Pluspunkt, der sich anführen läßt, ist die Fähigkeit zum *selbständigen Erarbeiten eines fremden Sachgebietes*. Wenn ein Arbeitgeber eine Stelle anzubieten hat, die mit einer betriebsinternen Ausbildung verbunden ist, wird er gerade diese Fähigkeit zu schätzen wissen, denn ein solcher Kandidat verspricht das gesetzte Lernziel erreichen zu können. – Durch den jahrelangen Umgang mit

wissenschaftlicher Denkweise ist man auch mit *logischer Argumentationstechnik* vertraut. Sie ist für zahlreiche Aufgaben eines Hauses vonnöten und wird gern bei Außendienstaufgaben gesehen. – Letztlich sei auf die *gute Allgemeinbildung* verwiesen, die für zahlreiche alternative Berufsfelder eine wichtige Eingangsvoraussetzung ist.
Übrigens sollten Sie auch auf die Leistungen der Bundesanstalt für Arbeit (Einarbeitungszuschuß und Eingliederungsbeihilfe) aufmerksam machen, die ein Arbeitgeber im Fall Ihrer Einstellung evtl. in Anspruch nehmen kann.
Wer sich als gleichberechtigter Verhandlungspartner versteht, wird sich nicht scheuen, während des Gesprächs des öfteren Fragen zu stellen. Dadurch können Sie nicht nur Ihre Konzentrationsfähigkeit unter Beweis stellen, sondern auch Ihr ernsthaftes Interesse an der angebotenen Arbeit bekunden. Gut gefragt ist hier tatsächlich halb gewonnen. Es ist daher ratsam, sich vor dem Gespräch eine Reihe von Fragen aufzulisten, die Sie im Laufe des Interviews gerne klären möchten. Hier sind vor allem zu nennen:

- *Das Aufgabengebiet* sollte Ihnen klar beschrieben werden. Um zu wissen, worauf Sie sich einlassen, müssen Sie genau wissen, wo Ihr Arbeitsbereich anfängt und wo er aufhört. Fragen Sie, welche Anforderungen an Sie exakt gestellt werden und (vor allem bei Großfirmen) ob eine Stellenbeschreibung für diese Position existiert.
- *Die Arbeitsbedingungen* sollten Ihnen genannt werden. Fragen Sie bei Unklarheiten nach: Handelt es sich um eine Teilzeitarbeit? An welchem Ort wird man eingesetzt? Ist die Tätigkeit mit viel Außendienst verbunden? Ist die Arbeit befristet? Welche Dauer soll die Probezeit haben? ...
- *Die Entscheidungsbefugnisse* müssen deutlich abgesteckt sein. Klären Sie die genauen Kompetenzen Ihrer Position. Fragen Sie ggf. nach der Zahl der Ihnen unterstellten Mitarbeiter und der Ihnen vorgesetzten Chefs.
- *Die Entwicklungsmöglichkeiten,* die sich aus Ihrer Position ergeben können, sollten erörtert werden. Fragen Sie, welche Bedeutung langfristig Ihrer Arbeit zukommt, ob an eine Erweiterung Ihres Arbeitsbereiches gedacht ist und welche Weiterbildungsmöglichkeiten bestehen.
- *Das Gehalt* ist ein heikler Punkt. Auf jeden Fall ist es ratsam, sich vorher z. B. bei Freunden, Bekannten oder der zuständigen Gewerkschaft nach der Bezahlung für vergleichbare Stellen zu erkundigen. Auf einem entsprechenden Betrag zu beharren, kann auch Stehvermögen zeigen und mit dazu beitragen, ein vorhandenes Gehaltsgefüge zu sichern. Andere halten dagegen, als Umsteiger müsse man finanziell zunächst zurückstecken, um überhaupt eine Stelle zu bekommen. Es wird von der bisherigen Dauer Ihrer Arbeitslosigkeit mit abhängen, wie Sie

Ihren eigenen Wert einschätzen. Um im Vorstellungsgespräch bei diesem Problem nicht zu lange zu zögern, sollten Sie vorher ein Nettoeinkommen festsetzen, das Sie in Anbetracht Ihrer finanziellen Verpflichtungen nicht unterschreiten können. Vom Verlauf des Gesprächs und näheren Informationen zu Ihrem Aufgabengebiet können Sie dann Ihre Gehaltsvorstellungen nach oben hin abhängig machen. Bedenken Sie, daß eine weniger gut bezahlte, aber interessante Arbeit mit Aufstiegsmöglichkeiten eine bessere Arbeitsmotivation mit sich bringt, die irgendwann zu einer Steigerung des Einkommens führen wird. Wenn Sie zu einem guten Lohn eine miserable Arbeit ausführen sollen, erhebt sich die Frage, wie lange Sie diesen Job überhaupt aushalten können. Fragen Sie jedenfalls auch nach den weiteren sozialen Leistungen (etwa Urlaubs- und Weihnachtsgratifikation, Altersversorgung), um das angebotene Gehalt angemessen beurteilen zu können.

Verlieren Sie sich aber nicht zu sehr im Detail. Wenn man stets an einigen Punkten hängen bleibt, wirkt sich dies störend auf den Gesprächsfluß aus. Sie werden es der Reaktion Ihrer Gesprächspartner entnehmen können, ob Ihre Fragen ermüdend sind. Falls Sie auf Fragen, die offensichtlich Interna des Hauses berühren, keine oder nur eine ausweichende Antwort erhalten, sollten Sie von weiterem Nachhaken Abstand nehmen.

Wenn Sie im Vorstellungsgespräch nicht in Verlegenheit kommen wollen, sollten Sie sich vorher einmal in die Lage des Personalleiters zu versetzen suchen und sich selbst mit Fragen konfrontieren, die er Ihnen möglicherweise stellen könnte:

- *Das Motiv Ihrer Bewerbung?* Jeder Arbeitgeber möchte wissen, warum sich ein Kandidat für die freie Stelle interessiert. Aus der Stärke der Motivation versucht er, die vorhandene Einsatzbereitschaft zu erkunden. Gleichzeitig kann er überprüfen, wie realitätsbezogen die Vorstellungen des Bewerbers sind.
- *Lücken im Lebenslauf?* Berufliche Ausfallzeiten oder Umwege, die im Lebenslauf vornehm umschreiben wurden, möchte der Arbeitgeber zur genauen Einschätzung des Bewerbers gerne näher erläutert wissen. Ein offenes und ehrliches Darstellen dieser Lücken stößt immer auf mehr Verständnis als der Versuch, sie zu verbergen.
- *Wie sehen Sie Ihre Stärken und Schwächen?* Mit dieser Frage wird nicht nur Ihre Fähigkeit zur Selbstkritik geprüft. Da Sie schlecht angeben können, keine Schwächen zu haben, erfährt der Arbeitgeber mehr über Sie, als ihm sonst möglich wäre. Bei der Aufzählung von Eigenschaften sollten Sie zumindest vorsichtig mit denen sein, die Zweifel an Ihrer Fähigkeit zu Teamarbeit (= Kooperieren) oder zu Führungsaufgaben (= Durchsetzen) aufkommen lassen könnten – je nachdem, auf welche Anzeige Sie sich beworben haben. Arbeitgeber schätzen (nach einer

AIESEC-Untersuchung) bei Bewerbern generell vor allem folgende Eigenschaften:
- Teamarbeit
- Flexibilität, Mobilität, Dynamik, Belastbarkeit
- Leistungsbereitschaft
- Verantwortungsbereitschaft
- Ausdrucksfähigkeit
- Durchsetzungsvermögen.

In den wenigsten Fällen werden am Ende eines Vorstellungsgesprächs schon feste Abmachungen getroffen. Schließlich will sich der Arbeitgeber noch von den restlichen Kandidaten ein persönliches Bild machen. Versuchen Sie nicht, Ihren Gesprächspartner mit dem Hinweis auf Ihre weiteren Bewerbungen zu einer schnellen Entscheidung zu bewegen. Vereinbaren Sie statt dessen einen Zeitraum, innerhalb dessen Sie mit einer Antwort rechnen können. Bieten Sie nochmals an, daß Ihre gesamten Bewerbungsunterlagen auch im Fall einer Absage für eine unbestimmte Zeit beim Arbeitgeber verbleiben können.

Wenn Sie nach einiger Zeit eine formlose Absage erhalten, sollten Sie versuchen, die Gründe in Erfahrung zu bringen, auch wenn dies etwas Hartnäckigkeit erfordert. Vielleicht gewinnen Sie so Einsichten, mit deren Hilfe Sie bei zukünftigen Vorstellungsgesprächen erfolgreicher auftreten können.

Literaturauswahl

Berufsplanung. Berufliche Einsatzgebiete mit Zukunft. Die Laufbahnberatung der F.A.Z. Herausgegeben vom Bewerber-Service, Text und Idee: Dieter Dröll. Frankfurter Allgemeine Zeitung, Frankfurt/M. 1982

Born, J.: *Bewerben mit Erfolg.* 286 Seiten. F. Englisch Verlag, Wiesbaden 1982

Dröll, D.: *Erfolgreich bewerben – wenn's schwierig ist. Bewerbungshilfe, Musterbriefe, Erfolgsratschläge.* Societäts Verlag, Frankfurt/M. [3]1978

Examen – und was dann? Tips, Ratschläge und Informationen für Hochschulabsolventen. Hrsg. Dresdner Bank AG, Ressort Privatkundengeschäft. Jürgen-Ponto-Platz 1, 6000 Frankfurt/M. 1

Firmen laden ein. F.A.Z. – Leitfaden Betriebsbesichtigungen. Herausgegeben von der Frankfurter Allgemeinen Zeitung, Frankfurt/M. [4]1983 (770 Seiten, DM 20,–)

Grätz, F.: *Wer verdient was? Orientierung über Berufe, Positionen und Einkommen.* 172 Seiten. Expert-Verlag, Grafenau [4]1983

Hofstetter, J.: *So bewerbe ich mich richtig.* Goldmann TB 10549, München (DM 5,80)

Knebel, W.: *Das Vorstellungsgespräch. Vorbereitung, Durchführung, Auswertung.* verlag moderne industrie, München [5]1978

Lütge/Schweer: *Studium – und dann? Karriereplanung, Bewerbungshilfe, Arbeitsrechtfragen, Aufstiegschancen, Auslandstätigkeit, Versicherungsprobleme, Startschwierigkeiten.* Ölschläger Verlag, München 1978

Stamm. Leitfaden durch Presse und Werbung. Stamm-Verlag GmbH, Essen

Wolfgang Henniger

Alternativen für Lehrer?

Alternative Beschäftigungsmöglichkeiten für arbeitslose Gymnasiallehrer

Hilfen des Philologenverbandes

1. Situationsanalyse

Zwischen Bildungssystem und Beschäftigungssystem gibt es im Lehrerbereich erhebliche Diskrepanzen. Nach Angaben des Instituts für Weltwirtschaft in Kiel (K. D. Schmidt, 1982) werden in den achtziger Jahren 250 000 Studenten für das Lehramt ihr Studium beenden. Demgegenüber wird sich die Schülerzahl von 11 Millionen im Jahre 1980 auf 7 Millionen im Jahre 1990 verringern. Der ohnehin aufgrund der Schülerzahlen und Altersstruktur der Kollegien verringerte Ersatzbedarf an Lehrern wird durch die Defizite der öffentlichen Haushalte kaum ausgeglichen werden. An den Gymnasien wurden im Frühjahr 1983 von den 12 364 Bewerbern nur 4,6 % eingestellt. 1985 ist mit 50 000 arbeitslosen Gymnasiallehrern und 1990 mit über 100 000 arbeitslosen Lehrern für Gymnasien zu rechnen. 1990 kommt auf die Zahl von 120 000 hauptberuflichen Gymnasiallehrern die gleiche Zahl an Studenten und Bewerbern für das Lehramt an höheren Schulen. Somit wird die Lehrerarbeitslosigkeit besonders gravierend im gymnasialen Sektor sein, sie übertrifft hier sogar die Arbeitslosenprognosen im Gesamtarbeitsbereich.
Schon 1983 werden nach der offiziellen Statistik der Bundesanstalt für Arbeit (Stand Sept. 1982, veröffentlicht März 1983) 19 424 Lehrer als Arbeitslose geführt. Bei dieser Zahl ist jedoch nachdrücklich festzustellen, daß sie nur einen Ausschnitt aus der Lehrerarbeitslosigkeit wiedergibt: Nur ein Teil der beschäftigungslosen Lehrer läßt sich als arbeitslos erfassen – viele dagegen versprechen sich keine Hilfestellung von der Arbeitsverwaltung.
Für diesen Personenkreis hat die Bundesarbeitsgemeinschaft der Referendare und Studienräte im Deutschen Philologenverband 1983 in 3. Auflage einen *Ratgeber für arbeitslose Lehrer* herausgebracht. In der Broschüre will der Philologenverband über den Stand und die weitere Entwicklung auf dem Lehrerarbeitsmarkt, über die Hilfestellung der Arbeitsverwaltung, über die Modalitäten einer Bewerbung bei den Einstellungsbehörden der Bundesländer und über verschiedene finanzielle Aspekte der Arbeitslosigkeit informieren.

2. Lösungsvorschläge im innerschulischen Bereich

Bildungs- und Finanzpolitiker, Verbände und Gewerkschaften, Lehrer und Betroffene haben verschiedene Vorschläge zur Lösung des Problems der Lehrerarbeitslosigkeit gemacht. Als die wichtigsten relativ kostenneutralen Vorschläge sind zu nennen:

- Abschaffung der Mehrarbeit
- Abschaffung bzw. Reduzierung des nebenberuflichen Unterrichts
- Ausdehnung der Teilzeitarbeit
- $1\frac{1}{2}$ Planstellen für sogenannte Doppelverdiener
- „Sabbat"-Jahr
- Reduzierung des Eingangsamtes
- Kürzung der Wochenarbeitszeit bei gleichzeitiger Kürzung der Bezüge
- Kürzung der Lebensarbeitszeit bei gleichzeitiger Kürzung der Bezüge
- Umschichtungen im Bildungsetat (z. B. Schulwegkosten)
- Streckung der Dienstaltersintervalle, Beförderungsstopp.

Hinzu kommen eine Reihe von kostenintensiven Maßnahmen zur Schaffung von Planstellen:

- Reduzierung des Unterrichtsausfalls, Schaffung einer Krankenreserve
- Senkung der Klassenfrequenzen
- Arbeitszeitverkürzung
- Verlegung der Pensionsgrenze auf 58 Jahre
- Erweiterung der Anrechnungsstunden.

Die Realisierung dieser Vorschläge stößt jedoch auf Schwierigkeiten. Selbst bei den günstigsten Voraussetzungen rechnet der Philologenverband in den achtziger Jahren mit einer Einstellungsquote von maximal 20 % der Bewerber. Durch halbjährliche Umfragen zu den Einstellungsterminen bietet der Philologenverband den Bewerbern exakte Informationen über die jeweiligen Einstellungsquoten in den Ländern, den Fächerbedarf und die Einstellungsprognosen an.
Im **Privatschulbereich** gab es bisher relativ günstige Einstellungschancen, die durch den Ratgeber *Der Lehrer an privaten Gymnasien* der Bundesarbeitsgemeinschaft der Referendare und Studienräte erschlossen werden. Der Privatschulratgeber erfaßt – bisher einmalig in dieser Zusammenstellung – kompakt über 400 Anschriften privater Gymnasien in der Bundesrepublik. Der Ratgeber vermittelt die einschlägigen Anlaufstellen, die für den Stellensuchenden in Frage kommen. Darüber hinaus gibt er einen ersten Einblick in den Charakter verschiedener Schulträger und die rechtliche Problematik von Privatschulverträgen.

3. „Traditionelle Alternativen" im außerschulischen Bereich

Im außerschulischen Bereich nennen die einschlägigen Studien (Parmentier, Kammerer, Holtkamp/Teichler, Stooß u. a.) folgende Alternativen:

- Redaktion/Public Relations
- Beratung/Betreuung
- Fachreferate
- Wissenschaft/Forschung
- Ausbildung/Weiterbildung
- Bildungs- und Kulturreferate
- Dokumentation, Bibliotheken, Archive
- Verwaltung.

Diese Lösungsvorschläge sind auszubauen und durch neue, unkonventionelle Lösungsvorschläge zu ergänzen. So können z. B. nach dem Vorschlag des Deutschen Philologenverbandes Lehrer als *Entwicklungshelfer* eingesetzt werden.

Da die genannten Berufsfelder in der Regel von öffentlichen Geldern abhängig sind und auch hier die Bewerberzahl größer als die Zahl der freien Stellen ist, muß jedoch einschränkend festgestellt werden, daß dieser Sektor des Arbeitsmarktes nur eine geringe Entlastungsfunktion für den Lehrerarbeitsmarkt bietet.

4. Alternativen in Wirtschaft, Handel und Industrie

Die bisher vorgestellten Lösungsvorschläge reichen nicht aus, um das Problem der Lehrerarbeitslosigkeit entscheidend zu entschärfen. Deshalb müssen zusätzliche Maßnahmen im Bereich der Wirtschaft ergriffen werden. Die bisher gescheiterten Versuche, arbeitslose Lehrer in die Wirtschaft zu integrieren, werden sich aufgrund der veränderten Erwartungshaltung nicht wiederholen.

In einer Untersuchung der Bundesarbeitsgemeinschaft der Referendare und Studienräte zu „Alternativen Beschäftigungsmöglichkeiten für Gymnasiallehrer in Handel und Industrie" von 1982 haben Wirtschaftsunternehmen aus den Bereichen

- chemische Industrie
- Elektroindustrie
- Druckindustrie, Verlage
- Kreditinstitute, Versicherungen

angegeben, daß sie bisher schon Lehrer beschäftigt haben und auch in Zukunft Beschäftigungsmöglichkeiten für arbeitslose Lehrer sehen.

In einer anderen Untersuchung des Philologenverbandes von 1983 wurden 165 Firmen mit 1 771 307 Mitarbeitern aus allen Branchen nach der Bereitschaft befragt, arbeitslose Lehrer in die Schulungskurse (Trainee-Programme) für Hochschulabsolventen aufzunehmen. Von den 46,66 % der Firmen, die geantwortet haben, sind 36,66 % bereit, arbeitslosen Lehrern eine Chance zu geben. Besonders günstig sieht die Situation in der Elektrobranche und im EDV-Bereich aus. Darüber hinaus sind 32 % der Firmen, die die Umfrage beantwortet haben, bereit, arbeitslose Lehrer in anderen Bereichen zu beschäftigen. Hier wurden mit deutlichem Abstand die Bereiche Bildung und Ausbildung genannt, in der die pädagogischen und methodischen Qualifikationen der Lehrer zum Tragen kommen, ferner die Bereiche EDV, Mathematik und Informatik, die spezielle Kenntnisse erfordern.
Einen vielversprechenden Weg aus der Arbeitslosigkeit bieten auch die *Existenzgründungsseminare der Industrie- und Handelskammern*, die auf Initiative des Philologenverbandes speziell für arbeitslose Lehrer in Bayern, Baden-Württemberg und Rheinland-Pfalz eingerichtet wurden. Industrie- und Handelskammern anderer Bundesländer wollen diesem Beispiel folgen.

Die genannten Untersuchungen sind – zusammen mit weiteren Tips für die Stellensuche – ausführlich dargestellt in der Broschüre *Alternative Berufsfelder für Philologen – ein Ratgeber für die Stellensuche außerhalb der Schule*, der von der Bundesarbeitsgemeinschaft der Referendare und Studienräte im Herbst 1983 herausgegeben wurde.
Die Schwierigkeiten, die bisher bei der Vermittlung von arbeitslosen Lehrern aufgetreten sind, lagen oft daran, daß die Wirtschaft, die Arbeitsämter und auch die Bewerber selbst unzureichende Kenntnisse über die im Studium und Referendariat erworbenen Qualifikationen hatten. Deshalb hat der Philologenverband von der Bundesanstalt für Arbeit herausgegebene „Qualifikationsprofile für Gymnasiallehrer“ erstellt, die neben den fachspezifischen Qualifikationsmerkmalen auch allgemeine enthalten – so z. B. intellektuelle und motivationale Merkmale, Sprachverhalten und soziale Kompetenz. Die letzteren sind gerade bei einer Tätigkeit außerhalb der Schule besonders wichtig.

5. Perspektiven

Die hier vorgestellten Lösungsmöglichkeiten zum Problem der Lehrerarbeitslosigkeit haben schon einigen Tausend Lehrern geholfen. Sie stellen – angesichts der oben dargestellten Zahlen – jedoch keinen Königsweg dar. Auch in Zukunft müssen – möglichst unkonventionelle – Lösungen zur Beschäftigung von Lehrern in und außerhalb der Schule gesucht werden. Der Philologenverband stellt den betroffenen arbeitslosen Lehrern und Selbsthilfegruppen seine Mittel und sein Know-how zur Verfügung und wird sich dafür einsetzen, daß berechtigte Forderungen der arbeitslosen Lehrer durchgesetzt werden können. ‚Umsteigen' werden aber auch viele Studenten und Referendare müssen, die sich noch in der Ausbildung an den Universitäten und Studienseminaren befinden. Zusammen mit den Universitäten und Kultusministerien bemüht sich der Philologenverband um eine flexiblere Lehrerausbildung, die mehrere Berufsfelder für Lehrer nach ihrer Ausbildung erschließt.

Mit der Umfrage bei 50 Hochschulen und 17 Schul- bzw. Hochschulministerien der Bundesländer zur Frage der Polyvalenz der Gymnasiallehrerausbildung informiert der Philologenverband Studenten über alternative Studiengänge zur Lehrerausbildung. Denn ein Studienfach- bzw. Studienortwechsel ist immer noch besser als ein späterer Berufswechsel!

6. Quellen- und Literaturhinweise

Die angegebenen Titel bieten vielfältige Möglichkeiten, sich über die Situation auf dem Lehrerarbeitsmarkt zu informieren, sowie zahlreiche Hilfen, Tips, Adressen. Die Broschüren des Philologenverbandes erhalten Sie bei der *Bundesarbeitsgemeinschaft der Referendare und Studienräte im Deutschen Philologenverband*, Graf-Adolf-Straße 86-88, 4000 Düsseldorf 1.

Malte Blümke: *Trainee-Programme für Hochschulabsolventen als alternative Beschäftigungsmöglichkeit für arbeitslose Gymnasiallehrer*. Düsseldorf 1983 (Deutscher Philologenverband)

Bundesarbeitsgemeinschaft der Referendare und Studienräte im Deutschen Philologenverband: *Qualifikationsprofile von Gymnasiallehrern*. In: informationen für die Beratungs- und Vermittlungsdienste der Bundesanstalt für Arbeit (ibv) 1982, Nr. 52, S. 1541–1549

Rüdiger Falk / Reinhold Weiß: *Qualifizierung und Beschäftigungsmöglichkeiten von Lehrern in der privaten Wirtschaft. Modellversuch zur Integration arbeitsloser Lehrer in betriebliche Aufgabenbereiche. 1. Zwischenbericht: Theoretische Grundlagen, Bewerbungsverfahren und Anforderungen der Betriebe*. Köln 1983 (Institut der Deutschen Wirtschaft, Hauptabteilung I: Bildung und Gesellschaftswissenschaften)

Der Gymnasiallehrer. Ein Ratgeber für Studenten des Lehramts. Hrsg. von der Bundesarbeitsgemeinschaft der Referendare und Studienräte im Deutschen Philologenverband. Düsseldorf 1981

Norbert Havers / Klaus Parmentier / Friedemann Stooß: *Alternative Einsatzfelder für Lehrer? Eine Bestandsaufnahme zur aktuellen Diskussion*. Nürnberg 1983 (Beiträge zur Arbeitsmarkt- und Berufsforschung 73)

Rolf Holtkamp / Ulrich Teichler: *Außerschulische Tätigkeitsbereiche für Absolventen sprach- und literaturwissenschaftlicher Studiengänge*. Kassel 1981 (Werkstattberichte Wissenschaftliches Zentrum für Berufs- und Hochschulforschung an der Gesamthochschule Kassel, Band 8)

Ich mache mich selbständig, Leitfaden zur Existenzgründung. Hrsg. Arbeitsgemeinschaft der Bayerischen Industrie- und Handelskammern, Max-Joseph-Straße 2, 8000 München 2, [3]1982

Josef Kraus: *Alternative Beschäftigungsmöglichkeiten für Gymnasiallehrer in Handel und Industrie.* Düsseldorf 1982 (Deutscher Philologenverband)

Georg von Landsberg: *Trainee-Programme, Berufsstart für Hochschulabsolventen.* Hrsg. vom Institut der deutschen Wirtschaft, Köln 1980

Der Lehrer an privaten Gymnasien. Ein Ratgeber für die Stellensuche. Hrsg. von der Bundesarbeitsgemeinschaft der Referendare und Studienräte im Deutschen Philologenverband. Düsseldorf 1982

Das Problem der Lehrerbeschäftigung als Teilproblem der allgemeinen Arbeitslosigkeit. Entwicklungen, Auswirkungen, Lösungen. Forderungen und Lösungsvorschläge des Deutschen Philologenverbandes, Düsseldorf 1982

Ratgeber für arbeitslose Lehrer. Hrsg. von der Bundesarbeitsgemeinschaft der Referendare und Studienräte im Deutschen Philologenverband. Düsseldorf [3]1983

Klaus-Dieter Schmidt: *Zum Problem der Lehrerarbeitslosigkeit.* Institut für Weltwirtschaft Kiel, März 1982 (Kieler Diskussionsbeiträge 87)

Joerg E. Staufenbiel: *Berufsplanung für den Management-Nachwuchs. Trainee-Programme und Stellenangebote.* START 81/82, Köln [5]1980 (Institut für Berufs- und Ausbildungsplanung Köln)

Umfrage der Bundesarbeitsgemeinschaft der Referendare und Studienräte im Deutschen Philologenverband zur Frage der „Polyvalenz der Gymnasiallehrerausbildung" bei 50 deutschen Hochschulen und bei 17 Schul- bzw. Hochschulministerien der Bundesländer. Düsseldorf 1983 (Deutscher Philologenverband)

Malte Blümke

Welche Hilfen leistet die GEW?

Unter den Einzelgewerkschaften des DGB hat die GEW wegen ihres Organisationsbereiches eine besonders intensive Verbindung zu den Hochschulen. Dort sind viele Kolleginnen und Kollegen aus dem Lehrkörper und der Studentenschaft als Mitglieder organisiert (Hochschulgruppen, Fachgruppenausschuß Hochschule und Forschung, Studentengruppen, GEW-Arbeitskreis Studenten). Aber auch arbeitslos gewordene Hochschulabgänger sind für die GEW nicht „weg vom Fenster": Schon 1975, zu einem Zeitpunkt, als die Arbeitslosigkeit für Hochschulabsolventen – und insbesondere für Lehrer – sich gerade erst anbahnte, führte die GEW die Arbeitslosenmitgliedschaft in ihrem Organisationsbereich ein. Es wurde festgelegt: Zum einen können arbeitslose Erzieher und Wissenschaftler, die ihre Ausbildung abgeschlossen haben und schon während der Ausbildungszeit ordentliches Mitglied waren, diesen Status weiterhin behalten. Zum anderen können auch diejenigen (außerordentliches) Mitglied werden, die erst zu Zeiten der Arbeitslosigkeit nach der Ausbildung in die GEW aufgenommen werden wollen. – Mit einem Beschluß zur Regelung der Mitgliedschaft hat die GEW im Mai 1983 diese Statusunterschiede aufgehoben und festgelegt, daß alle arbeitslosen Mitglieder ordentliche Mitglieder sein können.

Zu den Rechten eines Mitglieds in der GEW gehört insbesondere die **Möglichkeit der Rechtsberatung und des Rechtsschutzes.** Diese rechtliche Hilfe spielt bei den zunehmenden bürokratischen und gerichtlichen Auseinandersetzungen, z. B. um Fragen der sozialen Absicherung, eine wichtige Rolle. In vielen Fällen konnten z. B. GEW-Kolleginnen und -Kollegen, die nach Ablauf eines befristeten Vertrages entlassen worden waren, mit Unterstützung des GEW-Rechtsschutzes wieder in eine Anstellung eingeklagt werden. Zahlreiche Erfolge vermelden die Rechtsschutzstellen ferner sowohl bei gerichtlichen Auseinandersetzungen um Probleme der Ausbildungsförderung, der Anerkennung von Lehrerexamen als auch im Zusammenhang mit Widerspruchs- und Sozialgerichtsverfahren hinsichtlich der Gewährung von Arbeitslosengeld, Arbeitslosenhilfe und Sozialhilfe.

Die Anträge auf Mitgliedschaft in der GEW werden an den jeweiligen Landesverband gerichtet. Der monatliche Mitgliedsbeitrag beträgt für arbeitslose Kolleginnen und Kollegen derzeit (August 1983) DM 4,–. Zusätzlich zur Meldung beim Landesverband sollten sich arbeitslose Mitglieder beim Sekretariat Arbeitslose Lehrer der GEW registrieren lassen. Sie erhalten von dort Tips, Adressen und regelmäßige Informationen zu aktuellen Problemen der Lehrerarbeitslosigkeit. Dieser Informationsservice steht auch denjenigen Interessenten kostenlos zur Verfügung, die (noch) nicht Mitglied der GEW sind. In den meisten Landesverbänden der GEW besteht für arbeitslose Mitglieder darüber hinaus die Möglichkeit, sich in eigenen Betriebsgruppen oder Arbeitskreisen zu organisieren und auf die Meinungsbildung in den GEW-Gremien Einfluß zu nehmen. Inzwischen sind in einigen Vorständen der GEW auf regionaler und Landesebene die Arbeitslosen durch gewählte Vertreter/innen aus ihren Gruppen auch personell vertreten. Auch die Delegiertenliste für den Gewerkschaftstag der GEW im Oktober 1983 verzeichnet mehrere arbeitslose Mitglieder.

Die beste Hilfe für ihre arbeitslosen Mitglieder ist natürlich auch aus der Sicht der GEW die **Schaffung neuer Stellen und zusätzlicher Beschäftigungsmöglichkeiten.** Die langfristigen, aber auch die alltäglichen Aktivitäten der GEW stehen ganz im Zeichen der Priorität dieses Ziels. Im Mittelpunkt ihres Einsatzes steht dabei die Forderung nach mehr Investitionen und mehr Stellen für die Bildung und die nach einer beschäftigungswirksamen Arbeitszeitverkürzung. Darüber hinaus hat sich die GEW in den letzten Jahren und Monaten dafür stark gemacht, daß die freiwillige Umverteilung der vorhandenen Arbeit beschäftigungswirksam genutzt wird. Auf diese Weise soll wenigstens für eine Linderung der Arbeitsmarktprobleme gesorgt sowie jenen Kolleginnen und Kollegen, die sonst draußen geblieben wären, zu einem Arbeitsplatz verholfen werden. Der Katalog solcher freiwilligen Umverteilungsmaßnahmen reicht von Teilzeitarbeit und längerfristigen Beurlaubungen über die Einführung von Fortbildungsjahren bis hin zur vorzeitigen Pensionierung. Auch die Forderung nach dem Verbot von Mehrarbeit und nach der Anrechnung von Nebentätigkeiten auf das Hauptamt gehört zu diesen weitgehend kostenneutralen Vorschlägen. Daß sich hier zumindest Teilerfolge erzielen lassen, zeigen z. B. die Zahlen zur Lehrereinstellung im Schuljahr '83/84: Von den ca. 5.000 Einstellungen kommen etwa 2.000 auf das Konto freiwilliger Umverteilung.

Für die vielen, die dennoch auf der Straße stehen, bietet die GEW jedoch nicht nur richtige, aber für Arbeitslose eher abstrakte Forderungen und Informationsmaterial, sondern in zunehmendem Maße und in unterschiedlichen Formen auch **praktische Solidarität:** Einige Landesverbände der GEW haben seit einiger Zeit bereits *Solidaritätsfonds* für arbeitslose Mitglieder eingerichtet. Sie sollen dazu dienen, Selbsthilfeprojekte von arbeitslosen Kolleginnen und Kollegen zu unterstützen, aber auch im Einzelfall Arbeitslosen in wirtschaftlicher Not zu helfen. Mit einem Beschluß des Hauptvorstandes der GEW von Anfang 1983 ist ferner grundsätzlich entschieden worden, auf der Basis von freiwilligen Beiträgen generell in der GEW einen Solidaritätsfonds einzurichten. Damit können Arbeitslosenprojekte bezuschußt werden, die sich an gewerkschaftlichen Vorstellungen und Forderungen orientieren. Für Interessenten gilt auch in diesem Fall: Fragen zur konkreten Ausführung bzw. Antragstellung sind am besten an die GEW-Landesverbände zu richten.
Auf regionaler und lokaler Ebene wird im übrigen in verstärktem Maße auch von den beschäftigten GEW-Mitgliedern heute schon praktische Solidarität gezeigt: für Patenschaften, gemeinsame Aktionen und Veranstaltungen, organisatorische und materielle Unterstützung von Arbeitsloseninitiativen und Selbsthilfeprojekten ebenso wie für einzelne arbeitslose Kolleginnen oder Kollegen.

Noch ein Hinweis auf nützliches GEW-Material: Aktuelle Daten, Dokumente und Stellungnahmen zur Lehrerarbeitslosigkeit, aber auch zu generellen Fragen der Arbeitslosigkeit werden laufend vom **Sekretariat Arbeitslose Lehrer** der GEW zusammengestellt und – soweit der Vorrat reicht – kostenlos weitergegeben. Über die verfügbaren Titel informiert das beim Sekretariat erhältliche Broschürenverzeichnis. Nach wie vor aktuell für GEW-Positionen und -Aktionen, aber auch als Dokumentation von Meinungen und persönlichen Erfahrungsberichten ist das *Schwarzbuch – GEW in Sachen: Lehrerarbeitslosigkeit*, das 1981 im Scriptor-Verlag erschienen ist (Anfragen an das Sekretariat).

Wichtige Adressen der GEW:

Hauptvorstand
Gewerkschaft Erziehung und Wissenschaft, Unterlindau 58 / Postfach 180109, 6000 Frankfurt/M., Tel.: (06 11) 72 00 96–99

Landesverbände

Baden-Württemberg: Lazarettstr. 10, 7000 Stuttgart 1, Tel.: (07 11) 24 58 52–3
Bayern: Schwanthaler Str. 64, 8000 München 2, Tel.: (0 89) 53 69 22
Berlin: Ahornstr. 5, 1000 Berlin 30, Tel.: (0 30) 24 60 68–9
Bremen: Löningstr. 35, 2800 Bremen, Tel.: (04 21) 32 61 82
Hamburg: Rothenbaumchaussee 15, 2000 Hamburg 13, Tel.: (0 40) 4 10 10 55)
Hessen: Zimmerweg 12, 6000 Frankfurt/M., Tel.: (06 11) 72 35 79 o. 72 37 33
Niedersachsen: Berliner Allee 16, 3000 Hannover, Tel.: (05 11) 34 11 88
Nordrhein-Westfalen: Nünningstr. 11, 4300 Essen, Tel.: (02 01) 2 18 18
Rheinland-Pfalz: Große Bleiche 16–18, 6500 Mainz, Tel.: (0 61 31) 23 21 28
Saarland: Talstr. 54, 6600 Saarbrücken, Tel.: (06 81) 5 69 14
Schleswig-Holstein: Legienstr. 22–24, 2300 Kiel, Tel.: (04 31) 55 42 20

Sekretariat Arbeitslose Lehrer der GEW: Unterlindau 58, Postfach 180 109, 6000 Frankfurt/M., Tel.: (06 11) 72 00 96–99

Christoph Heise

Was machen (Lehrer-)Arbeitsloseninitiativen?

Oft ist es so: Studenten, Referendare (= „Lehramtskandidaten") büffeln in mehr oder weniger festen Gruppen fürs Examen, kennen sich über die GEW oder den Ausschuß junger Lehrer und Erzieher (AjLE), arbeiten gemeinsam im Personalrat für Referendare oder treffen sich in Zentren oder in ökologischen/politischen Initiativen – es gibt einen Gruppenzusammenhang.
Spätestens wenn der Examensstreß vorbei ist, stellt sich ihnen ganz akut die Frage, wie geht es mit der Gruppe weiter, wie geht es mit der Berufsperspektive weiter, sollen wir noch weiter am Berufsziel „Lehrer" festhalten, was können wir selber dafür tun?
Gemeinsam ist vielen das Interesse: ja nicht vereinzeln lassen, ja nicht in der Isolierung versauern, den Absturz des eigenen Selbstwertgefühls aufhalten, die in der Arbeitslosigkeit erfahrene Resignation und Depression mit eigenem Handeln bekämpfen, während der Arbeitslosigkeit „was Sinnvolles" machen oder sogar eine berufliche Alternative entwickeln.
Diese Situation ist häufig der Ausgangspunkt für die Entstehung einer Arbeitsloseninitiative, eines Projekts, eines Arbeitskreises arbeitsloser Lehrer/innen. Mitunter existiert aber vorher nicht einmal eine bestimmte Gruppe: Es kann sich über eine Versammlung, eine politische Aktion ein spontaner Kontakt ergeben, aber auch über die Initiative eines einzelnen – ob der-/diejenige nun Adressen sammelt oder per Hinweis in irgendeiner Zeitung nach Mitstreitern sucht.

Das, was dann in diesen Gruppen gemacht und geplant wird, ist zwar im einzelnen oft recht unterschiedlich, läßt sich aber systematisch etwa so zusammenfassen:

1. Bildungspolitische Aktivitäten

Mahnwache arbeitsloser Pädagogen vor einer Schule, Sitzstreik vor der Schulbehörde, Sandwichaktion beim Arbeitsamt, demonstrative Denkmalenthüllung (Sparschwein, Rotstift), Lindwurmumzug, Fahrradkorso, Straßentheater etc: All dies sind typische Aktionsformen für Gruppen und Initiativen, die sich zum Ziel gesetzt haben, vor allem politische Aktivitäten auf die Beine zu bringen – Aktionen, die sich gegen Sparpolitik und Bildungsmisere wenden, die dazu beitragen sollen, die Frage nach den politischen Prioritäten in unserer Gesellschaft stärker in die Diskussion zu bringen und mehr Druck zu machen für eine sozialere Arbeitsmarkt- und Bildungspolitik.
Die meisten derjenigen Gruppen, die solche politischen Aktivitäten zum Schwerpunkt ihrer Tätigkeit machen, tun dies im Zusammenhang mit der GEW und deren örtlichen und regionalen Aktivitäten oder im Kontext mit Aktionsbündnissen, z. B. gegen Rotstiftpolitik. Zu diesen Gruppierungen gehören auch solche Initiativen, die nicht selbst GEW-Betriebsgruppen oder -Arbeitskreise sind, sondern eher als unabhängige bildungspolitische und Selbsthilfegruppen partiell gemeinsame Aktionen mit Gewerkschaften anstreben.

Ein Beispiel dafür ist die *BIPOLI* (Bildungspolitische Initiative Marburg). Sie hat es sich zum Ziel gesetzt, auf eine Änderung der Situation im Bildungswesen hinzuwirken – eine Situation, die gekennzeichnet ist z. B. durch

- Stellenstreichungen
- Unterrichtsausfall in größerem Ausmaß
- Unterversorgung der Schulen mit Lehrern
- fehlende Vertretungsreserven
- zu große Klassen und Kurse.

Die BIPOLI, ein Selbsthilfeverein arbeitsloser Lehrer und Pädagogen, arbeitet eng mit der Marburger GEW zusammen und wird von ihr unterstützt.

Es gibt aber auch Gruppen, die völlig unabhängig von anderen Initiativen eigene Aktionen und Öffentlichkeitsarbeit betreiben (z. B. *Arbeitsgemeinschaft Arbeitsloser Lehrer* in Trier, *KALIF* in Frankfurt = Keine Arbeitslosen Lehrer in Frankfurt) oder sich als bewußt unabhängiger Verein organisieren wie die *OAL* (Organisation Arbeitsloser Lehrer) im Saarland.

„Die OAL setzt sich zum Ziel, durch gezielte Öffentlichkeitsarbeit über die Situation der arbeitslosen Lehrer aufzuklären. Sie tritt unter Ausschöpfung aller legalen Mittel für die Verwirklichung ihrer Forderungen ein.“

2. „Alternative" Bildungsprojekte

Von der Förderung ausländischer Kinder im Stadtteil bis zum Aufbau privater Schulen reicht das Spektrum dessen, was von Arbeitsloseninitiativen an inhaltlich „neuen" Bildungsaufgaben angefangen wird. Förderungs- und Betreuungsarbeit im multinationalen Schülerladen (*MNSL*, Frankfurt), Lern- und Freizeitangebote für benachteiligte Schüler (*Schülerladen*, Ulm), Kurse und praktische Ausbildungsangebote für arbeitslose Jugendliche (z. B. in Berlin und Frankfurt), Alphabetisierungskurse für (nicht nur ausländische) Erwachsene und Freizeitkurse für Eltern (*Rotstift,* Hanau), der Aufbau von pädagogisch-didaktischen Zentren, von Schulen in freier oder gewerkschaftlicher Trägerschaft (Berlin, Frankfurt, Köln) – Beispiele für die innovative Vielfalt von Projekten arbeitsloser Pädagogen.
Die inhaltliche Auseinandersetzung um Ziel und Zweck dieser Aktivitäten wird in allen Gruppen von der Frage nach der staatlichen Verantwortung geprägt: Warum ist der Staat nicht in der Lage, die bildungspolitisch und pädagogisch notwendigen Aufgaben selbst zu bewältigen? Nehmen wir ihm nicht die Verantwortung ab, wenn wir solche Projekte in eigener Regie durchführen? Wie können wir mit solchen eigenen (privaten) Initiativen ggf. Druck auf Öffentlichkeit und staatliche Reaktion ausüben? Sind pädagogische und soziale Erneuerungen nur noch außerhalb staatlicher Einrichtungen möglich?
Die Mehrzahl dieser Projektgruppen dürfte wohl der Position zustimmen, die die Kasseler Arbeitslosenselbsthilfeorganisation *KAOS* e. V. so beschrieben hat:

„Indem wir dem Staat in seiner jetzigen Verfassung die Legitimation für eine gesellschaftlich konsensfähige Ausgestaltung des Bildungssektors und der Erhebung und Verwendung von Steuern streitig machen, haben wir bestimmt größere Chancen, daß er seinen entsprechenden Körperteil bewegt . . ."

3. Selbsthilfe und Verdienstmöglichkeiten

Wie können wir mit unseren Aktivitäten ein paar zusätzliche D-Mark zur Arbeitslosenhilfe verdienen? Wie können wir einigen von uns im Rahmen des Projektes einen Job, einen Jahresvertrag oder gar einen festen Arbeitsplatz verschaffen? Dies sind natürlich für alle Arbeitsloseninitiativen zentrale Fragen, aber nicht alle entscheiden sich dafür, in dieser Richtung ihre Hauptaufgabe zu sehen.
Bei den Gruppen, bei denen die Schaffung von Verdienstmöglichkeiten im Vordergrund der Arbeit steht, spielt zumeist die *Nachhilfe / Hausaufgabenbetreuung* eine entscheidende Rolle: Hier wird nicht nur eine Verdienstmöglichkeit gesehen, sondern auch die Chance, unseriösen und auf Ge-

schäftemacherei bedachten Nachhilfe-Institutionen („Paukstudios") das Wasser abzugraben. Problematisch wird diese Arbeit meist dann, wenn sie auch noch den Zweck verfolgen soll, gerade Kindern sozial schwacher Familien zu helfen: Zumindest für eine Anfangsphase sind viele dieser Initiativen gezwungen, den Nachhilfeunterricht von den Eltern bezahlen zu lassen. Aber gerade die Eltern der benachteiligten Kinder haben dafür oft kein Geld.
Besonders aus diesem Grunde und auch deshalb, weil der Staat nicht durch die Privatisierung öffentlich notwendiger Kosten entlastet werden soll, bemühen sich die meisten Initiativen, für ihre Arbeit Gelder von staatlichen Stellen zu erhandeln. Dabei versucht man, Finanzquellen der Arbeitsämter (für berufsvorbereitende Maßnahmen oder Arbeitsbeschaffungsmaßnahmen) ebenso anzuzapfen wie die Gelder internationaler oder nationaler Stiftungen, kommunale Töpfe ebenso wie Gelder aus Bundes- und Landesjugendplänen etc.
Eine andere Form zur Finanzierung der Arbeitsloseninitiativen und ihrer Projekte ist die Beteiligung von beschäftigten Kolleginnen und Kollegen durch Geldspenden oder regelmäßige Beiträge bzw. Abgaben. Diese Form der Umverteilung von Lohn und Arbeit ist sicherlich nicht nur aus gewerkschaftlicher Sicht politisch die umstrittenste. Insbesondere in der Form, wie sie z. B. Gruppen in Tuttlingen, Ettlingen, Tübingen oder Köln praktizieren oder fordern (OAL), sind sie zum Gegenstand heftiger Kontroversen und grundsätzlicher Kritik geworden: Über freiwillige monatliche Beiträge der beteiligten Kolleginnen und Kollegen sollen halbe oder ganze Stellen für arbeitslose Lehrerinnen und Lehrer finanziert werden, die an den Schulen im Nachmittags- und Förderunterricht eingesetzt werden.
Weitgehend akzeptiert dagegen ist jene Form der Beteiligung, wonach beschäftigte Lehrkräfte über Spenden oder Mitgliedsbeiträge in Vereinen die Aufbau- oder Sachkosten von bildungspolitisch aktuellen Projekten finanzieren helfen, und zwar hauptsächlich von solchen Projekten, die anstreben, auf Dauer von Solidaritätsbeiträgen unabhängig zu werden (z. B. Rotstift, Hanau).

4. Gemeinsame Aktivitäten mit Arbeitslosenzentren

Ein Teil der Initiativen arbeitsloser Lehrer/innen bemüht sich in zunehmendem Maße, nicht nur Aktivitäten und Selbsthilfe für den eigenen Bereich (Schule und außerschulische pädagogische Einrichtungen) zu entwickeln, sondern ausdrücklich die Zusammenarbeit mit anderen Selbsthilfegruppen zu suchen und gemeinsam mit ihnen berufsübergreifende Arbeitslosenzentren zu gründen. Der Part, den die arbeitslosen Lehrer/innen dabei spielen, bezieht sich vor allem auf organisatorische Aufgaben, aber auch auf die

Einrichtung von Beratungsangeboten, von Freizeit- und Ausbildungskursen und von Kulturangeboten im Rahmen des Programms dieser Zentren.

Die hier vorgenommene Kategorisierung der Tätigkeiten von (Lehrer-)Arbeitsloseninitiativen trifft natürlich nicht die tägliche Realität der einzelnen Gruppen: Es wird vielmehr meistens mit nur unterschiedlicher Akzentsetzung die eine oder andere Mischform praktiziert, und zwar sowohl im Hinblick auf die bildungspolitische und alternative Zielsetzung als auch auf die Finanzierung ihrer Aktivitäten. Gemeinsam ist den meisten Gruppen, daß ihre Arbeit noch in den Anfängen steckt, daß fast alle Schwierigkeiten mit einer hohen personellen Fluktuation und damit Probleme der kontinuierlichen Mitarbeit haben. Gemeinsam ist aber auch, daß sie viel Kreativität und gesellschaftliche Energie freimachen, die für die „nachrückenden" arbeitslosen Kolleginnen und Kollegen vielerlei Anregungen gibt, mitzumachen oder eigene Initiativen aufzubauen, und die mit dazu beiträgt, daß die eingefahrenen staatlichen und gesellschaftlichen Institutionen aufgefordert und gelegentlich auch provoziert werden, sich endlich mehr um neue beschäftigungspolitische, aber auch bildungspolitische Problemlösungsstrategien zu kümmern.

Dokumente und aktuelle Adressen einzelner Arbeitsloseninitiativen können beim *Sekretariat Arbeitslose Lehrer der GEW* (Postfach 180109, 6000 Frankfurt/M. 18) angefordert werden.

Christoph Heise

Pädagogische Nebenstraßen

Berufsvorbereitung und Deutsch für Ausländer

1. Überblick

Große Gruppen von Schülern sind in ihren Berufsaussichten teils durch Engpässe und Defizite des Schulwesens, teils durch individuelle Schwächen stark eingeschränkt. Besonders Hauptschüler und ausländische Jugendliche haben es schwer, in der Bundesrepublik beruflich Fuß zu fassen. Hinzu kommen Spätaussiedler und Asylanten, die aufgrund ihrer Herkunft gravierende Einstiegsprobleme auf dem Arbeitsmarkt haben.
Für diese Gruppen gibt es eine Reihe von Benachteiligtenprogrammen. Sie verfolgen das Ziel, schulische Defizite zu beheben und die beruflichen Vermittlungschancen der Betroffenen zu verbessern. Ein kurzer Überblick,

ohne Anspruch auf Vollständigkeit, mag verdeutlichen, worum es dabei geht:

Eingliederungs-, Förder-, Grundausbildungslehrgänge und Lehrgänge zur Verbesserung der Eingliederungsmöglichkeiten: Zielgruppen sind Hauptschüler ohne Abschluß. Die Initiative dazu ging von der Bundesanstalt für Arbeit aus. Weil entsprechende Angebote inzwischen z. T. zum festen Bestandteil der Hauptschulen gehören, weisen diese Lehrgänge rückläufige Teilnehmerzahlen aus (1981: fast 20 000 Teilnehmer).

Maßnahmen zur Berufsvorbereitung und sozialen Eingliederung junger Ausländer (MBSE): Dieses Programm, ebenfalls von der Bundesanstalt für Arbeit in Kooperation mit dem Sprachverband initiiert, wendet sich ausschließlich an den genannten Personenkreis und wurde 1983 von knapp 10 000 Teilnehmern wahrgenommen. (Weitere Einzelheiten s. u.)

Maßnahmen zur beruflichen Umorientierung: In diesem großen Bereich fördert die Bundesanstalt für Arbeit Programme mit den Schwerpunkten Berufsfindung, Arbeitserprobung, Arbeitstraining, berufliche Fortbildung, Umschulung und Maßnahmen zur Verbesserung der Vermittlungsaussichten. Hier geht es um ein breites Spektrum von Angeboten unterschiedlicher Art und Dauer. Wie der Beitrag über Umschulungsprogramme der DAG (s. S. 98 ff.) zeigt, kommen auch Hochschulabgänger selbst als Kursteilnehmer in Frage. – Nimmt man noch die

Deutschlehrgänge für Aussiedler und Asylanten hinzu, so handelt es sich – angesichts der gestiegenen Arbeitslosigkeit – um einen expandierenden Programmbereich mit derzeit ca. 150 000 Teilnehmern pro Jahr.

Das *Ausbildungsprogramm des Bundesministeriums für Bildung und Wissenschaft* – ein weiterer Bestandteil im Förderangebot der Bundesanstalt für Arbeit – umfaßt zunächst eine einjährige überbetriebliche Ausbildung. Anschließend werden die Teilnehmer in die betriebliche Ausbildung integriert oder belegen einen zweijährigen Fortsetzungskurs zur beruflichen Vollausbildung.

Deutschkurse für Ausländer fördert der Sprachverband aus Mitteln des Bundesarbeitsministeriums. Rund 42 000 Personen beteiligten sich 1982 an den Kursen, die von verschiedenen Trägern durchgeführt wurden (s. u.).

Im folgenden wird ausführlicher auf das MBSE-Programm und Sprachkurse für Ausländer eingegangen.

2. MBSE und Deutschkurse für Ausländer

Das **MBSE-Programm** hat vorrangig berufsorientierenden Charakter, während der Aspekt der sozialen Eingliederung – anders als bei einem Vorläufermodell – an die zweite Stelle getreten ist. Hauptfinanzgeber ist die Bundesanstalt für Arbeit, die auch den berufsorientierenden Teil überwacht. Der Sprachverband hingegen kontrolliert den allgemeinbildenden Teil und besorgt die Fortbildung der Mitarbeiter.

Die Lerngruppen sollen aus 12–15 Teilnehmern bestehen. Die Träger der Programme sollen mindestens drei Teilnehmergruppen zusammenfassen und drei Berufsfelder zur Auswahl stellen. In den ersten 3–4 Monaten durchlaufen die Lernenden zunächst jeweils 3 Berufsfelder und verbleiben anschließend in einem davon, wobei persönliche Wünsche möglichst zu berücksichtigen sind.
Für jede Maßnahme mit drei Gruppen stehen drei Ausbilder, zwei allgemeinbildende Lehrer und ein Sozialpädagoge zur Verfügung. Bei höherer Gruppenstärke gilt der Personalschlüssel entsprechend. – Die Programme zeichnen sich durch eine intensive Teamarbeit des pädagogischen Personals aus. Das gilt für die Gesamtgestaltung der Maßnahme ebenso wie für den Unterricht, der z. T. in Form von Team-Teaching durchgeführt wird, und die sozialpädagogischen Begleitmaßnahmen. Diese Art der Kooperation stellt selbstverständlich andere Anforderungen an die Mitarbeiter als der Individualunterricht in der Schule.
Der Einstieg soll durch ein spezielles Fortbildungsprogramm mit 14tägigen Einweisungs- und einwöchigen Fortbildungsseminaren erleichtert werden. Dennoch ist zu beachten: Ein beträchtlicher Teil der Schwierigkeiten, die bei der Durchführung der Programme auftreten, muß von den einzelnen Mitarbeitern selbst bewältigt werden. Hier wie im gesamten Bereich der Berufsvorbereitung und der Sprachkurse gilt: **Die Tätigkeit verlangt ein hohes Maß an pädagogischem und sozialem Engagement.**

Die vom Sprachverband geförderten **Deutschkurse** sollen durch einen handlungsorientierten Unterricht ausländischen Arbeiternehmern und ihren Familienangehörigen dazu verhelfen, ihre Kommunikationsfähigkeit in Alltagssituationen zu verbessern. Gefördert werden unterschiedliche Kurstypen: Grund- und Aufbaukurse, die jeweils 60–80 Unterrichtsstunden umfassen, sowie Intensivkurse mit einer Maximaldauer von 320 Unterrichtsstunden. 1983 sind Sonderkurse für ausländische Frauen und fachbezogener Deutschunterricht im Rahmen von Lehrgängen für den Hauptschulabschluß in die Förderung aufgenommen worden.
Die Lehrer müssen die Teilnahme an einem „Unterrichtspraktischen Seminar" von 5 bzw. 10 Tagen Dauer nachweisen. Solche Seminare finden in Hamburg, Mainz und München statt. Detailinformationen können Sie bei der Geschäftsstelle des Sprachverbands Deutsch für ausländische Arbeitnehmer, Raimundistr. 2, 6500 Mainz 1, Tel.: (0 61 31) 67 90 21, anfordern.
Wichtig: Bewerbungen für diesen Bereich sind an jene Institutionen zu richten, die solche Kurse durchführen (s. u.), und nicht an den Sprachverband.

3. Hinweise für Bewerber

Die zehn wichtigsten Institutionen, die *MBSE-Programme* durchführen, sind:
- der Internationale Bund für Sozialarbeit (IB)
- die Arbeiterwohlfahrt (AWO)
- die Volkshochschulen (VHS)
- die Handwerkskammern
- die Kreishandwerkerschaften
- die Industrie- und Handwerkskammern, Industrieverbände und das Bildungswerk der Hessischen Wirtschaft
- die Caritasverbände und das Kolping-Bildungswerk
- das Bildungswerk der DAG
- das Berufsfortbildungswerk des DGB sowie
- die Euro-Sprachschule.

Bei Ihrem örtlichen Arbeitsamt können Sie erfahren, ob in diesem Bereich MBSE-Kurse durchgeführt werden und welche Träger hier im einzelnen mit der Durchführung beauftragt sind.
Auch für *andere berufsvorbereitende Maßnahmen* spielen die o. g. Einrichtungen eine dominierende Rolle. Genauere Auskünfte können Sie ebenfalls beim örtlichen Arbeitsamt bzw. direkt bei den lokalen Einrichtungen oder den Zentralen der genannten Organisationen erhalten.
Die *Deutschkurse für ausländische Arbeitnehmer,* die der Sprachverband fördert, werden vorwiegend von folgenden Institutionen durchgeführt:
- Volkshochschulen und kommunale Einrichtungen
- Internationaler Bund für Sozialarbeit
- Arbeiterwohlfahrt
- evangelische und
- katholische Trägergruppen
- Bildungswerke der Gewerkschaften (DAG und DGB)
- Sprachschulen
- betriebliche und überbetriebliche Aus- und Fortbildungsstätten
- ausländische Organisationen.

Die gleichen Träger führen den größten Teil der *Deutschkurse für Spätaussiedler und Asylanten* durch, soweit sie von den Arbeitsämtern finanziert werden.

Es ist ratsam, sich über die **Organisationsstruktur** der Anstellungsträger zu informieren. Oft bildet die Einrichtung eine Organisationseinheit, in der es nicht so sehr auf ein bestimmtes Programm, sondern auf das Funktionieren der gesamten Institution ankommt. In solchen Fällen wird von Mitarbeitern ein gewisses Maß an Flexibilität erwartet, was bei der Auswahl der Bewerber zu einem wichtigen Kriterium werden kann.

Während bei MBSE-Programmen und Deutschkursen für Ausländer, die der Sprachverband fördert, Einweisungsseminare für neue Mitarbeiter obligatorisch sind, erfolgt die **Vorbereitung** des pädagogischen Personals im übrigen auf sehr unterschiedliche Weise. In der Regel können Sie mit kollegialer Hilfe rechnen. Ansonsten sollten Sie auf sofortige Teilnahme an speziellen Einführungsseminaren drängen.

Bezahlung und vertragliche Situation: Examinierte Lehrer erhalten im *MBSE-Bereich* in der Regel *Arbeitsverträge,* die sich um BAT IV a bewegen. Der Nachweis des 2. Staatsexamens ist zumeist weniger wichtig, während durchaus Wert darauf gelegt wird, daß die Bewerber(innen) überhaupt pädagogische Praxiserfahrungen vorweisen können.
Bisweilen bietet man auch MBSE-Lehrern *Honorarverträge* an. Falls es sich um eine größere Zahl von Wochenstunden handelt, muß davon dringend abgeraten werden, weil die Vorbereitungszeit und die Betreuung der Lerngruppe viel Zeit in Anspruch nimmt. – Bei anderen berufsvorbereitenden Maßnahmen sollte von Fall zu Fall entschieden werden, ob es zweckmäßig ist, einem Honorarvertrag zuzustimmen.
Bei der Durchführung von *Sprachkursen* werden in der Regel *Honorarverträge* angeboten, da die Kurse schlecht finanziert werden. Achten Sie auf jeden Fall darauf, daß die Bezahlung nicht zu niedrig angesetzt wird: Im allgemeinen liegen die Honorarsätze bei mindestens DM 20,– je Unterrichtsstunde (45 Min.).
Bei einer Tätigkeit auf Honorarbasis sollte sich schließlich jeder vor Augen halten, daß dies kurzfristig als Job und für den Berufseinstieg interessant sein mag, längerfristig jedoch kaum Perspektiven bietet. Hinzu kommen die Besteuerung der Honorare sowie der Mangel an arbeitsrechtlichem und Versicherungsschutz. *Selbst um den Preis eines niedrigeren Nettogehalts ist deshalb ein Angestelltenverhältnis der Honorartätigkeit vorzuziehen.*

Kontaktaufnahme: Für den Einstieg empfiehlt es sich, mit den in Frage kommenden Institutionen und einigen dort Beschäftigten persönlich Kontakt aufzunehmen. Dafür bieten sich z. B. öffentliche Veranstaltungen dieser Organisationen oder Tage der offenen Tür an. Vielleicht führen solche Kontakte zunächst zu einem Honorarauftrag und lassen sich später zu einer Festanstellung ausbauen. Die Kontakte bieten auch die Chance, rechtzeitig über anderweitig frei werdende Stellen Bescheid zu wissen. Im übrigen empfiehlt es sich, diese Kontaktpflege nicht auf eine einzige Institution zu fixieren.
Das persönliche Kennenlernen ist auch deshalb ratsam, weil es sich in der Regel um kleine, überschaubare Dienststellen handelt.

Die **Gesamteinschätzung der Einstellungschancen** in diesem Bereich ergibt ein gedämpft optimistisches Bild. In dem z. Zt. laufenden MBSE-Programm werden über 500 Lehrer beschäftigt, in den Sprachkursen einige Tausend und in anderen berufsbildenden Maßnahmen noch erheblich mehr. Einige berufsbildende Einrichtungen beschäftigen mehr als 100 pädagogische Mitarbeiter. Insgesamt ist die personelle Aufnahmefähigkeit in diesem Bereich begrenzt. Die Tatsache jedoch, daß sich hier derzeit nur relativ wenige Lehrer intensiv um eine Beschäftigung bemühen, verbessert die Chancen für engagierte Bewerber(innen).

4. Adressen

Wer sich als Lehrer oder Sozialpädagoge für die Mitarbeit an den genannten Programmen interessiert, informiert sich am besten am Wohnort bzw. in der nächstgrößeren Stadt. Auskunftstellen dafür sind:

- das örtliche Arbeitsamt
- das örtliche Telefonbuch (Anschriften der Einstellungsträger)
- die allgemeinen Beratungsstellen der verschiedenen Trägereinrichtungen.

Zwei wichtige Informationsstellen sind:

- Sprachverband Deutsch für ausländische Arbeitnehmer e. V., Raimundistr. 2, 6500 Mainz 1, Tel.: (0 61 31) 67 90 21
- Bundesarbeitsgemeinschaft Jugendaufbauwerk (BAG-JAW), Haager Weg 44, 5300 Bonn 1, Tel.: (02 28) 28 50 36. Dort erscheint im Herbst 1983 das neubearbeitete *Anschriftenverzeichnis der Einrichtungen der Trägergruppen der BAG-JAW, die berufsvorbereitende Maßnahmen durchführen.*

Die zentralen Anschriften der wichtigsten Einstellungsträger:

Arbeiterwohlfahrt Bundesverband e. V., Appelner Str. 130, 5300 Bonn 1, Tel.: (02 28) 6 68 50 (Für allgemeine Informationen. Personalangelegenheiten werden dezentral behandelt.)

Berufsbildungswerk der DAG, Karl-Muck-Platz 1, 2000 Hamburg 36, Tel.: (0 40) 34 91 51

Berufsbildungswerk des DGB, Postfach 1631, 4000 Düsseldorf 1, Tel.: (0 21 04) 4 30 01

Christliches Jugenddorfwerk Deutschland gemeinnütziger Verband e. V., Panoramastr. 55, 7320 Göppingen, Tel.: (0 71 61) 2 30 30

Deutscher Caritasverband, Karlstr. 40, 7800 Freiburg/Brsg., Tel.: (07 61) 20 01. (Für allgemeine Informationen. Einzelinformationen erhalten Sie bei den Diezösancariatasverbänden.)

Deutscher Volkshochschulverband, Rheinallee 1, 5300 Bonn 2, Telefon: (02 28) 35 50 63. (Für allgemeine Informationen. Einzelinformationen bei örtlichen Volkshochschulen.)

Diakonisches Werk e. V., Stafflenberger Str. 75, 7000 Stuttgart 1, Tel.: (07 11)

2 15 91. (Für allgemeine Informationen. Weitere Informationen bei den Landeskirchen einholen.)

Internationaler Bund für Sozialarbeit – Jugendsozialwerk e. V., Hauptgeschäftsführung, Ludolfusstr. 2–4, 6000 Frankfurt/M. 90, Tel.: (06 11) 77 05 71. (Für allgemeine Informationen. Für Auskünfte über Einstellungsmöglichkeiten wenden Sie sich am besten an die einzelnen Einrichtungen oder an den Personalreferenten der Landesgeschäftsführungen in Berlin, Hamburg, Düsseldorf, Mainz, Frankfurt, Stuttgart oder München.)

Katholische Bundesarbeitsgemeinschaft für Erwachsenenbildung, Urstadtstr. 2, 5300 Bonn 1, Tel.: (02 28) 23 20 34

Thomas Maus

Hausaufgabenhilfe für ausländische Schüler

Hausaufgabenhilfe für ausländische Schüler, Einzelbetreuung und Nachhilfeunterricht offenbaren eine Krise des öffentlichen Lernens. Je weniger die Schule ihre pädagogischen Aufgaben erfüllt, desto notwendiger werden Schülerhilfen, besonders für benachteiligte Schüler. Die meisten Schülerhilfen sind aus Basisinitiativen hervorgegangen.

Die der *Arbeiterwohlfahrt* angeschlossenen Gruppen nennen sich „Schülerhilfe". Nach einem Beschluß ihres Bundesverbandes wurde dieser Name gewählt, weil „Hausaufgabenhilfe" längst nicht alle Tätigkeitsbereiche dieser außerschulischen Arbeit abdecke.

Im katholischen *Caritasverband* sind die Hausaufgabenhilfe-Gruppen meist in den „Sozialpädagogischen Diensten für ausländische Kinder und Jugendliche" organisiert, wozu außerdem noch Kindergärten, Spielstuben, Drogenberatungsstellen usw. zählen.

Beim *Diakonischen Werk* der Evangelischen Kirche ist es ähnlich. Hier treffen sich die „Helferkreise" im Rahmen der Jugendberatungsstellen.

In manchen Kommunen arbeiten die Hausaufgabenhilfe-Gruppen im *Stadtjugendring* mit (z. B. in Mannheim).

Auch *eigene Organisationen* sind gegründet worden, so z. B. in Köln der „Arbeitskreis für das ausländische Kind e. V." oder in München die „Interessengemeinschaft Betreuung von ausländischen Kindern, Landwehrstraße".

Die praktische, pädagogische Arbeit der Hausaufgabenhilfe reicht von der einfachen Betreuung der Hausaufgaben (schulzentrierter Ansatz) bis hin zu einem differenzierten schul- und sozialpädagogischen Angebot (lebenszentrierter Ansatz). Der Schwerpunkt liegt im Bereich der Grundschule und Förderstufe (1.–6. Schuljahr), weniger im Haupt- und Berufsschulbereich. Frankfurter Hausaufgabenhelfer haben ihre Arbeit und ihre Ziele 1981 folgendermaßen beschrieben: Sie wollen

— Hilfen zur Leistungsverbesserung in der Schule geben mit dem Ziel, die Ausbildungs- und Berufschancen der ausländischen Kinder zu verbessern, sowie
— Hilfen zur sozialen Handlungsfähigkeit geben, damit den ausländischen Kindern die Integration ohne Bruch in die bundesdeutsche Gesellschaft gelingt. Dabei soll jedoch keine unreflektierte Anpassung geleistet werden.

Die Hilfen zur Leistungsverbesserung bestehen natürlich zunächst in der Unterstützung der Kinder bei der Erledigung der Hausaufgaben, dann aber auch in der Sprachförderung und in Übungen zu den einzelnen Fächern. Probleme bei dieser Arbeit ergeben sich häufig aus der mangelnden Konzentrationsfähigkeit und der Motivationslosigkeit der Kinder. Diese ‚Mängel' resultieren auch aus den frustierenden Schulerfahrungen der ausländischen Kinder. Die Hilfen zur sozialen Handlungsfähigkeit erstrecken sich auf den Spiel- und Freizeitbereich. Es wird erkundet, Theater gespielt, gebastelt, gespielt, getobt, geschwommen, gefeiert usw. Oft bilden solche Aktivitäten Brücken zu der schwierigen schulischen Förderungsarbeit der Hausaufgabenhilfe. Hierbei können die Kinder Vertrauen zu den Betreuern entwickeln und die Erwartung von ‚Ersatzlehrern' abarbeiten. Und es gelingt, wirkliche Motivation zu entwickeln.

Eine weitere wichtige Voraussetzung für die Arbeit mit den ausländischen Kindern ist die Zusammenarbeit mit den Eltern und Lehrern. Oft haben die Elternorganisationen der verschiedenen Nationalitäten Untergruppierungen, die sich um Schulprobleme ihrer Kinder kümmern.
Wie in allen Bereichen der sozialen Arbeit hängen Möglichkeiten und Effektivität der Hausaufgabenhilfe für ausländische Kinder von der *finanziellen und materiellen Versorgung* dieser Initiativen ab. Die einzelnen Bundesländer handhaben die Unterstützung unterschiedlich, manche gewähren gar keine. Generell muß man feststellen, daß für diese wichtige außerschulische Arbeit zu wenig finanzielle Mittel zur Verfügung gestellt werden. Vielerorts arbeiten die Gruppen mit hohen ehrenamtlichen Anteilen. Karriereaussichten und große Verdienstmöglichkeiten sind bei dieser Arbeit nicht zu erwarten, dafür aber vielfältige soziale Kontakte und Praxiserfahrung in der Ausländerarbeit. Das ist in der heutigen Zeit der wachsenden Ausländerfeindlichkeit auch schon was!

An wen kann man sich wenden, wenn man in die Hausaufgabenhilfe für ausländische Kinder einsteigen will? Zunächst bieten sich das örtliche Schulamt und das Jugend- und Sozialamt einer Kommune an. Hier kann man auch über weitere Projekte, ABM-Maßnahmen, Lehraufträge usw. Erkundigungen einziehen.
Oft organisieren auch Pfarrgemeinden und Nachbarschaftshilfen solche Hausaufgabenhilfe-Gruppen. Man wendet sich hier an die zuständigen Referenten bwz. Sozialarbeiter.
Obwohl die Hausaufgabenhilfe nicht überregional oder bundesweit, sondern meistens nur örtlich organisiert ist, können Anfragen nach regionalen und örtlichen Gruppen gerichtet werden an:

- Arbeiterwohlfahrt Bundesverband e. V., Referat für Ausländerfragen, Oppelner Str. 130, 5300 Bonn 1
- Deutscher Caritasverband, Referat ausländische Arbeitnehmer, Konrad-Werthmann-Haus, Karlstr. 40, 7800 Freiburg
- Diakonisches Werk, Hauptgeschäftsstelle, Referat für soziale Fragen der Ausländer, Stafflenbergerstr. 76, 7000 Stuttgart
- Deutscher Paritätischer Wohlfahrtsverband e. V., Heinrich-Hoffmann-Str. 3, 6000 Frankfurt/M. 71
- Verband der Initiativgruppen in der Ausländerarbeit e. V. (VIA), Theaterstr. 10, 5300 Bonn 1

Hermann Schnorbach

Volkshochschulen

Volkshochschulen sind Einrichtungen der Erwachsenenbildung. Fast jede Stadt und jeder Landkreis in der Bundesrepublik Deutschland hat eine Volkshochschule. Daneben gibt es zahlreiche Heimvolkshochschulen, wo Möglichkeiten der Übernachtung und der Verpflegung mit dem Bildungsangebot eng verknüpft sind.
Die Arbeit der Volkshochschulen wird in fast allen Bundesländern durch Erwachsenenbildungsgesetze geregelt.

In den meisten Volkshochschulen arbeiten in der Regel *hauptberufliche Mitarbeiter* als Leiter/-innen, Fachbereichsleiter/-innen und Verwaltungsmitarbeiter/-innen. Es gibt auch die Möglichkeit des ehrenamtlichen Leiters. Daneben hat die Volkshochschule viele *nebenberufliche Mitarbeiter/-innen:* die Kursleiter/-innen. Für hauptberufliche Mitarbeiter gibt es Planstellen. Zur Zeit ist wenig Bewegung in diesem Bereich, da z. B. in Niedersachsen ein Stellenstop seit 1981 existiert. Deshalb sind die Möglichkeiten für nebenberufliche Mitarbeiter/-innen von mehr Interesse aus den Bereichen: Lehrer, Diplompädagogen, Mitarbeiter mit anderen wissenschaftlichen, künstlerischen und sozialpädagogischen Qualifikationen.

Arbeitslose Lehrer/-innen

In einigen Programmbereichen für bestimmte Teilnehmer und für bestimmte Teilnehmergruppen bemühen sich Volkshochschulen, Arbeitslose als Kursleiter/-innen zu gewinnen:
- Eingliederungsprogramm Vietnamesen
- Analphabetenkurse
- Kurse des Zweiten Bildungsweges, insbesondere Haupt- oder auch Realabschlußlehrgänge in Tagesform
- Eingliederungs- und Deutschkurse für (jugendliche) ausländische Arbeitnehmer, z. B. Maßnahmen zur Berufsvorbereitung und sozialen Eingliederung junger Ausländer (MBSE)
- Arbeitsförderungsmaßnahmen
- Angebote der Familienbildung, insbesondere für Veranstaltungen in Tagesform
- einige Programme des Sprachenbereichs
- Bildungsurlaubsseminare

Im Bereich der Schulabschlüsse sind jedoch viele Lehrer nebenberuflich beschäftigt, weil deren Prüfertätigkeit eng an Verordnungen des Kultusministeriums gebunden ist.

Arbeitsmöglichkeiten für andere Bereiche

Darüber hinaus bieten Volkshochschulen eine Vielzahl von Themen an, wobei die unterschiedlichen Veranstaltungsformen zu beachten sind:
- Kursus (eine Sitzung pro Woche über ein Semester bzw. Trimester)
- Wochenveranstaltung
- Wochenendveranstaltung
- Bildungsurlaub

Zu den Themenbereichen gehören z. B. Politische Bildung, Kulturelle Bildung, Pädagogik, Psychologie, Naturwissenschaften, Sprachen etc. Es empfiehlt sich, einmal in einen Arbeitsplan der Volkshochschule am Ort zu schauen, um sich einen Überblick über die Programmvielfalt zu verschaffen. Gleichzeitig kann man so die eigenen Qualifikationen und Neigungen im Hinblick auf Arbeit in der Erwachsenenbildung überprüfen.

Bewerbung

Wenn die eigene Vorentscheidung positiv ausgefallen ist, bittet man am besten den/die Volkshochschulleiter/-in oder den/die zuständige(n) Fachbereichsleiter/-in um ein Gespräch darüber, ob und wie die eigenen Vorstellungen und Möglichkeiten in der Erwachsenenbildung einzusetzen sind. Vom Ergebnis dieses Gesprächs hängt es ab, ob z. B. ein Kurs in das nächste Programm der Volkshochschule aufgenommen und im Arbeitsplan ausgedruckt wird.

Dann muß abgewartet werden, ob sich genügend Teilnehmer/-innen an den Anmeldungstagen einschreiben; denn in jedem Bundesland gibt es Richtlinien darüber, welche Mindestteilnehmerzahl für die Durchführung einer Veranstaltung notwendig ist.

Honorar

Der Träger einer Volkshochschule, z. B. eine Kommune, legt die Höhe der Honorare für die einzelnen Unterrichtsstunden fest. Dabei wird darauf geachtet, daß die Höhe der Honorare 390,– DM pro Monat nicht übersteigt.

Die bei genauer Prüfung sehr bescheidenen Verdienstmöglichkeiten, verbunden mit den geltenden steuer-, versicherungs- und erwachsenenbildungsrechtlichen Regelungen und Vorschriften, setzen der Bereitschaft zur nebenberuflichen Tätigkeit zunehmend eher Barrieren als sie zu fördern. Auch fühlen sich viele Arbeitslose in ihrer zeitlichen und räumlichen Mobilität eingeschränkt, zumal sie auf eine feste Arbeitsstelle hoffen.

Es besteht jedoch auch die Möglichkeit, an mehreren Volkshochschulen gleichzeitig als Kursleiter/-in tätig zu werden und so freiberuflich den Lebensunterhalt zu verdienen.

Zusätzlicher Qualifikationserwerb

In jedem Bundesland arbeitet ein Landesverband der Volkshochschulen, zu dessen Aufgaben es u. a. auch gehört, haupt- und nebenberufliche Mitarbeiter/-innen von Volkshochschulen in Fragen der Erwachsenenbildung, in Methodik und Didaktik, im Lernen mit Erwachsenen und in den Inhalten weiterzubilden. Viele Volkshochschulen schicken ihre Kursleiter/-innen zu solchen Seminaren und gerade neue Kursleiter zu Einführungsseminaren, wo z. B. ein Physiker lernt, sein Sachwissen so zu vermitteln, daß seine Kursteilnehmer motiviert mit ihm zusammenarbeiten.

Rita Lohr

Waldorfschulen

Wer sich mit der Anthroposophie Rudolf Steiners anfreunden kann, wird im Bereich der Waldorfschulen ein weites Betätigungsfeld finden. In Deutschland und in vielen anderen Ländern rund um die Welt wächst die Zahl der neugegründeten Schulen unaufhaltsam. Der Bedarf an Lehrern ist groß und wird auch in nächster Zeit weiter ansteigen.
Jeder, der sich bewirbt, sollte mit den Grundzügen der Waldorfpädagogik vertraut sein: Waldorflehrer müssen sich voll mit der Anthroposophie identifizieren können und zu großem Engagement bereit sein. Die Anforderungen an die pädagogischen Fähigkeiten des Lehrers sind bei weitem höher, als dies im staatlichen Schulwesen der Fall ist. Denn nur über die Persönlichkeit des Lehrers, seine Kreativität und Originalität, läßt sich das anspruchsvolle Konzept der Waldorfpädagogik realisieren. Da die herkömmliche Disziplinierung der Schüler durch Zensuren oder Sitzenbleiben hier nicht stattfindet, hängt der Unterricht ganz vom pädagogischen Geschick des Lehrers ab. Eine spezielle **Zusatzausbildung** der angehenden Lehrer ist daher nötig.
Sie ist an verschiedenen Orten möglich und dauert ein bis vier Jahre, je nach bisherigem Studium und bereits erfolgter Einarbeitung in die Grundlagen der Anthroposophie. Nähere Auskünfte erteilt der *Bund der Freien Waldorfschulen e. V.*, Libanonstr. 3–5, 7000 Stuttgart 1.
Die Ausbildung muß mit eigenen Mitteln finanziert werden, die Beiträge sind jedoch nicht sehr hoch. Studenten, die größere finanzielle Verpflichtungen haben, können unter Umständen gefördert werden. In seltenen Fällen werden auch Stipendien vergeben. Die spätere *Bezahlung* der Lehrer ist nicht einheitlich und wird an jeder Schule mit dem Kollegium vereinbart. Als Waldorflehrer kann man ohne Probleme auch an eine der ausländischen Waldorfschulen überwechseln.

Waldorfschulen sind nicht nur für Lehrer interessant. Sie bieten auch Ausbildungsmöglichkeiten zum *Erzieher* an Waldorfkindergärten, zum *Heilpädagogen, Sozialtherapeuten, Krankenpfleger, Kunsttherapeuten, Kunsterzieher, Sprachgestalter* und *Eurhythmiker.* Alle Adressen der Waldorf-Ausbildungsstätten erhalten Sie gegen einen Unkostenbeitrag von DM 5,– über die

Anthroposophische Gesellschaft in Deutschland
Sekretariat
Zur Uhlandshöhe 10
Rudolf Steiner-Haus
7000 Stuttgart 1

An Literatur ist neben den grundlegenden Werken Rudolf Steiners folgendes Buch zu empfehlen:

Peter Schneider: *Einführung in die Waldorfpädagogik.* Verlag Klett-Cotta, Stuttgart 1982. 219 Seiten, DM 19,–

Wolfgang Henniger

Chancen für Lehrer in der Wirtschaft?

Chancen für Lehrer in der Wirtschaft? Das Fragezeichen wird auch am Ende dieses Aufsatzes noch stehen; wer also Patentrezepte auf den nächsten Seiten erwartet, wird sicherlich enttäuscht werden. Wer allerdings in die terra incognita außerschulischer Beschäftigungsfelder für Lehrer aufbrechen will, um überhaupt erst einmal die Vielfalt und Komplexitität der Möglichkeiten kennenzulernen, der kann getrost folgen. Lehrer und Wirtschaft waren bisher meist wie Eisbären und Pinguine, die einen am Nordpol, die anderen am Südpol. Deshalb soll unsere Expedition zuerst einmal die Gefilde umreißen, die da – auf manchmal recht schwankendem Eis – betreten werden sollen.
Der Lehrerberuf zeichnet sich wie alle Beamtenberufe dadurch aus, daß er einen klaren und deutlich vorgezeichneten Berufsweg hat. Mag der Beamtenrock auch manchmal eng sein, so ist er doch warm und vorhanden. Aus der Sicht auch eines angehenden Lehrers lassen sich alle Beschäftigungsmöglichkeiten in zwei Kategorien einteilen: Einmal sind da jene Beschäftigungsmöglichkeiten, die in der Institution Schule, genauer: in der staatlichen Schule ihren Ort haben. Davon werden alle diejenigen Tätigkeiten abgegrenzt, die außerhalb der Schule liegen, mit anderen Worten: die außerschulischen Beschäftigungsmöglichkeiten. Bei unseren ersten Schritten

auf das noch dünne Eis wollen wir diese außerschulischen Beschäftigungsmöglichkeiten nun einmal näher unter die Lupe nehmen und in diesen Bereich auch die Tätigkeiten in der Wirtschaft einordnen.

Außerschulische Tätigkeitsfelder

Zunächst einmal meint dieser Begriff, wie gesagt, alle jene Tätigkeiten, die außerhalb des staatlichen oder staatlich anerkannten Schulwesens liegen. Hier gibt es noch sehr lehrernahe Tätigkeiten, beispielsweise im privaten Schulwesen, in Auslandsschulen oder auch in Volkshochschulen. Hierzu gehören auch Tätigkeiten im Öffentlichen Dienst und in halbstaatlichen Institutionen, die verwaltende oder beratende Aufgaben beinhalten. Beispiele sind der Berufsberater im Arbeitsamt, der Rechtspfleger, der Verwaltungsangestellte einer Behörde, der Bibliothekar und Archivar oder auch der Rundfunk- und Fernsehredakteur. Alle diese Positionen liegen zwar außerhalb des Schulwesens, sind also außerschulisch, lassen sich aber noch nicht den Tätigkeiten in der privaten Wirtschaft zurechnen.
Weitere Beschäftigungsmöglichkeiten bestehen bei den sogenannten ‚Freien Berufen'. Gerade für Nachwuchslehrer bieten sich hier nach einer Umschulungsphase Berufe wie Sachbearbeiter in einer Rechtsanwaltskanzlei oder Sekretärin bei einem Steuerberater an. Im engeren Sinne können auch die Tätigkeitsfelder im Bereich der ‚Freien Berufe' nicht zu den Beschäftigungsmöglichkeiten in der privaten Wirtschaft gezählt werden, obwohl ihnen zweifelsohne eine große Pufferfunktion am Arbeitsmarkt zukommt.
Ein weiterer Beschäftigungsbereich liegt in den sogenannten ‚alternativen Tätigkeiten'. Beispiele hierfür sind die Gründung von ‚Öko-Läden', ‚Alternativen Buchläden', ‚Alternativen Fahrradläden' oder auch Nachhilfeinstituten oder Nachhilfegruppen (vgl. die Beiträge auf S. 187 ff. und S. 65 ff.). Auch dieser z. Zt. expandierende Sektor kann, zumindest im traditionellen Sinne, nicht zu den Beschäftigungsmöglichkeiten in der privaten Wirtschaft gerechnet werden, obwohl dieses unternehmerische Tun sicherlich prinzipiell zu begrüßen ist und möglicherweise einen Teil der arbeitslosen Lehrer wird aufnehmen können. Zu den unternehmerischen Tätigkeiten gehören auch jene Existenzgründungen von Lehrern, die nach entsprechenden Seminaren – z. T. unter der Regie von Industrie- und Handelskammern – stattfinden, ohne daß diese Tätigkeiten den Beschäftigungsmöglichkeiten in der Wirtschaft im hier vorliegenden Sprachgebrauch zuzurechnen sind.

Nachdem wir nun alle jene Eisschollen betreten haben, auf denen die Beschäftigungsmöglichkeiten in der privaten Wirtschaft nicht zu finden waren, kommen wir nun zu unserem eigentlichen Ziel. Als Beschäftigungsmöglichkeiten in der privaten Wirtschaft – auch der Begriff unternehmerische Wirtschaft ist hier angebracht – werden jene Tätigkeiten bezeichnet, die ein Angestellten- oder Arbeitsverhältnis mit einem Unternehmen der privaten Wirtschaft voraussetzen. Dies ist mit Abstand der größte Beschäftigungsbereich – von den rund 28 Millionen Erwerbstätigen im Jahr 1981 waren rund 18 Millionen Erwerbstätige in der privaten Wirtschaft beschäftigt. Damit ist allein unter quantitativem Aspekt, aber auch angesichts der Vielfalt der Möglichkeiten die private Wirtschaft sicherlich einer der bedeutendsten Tätigkeitsbereiche für Lehrer, die nicht im Schulwesen unterkommen.

Lehrer und Wirtschaft

Für viele Lehrer ist die Wirtschaft nicht nur ein unbekanntes, sondern auch ein ungeliebtes Tätigkeitsfeld. So sind denn auch frühzeitig initiierte Maßnahmen zur Integration von Nachwuchslehrern in die Wirtschaft bisher bei den Betroffenen auf wenig Gegenliebe gestoßen. Nicht zuletzt diese Tatsache hat neben einer häufig zu vermerkenden Wirtschaftsfeindlichkeit bei den Lehrern dazu geführt, daß die Unternehmen der privaten Wirtschaft nur wenig Interesse verspüren, Lehrer als potentielle Beschäftigte zu betrachten.

Aus der Sicht der Wirtschaft gilt folgende Grundaussage zur Lehrerarbeitslosigkeit: Die Wirtschaft schätzt die Lehrerarbeitslosigkeit nicht als einen Sonderfall ein, sondern betrachtet sie als einen Teil der gesamten Arbeitslosigkeit und damit als einen Teil der Akademikerarbeitslosigkeit. Ein besonderes Problem liegt für Lehrer nur darin, daß es kaum alternative Beschäftigungsmöglichkeiten gibt. Das kommt daher, daß bisher der größte Teil der Hochschulabsolventen allgemein vom Öffentlichen Dienst absorbiert wurde. Die private Wirtschaft hat immer maximal 20 Prozent aller Hochschulabsolventen übernommen.

Will man in diesem Bedingungsrahmen Lehrer in Tätigkeitsfeldern der Wirtschaft beschäftigen, so geht dies nur, wenn Lehrer in Konkurrenz zu anderen Berufsgruppen treten (→ Anforderungen der Wirtschaft). Dies bedeutet aber einmal eine uneingeschränkte Bejahung des Leistungsprinzips, mit allen damit verbundenen Mobilitäts- und Flexibilitätsanforderungen, und zum anderen eine bewußte Abkehr vom Lehrerberuf und dem damit verbundenen Beamtendenken, häufig als ‚A 13-Syndrom' bezeichnet.

Damit muß ein weiterer Hinderungsgrund aufgezeigt werden: die gegenwärtig häufig einseitige Fixierung auf den Lehrerberuf, d. h. andere Beschäftigungsmöglichkeiten werden von den angehenden Lehrern kaum in Betracht gezogen. Dementsprechend findet kein Praktikum in der Wirtschaft statt; ein Umdenken geschieht auch erst unter Druck. Häufig haben Lehrer den Hintergedanken: „Wenn ich später doch einen Job in der Schule bekomme, dann gehe ich wieder aus der Wirtschaft raus." Die Gefahr des Abspringens hält sehr viele Unternehmen davon ab, einen Lehrer einzustellen und ihn auszubilden – immerhin dürfte eine einjährige Einarbeitung zwischen 30 000,– und 60 000,– DM kosten.

Ein solches Verhalten ist bei bisherigen Integrationsbemühungen eher die Regel als die Ausnahme gewesen. Berechtigterweise haben deshalb viele Betriebe Vorbehalte gegen die Beschäftigung von Lehrern – Folge einer Selbstzerstörung von Image und Chancen durch die Lehrer selbst. Deshalb muß vor der Bewerbung die **Selbstprüfung** stehen, die Frage, ob man bereit ist, in die Wirtschaft zu gehen. *Notwendig ist vor allem die Bereitschaft, auf den Lehrerberuf endgültig zu verzichten und von den damit verbundenen Status-, Freizeit- und Einkommenserwartungen – zumindest in der Anfangsphase der Beschäftigung – Abstand zu nehmen.*

Vier Grundaussagen

Für diese Selbstprüfung sind im folgenden vier Grundaussagen zum Thema ‚Beschäftigung von Lehrern in der Wirtschaft' zusammengestellt, die jeder Lehrer kennen sollte, bevor er über einzelne Beschäftigungen nachdenkt. Die folgenden Ausführungen geben diese Grundaussagen thesenartig zusammengefaßt wieder:

1. Anzahl der Lehrer mit Eignung für die Wirtschaft

Nur ein geringer Teil der arbeitslosen Lehrer kann in die Wirtschaft gehen, das heißt, von den absehbaren 150 000 arbeitslosen Lehrern wird sicherlich nur ein Bruchteil eine dauerhafte Beschäftigung in der Wirtschaft erhalten können.

Legt man die derzeitigen Erfahrungen zugrunde, also vor allem die Formalqualifikationen sowie die berufliche Mobilität und Flexibilität, so dürften es vielleicht 10 000 bis 20 000 Lehrer sein, maximal aber kaum mehr als 30 000, die in *adäquate Stellen* zu vermitteln sind. Nicht eingerechnet sind alle Hilfstätigkeiten, beispielsweise Telefonisten, Taxifahrer etc.; nicht eingerechnet die Tätigkeiten, die eine längere Umschulung, beispielsweise zur Krankenschwester voraussetzen, und auch nicht freiberufliche Tätigkeiten in Öko-Läden oder Nachhilfeinstituten.

2. Adäquate Tätigkeiten für Lehrer in der Wirtschaft

Die Vermittlung wird kaum auf Kosten anderer Hochschulabsolventen erfolgen, die richtig bzw. besser qualifiziert sind. Deshalb muß sich die Mehrzahl mit einem geringeren Anfangsgehalt zufrieden geben und auch Anfangsberufe ergreifen, die sich auf Sachbearbeiterebene bewegen.

Das ist sicherlich ein sehr wichtiger Hinweis. Bei der Durchführung und Beobachtung von Seminaren mit Nachwuchslehrern, die nicht in den Schuldienst übernommen wurden, war festzustellen, daß viele nicht oder nur unzureichend über die Abläufe in der Wirtschaft informiert sind. Viele lehnen Sachbearbeiterstellen ab, weil ihnen nicht klar ist, daß sie sich in drei, vier Jahren deutlich hocharbeiten können. Bei vielen Lehrern scheint ein Gedankengut im Kopf zu sein, das sich salopp etwa so beschreiben läßt: „Ich bin also ausgebildet, jetzt krieg' ich meinen A 12- oder A 13-Posten und da bleibe ich bis zu meiner Pensionierung, wenn ich Glück habe, A 14, wenn ich ganz viel Glück habe, A 15." Letztere sind aber diejenigen, die so engagiert sind, daß sie nicht mehr auf die Wirtschaft zukommen, sondern immer noch in der Schule unterkommen. Es ist immer wieder ein Problem, arbeitslosen Lehrern zu verdeutlichen, daß gerade in der Wirtschaft ein Hocharbeiten möglich ist.

Eine wichtige Voraussetzung, die alle Lehrer hier erfüllen müssen, ist der Verzicht auf das Beamtentum und damit auf die Rückkehr in den Lehrerberuf. Das sollte aus dem Kopf gestrichen werden. So lange dies nicht der Fall ist, braucht man über eine Lehrerbeschäftigung in der Wirtschaft gar nicht erst nachzudenken.

3. Beschäftigungsnachfrage nach Lehrern in der Wirtschaft

Hier ist ein sehr hart klingender, aber implizit bereits häufiger ausgesprochener Tatbestand zu konstatieren: Die Wirtschaft braucht keine Lehrer!

Derzeit suchen ausreichend viele adäquat ausgebildete Kaufleute, Ingenieure, Juristen oder Naturwissenschaftler Positionen in der Wirtschaft, und für den Bereich der betrieblichen Aus- und Weiterbildung ist der Diplom-Handelslehrer allemal besser ausgebildet als jeder andere Lehrer. Wenn überhaupt Nachwuchslehrer eine Chance haben, in der Wirtschaft unterzukommen, dann nur unter dem Qualifikationspunkt, daß hier immer leistungsbereite und leistungsorientierte Mitarbeiter gesucht werden.

4. Lehrer als potentielle Wirtschaftsbeschäftigte?

Auch dem letzten Punkt soll eine Grundaussage vorweggestellt werden: Lehrer sind in erster Linie Lehrer. Das wird auch von der Wirtschaft so gesehen. Beschäftigungsmöglichkeiten in der Wirtschaft sind daher die Ausnahme und können keine Dauerlösung sein. Es muß deshalb parallel zu den kurzfristigen Lösungen auch nach langfristigen Lösungen des Lehrerbeschäftigungsproblems gesucht werden. Hierzu ist eine Reform des Lehramtsstudiums unverzichtbar.

Lehrergruppen und Qualifikationspotentiale

Bevor im folgenden spezielle Einsatzmöglichkeiten für Lehrer aufgezeigt werden, muß auch die Gruppe ‚Lehrer' näher bestimmt werden. Bisher war immer von Lehrern bzw. Nachwuchslehrern die Rede. Diese Gruppe ist unter zwei Gesichtspunkten zu differenzieren:

— Nach der *Ausbildungsdauer* können wir Lehrer bzw. Lehramtskandidaten mit erstem von jenen mit zweitem Staatsexamen unterscheiden. Grundsätzlich ist festzustellen, daß mit jüngerem Eintrittsalter und meist noch höherer Mobilität und Flexibilität die Chancen bei Bewerbungen in der Wirtschaft steigen.
— Nach der *Ausbildungsrichtung* lassen sich insgesamt zwei Gruppen unterscheiden: a) Die stärker fachwissenschaftlich orientierten Lehramtsstudiengänge. Hierzu gehören insbesondere die Gymnasiallehrer, Lehrer an berufsbildenden Schulen und Diplom-Handelslehrer. b) Die stärker fachdidaktisch und pädagogisch-didaktisch ausgerichteten Lehramtsstudiengänge. Hierzu gehören insbesondere Grund-, Haupt- und Sonderschullehrer. Realschullehrer sind je nach Fächerkombination der einen oder anderen Gruppe zuzuordnen.

Angesichts dieser erheblichen Unterschiede zwischen den einzelnen Lehrergruppierungen und ihrer Vielfalt ist es sehr schwer, die notwendigen Voraussetzungen, also das *Qualifikationspotential* insgesamt zu beschreiben. Um dennoch Möglichkeiten für sinnvolle Anknüpfungspunkte aufzuzeigen, sollen Voraussetzungen für die Lehrerbeschäftigung nach drei Qualifikationsbereichen getrennt dargestellt werden.

Fachliche Qualifikationen

Hierunter sind die im fachwissenschaftlichen Studium erworbenen Fähigkeiten, Fertigkeiten und Kenntnisse zu verstehen.

So kann z. B. ein Englischlehrer aufgrund seiner fachlichen Qualifikation als Fremdsprachenkorrespondent oder als Übersetzer oder ein Mathematiklehrer in Forschungsabteilungen als Mathematiker beschäftigt werden. In weiterem Sinne zählen hierzu auch latente Einsatzfelder, wenn also beispielsweise der Mathematiklehrer nach kurzer Einführung in der Datenverarbeitung tätig wird.

Aber schon an diesen wenigen Beispielen wird deutlich, warum Lehrer hier an sich kaum gebraucht werden.

Dem Englischlehrer steht der gelernte Dolmetscher gegenüber, der den Vorteil hat, schon das anwendbare Wirtschaftsenglisch zu beherrschen, wenn er vielleicht auch nicht Shakespeare im Original lesen kann. Ähnliches gilt beim Mathematiker in der EDV; hier konkurrieren mit ihm besser qualifizierte Datenverarbeitungskaufleute und Informatiker, in bestimmten Bereichen auch Wirtschaftswissenschaftler.

Hinzu kommen noch die Probleme, die sich aus dem Status in der Betriebshierarchie ergeben, also dadurch bedingt sind, daß die Lehrer auf Positionen arbeiten müssen, die häufig auch Nichtakademikern offenstehen.

Pädagogisch-didaktische Qualifikationen

Derzeit laufen viele Bewerbungen arbeitsloser Lehrer bei der Wirtschaft ein. Fast alle Lehrer bewerben sich um eine Position in der betrieblichen Aus- und Weiterbildung, möchten also an ihren pädagogischen Qualifikationen anknüpfen. So verständlich dies einerseits ist, so unrealistisch mutet dieser Wunsch andererseits an. Denn zum einen haben fast ausschließlich große Betriebe eigene Aus- und Weiterbildungsabteilungen, in denen hauptamtliches Ausbildungspersonal beschäftigt wird. Zum anderen erfüllen gerade Gymnasiallehrer, Hauptschullehrer und ähnliche Lehrergruppen in der Regel die gesetzlichen und betrieblichen Voraussetzungen nicht. Sie können nur selten die Prüfung nach der Ausbildereignungsverordnung oder eine Meisterprüfung vorweisen und sind damit in der Berufsausbildung nur bedingt einzusetzen.
Zudem führt in aller Regel der Weg zu einer Tätigkeit in der betrieblichen Ausbildung über eine Fachausbildung und langjährige Tätigkeit im Betrieb mit anschließender pädagogischer Qualifikation und nicht umgekehrt. Die wenigen Stellen, die auf den innerbetrieblichen Unterricht entfallen und bei

denen nicht die fachlichen, sondern die pädagogischen und didaktischen Fähigkeiten im Vordergrund stehen, sind zudem häufig in fester Hand von Diplom-Handelslehrern. Diese bringen aufgrund ihres Fachstudiums nicht nur die „brauchbareren" Qualifikationen mit, sondern haben auch durch den Umgang mit Berufsschülern, die ja die Auszubildenden sind, Erfahrungen im Bereich der Berufsausbildung.

Extrafunktionale Qualifikationen

Dieser pädagogisch wenig scharf umrissene Begriff ist bewußt gewählt, um zu zeigen, daß es sich hierbei nicht um Qualifikationen im engeren Sinn handelt, sondern um das Anknüpfen an ganz allgemeinen Fähigkeiten wie Team-Fähigkeit, Lernen-Können, Befähigung zur Gruppenarbeit und ähnlichem mehr. Es handelt sich also um Fähigkeiten, die eigentlich jeder Student in seinem Studium erworben haben sollte. Entsprechend groß ist damit auch das Potential der Konkurrenten. Ausschlaggebend sind allein die Bereitschaft des Lehrers, sich in einen anderen, für ihn fremden Beruf umschulen zu lassen, und die persönliche Ausprägung, das heißt die Stärke der extrafunktionalen Qualifikationen.

Die drei Qualifikationsbereiche zeigen, daß die Möglichkeiten der Lehrerbeschäftigung in der Wirtschaft häufig – vor allem von den Betroffenen selber – zu einseitig gesehen werden. Entsprechend der Vielfalt der Qualifikationen, ist auch die Vielfalt der angebotenen und potentiellen Möglichkeiten groß. Um es noch einmal zu wiederholen: **Erst die Lösung vom traditionellen Lehrerbild eröffnet Nachwuchslehrern Möglichkeiten; das Festhalten allein an der pädagogisch-didaktischen Qualifikation behindert sie.** Im folgenden soll die Vielfalt der betrieblichen Einsatzfelder anhand von acht potentiellen betrieblichen Tätigkeitsbereichen dargestellt werden, die sich im Rahmen des Modellversuchs „Qualifizierung und Beschäftigungsmöglichkeiten von Lehrern in der privaten Wirtschaft" des Instituts der deutschen Wirtschaft herausgestellt haben.

Potentielle betriebliche Tätigkeitsfelder

Auf der Basis von theoretischen und empirischen Untersuchungen ergeben sich unter pragmatischem Aspekt acht potentielle Tätigkeitsbereiche für Nachwuchslehrer in der Wirtschaft. Der hier gewählte Ansatz erweitert bisherige Tätigkeitsbeschreibungen, indem die Terminologie noch stringenter an die betriebswirtschaftlichen Kategorien angepaßt wurde. Unterscheidungskriterium ist also nicht die inhaltliche Differenzierung aufgrund pädagogisch-didaktischer Gesichtspunkte, sondern die Zuordnung in betriebliche Aufgabenbereiche bzw. in Betriebsbereiche. Sinn dieses Vorgehens ist, aus Anbietersicht die Vielfalt des Angebots sowie die allgemeinen, fachlichen und pädagogischen Voraussetzungen aufzuzeigen.

- *Betriebliche Aus- und Weiterbildung*

Für den einzelnen dürften sich erst längerfristig auf diesem Gebiet relativ günstige Berufsaussichten eröffnen, denn zunächst ist es erforderlich, daß sich der Lehrer in ein betriebliches Aufgabengebiet einarbeitet und darin bewährt. Wenn er die erforderliche Fachkompetenz und Berufserfahrung gesammelt hat, z. B. als Sachbearbeiter im Vertrieb oder als EDV-Programmierer, ist zu einem späteren Zeitpunkt auch die Übernahme von Aus- und Weiterbildungsfunktionen denkbar.
Neben diesem Bereich sind in der betrieblichen Bildung auch in geringem Umfang Positionen vorhanden, in denen Lehrer direkt als Lehrer tätig werden können; Beispiele wären Sport- und Fremdsprachenlehrer. Allerdings handelt es sich hierbei um relativ marginale Bereiche, in denen die Nachfrage nach Plätzen bei weitem das Angebot übertrifft.

- *Allgemeine und kaufmännische Sachbearbeitertätigkeiten*

Aufgrund der hohen Allgemeinbildung müßte es den Lehrern möglich sein, sich bei einer entsprechenden Vorbereitungszeit in Positionen auf der Sachbearbeiterebene einzuarbeiten. Im weitesten Sinne gehören hierzu auch die Sekretärinnen- und Assistentinnentätigkeiten. Gerade für arbeitslose Lehrerinnen zeichnet sich in Form von Sekretärinnen- und Assistentinnentätigkeiten ein geeignetes Aufgabenfeld ab. Dies um so mehr, als sie Grundkenntnisse in mindestens einer Fremdsprache mitbringen (vgl. dazu auch den Beitrag „Sekretärin" auf S. 160 ff.).

- *Beratungs- und Verkaufstätigkeiten*

Da der Lehrerberuf in besonderem Maße die Fähigkeit zum zwischenmenschlichen Kontakt und zur Kommunikation verlangt, ergeben sich Anknüpfungspunkte zu Beratungs- und Verkaufstätigkeiten. Vor allem im Verkaufsaußendienst der Versicherungen und der Pharmaindustrie zeichnet sich ein Bedarf an qualifizierten Nachwuchskräften ab (s. dazu auch den Beitrag zum Thema „Versicherungen" auf S. 177 ff.).

- *Datenverarbeitung*

Aufgrund des Vordringens der elektronischen Datenverarbeitung besteht längerfristig ein beachtlicher Bedarf an Datenverarbeitungsfachleuten. Schon von daher muß die Datenverarbeitung als ein mögliches Beschäftigungsfeld für Lehrer ins Auge gefaßt werden. Dies gilt um so mehr, wenn sie durch ihr Studium mathematische oder betriebswirtschaftliche Kenntnisse mitbringen. Selbst wenn jedoch diese fachlichen Voraussetzungen fehlen, müßte es den Lehrern aufgrund ihrer Ausbildung im logischen Denken möglich sein, sich in diesen Aufgabenbereich einzuarbeiten. Neben der Programmierung sind längerfristig auch in der EDV-Beratung, im Vertrieb und der Schulung denkbare Aufgabenfelder zu erblicken (vgl. dazu den Beitrag auf S. 114 ff.).

- *Dokumentation/Archiv*

Gerade dieser Bereich wird vielfach sowohl quantitativ wie auch inhaltlich falsch beurteilt. Zum einen ist das quantitative Angebot nur sehr gering, weil vor allem im Rahmen der Dezentralisierung in modernen Büros die Datensammlung und Erstellung dort direkt erfolgt und gesammelt über den Zentralrechner ausgegeben wird. Zum anderen werden als Vorbildung in erster Linie mathematische und/oder naturwissenschaftliche Vorkenntnisse verlangt, da die Archivierung in Betrieben der Industrie vor allem technische Inhalte umfaßt (s. a. den Beitrag „Information, Dokumentation. . .“ auf S. 145 ff.).

- *Fremdsprachenbezogene Tätigkeiten*

Hierbei handelt es sich um spezielle Sachbearbeitertätigkeiten, die vor allem die Fremdsprachenkorrespondenz und darauf aufbauende Funktionen umfassen. Bei guten Fremdsprachenkenntnissen kommt hier z. B. ein Einsatz in exportorientierten Vertriebsabteilungen, längerfristig auch eine Beschäftigung im Ausland in Betracht.

- *Öffentlichkeitsarbeit und Verlagswesen*

Dieses Tätigkeitsfeld kommt vor allem für sprachlich versierte Lehrer in Frage. Quantitativ gesehen ist dieses Aufgabenfeld jedoch nicht sehr ergiebig. Dazu sind auch Tätigkeiten in den Bereichen *Werbung, Marketing, Public Relations* zu zählen. Hier bestehen ebenso hohe Anforderungen an die sprachlichen Fähigkeiten, so daß sich am ehesten Lehrer, die ein wissenschaftliches Studium im Fach Deutsch absolviert haben, für derartige Tätigkeiten eignen. Eine denkbare Tätigkeit ist beispielsweise der Werbetexter. Es ist jedoch zu bedenken, daß hier die Konkurrenz zu ausgebildeten Fachleuten aus den Universitäten und dem außeruniversitären Bereich sehr groß ist, beispielsweise zu Graphikern, Werbekaufleuten, Betriebswirten, Diplom-Kaufleuten oder Journalisten. Zudem dürften eine meist relativ ungesicherte Berufsposition, hohe extrafunktionale Anforderungen sowie häufig hohe Streßbelastung den Lehrern nicht gerade entgegenkommen (vgl. dazu die Beiträge zu den Themen „Buchwirtschaft“ auf S. 105 ff.; „Public Relations“ auf S. 157 ff. sowie „Werbung“ auf S. 181 ff.).

- *Ingenieur- und naturwissenschaftliche Tätigkeiten*

Ein bisher so gut wie nicht in Betracht gezogener Bereich ist der betriebliche Planungs- und Produktionssektor, soweit er im weitesten Sinne als gewerbliches Tätigkeitsfeld bezeichnet werden kann. Aufgrund der großen quantitativen Bedeutung dieses Betriebssektors, der durch die immer stärkere Einführung von NC-(Numeric controlled) gesteuerten Maschinen auch immer höhere Ansprüche an die Qualifikationen der Mitarbeiter stellt, muß dieser Bereich auch für Lehramtsabsolventen einbezogen werden. In erster Linie dürfte er für mathematisch-naturwissenschaftlich vorgebildete Nachwuchslehrer von Interesse sein.

Inwieweit die acht hier skizzierten Bereiche tatsächlich als Tätigkeitsfelder für Nachwuchslehrer in Betracht kommen, wird im folgenden näher erläutert. Hier ist es notwendig, daß zuerst einmal die Anforderungen der Wirtschaft en detail dargestellt werden.

Anforderungen der Wirtschaft

Dem einzelnen Lehrer, der sich für eine Tätigkeit in der privaten Wirtschaft interessiert, stehen aufgrund seiner Ausbildung nie alle Tätigkeitsfelder in gleicher Weise offen. Er sieht sich vielmehr immer nur einem bestimmten Spektrum möglicher Einsatzfelder gegenüber:

- Immer dann, wenn *Mitarbeiter mit bestimmten fachlichen Qualifikationen* (z. B. Fremdsprachenkenntnisse) gesucht werden, dürften Lehrer für die Sekundarstufe II beziehungsweise Gymnasiallehrer gegenüber anderen Lehrern vorgezogen werden, weil sie die umfassendere fachwissenschaftliche Vorbildung mitbringen. Für Grundschul-, Hauptschul- und Sonderschullehrer kommen somit eher Positionen mit fachunspezifischen Voraussetzungen in Betracht.
- Das *zweite Staatsexamen* wird von den Betrieben lediglich dann erwartet, wenn Lehrer für Aus- und Weiterbildungsaufgaben vorgesehen sind. Für alle anderen Aufgabenbereiche ist es nicht erforderlich.
- Was die *Studienfächer* betrifft, so haben Lehrer mit Mathematik oder naturwissenschaftlichen Fächern, vor allem Physik oder Chemie, zweifellos die besten Chancen in der Wirtschaft. Sie können auch am ehesten ihre im Studium erworbenen fachwissenschaftlichen Qualifikatio-

nen verwerten. Vorrangige Einsatzbereiche sind die Datenverarbeitung, ingenieur- und naturwissenschaftliche Tätigkeiten und der Außendienst im Pharmabereich. Möglichkeiten bieten sich daneben auch für Lehrer mit wirtschaftswissenschaftlichem Studium oder einer fremdsprachlichen Ausbildung. Für fremdsprachenorientierte Sachbearbeitertätigkeiten oder auch die innerbetriebliche Fremdsprachenausbildung kommen dabei am ehesten Lehrer mit den Fächern Englisch, Französisch, Spanisch oder Russisch in Betracht. Im Unterschied zu den Mathematikern und Naturwissenschaftlern dürfte das Stellenangebot bei weitem aber nicht ausreichen, um alle fremdsprachlich ausgebildeten Lehrer ausbildungsadäquat zu beschäftigen. Für viele wird deshalb nur die Möglichkeit bleiben, Positionen anzunehmen, in denen die fachliche Vorbildung gar nicht oder nur in geringem Maße zum Tragen kommt. Dies gilt erst recht für Lehrer mit Fächern wie Politik, Sozialkunde, Geschichte, Philosophie, Religion, Latein, Geographie und Kunst. Fachunspezifische Einsatzbereiche zeichnen sich vor allem im Außendienst sowie bei den Sachbearbeiter- und Sekretärinnentätigkeiten ab.

- Günstig im Hinblick auf den Einsatz in der privaten Wirtschaft ist es, wenn die Bewerber neben der eigentlichen Lehrerausbildung *besondere Zusatzqualifikationen* mitbringen. Eine abgeschlossene Berufsausbildung in einem anerkannten Ausbildungsberuf ist hier ebenso von Vorteil wie Fremdsprachen- und EDV-Kenntnisse oder Fertigkeiten in Stenographie und Maschinenschreiben.
- Neben den fachlichen Qualifikationen ist *das Persönlichkeitsbild des Bewerbers* bei einer Einstellung von besonderer Bedeutung. Worauf es dabei ankommt, beschreibt K. Maly von der Zentralstelle für Arbeitsvermittlung sehr treffend:

  „Eminent wichtig ist für die Einstellungschance die Präsentation des Bewerbers: ob er sich ‚verkaufen' kann, ob er sich darstellen kann, ob er durch sein ganzes Verhalten überzeugend den Eindruck vermittelt, daß er etwas leisten will oder etwas leisten kann, ob er auch glaubwürdig ist, wenn er vorgibt, gerade diese Stelle und bei diesem Unternehmen auf Dauer haben zu wollen, ob er das Bild eines Menschen bietet, der sich voll engagiert, der verläßlich ist, etwas tut, ein ‚guter Mann' ist." (Wirtschaft und Erziehung, Heft 1, 1983, S. 31)

Möglichkeiten der Qualifizierung

Da die Mehrzahl der Lehrer aufgrund ihrer Ausbildung nicht in der Lage ist, ein betriebliches Aufgabengebiet ohne Vorbereitung vollwertig zu übernehmen, ergibt sich die Notwendigkeit einer zusätzlichen Qualifizierung. Je nachdem, für welche Positionen Lehrer vorgesehen sind und welche Quali-

fikationen sie mitbringen, ergeben sich dabei unterschiedliche Inhalte und Qualifizierungsformen.
Dargestellt werden im folgenden ausschließlich betriebliche Formen der Einarbeitung und Umschulung. Daneben besteht die Möglichkeit, durch ein Aufbau- oder Ergänzungsstudium oder die Teilnahme an Fernlehrgängen Qualifikationen für den Einsatz in der Wirtschaft zu erwerben. Der entscheidende Nachteil hierbei besteht jedoch darin, daß lediglich Theorie vermittelt wird. Im Hinblick auf eine Tätigkeit in der Wirtschaft bringt dies kaum weiter. Außerdem müßte die erneute Verlängerung der Ausbildungszeit mit dem Handicap eines höheren Lebensalters erkauft werden. Eine universitäre Umschulung sollte deshalb nur dann erwogen werden, wenn der Qualifikationsgewinn diese Nachteile aufwiegt. Grundsätzlich aber sollte gelten: **Die Vorbereitung auf die betriebliche Praxis geschieht am besten in der und durch die Praxis selbst.** Im einzelnen gibt es hierzu folgende Möglichkeiten:

1. Einarbeitung am Arbeitsplatz

Die für die Mehrzahl der Lehrer in Frage kommende Form der beruflichen Eingliederung sollte, zumindestens theoretisch, die Einarbeitung am Arbeitsplatz sein (‚training-on-the-job'), auch wenn dies praktisch bisher nicht immer geglückt ist. Im Zuge der Arbeitsausführung lernt der einzelne die Besonderheiten der Arbeitsaufgabe und die betrieblichen Arbeitsabläufe kennen. Durch dieses ‚learning-by-doing' können vor allem die bestehenden Praxisdefizite in relativ kurzer Zeit abgebaut werden. Die Anleitung und Einarbeitung erfolgt in erster Linie durch Vorgesetzte und Kollegen. Flankierend können daneben besondere Weiterbildungsmaßnahmen in Form betriebsinterner oder betriebsexterner Lehrgänge vorgesehen werden.

2. Trainee-Programme

Eine ebenfalls sehr praxisnahe Form der Einarbeitung stellen die von Unternehmen entwickelten und praktizierten Trainee-Programme dar. Sie verbinden das ‚training-on-the-job' mit einem systematischen Arbeitsplatzwechsel (‚job-rotation') und einer intensiven Weiterbildung. Trainee-Programme dauern zwischen sechs Monaten und zwei Jahren und wenden sich an berufsunerfahrene Hochschulabsolventen, in der Regel an Wirtschaftswissenschaftler, Mathematiker, Naturwissenschaftler, Techniker und Juristen. In begrenztem Umfang haben daneben aber auch hochqualifizierte Absolventen anderer Studiengänge dort Chancen, bei Lehrern insbesondere qualifizierte Gymnasiallehrer.

Eine Umfrage des Deutschen Philologenverbandes hat ergeben, daß immerhin 36 % jener Unternehmen, die Trainee-Programme durchführen, bereit wären, auch Lehrer prinzipiell bei Eignung einzustellen. Hierzu müßten sie sich aber gegen Konkurrenten aus anderen Studiengängen durchsetzen, so daß bei realistischer Sicht hier nur wenige Lehrer eine Chance zur Einarbeitung haben.

3. Umschulung für EDV-Tätigkeiten

Schon seit längerer Zeit werden inner- und außerbetrieblich besondere Umschulungslehrgänge auf dem Gebiet der elektronischen Datenverarbeitung angeboten. Allerdings sind sie meist nicht speziell für Lehrer konzipiert, sondern wenden sich allgemein an arbeitslose Akademiker. Es sind es vor allem Unternehmen der EDV-Branche, sowohl Hersteller wie auch Benutzer, die diese Programme in Zusammenarbeit mit dem Arbeitsamt anbieten.

Obwohl häufig keine speziellen Anforderungen an die Vorkenntnisse bestehen, erleichtern mathematische und/oder wirtschaftswissenschaftliche Grundkenntnisse den Einstieg. Neben EDV-spezifischen Grundkenntnissen – beispielsweise Aufbau von DV-Systemen, DV-Organisation, Programmiersprachen, Systemanalyse – werden auch rechtliche und betriebswirtschaftliche Inhalte vermittelt. Die Umschulung erfolgt meist in Lehrgangsform, verbunden mit betriebspraktischen Übungen, in denen die Teilnehmer Gelegenheit haben, das Erlernte umzusetzen und anzuwenden. Die Dauer dieser Lehrgänge liegt zwischen 8 und 24 Monaten. Teilweise enden sie mit einer Prüfung vor der Industrie- und Handelskammer. Nach Abschluß der Maßnahme bieten sich Tätigkeiten als Programmierer, Organisationsprogrammierer oder Systemanalytiker an. Längerfristig kommt auch der Einsatz als DV-Trainer und DV-Repräsentant in Betracht, wobei gerade für letzteren Bereich heute noch ein Mangel an qualifizierten Fachleuten zu konstatieren ist (s. a. den Beitrag auf S. 114 ff.).

4. Umschulung zum Pharmareferenten

In erster Linie für Lehramtsabsolventen mit naturwissenschaftlichen Fächern, insbesondere Biologie und Chemie, aber auch für Fremdsprachenlehrer und Sportlehrer bietet die Ausbildung zum Pharmareferenten eine potentielle Alternative. Der Pharmareferent, seltener auch Pharmaberater, ist das Bindeglied zwischen der pharmazeutischen Industrie und den Abnehmern, insbesondere Apothekern, Ärzten, Zahnärzten, Tierärzten und Heilpraktikern. Er soll umfassend über Anwendungsmöglichkeiten und Risiken der von ihm vertretenen Präparate informieren, wozu neben einer umfassenden medizinischen Sachkenntnis auch ein hohes Verantwortungsbewußtsein notwendig ist. In der zuständigen staatlichen Verordnung ist daher ein etwa 1 000stündiger Fortbildungslehrgang vorgeschrieben, an dessen Ende eine Prüfung vor der Industrie- und Handelskammer steht. Der Absolvent trägt nach bestandener Prüfung die Berufsbezeichnung ‚staatlich geprüfter Pharmareferent'. Die Berufsaussichten werden allgemein als günstig bezeichnet.

5. Ausbildung in anerkannten Ausbildungsberufen

Die Ausbildung in einem der rund 450 anerkannten Ausbildungsberufe, beispielsweise zum Versicherungskaufmann, Industriekaufmann oder Tischler, dürfte nur für wenige arbeitslose Lehrer in Betracht kommen. Eine grundsätzliche Problematik besteht darin, daß die gemeinsame Ausbildung von 25- bis 30jährigen Akademikern mit Jugendlichen im Alter von 16 bis 18 Jahren äußerst schwierig ist. Für ausgebildete Lehrer dürfte es ebenso wenig verlockend sein, noch einmal gemeinsam mit ihren potentiellen Schülern die Schul- oder Werkbank zu drücken. Zudem ist das Einkommen, die tarifvertraglich festgelegte Ausbildungsvergütung (ca. DM 500,– monatlich), kaum attraktiv für erwachsene Menschen.
Eine andere Möglichkeit, zu einer Abschlußprüfung zu kommen, ist folgender Weg: Nachdem der Lehrer einige Jahre auf einer adäquaten Sachbearbeiterposition tätig war, hat er die Möglichkeit, als sogenannter ‚Externer' an der Abschlußprüfung vor einer Kammer teilzunehmen.

Praktische Hinweise

Abschließend werden noch einige Hinweise gegeben, auf die man bei der Suche nach alternativen Tätigkeiten achten sollte.

- *Über Alternativen informieren*

Möglichst frühzeitig, am besten schon während des Studiums, sollten sich angehende Lehrer über die Entwicklungen auf dem Arbeitsmarkt informieren und konkrete Vorstellungen entwickeln, welche alternativen Tätigkeitsfelder für sie in der privaten Wirtschaft in Betracht kommen.

- *Eigeninitiative entfalten*

Arbeitslose Lehrer sollten auf jeden Fall die Beratungs- und Vermittlungsmöglichkeiten des Fachvermittlungsdienstes der Bundesanstalt für Arbeit in Anspruch nehmen. Da dessen Möglichkeiten jedoch begrenzt sind, sollten die Betroffenen daneben auch eigeninitiativ werden. Damit ist auch die regelmäßige Lektüre der Stellenanzeigen in überregionalen Zeitungen gemeint. Darüber hinaus ist es ratsam, von sich aus an Betriebe und Institutionen heranzutreten, die als potentielle Beschäftiger in Frage kommen (‚Blindbewerbungen').

● *Korrekte Bewerbungsunterlagen einreichen*

Unabdingbare Voraussetzung für eine positive Beachtung von Bewerbungen sind formal und inhaltlich aussagefähige Bewerbungsunterlagen, die schließlich die ‚Visitenkarte' des Bewerbers sind. Es ist immer wieder erstaunlich, wie wenig Wert manche Bewerber auf ihre Selbstdarstellung legen und in welchem Zustand viele Bewerbungen bei den Betrieben ankommen. Gerade Lehrer sollten zum Ausgleich möglicher Wettbewerbsnachteile auf richtige Bewerbungsunterlagen achten, geben diese doch einen ersten Eindruck von der Persönlichkeit des Bewerbers. Vor allem sollte der Bewerber deutlich machen können, warum er sich gerade für diese Stelle bewirbt. Eine Bewerbung sollte neben dem Anschreiben immer einen (tabellarischen) Lebenslauf, Lichtbild, Zeugniskopien (Abitur, Hochschule) sowie ggf. Nachweise über berufliche Tätigkeiten enthalten. (Weitere Anregungen und Hinweise zur Bewerbung finden Sie auf S. 28 ff.)

● *Zusätzliche Qualifikationen erwerben*

Die Zeit der Arbeitslosigkeit sollte nicht zum Resignieren führen, sondern sinnvoll genutzt werden. Hierzu gehört auch der Erwerb von Qualifikationen: z. B. können Fremdsprachenkenntnisse aufgefrischt, Stenographie oder Maschinenschrift erlernt oder auch schon Kurse in Datenverarbeitung und Buchführung belegt werden. Der Vorteil derartiger Bemühungen liegt nicht nur in der Aneignung zusätzlicher Fachqualifikationen, sondern auch darin, daß einem potentiellen Arbeitgeber angezeigt wird, wie ernst man das Interesse an einer beruflichen Alternative nimmt.

● *Nicht entmutigen lassen*

Vor dem Hintergrund der allgemeinen Arbeitslosigkeit wird die Mehrzahl der arbeitslosen Lehrer damit rechnen müssen, nicht auf Anhieb einen Arbeitsplatz zu finden. Um so wichtiger ist es deshalb, sich nicht entmutigen zu lassen und auch nach Absagen in den Bemühungen um einen Arbeitsplatz fortzufahren.

Rüdiger Falk/Reinhold Weiß

Neue Wege aus der Sackgasse der Lehrerarbeitslosigkeit

Im folgenden Beitrag stellt Gisela Böhme, Vorstand der Wirtschaftsakademie für Lehrer e.V., Bad Harzburg, ein Projekt vor, das im Auftrage von Bund und Ländern auf neuen Wegen zur Minderung der Lehrerarbeitslosigkeit führen soll.

Ausgangslage

Eine ungewöhnliche Situation erfordert ungewöhnliche Maßnahmen. Es kann kein Zweifel daran bestehen, daß der Tatbestand von mehr als 30 000 arbeitslosen Lehrern, die nach Aussage einer Studie des Kieler Instituts für Weltwirtschaft im Jahre 1982 gezählt wurden, eine außerordenlich große Herausforderung für unsere Wirtschaft bedeutet.
Wenn man den sorgfältig vermittelten Voraussagen folgt, so wird sich diese Zahl in den kommenden Jahren noch drastisch erhöhen. Die Situation wird dadurch verschärft, daß arbeitslose Lehrer im Gegensatz zu fast allen Bereichen auch bei einer Aufwärtsentwicklung von Wirtschaft und Konjunktur nur geringe Berufsaussichten in den Schulen haben, da sich an der deutlich rückläufigen Bewegung der Schülerzahlen auf Jahre hinaus kaum etwas ändern dürfte. Daran können auch die angestrebten Maßnahmen zur Änderung der Beamtengesetze – früherer Pensionseintritt, Ausweitung der Beurlaubungsmöglichkeiten, Teilzeitbeschäftigung u.a.m. – nichts ändern. Sie allein reichen nicht aus, um längerfristig das Problem zu lösen. Es kommt vielmehr darauf an, den arbeitslosen Lehrern Möglichkeiten für eine berufliche Neuorientierung zu erschließen.
Dabei kann man nicht erwarten, daß Tausende von jungen Menschen auf gut Glück selbst einen Ausweg aus der Misere finden. Wenn man nicht will, daß breite Schichten unserer Jugend nunmehr zu Recht der Resignation verfallen, die man ihnen bisher mehr oder weniger als Modetrend vorwerfen konnte, muß man ihnen neue Wege aufzeigen und Hilfestellung bei dem notwendigen Umdenkungsprozeß geben. Kein Volk kann es sich leisten, das geistige Potential, das in seiner akademischen Jugend vorhanden ist, ungenutzt verkommen zu lassen. Das deutsche Volk, dessen Substanz durch zwei Weltkriege und ihre Folgen bis an die Grenzen des Erträglichen geschwächt ist, nun schon gar nicht.
Bei einer so langfristigen Krise wie der gegenwärtigen, bei der es sich nicht nur um die Überbrückung der vorübergehenden Sättigung des Arbeitsmarktes handelt, sondern um tiefgreifende strukturelle Veränderungen, ist es kein Ausweg, arbeitslosen Lehrern Aushilfsjobs als Taxifahrer, Kellner o. a. anzubieten. Ein solches „Jobben“ wird sowieso schon von vielen jun-

gen Menschen versucht, die nicht einfach tatenlos herumsitzen wollen, sondern ihr Schicksal selbst in die Hand nehmen. Eine Dauerlösung kann und darf dies jedoch nicht sein. Niemand sollte sich damit zufrieden geben, daß erworbene Kenntnisse und Fähigkeiten, die auf dem Niveau eines akademischen Studiums beruhen, einfach brachliegen und nicht genutzt werden, wie dies gegenwärtig in einem bisher unbekannten Ausmaß der Fall ist. Kein Politiker und niemand, der an verantwortlicher Stelle in unserem Wirtschaftsleben steht, sollte dies ignorieren und einfach zur Tagesordnung übergehen. Vor allen Dingen sollte sich niemand der Betroffenen selbst entmutigen lassen, einen neuen Anfang zu machen.

Voraussetzungen

Es geht darum, kurzfristig realisierbare Möglichkeiten aufzuzeigen, die eine interessante Alternative zum Lehrberuf darstellen.
Es ist wenig sinnvoll, arbeitslosen Lehramtskandidaten, die die erste und zweite Staatsprüfung mit Erfolg und oft mit überragenden Ergebnissen absoliviert haben, zu empfehlen, als Lehrlinge oder Hilfskräfte auf der untersten Stufe des Wirtschaftslebens neu zu beginnen. Dies erscheint aus der Perspektive des einzelnen wie aus volkswirtschaftlicher Sicht und unter gesellschaftspolitischen Aspekten als nicht zumutbar und auch nicht sinnvoll.
Es gilt vielmehr, den Lehrern eine attraktive Zusatzqualifikation zu vermitteln, die es ihnen ermöglicht, eine anspruchsvolle berufliche Tätigkeit im mittleren Management der Wirtschaft auszuüben und dabei ihre bisher erworbenen Kenntnisse und Fähigkeiten soweit wie möglich zu nutzen.
Es ist unbestreitbar, daß Lehramtskandidaten nach erfolgtem Studienabschluß über Qualifikationen verfügen, die in der Wirtschaft gesucht sind. Selbstverständlich müssen diese Qualifikationen den Erfordernissen der Wirtschaft entsprechen, angepaßt und erweitert werden.

Maßnahmen

Hier setzt der Modellversuch ein, den die Wirtschaftsakademie für Lehrer e. V. in Zusammenarbeit mit dem Bundesministerium für Bildung und Wissenschaft, dem Kultusministerium von Schleswig-Holstein und dem Kultusministerium von Rheinland-Pfalz sowie der Bundesanstalt für Arbeit und der Zentralstelle für Fernunterricht durchführt. Erstmalig wird arbeitslosen Lehrern damit im Rahmen einer staatlichen Maßnahme die Möglichkeit geboten, sich durch eine ergänzende Ausbildung auf eine qualifizierte Tätigkeit in der Wirtschaft vorzubereiten. Damit wird eine neue Dimension der beruflichen Fortbildung erschlossen. Das angebotene **Fernstudienprogramm** ist auf die gegenwärtige Arbeitsmarktsituation zugeschnitten.

Die Berufsbilder und Anforderungsprofile, die den geplanten Maßnahmen zugrundeliegen, sind trotz der angespannten Arbeitsmarktlage in der Wirtschaft gefragt und bieten eine reelle Chance, sich erfolgreich um eine anspruchsvolle berufliche Tätigkeit auf der mittleren Führungsebene zu bewerben.
Die vorgesehenen Studiengänge bestehen aus einem einjährigen Fernstudium, das durch regionale Arbeitsgemeinschaften, einen intensiven Betreuungs- und Korrekturdienst sowie durch ergänzende Kurzseminare unterstützend begleitet wird. Sie gehen davon aus, daß die Lehrer in ihrer bisherigen Ausbildung Wissen und Kenntnisse erworben haben, die ein gutes Fundament darstellen, auf dem nunmehr aufgebaut werden kann.
Dies ist im übrigen durch entsprechende Analysen der beruflichen Anforderungen und der im Studium erworbenen Fähigkeiten im einzelnen untersucht und dargestellt worden. Dies gilt im übrigen als Grundlage für Information und Beratung der Bewerber, die sich an diesen Umschulungsmaßnahmen beteiligen wollen. Darüber hinaus sind Betriebserkundungen und Betriebspraktika zur Abrundung der Maßnahmen vorgesehen.
Der Nachweis der erworbenen Qualifikation erfolgt durch eine offiziell anerkannte Prüfung.
Für die Teilnehmer entstehen keine Kosten.

Zielsetzung

Durch die weiterführende Qualifikation auf dem Wege des kombinierten Fernstudiums in der oben beschriebenen Form sollen die arbeitslosen Lehramtskandidaten die Voraussetzungen für eine entsprechende Position in der Wirtschaft erwerben. Die in ihrem vorangegangenen Studium enthaltenen Elemente, die zum Teil in Führungspositionen der Wirtschaft sehr gefragt sind, stellen für sich allein keine ausreichende Basis für eine solche Tätigkeit dar. In Verbindung mit einer entsprechenden Zusatzausbildung, die wirtschaftsbezogen die erforderlichen Sachkenntnisse und das notwendige Managementwissen vermittelt, sind sie jedoch von großem Nutzen.

Beispiele:

- So bringen *Lehramtskandidaten aus der mathematisch-naturwissenschaftlichen Richtung* wichtige Voraussetzungen für eine anspruchsvolle Tätigkeit im Bereich des Rechnungswesens, der Informatik und im gesamten Bereich der neuen Technologien mit.
- *Lehramtskandidaten mit einer fremdsprachlichen Ausbildung* sind prädestiniert für die Bereiche Im- und Export, der Außenwirtschaft und für die Wahrnehmung internationaler Geschäftsverbindungen.

— Die erworbenen Fähigkeiten der Lehramtskandidaten aus dem Bereich der *Pädagogik* können im gesamten Bereich des Personalwesens sowie in der innerbetrieblichen Aus- und Weiterbildung zum Einsatz kommen.

Insgesamt soll erreicht werden, daß die arbeitslosen Lehramtskandidaten in der Arbeitswelt der Wirtschaft einen Arbeitsplatz finden, der ihren Voraussetzungen und Fähigkeiten entspricht, so daß sie auf dem Wege über eine anspruchsvolle Tätigkeit im mittleren Management positiv zu integrieren sind.
Für die Wirtschaft bietet sich auf diese Weise die einmalige Gelegenheit, hochqualifizierte Mitarbeiter zu gewinnen, die ein weitgefächertes Anforderungsprofil besitzen und auf sehr vielfältige Weise im Management einzusetzen sind. Sie besitzen jene „Allround-Ausbildung", die normalerweise auf dem Arbeitsmarkt kaum zu finden ist und daher innerbetrieblich auf sehr kostenintensive Weise geschaffen werden muß.
Hier liegt die große Chance für alle diejenigen, die einen beruflichen Neubeginn suchen. Sie können damit rechnen, daß weite Kreise der Wirtschaft die Vorteile erkennen, die Bewerber ihrer Art bieten.

Bildungsangebot

Ab Herbst 1983 besteht die Möglichkeit, einen von drei verschiedenen Studiengängen zu belegen:
— Direktionsassistent(in)
— Managementassistent(in)
— Personalassistent(in).
Weitere Studiengänge sind in Vorbereitung.

Teilnehmer

Absolventen von Lehramtsstudiengängen mit der ersten oder zweiten Staatsprüfung, die keine Anstellung im Schuldienst gefunden haben. Die Teilnehmerzahl im Modellversuch ist zunächst auf 150 je Studiengang begrenzt. Die Auswahl und Zulassung der Teilnehmer erfolgt durch die Wirtschaftsakademie für Lehrer e. V. i. V. mit der Bundesanstalt für Arbeit.

Dauer und Verfahren

Kombinierter Fern- und Direktunterricht mit einer Gesamtdauer von zwölf Monaten. Didaktisch aufbereitete Studieneinheiten werden im monatlichen

Rhythmus versandt. Studienaufgaben sind zu lösen und werden kommentiert. 20 Stunden Arbeitsaufwand werden wöchentlich veranschlagt. Falls möglich, werden monatlich tagende Arbeitskreise oder Studienzirkel eingerichtet.
Drei zentrale Seminare finden am Anfang, in der Mitte und am Ende des Studienganges statt. – Das Projekt beginnt im Herbst 1983 und wird mindestens bis 1986 fortgesetzt.

Prüfung

Jeder Studiengang schließt mit einer Prüfung ab, die öffentlich-rechtlichen Charakter hat.

Zu den Studiengängen im einzelnen

Direktionsassistenten(innen): Sie werden als Mitarbeiter von Direktoren und Vorstandsmitgliedern in Wirtschaft und Verwaltung eingesetzt. Sie verfügen über einen eigenen Handlungs-, Entscheidungs- und Verantwortungsbereich, der durch die Tätigkeit des Vorstandes bestimmt wird. Darüber hinaus werden Spezialaufträge durch Vollmacht auf sie delegiert. Ihre Funktion kann u. a. auch die Information und Beratung des Vorstandes sowie die Mitwirkung an Entscheidungsprozessen bei Fragen der Koordination und Konfliktsteuerung einschließen.

Stoffplan

Einführung in die Wirtschafts- und Arbeitswelt
Volkswirtschaftslehre und Wirtschaftspolitik
Grundlagen der Betriebswirtschaft
Finanz- und Rechnungswesen
Materialwirtschaft – Beschaffung
Produktionswirtschaft
Marketing – Absatzwirtschaft
Organisation und Datenverarbeitung
Büroorganisation und Kommunikation im Betrieb
Recht (BGB, HGB)
Arbeits- und Sozialrecht
Personalwesen, Personalpolitik und Personalführung
Statistik
Betriebspsychologie und Soziologie
Managementtechniken

Beginn: Herbst 1983/1984/1985

Managementassistenten(innen): Sie werden auf den mittleren und oberen Führungsebenen in Industrie und Handel, in Banken und Versicherungen sowie vergleichbaren Unternehmen eingesetzt. Ihre Schwerpunkte liegen in der Erstellung von Gutachten, Koordinierungsprogrammen, Ablaufdiagrammen und vielen anderen Techniken der Unternehmensführung. Managementassistenten werden sowohl in Stabs- wie auch Linienfunktion an zentralen Stellen eingesetzt. Von den Managementassistenten wird viel Kreativität im Denken verlangt, die sie u. a. auch bei der Lösung von Konflikten oder bei der Beseitigung von Schwachstellen im Unternehmen benötigen.

Stoffplan

Einführung in die Wirtschafts- und Arbeitswelt
Managementwissen
Grundlagen der Betriebswirtschaftslehre
Rechnungswesen, Kostenrechnung, Finanzierung
Mittel und Techniken der Unternehmensführung
Grundbegriffe des Operations Research
Lineare Programmierung
Netzplantechnik, Wertanalyse usw.
Gesprächsführung und Rhetorik
Volkswirtschaftslehre
Wirtschaftsrecht und Handelsrecht
Arbeitsrecht und Sozialrecht
Soziologische Grundkenntnisse
Einführung in die Organisationslehre

Beginn: Herbst 1983/1984/1985

Personalassistent(in): Personalarbeit umfaßt heute nicht nur die Einstellung und Entlassung von Mitarbeitern, sondern die gesamte Personalpolitik, Personalplanung, Personalentwicklung, Aus- und Weiterbildung etc. Fachleute auf dem Gebiet des Personalwesens sind in der gesamten Wirtschaft und Verwaltung gefragt. Zum Rüstzeug des Personalassistenten gehören organisatorische, methodische und dispositive Fähigkeiten, darüber hinaus volks- und betriebswirtschaftliche Kenntnisse. Menschenkenntnis und das Wissen um soziale Problemstellungen gehören mit zur Qualifikation.

Stoffplan

Einführung in die Wirtschafts- und Arbeitswelt
Grundlagen der Personalarbeit
Grundlagen der Personalpolitik

Personalförderung, -entwicklung
Personalbeschaffung und -auswahl
Arbeitsbewertung und Leistungsbeurteilung
Betriebliches Personal- und Sozialwesen
Aus- und Fortbildung
Grundlagen der Betriebswirtschaftslehre
Grundlagen der Volkswirtschaftslehre
Arbeits- und Sozialrecht
Berufsbildungsrecht

Beginn: Herbst 1983/1984/1985

Förderung der Bundesanstalt für Arbeit

Die Bundesanstalt für Arbeit fördert die Teilnehmer am Modellversuch, wenn es sich um arbeitslose Lehrer handelt, die dem Arbeitsamt als arbeitslos bekannt sind, und zwar:
- Lehrer mit 1. Staatsprüfung
- Lehrer mit 2. Staatsprüfung
- Lehrer mit Zeitvertrag
- Lehrer, die bereits in der Wirtschaft tätig waren und wiederum arbeitslos sind.

Für diese Gruppen besteht die Leistung der Bundesanstalt für Arbeit in der Zahlung der Kosten für die Umschulungsmaßnahme (keine Zahlung von Lebensunterhalt).
Die Förderung erfolgt generell bei vorhandener und drohender Arbeitslosigkeit (Zeitverträge). Der Teilnehmer wird nur dann gefördert, wenn er nach Beendigung der Umschulungsmaßnahme mindestens drei Jahre lang beitragspflichtig bleibt.
Vor einer endgültigen Bewerbung sollten Sie sich mit Ihrem zuständigen Arbeitsamt in Verbindung setzen, um die Förderungsmöglichkeiten abzuklären. Die Bewerbung selbst ist zu senden an: Wirtschaftsakademie für Lehrer e.V., Hindenburgring 12 A, 3388 Bad Harzburg 1.

Zusammenfassung

Das Echo auf zahlreiche Hinweise zu diesem Modellversuch, der als „Projekt Hoffnung“ in Presse, Rundfunk und Fernsehen von sich reden gemacht hatte, signalisierte großes Interesse von seiten der betroffenen Lehramtskandidaten. Aber auch das Echo der Wirtschaft war überwiegend positiv. Sicherlich können die geplanten Maßnahmen nicht als Allheilmittel gegen die Lehrerarbeitslosigkeit betrachtet werden. Es wird im Hinblick auf die

Anforderungen an Durchhaltevermögen und Einsatzbereitschaft immer nur ein begrenzter Kreis sein, der diesen Weg wählen kann und will. Aber es ist ein neuer Ansatz, der die berechtigte Hoffnung gibt, sich aus eigener Kraft einen Ausweg aus dem Dilemma erarbeiten zu können. Bewerber, die diese Qualifikation aufweisen, zeichnen sich damit vor vielen anderen aus, haben sie doch unter erschwerten Bedingungen aus einer zunächst ausweglos erscheinenden Situation das Beste zu machen versucht. Sie haben nicht aufgegeben, sondern sich auf die neuen Möglichkeiten eingestellt und die sich bietenden Chancen ergriffen. Auch in der Wirtschaft ist man sich darüber im klaren, daß wir gerade solche Menschen in unserer Gesellschaft brauchen, wenn wir die Aufgaben von Gegenwart und Zukunft meistern wollen.

Gisela Böhme

Berufsfelder für Umsteiger

Berufsorientierung, Fortbildung und Umschulung

Beispiele aus Einrichtungen der Deutschen Angestellten-Gewerkschaft (DAG)

Der Beitrag informiert in exemplarischer Weise über berufliche Bildungsangebote der DAG für arbeitslose Hochschulabsolventen. Der 1. Teil gibt einen beispielhaften Einblick in die *Berufsorientierungsseminare* (nach § 41a des Arbeitsförderungsgesetzes), die das Frankfurter Bildungswerk der DAG durchführt. – Der 2. Teil skizziert die Bildungseinrichtungen der DAG und einige ihrer Aktivitäten. Hier erfahren Sie zugleich, welche **Beschäftigungsperspektiven** dieser Bereich für Hochschulabgänger(innen) bietet. – Der 3. Teil schließlich stellt *Umschulungs- und Fortbildungsmöglichkeiten* der Deutschen Angestellten-Akademie in Marburg vor, die für arbeitslose Akademiker wegweisende Programme entwickelt hat.

1. Berufsorientierungsseminare der DAG

Hat man sich jahrelang auf eine bestimmte Arbeit, z. B. die des Lehrers vorbereitet, fällt es fast immer schwer, alternative Berufsvorstellungen zu entwickeln. Erst recht, wenn dies nicht aus eigenem Antrieb geschieht (es ist ja nicht so, daß man den Lehrerberuf satt hätte) und wenn Arbeitgeber in anderen Bereichen einen auch nicht gerade mit offenen Armen empfangen: „Ach wissen Sie, Lehrer, das ist so eine Sache. Wir legen großen Wert auf Pünktlichkeit, aber die Lehrer, die diskutieren immer soviel. Und Diskutieren und Zuspätkommen, das findet sich selten getrennt."

Außerdem, noch einen neuen Beruf, womöglich noch einmal eine längere Ausbildung, das überlegt man sich schon genauer. Aber woher bekommt man denn nun praktische Informationen? Was kann man denn machen?

Auf diese Verunsicherung sind die Berufsorientierungsseminare der DAG zugeschnitten, in denen man gemeinsam mit anderen Klarheit über die Ausgangssituation gewinnen kann. Nämlich: **Es ist sinnlos, nach einem Bereich oder einer Branche zu suchen, wo arbeitslose Geisteswissenschaftler ohne längere Zusatzausbildung bei gutem Gehalt eingestellt werden.** Die gibt es nicht, und die wird es in absehbarer Zeit nicht geben. Und selbst wenn man Stellen mit gutem Anfangsgehalt findet, heißt das noch lange nicht, daß gerade diese Tätigkeiten arbeitslosen Akademikern Spaß machen bzw. sie hier ihre Fähigkeiten zur Geltung bringen können.

Bevor man sich also erneut ins Berufswahlgetümmel stürzt, sollte man sich mindestens zwei Fragen stellen:

- Was kann ich, bzw. wo liegen meine spezifischen Interessen und Fähigkeiten außer z. B. im Lehrbereich?
- Wo könnte ich diese spezifischen Fähigkeiten und Interessen einsetzen, auch wenn es schwierig ist, in diesen Bereichen Fuß zu fassen?

Wichtig: Im Seminar brauchen Sie sich diese Fragen nicht allein zu stellen und zu beantworten, sondern Sie können darüber mit anderen diskutieren, die in einer ähnlichen Situation sind wie Sie. Das kann sehr hilfreich sein.
Das Berufsorientierungsseminar bei der DAG liefert darüber hinaus zwei weitere Hilfestellungen.

a) Konkreter Überblick über Berufsbereiche

Konkret heißt: nicht Ausbildungspläne wälzen oder einschlägige Bücher lesen, sondern in kleinen Gruppen direkt in die entsprechenden Firmen oder Einrichtungen gehen, sich die Arbeit anschauen, mit den Beschäftigten reden, Kontakte zu Personalchefs aufbauen.
Welche Firmen und Berufsbereiche da geprüft werden, das hängt in erster Linie von den Interessen der jeweiligen Teilnehmer ab. Das heißt, es wird kein Standardinformationspaket angeboten, sondern die konkreten Ziele und Wünsche der Teilnehmer stehen im Vordergrund des Seminarablaufs. Das führt allerdings dazu, daß die Teilnehmer auch vieles selbst organisieren müssen, denn das Team kann die jeweiligen Interessenschwerpunkte nicht im voraus ahnen.
Das aus langer Erfahrung und vielen Teilnehmeranregungen gewonnene Informationsangebot bezieht sich auf folgende Bereiche: *Sozialpädagogik, Sozialmedizin, Presse/Buchhandel/Bibliotheken/Rundfunk/Film, Industrie/Handel/Verwaltung, Handwerk, EDV, Alternativbetriebe, Ausland, Gartenbau und Landwirtschaft.*

b) Wichtige zusätzliche Informationen

Wie mache ich mich selbständig? – Arbeitsförderungsgesetz (AFG) – Bewerbungstechniken – Arbeits- und Sozialrecht – Sozial- und Wirtschaftspolitik: Zu diesen Themenschwerpunkten stehen sachkundige Referenten zur Verfügung.

Dazwischen bleibt immer noch genug Zeit, um sich gegenseitig kennenzulernen und sich untereinander auszutauschen. Nun darf natürlich keiner erwarten, am Ende des Seminars einen Job zu haben, obwohl auch das vorkommt. Aber Ergebnisse können Sie schon verbuchen. Die sehen normalerweise so aus:

- Ich bin mir jetzt viel mehr über mich und meine Situation im klaren.

- Ich weiß genau, was ich auf keinen Fall will.
- Ich habe eine Idee, die mir Spaß macht und die auch realistisch ist. An deren Verwirklichung will ich weiter basteln.
- Ich habe eine Menge nette Leute kennengelernt, die die gleichen Probleme haben wie ich. Mit einigen will ich auch weiterhin gemeinsam etwas machen.

So, und jetzt kann's losgehen.

Daten

Träger: Bildungswerk der DAG, Bockenheimer Landstraße 72, 6000 Frankfurt/M., Tel.: (06 11) 72 73 18
Dauer: 5 – 6 Wochen
Zeiten: Ganztägig 8.15 – 15.30 Uhr
Ort: Frankfurt/M.
Ansprechstelle für Interessenten: Arbeitsamt Frankfurt/Fachvermittlungsstelle, Tel.: (06 11) 2171-1
Finanzierung: Teilnehmer mit Anspruch auf Unterhaltsgeld, erhalten UHG. Teilnehmer ohne Anspruch auf UHG mit Arbeitslosenhilfebezug erhalten weiterhin Arbeitslosenhilfe. Alle Teilnehmer erhalten Fahrtkosten.

Doris Kraut-Ebert

2. Bildungseinrichtungen der DAG im Überblick

Zum Entstehungszusammenhang: Bildungsmaßnahmen und gewerkschaftliche Arbeit sind seit Beginn der Gewerkschaftsbewegung untrennbar miteinander verbunden. Folgerichtig wurden Bildungspolitik und -arbeit eine satzungsgemäße Aufgabe der DAG. Die berufliche Bildung delegierte sie weitgehend an die von ihr geschaffenen Bildungseinrichtungen: das *Bildungswerk* der DAG e.V. (BW), die *Deutsche Angestellten-Akademie e. V.* (DAA) und das *DAG-Technikum GmbH.*
Die strukturell bedingte Arbeitslosigkeit, die als Begleitphänomen *neue Berufsprofilanforderungen* mit sich bringt, hat die berufliche Weiterbildung mittlerweile zu einer Notwendigkeit im Arbeitsleben werden lassen. In diesem Zusammenhang drängen auch immer mehr *Hochschulabgänger* in die angebotenen Fortbildungs- und Umschulungsmaßnahmen.

Schultypen: Seit ihrer Gründung betreiben die DAG-Bildungseinrichtungen viele unterschiedliche *Schultypen.* Dazu gehören Handelsschulen, Höhere Handelsschulen, eine Abendrealschule sowie mehrere Fachschulen wie die Werbefachschule in Essen (siehe Adressenanhang).

Weiterbildung in nichtärztlichen Heilberufen: An verschiedenen Orten werden Fortbildungen zum *medizinisch-technischen Assistenten* (MTA), *medizinisch-technischen Radiologie-Assistenten* sowie zu *Arzt-* und *Zahnarzthelferinnen* durchgeführt.
Mitte Januar 1983 nahm eine staatlich anerkannte *Krankenpflegeschule* in Freiburg die Arbeit auf. Die DAA Freiburg ist die einzige Bildungseinrichtung in der gesamten Bundesrepublik, der es bisher gelungen ist, eine derartige *Krankenpflegeschule* für Umschüler aufzubauen (Deutsche Angestellten-Akademie, Moltkestraße 5, 7800 Freiburg).
Am 1. März 1983 wurde in Freiburg zudem eine Schule für *Logopäden* eröffnet (siehe o.g. Adresse). Lehrgänge für *Beschäftigungstherapeuten* sind in Vorbereitung.

Integration jugendlicher Ausländer: Unter dem Kürzel „MBSE" – Maßnahmen zur beruflichen und sozialen Eingliederung Jugendlicher – widmen sich die DAG-Bildungseinrichtungen der sozialen Eingliederung jugendlicher Ausländer.

Potentielle Arbeitsmöglichkeiten für Hochschulabgänger bieten sich bei den DAG-Bildungseinrichtungen auf breiter Ebene in der Lehrtätigkeit – u. a. für **Juristen, Betriebs- und Volkswirte.** Aber auch für **Soziologen, Pädagogen und Psychologen,** die in pädagogisch-sozialen Leitungsfunktionen eingesetzt werden und die psycho-soziale Betreuung oft problematischer Teilnehmergruppen übernehmen, bestehen potentielle Arbeitsfelder.
Hierbei sollte der Leser immer davon ausgehen, daß ihm solche Tätigkeiten nicht in den Schoß fallen, sondern daß *Eigeninitiative* gefragt ist. Viele Arbeitsfelder sind nur potentiell vorhanden und müssen erst durch persönlichen Einsatz errungen werden. Zu diesem Zweck ist es dienlich, zunächst einmal eine Bewerbung zu verschicken, die die *spezifischen persönlichen Qualifikationen* darstellt. Sodann sollte man versuchen, ein persönliches Gespräch zu arrangieren, um sich direkt vor Ort über die entsprechende Bildungseinrichtung zu informieren und eventuelle Arbeitsmöglichkeiten zu erkunden: Öffentlichkeitsarbeit, psycho-soziale Betreuung und Beratung, juristische Beratung für Asylbewerber u. a.

3. Fortbildungs- und Umschulungsangebote der DAA in Marburg

Seit 1979 existiert in Marburg ein Fort- und Weiterbildungsinstitut der Deutschen Angestellten-Akademie (DAA): Deutsche Angestellten-Akademie, Ernst-Giller-Straße 20, 3550 Marburg, Tel.: (0 64 21) 6 40 31. Ein

Schwerpunkt der Arbeit des Instituts liegt – bedingt durch seine Lage in einer Universitätsstadt, die fast ausschließlich von der Hochschule lebt – auf der Betreuung von Hochschulabsolventen, die aufgrund ihrer Studiengänge besonders stark von Arbeitslosigkeit bedroht sind. Das gilt für *Soziologie, Politologie, Pädagogik, Psychologie* und das *Lehrerstudium.* Insgesamt umfassen die Lehrgangsangebote für diesen Personenkreis vier Hauptrichtungen – den *sozialen,* den *kaufmännischen* und den *EDV*-Bereich sowie die Gruppe der *nichtärztlichen Heilberufe.*

3.1 Sozialer Bereich

Da bei allen genannten Studiengängen eine gewisse inhaltliche Nähe zu sozialen, also helfenden, beratenden und betreuenden Berufen vorausgesetzt werden kann, zugleich aber von einer sehr kopflastigen und theoretisch orientierten Ausbildung ausgegangen werden muß, ist das Hauptziel dieser Ausbildungsgänge, einen Einstieg in die Tätigkeiten und somit *praktische Berufserfahrung* zu ermöglichen. Deshalb wird der zeitlich weitaus überwiegende Anteil dieser Fortbildungen durch Praktika bei verschiedenen kooperierenden Instituten abgedeckt, wo die Teilnehmer Gelegenheit haben, im praktischen Umgang mit Menschen ihre Fertigkeiten zu üben und einen beruflichen Einstieg durch den unmittelbaren Kontakt zu gewinnen. Folgende Fortbildungsmaßnahmen wurden bisher und werden derzeit von der DAA durchgeführt:

- 1979 fand eine einjährige Fortbildung für Diplom-Pädagogen statt, die zum Ziel hatte, *allgemein sozialarbeiterische Berufsfelder* für die Teilnehmer zu erschließen. Das Angebot an Praktika und begleitenden Fortbildungsangeboten war dementsprechend sehr breit gefächert und vergleichsweise unspezifisch. Hauptziel des Lehrgangs war die Herstellung eines *beruflichen Erstkontaktes* und *praktischer Erfahrungen.*
- 1980 – 1982 wurde in Fortentwicklung dieses Konzeptes für Diplom-Pädagogen und Soziologen eine zweijährige Fortbildung zum *Fachberater für Suchtkrankenhilfe* durchgeführt. Dieser Lehrgang zielte auf ein spezielles Feld sozialarbeiterischer und sozialtherapeutischer Tätigkeiten ab und war von daher auch im Bereich der theoretischen und methodischen Ausbildung sehr stark auf den Bereich Suchtkrankenhilfe spezialisiert und eingegrenzt. Überwiegender Anteil war auch hier die praktische Mitarbeit in Institutionen der Suchtkrankenhilfe wie Beratungsstellen, Psychiatrien, Fachkliniken mit begleitender zentraler Supervision und Betreuung. Der Lehrgang schloß mit einer internen Prüfung in Zusammenarbeit mit dem Gesundheitsamt und dem Regierungspräsidenten in Gießen ab.
- Seit Anfang 1982 führte die DAA Marburg eine Weiterbildung in *Familienberatung* und *analytisch orientierter Familientherapie* für Lehrer, Soziologen und Diplom-Pädagogen durch, die im Juli 1983 endete. Auch dieser Lehrgang bestand im wesentlichen aus zentral betreuter praktischer Arbeit mit Familien in Beratungsstellen, Kliniken, Ämtern und freien Vereinen sowie einer begleitenden theoretischen und methodischen Weiterbildung. Im Gegensatz zu den o.g. Weiterbildungen ist das methodische Ausbildungsprogramm in diesem Fall auf psychoanalytisch orientierte Familienarbeit beschränkt, um eine Grundlage zur weiteren Spezialisierung der Teilnehmer zu geben.

Durch den hohen Anteil von berufspraktischer Tätigkeit unter ständiger Supervision und Betreuung hat sich das Konzept dieser Lehrgänge ausgezeichnet bewährt, da die Teilnehmer auf diese Weise ihren *Mangel an beruflicher Erfahrung überwinden und die notwendigen persönlichen Kontakte zum Arbeitsfeld knüpfen* konnten. Dabei ist eine Tendenz zur Spezialisierung und Ausrichtung auf klar eingegrenzte Felder der Sozialarbeit und Sozialtherapie vorhanden, die sich deutlich ausgeprägt im begleitenden Angebot der theoretischen und methodischen Ausbildung widerspiegelt.
In der *Planung* sind derzeit weitere Lehrgangsangebote dieser Art im Bereich *Suchtkrankenhilfe* und *Familientherapie.*

3.2 Kaufmännischer Bereich

Der kaufmännische Bereich umfaßt bei der DAA gegenwärtig eine Umschulung zum *Industriekaufmann,* einen Lehrgang im *Rechnungswesen und betrieblichen Steuerwesen* sowie eine Fortbildung zum *Fachlehrer für Datenverarbeitung, Maschinenschreiben und Bürotechnik.*

a) Umschulung zum Industriekaufmann

Ziel des 18monatigen Lehrganges ist es, den Teilnehmern eine vollständige berufliche Ausbildung (theoretisch und praktisch) zum *Industriekaufmann* zu vermitteln. Die Ausbildung schließt mit der Kaufmannsgehilfenprüfung ab. Damit das vorgesehene Lernziel *Industriekaufmann* in der Hälfte der sonst vorgesehenen Ausbildungszeit von drei Jahren erreicht werden kann, wird von den Auszubildenden eine erhöhte Lernfähigkeit und -bereitschaft erwartet. Diese Umschulung ist nicht speziell für Hochschulabsolventen konzipiert, sondern für Teilnehmer, die als Mindestvoraussetzung eine mittlere Reife vorweisen können. Es haben jedoch auch schon Hochschulabgänger diese Umschulung durchlaufen.

b) Lehrgang im „Rechnungswesen und betrieblichen Steuerwesen"

Zielgruppe: **Juristen, Diplom-Volkswirte, Diplom-Ökonomen, Diplom-Agrarökonomen und Diplom-Ökotrophologen.**
Der Lehrgang ist in zwei Stufen unterteilt:

1. Stufe: *Rechnungswesen*
   Der Kurs Rechnungswesen vermittelt das für eine Weiterbildung im betrieblichen Steuerwesen erforderliche kaufmännische Grundwissen. Darüber hinaus ist der Lehrgang so konzipiert, daß bei einem erfolgreichen Abschluß unmittelbar anwendbares Wissen für eine kaufmännische Tätigkeit erworben wird.
2. Stufe: *Betriebliches Steuerwesen*
   Ziel dieser zweiten Stufe ist es, Hochschulabsolventen der Disziplinen *Wirtschaftswissenschaften, Rechtswissenschaften, Agrarwissenschaften und Ernährungswissenschaften* eine auf die Belange der Praxis orientierte Ausbildung zu erteilen.

c) Fortbildung zum Fachlehrer für Datenverarbeitung, Maschinenschreiben und Bürotechnik

Dieser Lehrgang soll es arbeitslosen **Lehrern** ermöglichen, ihre an der Universität erworbenen Kenntnisse und Fähigkeiten in bezug auf eine zukünftige Unterrichtstätigkeit als

- Fachlehrer für Datenverarbeitung
- Fachlehrer für Maschinenschreiben
- Fachlehrer für Bürotechnik

zu modifizieren. Dabei dient dieser Lehrgang zur intensiven Vorbereitung auf die entsprechenden staatlichen Prüfungen.

Eine grundlegende Voraussetzung für eine erfolgreiche Lehrtätigkeit in den genannten Bereichen ist neben System- und technischen Kenntnissen die eigene Schreibsicherheit bei konstant hohen Schreibgeschwindigkeiten.
Aufgrund ihres andersgearteten Vorwissens fehlen Lehrern oft grundlegende Kenntnisse über wirtschaftliche und kaufmännisch-organisatorische Zusammenhänge. Diese Defizite auszugleichen bzw. zu ergänzen und die künftige Tätigkeit der zu Unterrichtenden in einen betrieblichen und ökonomischen Rahmen einordnen zu können, dienen die theoretischen Lehrgangsteile:
— Grundlagen der Volkswirtschaft
— Grundlagen der Betriebswirtschaftslehre
— Organisation
— Buchführung und Zahlungsverkehr.
Da den Lehrern vielfach berufspraktische Büroerfahrungen fehlen, haben sie während eines betrieblichen Praktikums Gelegenheit, durch Arbeit in einer Übungsfirma kaufmännische und verwaltende Tätigkeiten in wichtigen Abteilungen beispielhaft kennenzulernen. Insbesondere geht es auch darum, sich mit den Einsatzmöglichkeiten von technischen Hilfsmitteln und Verfahren für die Fächer
— Bürotechnik
— Einführung in die Elektronische Datenverarbeitung und
— Sekretariatskunde
vertraut zu machen und sich Fertigkeiten und Sicherheit im Umgang damit anzueignen.
Um die möglichen beruflichen Einsatzfelder und Unterrichtsmöglichkeiten auszudehnen, wird ggf. eine *Einführung in die englische Kurzschrift* geboten, die als Grundlage für die spätere Weiterbildung dient.
Die theoretischen und fachdidaktischen Voraussetzungen für die spätere Unterrichtstätigkeit werden im Bereich *Fachpädagogik* gelegt. Die Techniken der Vorbereitung und Erarbeitung von Unterrichtseinheiten und das Trainieren des Umsetzens derselben im Rahmen des praktischen Unterrichts werden im Fach *Hospitation und Lehrproben* unter Assistenz eines Mentors mit jeweils anschließendem Lehrgespräch vermittelt. Dabei sollen etwa 6 Hospitationen/5 Lehrproben pro Fachlehrerprüfung für die staatliche Abschlußprüfung nachgewiesen werden.
Abgerundet wird der Lehrgang durch die Vermittlung von Kenntnissen, die für die erfolgreiche Tätigkeit in einer Bildungseinrichtung über *Schulverwaltung und Schulrecht* notwendig sind.
Eine intensive Ausbildung in *Elektronischer Datenverarbeitung und Textverarbeitung* befähigt die Teilnehmer, die neueren technischen Möglichkeiten der rationellen Textverarbeitung zu beherrschen und die Formen ihrer Handhabung weiterzugeben.

3.3 EDV-Bereich

EDV-Organisator mit Zusatzqualifikation im Dokumentationswesen oder Wirtschaftsinformatik

Umschulung: Der Praxisbezug steht bei dieser einjährigen Maßnahme – wie bei allen Bildungsangeboten der DAA – im Vordergrund. Der tatsächliche Lernerfolg in der Datenverarbeitung läßt sich nur in der Arbeit am Computer feststellen. Aus diesem Grund sind in den Lehrgang umfangreiche Praxisphasen einbezogen worden. Sie werden in Form eines fünfwöchigen Betriebspraktikums bei Computerherstellern aus dem gesamten Bundesgebiet absolviert.

3.4 Nichtärztliche Heilberufe

Die MTA-Schule der Deutschen Angestellten-Akademie, Institut Marburg, besteht seit Dezember 1981 und ist mit Unterstützung des Arbeitsamtes errichtet worden. In dieser Bildungseinrichtung der DAA Marburg werden Arzthelferinnen und *Arbeitslose* in Zusammenarbeit mit der Staatlichen Lehranstalt für Technische Assistenten in der Medizin der Universität Marburg zur/zum MTA bzw. MTR (Medizinisch-Technischer Radiologieassistent) ausgebildet. Die Umschulung zur MTA dauert zwei Jahre. Kursbeginn ist jährlich am 1. Oktober. Es stehen rund 32 Ausbildungsplätze zur Verfügung.

Wichtig: Bei den o.g. Fortbildungs- und Umschulungsangeboten der Deutschen Angestellten-Akademie (DAA), Institut Marburg, die alle in enger Zusammenarbeit mit dem Arbeitsamt Marburg und dem Fachvermittlungsdienst für besonders qualifizierte Fach- und Führungskräfte am Arbeitsamt Gießen entstanden sind, sollten Sie beachten, ob Sie die **Zugangsvoraussetzungen** zu einer Fortbildung oder Umschulung gemäß Arbeitsförderungsgesetz (AFG) erfüllen.
Auskünfte erteilt Ihr zuständiges Arbeitsamt. Vor allem für Akademiker sind die *Fachvermittlungsdienste für besonders qualifizierte Fach- und Führungskräfte* (FVD) bei den Arbeitsämtern zuständig (s. dazu den Beitrag zu „Hilfen der Arbeitsverwaltung" auf S. 247 ff.).

Fazit: Die Deutsche Angestellten-Akademie (DAA) arbeitet eng mit dem Fachvermittlungsdienst für arbeitslose Sozial- und Geisteswissenschaftler am Arbeitsamt Gießen zusammen, der für den nord- und mittelhessischen Bereich zuständig ist. Der Fachvermittlungsdienst begann vor einigen Jahren mit Fortbildungsmaßnahmen und machte Nord- und Mittelhessen in dieser Beziehung bundesweit zu einem Vorreiter. Das Konzept basiert dar-

auf, *Lücken im Akademikerarbeitsmarkt* ausfindig zu machen und eine begrenzte Anzahl von Arbeitslosen durch *gezielte Zusatzausbildung* für die Lücken zu qualifizieren.
Insgesamt 20 Umschulungen, die zwischen zwölf Monaten und drei Jahren dauern, sind seither begonnen worden. Trotz sorgfältiger Arbeitsmarktanalyse ist dabei im voraus nie genau abschätzbar, ob und wie viele Absolventen später unterkommen. Man kann aber bis jetzt bei Maßnahmen, die von der DAA durchgeführt worden sind, von guten Vermittlungsquoten sprechen. Der FVD kann darauf verweisen, daß im sozialen Bereich für die Umschüler häufig Planstellen geschaffen worden sind, weil ein Bedarf an Arbeit in diesem Bereich nachgewiesen wurde. Ob dadurch auf Dauer zusätzliche Arbeitsplätze entstehen, bleibt dennoch fragwürdig.
Positiv wirkt sich für die Vermittlungsaussicht der Betroffenen nicht nur die Zusatzqualifikation selbst aus, sondern es ist zumeist durch die praktische Berufstätigkeit in den Umschulungs- und Fortbildungsveranstaltungen auch eine *positive Veränderung der Persönlichkeitsstruktur* (erhöhtes Selbstwertgefühl, mehr Selbstsicherheit) zu beobachten.
Insgesamt ist zu erkennen, daß durchaus eine Reihe von Berufsfeldern für Soziologen, Pädagogen, Psychologen und Lehrer offenstehen. Positiv wirkt sich aus, wenn der einzelne während seines Studiums oder anschließend eine *Zusatzqualifikation* neben seinem Hauptfach erworben hat. Ist dies der Fall, so bietet ein sozialwissenschaftliches Studium eine gute Orientierungshilfe im Umgang mit Institutionen und den beruflichen Problemen, die hier auftauchen. Zu den potentiellen Arbeitsfeldern gehören solche Bereiche wie *Organisation, Öffentlichkeitsarbeit/PR, Beratungsfunktionen, psychosoziale Versorgung.* Zugleich sind dies häufig Arbeitsfelder, die nicht klar vorstrukturiert sind, sondern die Möglichkeit bieten, einen eigenen Arbeitsbereich allmählich aufzubauen.
Erhebliche Anforderungen werden in der Berufspraxis an Hochschulabsolventen auch hinsichtlich ihrer *Flexibilität, Kontaktfähigkeit* und *ihres Einfühlungsvermögens in sozialen Situationen* gestellt.

Bildungswerke der DAG gibt es in: Aachen, Aalen, Ahlen, Arnsberg, Augsburg, Aurich, Bad Hersfeld, Bamberg, Bayreuth, Berlin, Bochum-Gelsenkirchen, Braunschweig, Bruchsal, Celle, Coesfeld, Darmstadt, Darmstadt/Südhessen, Dinslaken, Düsseldorf, Duisburg, Essen-Oberhausen, Finnentrop, Flensburg, Frankfurt/M., Friedberg, Gießen, Göttingen, Goslar, Hamburg, Hameln, Hamm, Hannover, Hemer, Herford, Hildesheim, Holzminden, Ingolstadt, Iserlohn, Karlsruhe, Kassel, Kiel, Köln, Lübeck, Lüdenscheid, Lüneburg, München, Münster, Nordhorn, Nürnberg, Offenbach, Oldenburg, Osnabrück, Paderborn, Rastatt, Recklinghausen, Regensburg, Rheine, Rotenburg/Wümme, Ruhr-Mitte, Schwäbisch-Hall, Siegen, Siegerland, Soest, Stadthagen, Stuttgart, Uelzen, Walsrode, Wesel, Wiesbaden.

Deutsche Angestellten-Akademien gibt es in: Aachen, Aalen, Bergheim, Bielefeld, Bonn, Brühl, Büsseldorf, Büsum, Darmstadt, Dormagen, Dortmund, Düren, Düsseldorf/Bergisches Land, Freiburg, Gießen, Großhansdorf, Hamburg, Hamm, Hanau, Heide, Heinsberg, Herford, Horrem, Kaarst, Kaiserlautern, Koblenz, Krefeld, Köln, Lahr, Lörrach, Ludwigshafen, Mannheim, Marburg, Mönchengladbach, Neumünster, Neuß, Norderstedt, Nürnberg, Offenbach, Rendsburg, Schwarzenbeck, Siegburg, Siegen, Stade, Worms.

Sondereinrichtungen der DAG

Institut für Weiterbildung in der Krankenpflege im Bildungswerk der DAG e. V. (IWK), Pallaswiesenstraße 63, 6100 Darmstadt

Institut für Weiterbildung in der Krankenpflege (IWK) im Bildungswerk der DAG e. V., Donnerschweerstraße 84, 2900 Oldenburg

Akademie der Werbung Ruhr, Werbefachschule Ruhr im Bildungswerk der DAG e. V., Steubenstraße 61, 4300 Essen

DAG-Technikum, Gemeinnützige Fernunterrichts-GmbH, Kastanienallee 52–54, 4300 Essen

Handelslehranstalten Herford im Bildungswerk der DAG im Lande NRW e. V., Wilhelmsplatz 6, 4900 Herford

Krankengymnastikschule Lahr in der Deutschen Angestellten-Akademie e. V., Kaiserstraße 110, 7630 Lahr

Lehranstalt für medizinisch-technische Assistenten in der Deutschen Angestellten-Akademie e. V., Ernst-Giller-Straße 20, 3550 Marburg

Sprachenschule Siegerland, im Bildungswerk der DAG e. V., Koblenzer Straße 29, 5900 Siegen 1

Bärbel Geiss

Buchwirtschaft*: Buchverlage und Buchhandlungen

1. Die Branche im Überblick

Die Buchwirtschaft hat im Laufe ihrer jahrhundertealten Geschichte, ganz besonders durch die industriellen Einflüsse im 19. und 20. Jahrhundert, ein sehr differenziertes System unterschiedlicher Arbeitsfelder entwickelt und formt diese weiterhin aus. Grob eingeteilt, gibt es einen *herstellenden* Branchenzweig, der aus den Verlagen besteht, und einen *vertreibenden,* zu dem vor allem Groß- und Sortimentsbuchhandlungen sowie Antiquariate gehören.

* Im folgenden Beitrag wird der ansonsten eher unübliche Begriff „Buchwirtschaft" als Sammelbezeichnung für die gesamte Branche gebraucht, weil die verbreitete Terminologie – z. B. „herstellender Buchhandel" für Verlage – den Außenstehenden unnötig verwirrt.

Die Buchwirtschaft in der Bundesrepublik ist bis auf eine Reihe herausragender Großfirmen im wesentlichen klein- bis mittelständisch strukturiert und von einer überaus hohen Einzelfirmenzahl geprägt. Gegenwärtig gibt es rund 2 000 Verlage, vom Einpersonenbetrieb bis zum Buchkonzern, vom Adreßbuch- bis zum Produzenten wissenschaftlicher und belletristischer Literatur. Diese Verlage veröffentlichen zur Zeit ca. 50 000 bis 60 000 neue Titel pro Jahr. Etwa 70 Groß- bzw. Zwischenbuchhandlungen und rund 4 000 Sortimentsbuchhandlungen besorgen die Verbreitung, darunter z. B. Buchverkaufsstellen auf dem Lande ebenso wie spezialisierte Fachbuchhandlungen in Universitätsnähe. Der Jahresumsatz der gesamten Branche liegt bei 8 Milliarden DM und nimmt damit volkswirtschaftlich einen eher bescheidenen Rang ein.
Aus diesen groben Zahlen und Fakten läßt sich herleiten, daß die Arbeitsweise in dieser Branche stärker von Einzelpersönlichkeiten bestimmt wird und der individuellen Entfaltung mehr Raum läßt als in anderen Industriezweigen. Das kollegiale Arrangement besitzt häufig größere Bedeutung als die klare hierarchische Struktur, was die im Buchhandel Tätigen oft als Vorteil schätzen (und nutzen), was jedoch auch mit Schwierigkeiten verbunden sein kann, z. B. im Bereich von Familienbetrieben.
Dem Interessierten bieten sich in diesem Spektrum Aufgaben für unterschiedliche Voraussetzungen und Neigungen an. Ob beim Produzenten oder beim Verteiler – unabdingbare Voraussetzungen sollten geistige Toleranz und Flexibilität sein, außerdem die persönliche Bereitschaft zur Mobilität: Buchhändlerische Ballungszentren sind München, Berlin, Hamburg, Stuttgart, Frankfurt und Köln.
Der Reiz der Arbeit in der Buchwirtschaft besteht darin, für geistige und seelische Bedürfnisse anderer Menschen das Buch zugleich als Gebrauchsgegenstand („Kulturgut") und als Ware herzustellen bzw. zu verbreiten. Daß in diesem weiten Spektrum vom wissenschaftlichen bis zum Kinderbuch nicht jede Arbeit gleichermaßen inhaltliche Identifikation bieten kann, ist tägliche Erfahrung. Zweifellos jedoch braucht der Verlagskaufmann wie auch der Buchhändler Einfühlungsvermögen in kulturelle Vorgänge, um Freude und Erfolg in der Arbeit zu finden.
Die Buchwirtschaft hat eine lange Tradition als Branche für den Einstieg und Umstieg von Akademikern. Während ein Tätigkeitsfeld wie das Verlagslektorat ohnehin als Domäne von Hochschulabsolventen anzusehen ist, hat es aber immer auch akademische Umsteiger z. B. ins Sortiment gegeben. Diese Tatsache, früher eher eine Nebenerscheinung, ist mittlerweile ein regelrechter Trend geworden.

Das mag ein Blick auf den kurzfristigen Vorbildungswandel bei der Teilnahme an Lehrgängen erhärten, welche die zentralen Schulen des Deutschen Buchhandels für

Auszubildende durchführten: 1976 waren darunter 6,9 % Hauptschüler, 65,2 % mit mittlerer Reife, insgesamt 27,9 % mit Abitur und 0,6 % mit Studium. 1982, also nur sechs Jahre später, hatte sich das Bild erheblich verschoben: Lediglich 0,8 % der Teilnehmer besaßen den Hauptschulabschluß und 29,8 % die mittlere Reife, während insgesamt 69,4 % das Abitur hatten und 23 % vom Studium kamen. Dieser Trend wird noch deutlicher, wenn man berücksichtigt, daß die absolute Zahl der Teilnehmer von 1976 (= 362) bis 1982 (= 865) um das Zweieinhalbfache stieg. Die Angaben machen allerdings auch klar, daß jeder Bewerber in der Buchwirtschaft mit Konkurrenz zu rechnen hat.

In dieser Branche, die nach wie vor auf individuelle Ideen und Fähigkeiten angewiesen ist, empfiehlt sich eine im Äußeren zwar korrekte, im übrigen aber durchaus originelle Bewerbungsform. Nicht nur Ihre Ausbildungsvoraussetzungen sind gefragt, sondern mit Ihren Erfahrungen, Ihren individuellen Fertigkeiten und Hobbies, Ihren geistigen Leidenschaften können Sie Aufmerksamkeit erregen. Umwege in Beruf und Ausbildung können positiver bewertet werden, als Sie es aus anderen Branchen kennen. So ist z. B. eine künstlerisch gebildete *Grundschullehrerin* im Kinderbuchverlag oder ein *naturwissenschaftlich qualifizierter Akademiker* in der Schulbuchproduktion ebenso denkbar wie in den entsprechenden Arbeitsfeldern einer

Buchhandlung oder eines Antiquariats. Auch als Vertreter können Sie eher mit breiter als mit fachspezifischer Bildung Aufmerksamkeit finden. Dem *Wirtschaftswissenschaftler* stehen besonders in größeren Betrieben beider Branchenzweige Posten mit organisatorischen und kaufmännischen Schwerpunkten offen.

2. Arbeitsfelder in der Buchwirtschaft

Die folgende Spezifizierung ist wegen der Offenheit der Branche mehr als Anregung und Hilfe für Ihre fachlichen und persönlichen Fähigkeiten zu verstehen und weniger als genau umrissene Vorgabe gedacht.

2.1 Verlage

Die Produktion von Verlagen ist so vielfältig, daß sie ein breites Sprektrum von Arbeitsfeldern bietet. Es gibt kaum ein Gebiet der menschlichen Phantasie, für das nicht Bücher und auch Zeitschriften gemacht werden – vom Adreßbuch-, vom Postkarten- und Kalenderverlag über den Kochbuch-, Hobby- und Freizeitverlag bis zum literarischen, wissenschaftlichen und Sachbuchverlag.
In der Regel gliedert sich ein Verlagshaus in folgende Abteilungen: Verlagsleitung, Lektorate, Lizenzen und Honorare, Herstellung, Werbung, Presseabteilung, Vertrieb (und evtl. Auslieferung), Buchhaltung. Nur zu wenigen Verlagen gehört unmittelbar eine Druckerei.
Der Rahmen der Darstellung würde gesprengt, wollte man die Tätigkeitsfelder nun einzeln beschreiben. Auf jeden Fall sollten Sie wissen, daß die Trauben für den Wunschberuf **Lektor(in)** für einen Berufsanfänger vorerst sehr hoch hängen. In Verlagen der Bundesrepublik gibt es derzeit rund 3 000 Lektorenstellen. Bereits in Zeiten, als Akademikerarbeitslosigkeit weitgehend unbekannt war, drängten viel mehr Bewerber(innen) auf diese Stellen, als Arbeitsplätze frei wurden. Wenn Sie sich von der inzwischen eher noch schwierigeren Situation nicht abschrecken lassen wollen: **Versuchen Sie den Einstieg über ein Praktikum (z. B. in den Semesterferien), ein Volontariat (ca. 1 Jahr) oder eine Ausbildung als Verlagskaufmann/frau (verkürzte Ausbildungsdauer: 2½ bzw. 2 Jahre).**
Vor allem die Ausbildung eröffnet Ihnen die Möglichkeit, sämtliche Abteilungen eines Verlages kennenzulernen. Dabei werden Sie vielleicht entdekken, daß Ihre Interessen und Ihre Zukunftsperspektiven anderswo leichter auf einen Nenner zu bringen sind als im Lektorat:

- Gestalterisch und organisatorisch Interessierte haben Chancen in der Herstellung und in der **Werbung.**

- Für kontaktfreudige und sprachbegabte Bewerber(innen) bietet die **Presse- (und Werbe-)Abteilung** ein aussichtsreiches Betätigungsfeld.
- Wirtschaftswissenschaftler(innen) können z. B. ihre Marketing-Qualifikation gut im **Vertrieb** einbringen.

Zu den **Gehältern** lassen sich folgende Orientierungswerte jeweils als Bruttobeträge angeben: Ein Volontär/eine Volontärin kann mit rund DM 1.500,– pro Monat rechnen. Während der Ausbildung werden die tarifvertraglich ausgehandelten bzw. daran orientierten Ausbildungsvergütungen gezahlt – in Hessen z. B. belaufen sie sich 1983 auf DM 593,– im ersten und auf DM 645,– im zweiten Lehrjahr. Im übrigen liegt das Anfangsgehalt beim Einstieg bei ca. DM 2 500,–.

Laufbahnmöglichkeiten können nur ganz große Häuser intern anbieten. In der Regel erfolgt der berufliche Aufstieg durch Firmenwechsel oder als interner Positions- bzw. Abteilungswechsel. Sie können davon ausgehen, daß Jahresgehälter von DM 50 000,– bis 70 000,– im Bereich des Möglichen liegen.

Der Vollständigkeit halber sei am Rande erwähnt, daß es auch eine Reihe freiberuflicher Tätigkeiten im Zusammenhang mit Buchverlagen gibt: vor allem Illustrieren, Übersetzen und Korrekturlesen. Hinzu kommt, insbesondere im Fachbuchbereich, der Script-Writer, der Manuskripte komplett neu bearbeitet. Ferner bieten seit einigen Jahren neugegründete sog. Produktfirmen den Verlagen an, die Konzeption und Produktion einzelner Titel als Dienstleistung zu übernehmen. Der Mangel an Berufserfahrung und Kontakten dürfte für Umsteiger eine kaum überwindbare Barriere für diese freiberuflichen Tätigkeiten sein, zumal es hier bereits die zahlreichen Profis schwer haben, dauerhaft Fuß zu fassen.

2.2 Groß- bzw. Zwischenbuchhandel

Zu diesem für die Funktion des deutschen Buchmarkts wichtigen Bereich gehören:

- Grossisten bzw. Barsortimente: Sie halten große Bücherlager und geben die dickleibigen Kataloge heraus, mit deren Hilfe Ihr Buchhändler Ihnen dort fast jedes lieferbare Buch innerhalb von 1 – 2 Tagen besorgen kann.
- Verlagsauslieferungen
- Großantiquariate
- Import- und Exporthandlungen.

Die Tätigkeit in buchhändlerischem Großhandel und Auslieferungsbetrieben umfaßt im weitesten Sinne organisatorische, kaufmännische und technisch strukturierte Arbeitsfelder. Ein- und Verkauf, Lagerhaltung, Datenverarbeitung, Auslieferung, Transfer, Buchhaltung, Außendienst, Im- und Export sowie Katalogarbeit sind die wichtigsten Stichworte für die Abteilungen dieser Firmen.

Nur einige wenige Barsortimente bilden Buchhändler aus: z. B. das Grossohaus Wegner in Hamburg, die G. Umbreit GmbH & Co in Stuttgart und neuerdings auch Koch, Neff & Oetinger & Co in Stuttgart. Abgesehen von den Sachbearbeiterposten, werden Bewerber mit betriebswirtschaftlicher Vorbildung und Erfahrung in Organisationsfragen benötigt. In der Bundesrepublik existieren eine Reihe von Firmen, die für Bewerbungen in Frage kommen. Da es sich um große Unternehmen handelt, bieten sich interne Laufbahnmöglichkeiten. Mit den Berufserfahrungen aus diesem Arbeitsbereich können Sie auch ggf. in andere Branchen überwechseln.

2.3 Verlagsvertreter

Der Verlagsvertreter verkauft zweimal jährlich auf ausgedehnten Reisen zum Frühjahr und zum Herbst hin die Neuerscheinungen und das laufende Programm eines Verlages an den Sortimentsbuchhandel. Die meisten Vertreter arbeiten freiberuflich für mehrere Verlage, deren Programm ihren Neigungen entspricht. Aber auch freiberufliche Exklusivvertretungen für eine Firma oder festangestellte Vertreter gibt es.
Vom Vertreter wird erwartet, daß er sich in seinem Programm fachlich auskennt. Er sollte kontaktfreudig, physisch wie psychisch belastbar sein und vor allen Dingen detaillierte Branchenkenntnisse besitzen. In der Regel besucht er in zwei bis drei Bundesländern pro Reise ca. 300 Kunden und legt dabei durchschnittlich eine Strecke von 15 000 km zurück.
Die Arbeit des Vertreters ist abwechslungsreich und demjenigen zu empfehlen, der rund neun Monate des Jahres auf Reisen sein mag. Wegen der Notwendigkeit intimer Branchenkenntnisse empfiehlt sich ein Einstieg in diesen Beruf nur über einige Jahre Verlags- bzw. Sortimentertätigkeit. Die Bezahlung ist sehr unterschiedlich, da sie sich für den freiberuflich Tätigen über die Provision und für den Angestellten über verschiedene Gehaltsformen errechnet. Bei guten Geschäftsverhältnissen ist diese Arbeit finanziell lohnend.
Wichtig: Eine Sonderform der Verlagsvertretung dürfte vor allem Pädagogen mit zweitem Staatsexamen interessieren – der **Außendienst von Schulbuchverlagen.** Alle großen Schulbuchverlage verfügen über ein dichtes Netz von angestellten Mitarbeitern, die in den Schulen des jeweiligen Bezirks regelmäßig die Lehrbuchproduktion anbieten. Es liegt nahe, daß Bewerber(innen) mit Unterrichtserfahrung und didaktischen Qualifikationen hier besonders gute Chancen haben. Einzelheiten, z. B. auch über firmeneigene Ausbildungs- bzw. Umschulungsprogramme für den Außendienst, erfahren Sie am besten, wenn Sie sich direkt an die Schulbuchverlage wenden.

2.4 Vertreibender Buchhandel (Sortiment)

Es gibt Sortimentsbuchhandlungen, wozu allgemeine Sortimente und Fach- oder wissenschaftliche Buchhandlungen gehören, Moderne und Alte Antiquariate, Reise- und Versandbuchhandlungen, Import- und Exportfirmen, Bahnhofsbuchhandlungen, den Lehrmittel- sowie den Buch- und Zeitschriftenhandel.

Die Tätigkeit im vertreibenden Buchhandel verlangt Fähigkeiten zum einen im distriktiven und administrativen Bereich, zum anderen im Umgang mit Menschen. Eine gute Allgemeinbildung ist wichtiger als Expertenwissen. Der Buchhändler muß in der Lage sein, für einen überschaubaren Markt ein vielfältiges Buchangebot präsent zu haben. Der Arbeitstag ist lebhaft und von vielen unvorhersehbaren Vorgängen geprägt. Die Arbeitszeit beträgt in der Regel 40 Stunden, verteilt auf sechs Arbeitstage. Gerne wird von Teilarbeitszeit Gebrauch gemacht. – Auch im vertreibenden Buchhandel sollte jeder, der berufliche Erfahrungen sammeln will, bereit sein zur Mobilität. Im übrigen ist das Sortiment eine gute Plattform, um in andere Branchenzweige zu wechseln oder sich selbständig zu machen.

Für Umsteiger aus der Hochschule dürfte die Arbeit im Sortimentsbuchhandel und im Antiquariat am interessantesten sein, weil sie durch das thematisch umfangreiche Warenangebot und die Vielfalt der Kundenwünsche bestimmt wird. **Für den Einstieg ist eine reguläre Ausbildung mit verkürzter Dauer zu empfehlen,** auch wenn Sie Ihren Lebensstandard dadurch um weitere zwei Jahre auf Bafögsätze beschränken müssen. Immerhin gewährleistet die Ausbildung zum Buchhändler/zur Buchhändlerin noch am ehesten, daß sie rundum mit den buchhändlerischen Gepflogenheiten vertraut werden und später – vielleicht als Selbständiger – selbst Lehrlinge ausbilden dürfen.

Eine besondere Einstiegsmaßnahme bieten die Schulen des Deutschen Buchhandels an: den *Intensivkurs zur Wiedereingliederung und Umschulung in den Sortimentsbuchhandel* mit 17 Tagen Dauer.

Schon anfangs wurde erwähnt, daß Bewerber(innen) mit Studium auch im Buchhandel heutzutage keine Seltenheit mehr sind. Für Hochschulabgänger empfiehlt es sich schon deshalb, die Bewerbung ernst zu nehmen und auf besondere persönliche Fähigkeiten hinzuweisen. Zur Einschätzung Ihrer Chancen mag es nützlich sein zu wissen, daß wir es im allgemeinen Sortiment vor allem mit einer Vielzahl kleiner und mittlerer Firmen zu tun haben, die insgesamt mit einem Überangebot von Bewerbungen konfrontiert sind. *Ein geringerer Andrang besteht bei Fach- bzw. wissenschaftlichen Buchhandlungen und Alten Antiquariaten, die deshalb für entsprechend vorgebildete Hochschulabsolventen noch gute Berufsaussichten bieten.*

Die **Gehälter** liegen im verbreitenden Buchhandel anfangs bei 1 500,– bis

2 000,– DM brutto. Sie können in leitenden Positionen auf DM 4 000,– und mehr gesteigert werden.

2.5 Andere Institutionen der Buchwirtschaft

Buchgemeinschaften verbinden in eigener Regie die verlegerische Tätigkeit der Produktion mit der buchhändlerischen Arbeit des Vertriebs. Verwaltung und Marketing sind vorrangige Aufgaben in diesen zumeist größeren Betrieben, von denen es im populären und wissenschaftlichen Bereich rund eine Handvoll in der Bundesrepublik gibt.

Agenturen betreuen Autoren und Verlage aus dem In- und Ausland. Ihre Vermittlungstätigkeit ist vielseitig und anspruchsvoll: Umsicht und Kontakte auf dem internationalen Buchmarkt gehören ebenso dazu wie gute Sprachkenntnisse und Verhandlungsgeschick. Reisen und Bürotätigkeit sind feste Bestandteile dieses Berufs, für den unvoreingenommener kultureller Geschmack sowie literarische Bildung vorausgesetzt werden. In der Bundesrepublik gibt es kaum mehr als zehn solcher Agenturen, zumeist mit Schwerpunktgebieten. Im übrigen sind die Schweiz, Großbritannien und die USA Zentren literarischer Agenturen. Es liegt auf der Hand, daß Berufsanfängern nur in außergewöhnlich günstigen Fällen der Einstieg in diesen Bereich gelingen wird, zu dem sich persönliche Kontakte evtl. auf der Frankfurter Buchmesse arrangieren lassen.

Frankfurt/M. ist auch **das Verwaltungszentrum** der deutschen Buchwirtschaft. Hier haben u. a. folgende Einrichtungen ihren Sitz:

— Der *Börsenverein des Deutschen Buchhandels* als Dachverband der Firmen in dieser Branche. Der Börsenverein gibt im Verlag der Buchhändler-Vereinigung GmbH (Großer Hirschgraben 17–21, Postfach 2404, 6000 Frankfurt/M. 1, Tel.: (06 11) 1 30 62 43) wöchentlich zweimal das *Börsenblatt für den Deutschen Buchhandel* heraus. Das *Börsenblatt* enthält regelmäßig einen Stellenteil, der auch separat zu beziehen ist.
— Die *Buchhändler-Abrechnungs-Gesellschaft mbH* (BAG) wickelt einen großen Teil des Zahlungsverkehrs zwischen Verlagen und Buchhandlungen ab.
— Die *Ausstellungs- und Messe GmbH* des Börsenvereins des Deutschen Buchhandels (Kleiner Hirschgraben 10/12, Postfach 24 04, 6000 Frankfurt/M. 1, Tel.: (06 11) 2 10 21) organisiert neben der jährlich, in der Regel im Oktober stattfindenden Frankfurter Buchmesse auch Ausstellungen deutscher Bücher in anderen Ländern.
— Die *Schulen des Deutschen Buchhandels* (Wilhelmshöher Straße 283, 6000 Frankfurt/M. 60 -Seckbach) führen Aus- und Fortbildungsveranstaltungen für Beschäftigte in allen Branchenzweigen durch. Z.Zt. wird der Unterricht von elf haupt- und 67 nebenamtlichen Dozenten erteilt. (Fachfremde Bewerbungen um Dozentenstellen sind so gut wie aussichtslos.)

In begrenztem Umfang bieten sich die drei erstgenannten Einrichtungen für den Einstieg in Organisations- und Verwaltungstätigkeiten sowie in Aufgaben der Dokumentation und der Elektronischen Datenverarbeitung an. Für die reizvolle Arbeit bei der Ausstellungs- und Messe GmbH sind organisatorisches Geschick und gute Fremdsprachenkenntnisse Voraussetzung.

3. Adressen für Anfragen

Börsenverein des Deutschen Buchhandels e. V., Großer Hirschgraben 17–21, Postf. 2404, 6000 Frankfurt/M. 1, Tel.: (06 11) 1 30 61.

Landesverbände der Buchwirtschaft:

- Verband der Verlage und Buchhandlungen in Baden-Württemberg e.V., Leonhardsplatz 28, 7000 Stuttgart 1, Tel.: (07 11) 24 59 59
- Verband Bayerischer Verlage und Buchhandlungen e.V., Thierschstraße 17, 8000 München 22, Tel.: (0 89) 22 00 87
- Berliner Verleger- und Buchhändler-Vereinigung e. V., Lützowstr. 105, 1000 Berlin 30, Tel.: (0 30) 2 62 10 49/2 62 10 40
- Landesverband der Verleger und Buchhändler Bremen-Unterweser e. V., Contrescarpe 17, 2800 Bremen 1, Tel.: (04 21) 32 69 49
- Hessischer Verleger- und Buchhändler-Verband e. V., Großer Hirschgraben 17–19, 6000 Frankfurt/M. 1, Tel.: (06 11) 28 26 43
- Landesverband der Buchhändler und Verleger in Niedersachsen e. V., Hausmannstr. 2, 3000 Hannover 1 (05 11) 1 47 45/46
- Norddeutscher Verleger- und Buchhändler-Verband e. V., Brahmsallee 24, 2000 Hamburg 13, Tel.: (0 40) 4 10 31 61
- Verband der Verlage und Buchhandlungen in Nordrhein-Westfalen e. V., Marienstraße 41, 4000 Düsseldorf 1, Tel.: (02 11) 32 09 51
- Landesverband der Verleger und Buchhändler Rheinland-Pfalz e. V., Schönbornstraße 3, 6500 Mainz, Tel.: (0 61 31) 2 72 70
- Landesverband der Verleger und Buchhändler Saar (LVBS) e. V., Eisenbahnstraße 68/II, 6600 Saarbrücken 1, Tel.: (06 81) 5 50 50

4. Literatur

* Die so markierten Publikationen sind recht teuer, weshalb sich der Gang in die Universitätsbibliothek oder eine andere große Bücherei empfiehlt.

* *Adreßbuch des Deutschen Buchhandels.* Hrsg. Buchhändler-Vereinigung GmbH, Frankfurt/M. Das *Adreßbuch* erscheint jährlich, jeweils in zwei Teilen, mit Angaben zum In- und Ausland: Bd. 1 Verlage, Bd. 2 Buchhandlungen.

* *Börsenblatt für den Deutschen Buchhandel:* s. dazu die Hinweise im Abschnitt 2.5. Für interessierte Umsteiger besonders zu empfehlen ist die Nr. 30 vom 15. 4. 1983 mit dem Schwerpunktthema „Berufsbildung“. Dieses Heft können Sie einzeln für DM 7,65 über den Buchhandel beziehen.

Buch und Buchhandel in Zahlen. Hrsg. Börsenverein des Deutschen Buchhandels, Frankfurt/M. Die Broschüre erscheint jährlich mit aktuellen Daten.
* *Handbuch des Buchhandels.* Bd. 1: Allgemein; Bd. 2: Verlagsbuchhandel; Bd. 3: Sortimentsbuchhandel. Verlag für Buchmarktforschung, Hamburg 1974
Katalog der Frankfurter Buchmesse. Hrsg. Ausstellungs- und Messe GmbH, Frankfurt/M. Dieses internationale Adressenverzeichnis der Aussteller ist jährlich auf der Frankfurter Buchmesse zu erwerben – ebenso das *Who's Who at the Frankfurt Book Fair* mit personellen Informationen, die für Bewerber(innen) nützlich sein können.
* *Lesen – Ein Handbuch.* Hrsg. A. C. Baumgärtner. Verlag für Buchmarktforschung, Hamburg 1974

Andreas Linder

Datenverarbeitung

1. Ein Überblick über die längerfristige Entwicklung

Die Technologie insgesamt ist im Umbruch begriffen. Viele Innovationen auf fast allen Gebieten zwingen zum Umdenken. Besonders der *Mikroprozessor* (nicht zu verwechseln mit dem Mikro-Computer) ist gerade dabei, sowohl die Produkte als auch die Produktionsmethoden gründlich zu verändern. Der Mikroprozessor ist ein programmierbarer, intelligenter Baustein, der Steuer- und Regelvorgänge ausführt. Er ist dabei präziser, energiesparender, flexibler, billiger herzustellen, zuverlässiger und wartungsfreundlicher als herkömmliche mechanische und elektromechanische Steuer- und Regeleinrichtungen. Fast alles spricht für den Mikroprozessor, fast nichts gegen ihn. Er wird also seinen Siegeszug fortsetzen – es wird noch präzisere, flexiblere, billigere, zuverlässigere Mikroprozessoren geben, und sie werden in Produkten und Verfahren eingesetzt werden, von denen wir heute nur träumen können.
Aber der Mikroprozessor schafft auch Probleme. Herkömmliche Produktionserfahrung wird wertlos, Produktionseinrichtungen werden nicht mehr gebraucht, Arbeitskräfte werden freigesetzt. Die Produkte sind einfacher herzustellen, die Produktionseinrichtungen werden noch mehr automatisiert. Doch kein Unternehmer hat die Wahl: Die Konkurrenz, vor allem die internationale Konkurrenz zwingt ihn, mit der Entwicklung neuer Technologien Schritt zu halten.
Schon aus diesen Gründen werden *Informationen* für die Geschäftsleitung eines Unternehmens, aber auch für Regierungen und die Verwaltung in Zukunft noch wichtiger, als sie es heute ohnehin bereits sind. Und zwar nicht nur Informationen über neue Technologien, sondern auch über den Markt, über die Schritte der internationalen Konkurrenz, über das Verbraucherverhalten sowie über Erfolg und Mißerfolg aller Teile des eigenen Unternehmens bzw. der Verwaltung und vieles mehr. Neue Informationstechnologien werden angewandt, neue Funktionen im Rahmen des Informations-Managements geschaffen, die Organisation der Unternehmen und Verwaltung nach Informationsgesichtspunkten umgestaltet werden(vgl. hierzu den Beitrag *Information, Dokumentation und neue Informationstechnologien, S. 145 ff.).*

Der Kernbereich, von dem die Entwicklung in Richtung Informations-Management ausgeht, ist die klassische *Datenverarbeitung*. Die Datenverarbeitung bildet aber auch das Sprungbrett für Karrieren in diese neuen Gefilde, denn es ist die Technologie und es sind die Arbeitsprinzipien der Datenverarbeitung, die das Informations-Management prägen. Dabei ist die Datenverarbeitung selbst im Umbruch. Die *Mikrocomputer* (auch Personalcomputer oder Arbeitscomputer genannt) werden mehr und mehr von den Sachbearbeitern und auch von den Führungskräften am Arbeitpslatz aufgestellt, meist ohne daß dafür ein Gesamtkonzept vorliegt. Auf diese Weise löst man dann mit Hilfe von mehr oder weniger benutzerfreundlichen Anwendungsprogrammen unmittelbare Probleme wie kurzfristige Erfolgsrechnung, Bestandsverwaltung und dergleichen. Es wird häufig gesagt, daß diese Mikrocomputer, deren Leistungsfähigkeit übrigens weiterhin steigt, die klassische „große" Datenverarbeitung überflüssig mache. Das trifft aber sicherlich nicht zu. Richtig ist ist vielmehr, daß diese Geräte zwar verstärkt zur Lösung arbeitsplatzbezogener Probleme herangezogen, die *zentralen Großrechenanlagen* aber auch künftig die betrieblichen Rechen- und Informationsleistungen erbringen werden – dabei allerdings werden die Arbeitsplatzcomputer als Ein- und Ausgabegeräte fungieren. *Neue Informationsmedien wie Teletex (eine Art elektronischer Fernschreiber), Telefax*

(ein elektronisches System zur naturgetreuen Übertragung von Dokumenten, auch Fernkopierer genannt), *Bildschirmtext, Textverarbeitung* (Schriftstücke werden am Bildschirmgerät komponiert; Massensendungen werden individualisiert, also mit persönlichen Einschüben produziert; Ablage erfolgt auf elektronischen Speichermedien) bedienen sich letztlich auch der Technik, die aus der Datenverarbeitung hervorgeht.
Zweifellos kann die Datenverarbeitung als Brutstätte für alle Entwicklungen gelten, die zum „elektronischen Büro“ führen. Es ist also heute und in absehbarer Zukunft sinnvoll, sie für beruflichen Einstieg und als Sprungbrett für alle weiteren beruflichen Entwicklungen zu nutzen. Betrachten wir deshalb die Tätigkeitsbereiche in der Datenverarbeitung.

2. Tätigkeitsbereiche in der EDV

Um es gleich vorweg zu sagen: Diese Ausführungen werden nicht für Informatiker gemacht, die den Umgang mit der EDV als zentrales Studienfach belegen, sondern für andere Hochschulabgänger, die in ihrer Fachrichtung keine berufliche Perspektive finden und die bereit sind, sich umzuorientieren. All denen sei gesagt: Um in oder mit der EDV erfolgreich arbeiten zu können, muß man kein Mathematik-Genie sein, man muß überhaupt kein Genie sein – auch wenn manche EDV-Experten vorgeben, das zu sein. Alles, was man zunächst braucht, ist eine mindestens durchschnittliche Intelligenz, die Fähigkeit, abstrakt zu denken und komplexe Zusammenhänge analytisch zu erfassen. Und dies darf man ja von einem Hochschulabgänger erwarten können. Da alle Programmiersprachen auf dem Englischen aufbauen und die meisten Beschreibungen in Englisch abgefaßt sind, müssen Grundkenntnisse in dieser Sprache als äußerst hilfreich, wenn nicht gar als Voraussetzung angesehen werden. Hinzu kommt noch die Bereitschaft, hart zu arbeiten, ständig Neues dazuzulernen, Streß zu ertragen und auch öfter mal länger als acht Stunden pro Tag zu arbeiten.

In der EDV gibt es vier hauptsächliche Tätigkeitsbereiche:

a) Der **Operator** arbeitet im Rechenzentrum und bedient die Computer und die Peripheriegeräte (Plattenspeicher-Geräte, Magnetband-Speicher-Geräte, Drucker, Karten- und Belegleser). Er versteht meist nicht, was die EDV nun wirklich macht, welche Probleme sie löst.
b) Der **Analytiker,** auch *Systemanalytiker* genannt, analysiert betriebliche Abläufe, auch Informationsabläufe, und denkt darüber nach, wie diese Abläufe mit Hilfe der EDV rationeller und besser gestaltet werden können. Zusammen mit den an den Abläufen Beteiligten, den „Benutzern“, entwirft er ein organisatorisches und EDV-bezogenes Ablaufsy-

stem (der Analytiker wird deshalb auch *EDV-Organisator* genannt) und gibt den Programmierern Vorgaben, nach denen diese die Programme programmieren müssen. Er überwacht die Programmierung und führt die Einführung des neuen Systems durch.

c) Der **Programmierer** erstellt die Programme (Software). Man unterscheidet zwischen *System-Programmierern* – seltene Profis, die computerinterne Rechenstrukturen entwerfen und schwierige Software-Anpassungen vornehmen – und dem großen Heer der *Anwendungsprogrammierer*, die die Vorgaben der Analytiker und die gegebenen Abläufe mittels standardisierter Programmiersprachen in Anwendungsprogramme, d. h. Anweisungen an den Computer umsetzen.

Die gängigsten Programmiersprachen sind:

BASIC (Beginners' All Purpose Symbolic Instruction Code): Im Jahre 1963 definiert, hat BASIC eine starke Verbreitung gefunden. Nahezu alle Klein- und Kleinstcomputer verfügen über Interpreter oder Compiler für BASIC. Kleine Anwendungen im technischen und kommerziellen Bereich sind schnell programmiert. Gut geeignet für den „Einstieg in die Programmierung". Schlecht geeignet für große Anwendungen. Keine einheitlichen Standards, sondern in vielen Versionen auf dem Markt.

FORTRAN (Formula Translation): Im Jahre 1954 entwickelt, inzwischen mehrfach überarbeitet. Stark an mathematische Formelschreibweise angelehnt. Eingesetzt im technisch-wissenschaftlichen Anwendungsbereich sowie im Ingenieurwesen. Eine Sprache der Zukunft.

ALGOL (Algorithmic Language): Im Jahre 1958 entwickelt, ebenfalls in mehreren Versionen bekannt. Der strenge Formalismus wird heute als hinderlich empfunden für schnelles Programmieren. Wie FORTRAN stark an mathematische Formelschreibweise angelehnt. Eingesetzt mehr im akademischen und nicht im praktischen betrieblichen Bereich. ALGOL hat nach Meinung vieler Fachleute keine Zukunft.

COBOL (Common Business Oriented Language): Im Jahre 1959 definiert. Im gesamten kommerziellen Bereich hat COBOL die stärkste Verbreitung gefunden. Durch ausführliche Schreibweise der Programme ist COBOL stark selbstdokumentierend. COBOL-Versionen gibt es sowohl für die meisten Mikrocomputer als auch für alle Großcomputer.

PL/1 (Programming Language 1): 1964 entwickelt, in gleicher Weise für mathematische und kommerzielle Probleme eingesetzt. Sehr umfangreicher Sprachschatz, mangelnde Systematik und Überschaubarkeit. PL/1 ist nicht wesentlich weiterentwickelt worden und dürfte keine große Zukunft haben.

RPG (Report Program Generator): 1965 entwickelt, wird RPG für die Lösung druckintensiver Aufgabenstellungen im kommerziellen Abrechnungsbereich eingesetzt.

PASCAL (nach dem französischen Mathematiker): Seit 1971 wird PASCAL für mathematische, technische und kommerzielle Problemstellungen eingesetzt. Die positiven Eigenschaften von ALGOL wurden berücksichtigt, Programme lassen sich besonders leicht strukturieren und damit auch nach didaktischen Gesichtspunkten übersichtlich gestalten. PASCAL wird inzwischen für viele Kleinrechner angeboten.

d) Der **Computer-Techniker** stellt die Computersysteme (Hardware) beim Kunden auf, er wartet sie regelmäßig und repariert sie. Computer-Techniker sind ausschließlich beim Computer-Hersteller bzw. -Anbieter beschäftigt.

Neben diesen Grundtätigkeiten gibt es abgeleitete Tätigkeiten: Das *EDV-Management* (EDV-Leiter, Rechenzentrumsleiter, Chefprogrammierer, Leiter der Systemanalyse etc.), die *Verkäufer,* die *Berater* und die immer größer werdende Zahl von sogenannten *Anwendern,* die über EDV-Kenntnisse verfügen und diese einsetzen, um ihre außerhalb der EDV liegenden Aufgaben besser erledigen zu können.
Wichtig: Für den Hochschulabgänger mit einem nicht-EDV-spezifischen Studium kommen im wesentlichen Tätigkeiten aus den Grundbereichen *Programmierung* und *Systemanalyse* in Frage, und dann natürlich alle abgeleiteten Tätigkeiten. Hierbei ist besonders an *EDV-Anwender-Tätigkeiten* zu denken, aber auch an die eingangs angedeuteten neuartigen *Tätigkeiten im Rahmen des Informations-Managements.*

3. Wie sieht eine sinnvolle EDV-Ausbildung aus?

Da die EDV eine noch junge, in heftiger Entwicklung befindliche Disziplin ist, gibt es – abgesehen von ganz vorsichtigen Anfängen – weder festgeschriebene Berufsbilder noch staatliche Ausbildungsgänge. Die Ausbildung ist weitgehend privat organisiert. Als Träger von Ausbildungsinstituten treten die Computer-Hersteller, Privatpersonen, Software-Häuser (Firmen, die im Auftrag von Kunden Programme erstellen und meist auch Beratung durchführen) und zu einem geringen Teil die Gewerkschaften in Erscheinung. Sie alle sind gewinnorientiert und konkurrieren miteinander. Während die von den Herstellern betriebenen Schulen mit Computern und Lehrpersonal durchweg gut ausgestattet sind, gibt es bei den übrigen Ausbildungsträgern große Qualitätsunterschiede.

Da man in der EDV – wie gesagt – keine anerkannten und festgeschriebenen Berufsbilder kennt, gibt es auch keine einheitlichen Ausbildungsgänge. Manche Schulen bieten ein breit gefächertes Ausbildungsprogramm mit vielen verschiedenen Fächern an, die meist von freiberuflichen Lehrkräften unterrichtet werden. Das zieht natürlich die Ausbildung in die Länge und

läßt die eigentlichen EDV-Kenntnisse oft zu kurz kommen. Andere Schulen konzentrieren sich auf kompakte, aber intensive und ausschließlich auf EDV-Wissen bezogene Ausbildungsgänge, wobei dann festangestellte EDV-Pädagogen eingesetzt werden. Bei Bedarf werden solche Lehrgänge dann durch Spezialkurse in Zusammenarbeit mit kompetenten Instituten anderer Fachrichtungen angereichert.
Wichtig bei der Auswahl des richtigen Ausbildungsinstituts ist neben der Ausstattung der Schule mit modernen Computersystemen, auf denen der Student ausreichend Gelegenheit für praktisches Üben haben muß, der Ruf des Instituts in der Wirtschaft, also bei den zukünftigen Arbeitgebern. Die schönste Ausbildung hilft nichts, wenn der Betreffende hinterher keine Stelle findet. **Es ist also auf jeden Fall sinnvoll, sich vor dem Start über das jeweilige Institut zu informieren, eventuell z. B. beim Fachberater des Arbeitsamtes oder bei EDV-Fachleuten aus der Praxis.**

Ausbildungsinhalte: Für Natur- und Geisteswissenschaftler, aber auch für viele Sozialwissenschaftler, hat es sich als wichtig erwiesen, wenn sie zunächst eine *betriebswirtschaftliche Grundausbildung* erhalten. Diese Grundausbildung, für die etwa zwei Monate ausreichen, kann nicht umfassend sein – ein allgemeiner Überblick über ausgewählte Bereiche genügt, um die Zusammenhänge zu erfassen und die Schwerpunkte des betrieblichen Geschehens zu verstehen. Dann kommt die *EDV.* (Hier setzen auch die Wirtschaftswissenschaftler an). *Zunächst und ganz wichtig ist eine gründliche Einführung, damit die Grundprinzipien richtig verstanden werden.* Dies ist deshalb so wichtig, weil die EDV sich ständig weiterentwickelt und deshalb immer Neues dazugelernt werden muß. Dazu bedarf es einer fundierten und tragfähigen Wissensbasis. Es hat sich als sinnvoll erwiesen, während dieser Einführung die Sprache BASIC zu erlernen: Erstens kann man BASIC leicht erlernen und damit schon nach wenigen Stunden erste Erfolgserlebnisse erzielen, und zweitens sind alle Mikrocomputer mit Hilfe von BASIC programmierbar.
Wer sich intensiv mit dem *Programmieren* beschäftigen will, der sollte nun eine sogenannte maschinenorientierte Assembler-Sprache lernen.

Diese Assembler-Sprachen sind quasi computereigene Sprachen, mit denen man verstehen kann, wie der Computer im Hinblick auf Software funktioniert. Wer Assembler gelernt hat, wird deshalb auch in anderen Programmiersprachen besser Programme schreiben als derjenige, der nur die sogenannten höheren Sprachen kennt. Die gängigste Assembler-Sprache ist IBM-Assembler (identisch mit Siemens-Assembler). Um IBM-Assembler zu lernen, benötigt man bei intensivem Unterricht 4 – 5 Wochen.
Die wichtigste Sprache, die es zu erlernen gilt, ist COBOL. (Die Gründe dafür wurden weiter oben kurz benannt.) Unter 5 Wochen intensivem Unterricht mit ausreichender Übungszeit am Computer kommt man hier nicht aus.

Wer an *technisch-wissenschaftlichen Problemlösungen* interessiert ist, insbesondere wohl Naturwissenschaftler, der sollte unbedingt die Sprache FORTRAN lernen. Mit etwa 3 Wochen intensivem Unterricht kommt man wohl hin.

Dazu einige allgemeine Bemerkungen: *Die Kombination der Sprachen BASIC, IBM-Assembler, COBOL und FORTRAN stellt eine sehr tragfähige Grundlage für eine Karriere in der EDV dar. Wichtig ist, daß man sie beherrscht, also mit ihnen am Computer-Terminal wirklich geübt hat.* Es reicht also nicht, ein Buch zu kaufen und es durchzupauken. Auch ein Abendlehrgang ist nicht zu empfehlen, weil die Lernintensität aus verschiedenen Gründen nicht so hoch ist – es sei denn, der Abendkurs findet für eine ausgewählte, motivierte Zielgruppe statt und wird genau so intensiv (mit Computerübungszeit) wie ein Vollzeitunterricht durchgeführt. Wenn man also die vier genannten Programmiersprachen beherrscht, dann allerdings ist es nicht schwierig, weitere Programmiersprachen zu erlernen. Die Erfahrung hat gezeigt, daß dafür das Selbststudium ausreicht, wobei man natürlich auch Übungszeit am Computer zur Verfügung haben sollte.

Nach der EDV-Grundausbildung im Programmieren sollten die *Methoden und Werkzeuge der Systemanalyse* gelernt werden. Dazu gehören:

- die Vorgehensweise bei der Planung und Durchführung eines typischen Projekts der Einführung eines EDV-Systems in eine bestehende Organisation
- Methoden, mit denen man solche komplexen Projekte überwachen und steuern kann, sowie
- Techniken der Organisation von Datenbanken und die Datenfernverarbeitung – Aspekte, die zunehmend an Bedeutung gewinnen.

Eigentlich kann man nun auf die Praxis losgelassen werden. Im Hinblick auf die Erweiterung der EDV-Technologie und -Methodik auf andere Informationsbereiche könnte hier noch ein spezialisierendes Studium angefügt werden. Zu denken wäre beispielweise an *Textverarbeitung,* ein Gebiet mit großer Zukunft.
Die Frage wird oft diskutiert, ob der Ausbildung ein *betriebliches Praktikum* anzufügen sei. Vom didaktischen Standpunkt ist dies dann nicht unbedingt notwendig, wenn während der Ausbildung ausreichend Übungszeit am Computer zur Verfügung gestellt und wenn der ganze Unterricht praxisorientiert durchgeführt wurde. **Im Hinblick auf die Vermittlung in gute Anfangspositionen hat sich ein Praktikum von etwa zwei Monaten Dauer jedoch als sehr hilfreich erwiesen.** Weit über die Hälfte der Praktikanten wurde von der betreffenden Firma in ein festes Anstellungsverhältnis übernommen. Häufig werden die Praktikantenplätze durch das betreffende Ausbildungsinstitut vermittelt. Wo nicht, sollte man größere Firmen am Ort einfach mal anschreiben oder noch besser: nach Voranmeldung besuchen und mit Ihnen über das Praktikum sprechen.

4. Wie stellen Sie's an?

Zunächst gehen Sie zum zuständigen Arbeitsamt und dort zum Fachvermittlungsdienst, um sich registrieren zu lassen. Dort erhalten Sie auch die Adressen der einschlägigen EDV-Ausbildungsinstitute. Schreiben Sie an diese Institute und fordern unter Angabe Ihrer bisherigen Studienrichtung Informationsmaterial an. Manche Institute veranstalten auch in den wichtigsten Städten kostenlose Informationsveranstaltungen, deren Besuch sich lohnt. Ort und Zeitpunkt dieser Veranstaltungen erfahren Sie entweder aus Anzeigen in der Samstagsausgabe der *FAZ* oder in den örtlichen Tageszeitungen oder vom Institut selbst. Sie können auch zu den Instituten gehen und sich dort individuell beraten lassen.
Wichtig: Stellen Sie sich möglichst frühzeitig einem Eignungstest. Seriöse Institute machen ihn zur Pflicht. Das Ausbildungsinstitut, dem vorzustehen ich die Freude und die Last habe, läßt beispielsweise niemand zum Studium zu, der den 50 Minuten dauernden schriftlichen Test nicht bestanden hat. Dabei werden im wesentlichen die Abstraktionsfähigkeit und das Denkvermögen getestet.
Wenn Sie sich für eine Weiterbildung entschlossen und im Einvernehmen mit dem Arbeitsamt einen passenden Ausbildungsträger gefunden haben, müssen Sie die *Finanzierung* regeln. Das Arbeitsamt fördert im Rahmen der knappen Mittel mit Vernunft und Augenmaß. Sie müssen aber bereit sein, selbst Opfer zu bringen. Dies mögen finanzielle Opfer sein – vor allem dann, wenn Sie kein Unterhaltsgeld bekommen – und/oder persönliche Opfer, denn Sie müssen zum Studium oft in eine andere Stadt. Außerdem müssen Sie während der kompakten Ausbildung ganz schön arbeiten – meist mehr, als Sie von der Hochschule her gewohnt sind. Je härter Sie während der Ausbildung arbeiten, desto bessere Aussichten haben Sie dann später im Beruf. Die Zeugnisse, die Sie während Ihrer Ausbildung erhalten, können für die Anstellung entscheidend sein. Und bei Schulen, deren strenge Leistungskriterien bei den Arbeitgebern bekannt sind, bilden die Zeugnisnoten nicht selten die Basis für die Festlegung des Anfangsgehalts.
Apropos: Die **Anfangsgehälter** unserer Absolventen mit Hochschulabschluß liegen bei Drucklegung dieses Buches zwischen DM 2.500,– und 3.800,– im Monat.

Zum Schluß: Die EDV ist selbst ein Gebiet mit Dynamik und Zukunft. Die EDV ist aber auch Ausgangspunkt für weitere Entwicklungen auf dem größer werdenden Sektor der Information. Wer diesen Weg einschlagen will, muß das Neue, das Dynamische lieben und ständig bereit sein, Neues dazuzulernen. Wer dies akzeptiert, hat ein Berufsleben voller Spannung und Herausforderung vor sich – und hoffentlich auch voller Erfolg.

5. Die wichtigsten EDV-Bildungseinrichtungen

a) Von Computer-Herstellern betriebene EDV-Schulen

CONTROL DATA INSTITUT der Control Data GmbH, Burgstraße 106, 6000 Frankfurt/Main 60
GRUNDIG-Akademie, Beuthener Straße 45, 8500 Nürnberg
IBM-Deutschland, Pascalstraße 100, 7000 Stuttgart 80
KIENZLE GmbH, Fachschule für Datenverarbeitung, Karlstraße, 7710 Donaueschingen
NIXDORF Computer AG, Gustav-Stresemann-Ring 12–16, 6200 Wiesbaden
SIEMENS AG, Frankfurter Ring 193 a, 8000 München 40

b) Sonstige EDV-Schulen

Akademie für Datenverarbeitung, Danziger Straße 6, 7030 Böblingen
bfd Berufsfachschule für Datenverarbeitung, Leonhardstraße 56, 8000 München 19
Berufsförderungszentrum Essen e. V., Altenessener Straße 80/84, 4300 Essen 12
Berufsbildungswerk, Gemeinnützige Bildungseinrichtung des DGB GmbH, Keithstraße 1–3, 1000 Berlin 30
Bildungszentrum für informationsverarbeitende Berufe e. V. (b.i.b.), Fürstenallee 3–5, 4790 Paderborn
EDV-Bildungszentrum München, Karlstraße 42–44, 8000 München 2
Gesellschaft für Mathematik und Datenverarbeitung, Schloß Bringhoven, 5202 St. Augustin 1
I. B.E. Privates Lehrinstitut für Informatik, Betriebswirtschaft, Elektronik GmbH, Altfeldstraße 5, 7500 Karlsruhe 21

Roland Henssler

Entwicklungshilfe

1. Klarstellungen

Unser Interesse an den Ländern der Dritten Welt, an ihren Veränderungen, Nöten und Sorgen hat in den vergangenen Jahren stark zugenommen. Viele junge Menschen und besonders Hochschulabsolventen möchten sich in der Entwicklungshilfe engagieren. Wer jedoch der Sache nachgeht, wird erfahren, daß dies keineswegs so einfach ist. Zunächst einmal gilt es, einige Mißverständnisse auszuräumen.

Entwicklungshilfe ist eine Aufgabe, aber kein Beruf.

Die Entwicklungshilfe kennt keinen eigenen Berufsstand. Einfacher gesagt: Entwicklungshelfer zu sein ist eine Aufgabe, aber kein Beruf. Nach über 20 Jahren deutscher Entwicklungspolitik überrascht dies beinahe. Sieht man schon davon ab, daß es keine Berufsausbildung zum „Entwicklungshelfer“ gibt, so steht vor allem fest, daß hier nur wenige eine Lebensaufgabe finden.

Gewiß: Viele, die einmal die Dritte Welt mit eigenen Augen gesehen haben, fühlen sich auf Jahre hinaus oder zeitlebens der Entwicklungshilfe verbunden. Einzelne bleiben sogar im Ausland, weil sie die Fremde „gepackt“ hat oder weil sie in Deutschland beruflich nicht mehr Fuß fassen können. Experten, die einen Auftrag nach dem anderen im Ausland annehmen, sind fast dazu verurteilt, „Reisende in Entwicklungsaufgaben“ zu werden. Aber **zumeist ist die Mitarbeit in der Entwicklungshilfe vorübergehender Natur** – sei es, daß man in jungen Jahren ein oder zweimal als Entwicklungshelfer draußen bleibt oder daß man im Rahmen der beruflichen Entwicklung einige Jahre für eine entsprechende Organisation arbeitet. – Wer sich für die Entwicklungshilfe interessiert, muß dies wissen, damit sein Lebenslauf keinen „Knick“ bekommt.

Es genügt nicht, auszusteigen.

Viele Gründe mögen dafür ausschlaggebend sein, daß sich jährlich Tausende von jungen Menschen für eine Tätigkeit in der Entwicklungshilfe interessieren. Vielen ist die Bundesrepublik räumlich und geistig zu eng geworden; sie fühlen sich sozial verplant, überverwaltet und ohne berufliche Zukunft.

Gerade Hochschulabgänger können es schon nicht mehr hören, wenn man ihnen immer wieder „Berufserfahrungen“ abverlangt. Viele hoffen deshalb, ihre erste Anstellung im Ausland, in der Entwicklungshilfe zu finden. Andere – z. B. Agraringenieure, Geologen oder Völkerkundler – müssen zudem eine Auslandstätigkeit suchen, um sich beruflich zu vervollkommnen. Einige wählen den Auslandsjob als Baustein für ihre künftige Karriere. Und dann gibt es diejenigen, die in der Entwicklungshilfe eine einmalige Chance sehen, ihre Ideale und alternativen Lebensvorstellungen zu verwirklichen. Aber Vorsicht: **„Weltverbesserer“ sind nicht gefragt!** Gewiß, wer sich einmal mit den Problemen anderer Länder und Völker befaßt hat, der wird neben Fremdsprachenkenntnissen nicht nur Auslands- und Lebenserfahrung sammeln, sondern auch ein Verständnis für globale Zusammenhänge gewinnen. Wie heißt es doch in der entwicklungspolitischen Werbung: „Keine Hälfte der Welt kann ohne die andere leben.“ Einige Jahre im afrikanischen Busch oder in den „favellas“ einer südamerikanischen Großstadt prägen neue Wertvorstellungen und differenzieren das Deutschlandbild. – Aber welche Beweggründe auch vorliegen, und zumeist sind es mehrere: **Zunächst sollten Sie sich selbst darüber klar werden, warum Sie in die Entwicklungshilfe umsteigen wollen.** Die Personal- und Programmreferenten werden bestimmt danach fragen. Dabei gilt als einfache Faustregel: Wer von etwas „weg-kommen“ will, der eignet sich nicht. Denn ist er einmal draußen, hat er nicht mehr genügend Tragkraft für neue Schwierigkeiten und Belastungen. Wer jedoch auf ein Entwicklungsland „zu-geht“, behält oder verstärkt sogar seine Motivation: Diesen Mitarbeiter sucht man.

Nicht jede Arbeit in einem Entwicklungsland ist auch Entwicklungshilfe.

Die Mitarbeit muß in ein Gesamtkonzept und die Infrastruktur des Landes eingebunden sein, damit sie möglichst wirksam wird und nicht anderen Maßnahmen zuwiderläuft. Grundlage muß nach den Vorstellungen des „Geber-“ und des „Nehmer-Landes“ (die Begriffe könnten vertauscht werden) eine entwicklungspolitische Entscheidung sein, die dem wirtschaftlichen, technischen oder sozialen Wachstum des Landes oder einer Region dient und im Wege der Zusammenarbeit angestrebt wird. Entwicklungshilfe läuft nicht im Alleingang.

„Die“ Entwicklungsländer gibt es nicht.

Die Dritte Welt ist keine Einheit, sondern es gibt nur Länder einer bestimmten Entwicklungsregion (z. B. Schwarzafrika, Lateinamerika, Ostasien oder den arabischen Raum) auf verschiedenen Entwicklungsstufen, mit bestimmten Formen politischer Herrschaft und sozialer Vorstellungen. Auch über den Begriff „Entwicklung“ läßt sich streiten.

In der Praxis ordnet man die Entwicklungsländer heute in folgende vier Gruppen ein:

- die ärmsten, d. h. am wenigsten entwickelten Länder (z. B. Bangladesh)
- die armen Entwicklungsländer (z. B. Ghana)
- die in der wirtschaftlichen oder technischen Entwicklung fortgeschrittenen sog. Schwellenländer (z. B. Brasilien)
- und die reichen, jedoch teilweise noch unterentwickelten Rohstoff- oder Erdölländer (z. B. Saudi-Arabien).

Wer in der Entwicklungshilfe arbeitet, findet in dem einen oder anderen Land ganz unterschiedliche Aufgaben und Lebensbedingungen vor. **Es ist besser, sich vorher zu informieren und selbst zu prüfen, welche Länder und Regionen einem näher liegen.**

Nach der Vermittlungsstatistik der Zentralstelle für Arbeitsvermittlung (ZAV) in Frankfurt, die Fach- und Führungskräfte aller Art ins Ausland (nicht nur im Rahmen der Entwicklungshilfe) vermittelt, fanden deutsche Fach- und Führungskräfte 1982 in folgenden Entwicklungsregionen eine Beschäftigung:

arabische Länder / Nahost	38 %
Lateinamerika	30 %
Schwarzafrika	23 %
Asien	4 %
europäische Entwicklungsländer / Sonstige	5 %
	100 %

Entwicklungshilfe ist nicht selbstlos.

Entwicklungshilfe ist keineswegs nur „Hilfe“. Diese Vorstellung ist längst ausgeräumt. Sie kann es sein, beispielsweise als humanitäre Hilfe für Flüchtlinge oder im Katastrophenfall. In der Regel ist sie jedoch eine Form der Zusammenarbeit im beiderseitigen oder allseitigen Interesse: Man spricht deshalb von bilateraler oder multilateraler Entwicklungshilfe. Dabei stehen auf der einen Seite wirtschaftliches Wachstum, technischer Fortschritt und soziale Wohlfahrt im Vordergrund, wobei diese Begriffe bisweilen das reine Überleben ausdrücken. Andererseits geht es z. B. um die Rohstoffversorgung und die Sicherung von Absatzmärkten, aber auch um die Erhaltung des Weltfriedens.

Das für Entwicklungshilfeaufgaben in der Bundesrepublik zuständige Ressort führt die Bezeichnung „Bundesministerium für Wirtschaftliche Zusammenarbeit“ (BMZ). Daraus wird deutlich, daß der Schwerpunkt der staatlichen Entwicklungshilfe im Bereich der Wirtschaftsförderung liegt, während die nichtstaatliche Entwicklungshilfe überwiegend gesellschaftlichen und humanitären Aufgaben gilt. Das schließt nicht aus, daß der Staat viele gesellschaftspolitische und fachlich orientierte Einrichtungen bei ihren Bemühungen finanziell unterstützt. Die entwicklungspolitischen Leistungen der Bundesrepublik sind 1982 um eine halbe Milliarde auf 7,7 Milliarden DM gestiegen. Das sind 0,48 % des Bruttosozialprodukts, der höchste Stand seit Beginn der deutschen Entwicklungshilfe. Wer sich aktuell über die Prioritäten, Aufgaben und Leistungen der Entwicklungshilfe informieren möchte, kann im Pressereferat des BMZ das Memorandum der Bundesregierung *Deutsche Entwicklungspolitik im Jahre 1982* (Stand: August 1983) und andere Informationsschriften anfordern (Karl-Marx-Straße 4–6, 5300 Bonn 2).

2. Auslandspersonal

Der Bedarf entscheidet

Wie verschieden die wirtschaftlichen, sozialen, politischen und örtlichen Gegebenheiten auch sein mögen – personelle Engpässe kann es überall geben. Wenn einheimische Arbeits- oder Fachkräfte für ein Vorhaben, das der Entwicklung des Landes dient, nicht oder noch nicht zur Verfügung stehen, müssen sie aus dem Ausland geholt werden. Nur dann wird von der Bundesrepublik Deutschland entgeltlich oder unentgeltlich personelle Entwicklungshilfe geleistet. Es kann jedoch niemals Aufgabe der Entwicklungshilfe sein, einheimische Kräfte vom Arbeitsmarkt zu verdrängen. Mit anderen Worten: Die Entwicklungsländer – ihre überregionalen, staatlichen, halbstaatlichen oder privaten Stellen und Unternehmen – suchen Fachkräfte, die ihnen zeitlich befristet helfen, ihre Probleme zu lösen. Die

Vereinbarung oder das Programm, durch das diese Fachkräfte von der Bundesrepublik aus ins Land kommen, ist demgegenüber zweitrangig. Entscheidend ist der Bedarf, d. h. die Frage, ob für ein bestimmtes Vorhaben Ingenieure oder Kfz-Meister, Hochschuldozenten oder Gewerbelehrer, Ärzte und Krankenhauspersonal oder Bankberater, Geologen oder Landwirte benötigt werden.

Eine Zusammenstellung aller Personalanforderungen aus den Entwicklungsländern gibt es in der Bundesrepublik nicht. Als Anhaltspunkt für den Bedarf dürfte jedoch die Auslandsstatistik 1982 der ZAV dienen, soweit sie sich allgemein auf die Vermittlung von Fach- und Führungskräften in Entwicklungsländer bezieht. Die Vermittlungen verteilten sich auf folgende Berufsgruppen und Wirtschaftsbereiche:

Technik	55 %
Wirtschaft / Verwaltung	18 %
Erziehung und Sozialwesen	8 %
Gesundheitswesen	8 %
Landwirtschaft und Ernährung	4 %
Natur- und Geowissenschaften	4 %
Geistes- und sonstige Gesellschaftswissenschaften und Sonstige	3 %
	100 %

In der Dritten Welt werden überwiegend also jene Fachkräfte benötigt, die auch in Deutschland gefragt sind. Das schließt nicht aus, daß ein Bewerber mit besonderen Qualifikationen ausnahmsweise auch einmal entgegen der allgemeinen Bedarfslage eine Aufgabe in der Entwicklungshilfe findet.

Viele Wege, begrenzte Möglichkeiten

Spricht der Bedarf dafür, so muß sich der Interessent ein genaueres Bild über die verschiedenen Einrichtungen der Entwicklungshilfe und über ihre Personalprogramme machen. In der Bundesrepublik wird staatliche und private Entwicklungshilfe von über 200 größeren und kleineren Institutionen geleistet. Einen guten Überblick über die nicht-staatlichen Organisationen bietet die von *Inter Nationes* (Kennedyallee 91–103, 5300 Bonn 2) herausgegebene Schrift *Menschen helfen Menschen* (Sonderdruck 4–82).

Die Vielfalt ist verwirrend, erlaubt jedoch nicht den Schluß, daß sich dem Interessenten hier eine „Welt der unbegrenzten Möglichkeiten" eröffnet. Er muß sich vielmehr genau überlegen, bei welchen Organisationen er gesellschaftspolitisch am besten aufgehoben ist, in welchem Programm er sein Wissen und Können am ehesten einbringen kann und wo er nach den Programmbedingungen die besten Chancen findet. Jeder sollte z. B. prüfen, ob er eine Tätigkeit im Inland oder im Ausland, im Bereich der Planung oder Ausführung von Entwicklungsprojekten, im Staatsdienst oder bei einem freien Träger vorzieht. Der Interessent muß sich darüber informieren, welche Aussichten Berufsanfänger gegenüber Bewerbern mit Berufserfahrung

oder Akademiker gegenüber Fachkräften anderer Art haben und ob er einen kürzeren oder längeren Einsatz einplanen sollte.
Bei der Vielfalt der Ansätze können hier nur die wichtigsten Institutionen und Programme der personellen Entwicklungshilfe aufgeführt und die Statusunterschiede der Mitarbeiter skizziert werden. Alle Einzelfragen, und darauf kommt es letztlich an, müssen ohnehin auf direktem Wege mit den Institutionen und Organisationen geklärt werden. In der Regel wird den Interessenten vorab reichlich Informationsmaterial übersandt, bisweilen zuviel.

Programme für Auslandspersonal

Die Art und Weise, wie man im Inland Aufgaben der Entwicklungshilfe z. B. als Sachbearbeiter, Programm- oder Länderreferent wahrnimmt, unterscheidet sich im wesentlichen nicht von der Arbeit eines Angestellten, Beamten oder freien Mitarbeiters in anderen Bereichen. Anders ist es um die Form der Mitarbeit im Ausland bestellt. Hier kann man für Hochschulabsolventen folgende Programme und Einsatzarten unterscheiden:

a) Entwicklungshelfer

Entwicklungshelfer werden von einem der fünf anerkannten freiwilligen Dienste entsandt. Sie müssen mindestens 21 Jahre alt sein, einen Beruf erlernt haben und „praktische Idealisten“ sein. Ihre soziale Absicherung ist nach dem Entwicklungshelfer-Gesetz (EhG) geregelt. Sie sollen ohne Erwerbsabsicht tätig werden, d. h. sie erhalten ein Entgelt für ihren Lebensunterhalt und keinen vollen Verdienst (Beispiel: monatlich 2.000,– DM plus 300,– DM Ansparung als Übergangshilfe nach der Rückkehr). Vor ihrer Ausreise werden sie u. a. intensiv auf die Landeskunde und die Sprache des Einsatzlandes vorbereitet.
Die fachlichen und persönlichen Anforderungen wie auch das Durchschnittsalter sind in den vergangenen Jahren erheblich gestiegen. In der Regel werden heute nur noch Bewerber mit mindestens 1 bis 2 Jahren Berufserfahrung genommen. Die Zahl der Interessenten ist sehr groß, zumal der freiwillige Dienst nach dem EhG als Wehrersatzdienst anerkannt wird.

Beim Deutschen Entwicklungsdienst (DED) meldeten sich z. B. 1982 über 43 700 Interessenten; davon wurden 8 082 zur Bewerbung aufgefordert; 1 757 Bewerbungen gingen schließlich ein; 642 Bewerber wurden akzeptiert, und 298 reisten als Entwicklungshelfer aus. Derzeit sind 850 Entwicklungshelfer des DED im Ausland eingesetzt. Nähere Einzelheiten über die Teilnahme am Programm und die Voraussetzungen kann man bei folgenden Einrichtungen erfragen:

Arbeitskreis Lernen und Helfen in Übersee, Truchseßstraße 100, 5300 Bonn

Arbeitsgemeinschaft für Entwicklungshilfe e. V. (AGEH), Theodor-Hürth-Straße 2–6, Postfach 210128, 5000 Köln 21 (katholisch)

Deutscher Entwicklungsdienst (DED), Kladower Damm 299, 1000 Berlin 22

Dienste in Übersee (DÜ), Arbeitsgemeinschaft evangelischer Kirchen in Deutschland e. V., Gerokstraße 17, 7000 Stuttgart 1

Internationaler christlicher Friedensdienst EIRENE, Engerser Straße 74 b, 5450 Neuwied 1

Weltfriedensdienst (WFD), Friedrichstraße 236, 1000 Berlin 61

b) Praktika in Entwicklungsländern

Studierende und Hochschulabsolventen, die für eine spätere Beschäftigung in der Entwicklungshilfe noch keine Auslandserfahrungen nachweisen können oder sich in dieser Richtung erst einmal orientieren möchten, können gelegentlich während der Semesterferien oder nach dem Studium einige Monate (bis zu einem Jahr) praktische Erfahrungen nicht nur in Industrie-, sondern auch in Entwicklungsländern sammeln. Die Vermittlung ist fachgebunden.

Bei Studierenden der Wirtschafts- und Sozialwissenschaften wird sie vom Deutschen Komitee der *Association Internationale des Etudiantes en Sciences Economiques et*

Commerciales (AIESEC) (Moltkestraße 10, 5000 Köln 1), bei Studierenden aus den Fachbereichen Ingenieur- und Naturwissenschaften, Land- und Forstwirtschaft von der *International Association of the Exchange of Students for Technical Experience (IAESTE)* (Kennedyallee 50, 5300 Bonn 2) bzw. bei Medizinstudenten durch den *Westdeutschen Famulanten-Austausch (wfa)* (Godesberger Allee 54, 5300 Bonn 2) wahrgenommen.
Allgemeine Praktika in Entwicklungsländern von 3 Monaten Dauer vermittelt die Carl Duisberg Gesellschaft e. V. (Stresemannstraße 90–102, 1000 Berlin 61) im sog. ASA-Programm. Auch die GTZ (Dag-Hammarskjöld-Weg 1, Postfach 5180, 6236 Eschborn 1) stellt in ihren Projekten und Dienststellen gelegentlich Plätze für Praktikanten und Hospitanten von 6 Wochen bis 12 Monaten Dauer zur Verfügung (1983: 10 Maßnahmen). Die Zentralstelle für Arbeitsvermittlung (ZAV) in Frankfurt vermittelt hingegen Praktika für Schüler und Studenten nur in Industrieländern. Einen Überblick über weitere Institutionen und Austauschprogramme, durch die man praktische Erfahrungen im Ausland sammeln kann, bietet die vom Bundesverband der Deutschen Industrie e. V. (Gustav-Heinemann-Ufer 84–86, 5000 Köln 1) herausgegebene Broschüre *Wege ins Ausland* sowie die Jahresausgabe 1982 der neuen Zeitschrift *auslandsjobs*.

c) Projektassistenten

Projektassistenten werden von der GTZ in einem Auslandsvorhaben (in der Regel auf die Dauer eines Jahres) eingesetzt, um erste Projekterfahrungen zu sammeln. Es handelt sich hier um Maßnahmen der Nachwuchsförderung mit dem Ziel, qualifizierte Fachkräfte mit breiten Einsatzmöglichkeiten im Rahmen der Entwicklungshilfe auszubilden. Später sollen sie ggf. als Projekt- oder Teamleiter, Regierungsberater oder Gutachter in Projekten der technischen Hilfe tätig werden. Lehrer und Geisteswissenschaftler finden in diesem Programm jedoch kaum Ansatzmöglichkeiten (vgl. dazu den anschließenden Beitrag zum *Nachwuchsförderungsprogramm* der GTZ).

d) Auslandsdozenten

Nicht nur im Rahmen des allgemeinen Wissenschafts- und Kulturaustausches, sondern auch zur Förderung von Lehre und Forschung in Entwicklungsländern werden jährlich wissenschaftliche Nachwuchskräfte aller Fachbereiche an Hochschulen in der Dritten Welt vermittelt. Die Vermittlung von Dozenten und Lektoren obliegt dem *Deutschen Akademischen Austauschdienst (DAAD)* (Kennedyallee 50, 5300 Bonn 2). Im Bedarfsfall können auch Gehaltszuschüsse aus dem (hier nicht weiter erläuterten) Programm integrierte Fachkräfte gewährt werden. Im Rahmen dieses Programms sind derzeit rd. 50 deutsche Dozenten an Hochschulen in Entwicklungsländern tätig (vgl. auch den Beitrag zu *Lektoren* im Ausland auf S.235 ff.).

e) Regionalbeauftragte und andere Auslandsmitarbeiter

In der praktischen Entwicklungshilfe nehmen die privaten, gesellschaftspolitisch oder fachlich orientierten Institutionen und kirchliche Einrichtungen einen großen Raum ein.

Über 240 Einrichtungen dieser Art sind allein im Verzeichnis *Deutsche Partner der Entwicklungsländer* aufgeführt (Schriftenreihe zum Handbuch für Internationale Zusammenarbeit). Dazu gehören die politischen Stiftungen der Parteien: die *Konrad-Adenauer-Stiftung (KAS)*, die *Friedrich-Ebert-Stiftung (FES)*, die *Friedrich-Naumann-Stiftung (FNS)* und die *Hans-Seidel-Stiftung (HSS)*, Institutionen der Erwachsenenbildung wie der *Deutsche Volkshochschulverband (DVH)*, Fachverbände und karitative Einrichtungen aller Art.

Hier finden Hochschulabsolventen aller Fachrichtungen ein breites Betätigungsfeld. Die Fluktuation der Mitarbeiter bei diesen Organisationen ist jedoch angesichts der gegenwärtigen Arbeitsmarktlage nicht mehr so groß wie in früheren Jahren. Auch führen Mittelkürzungen vielfach zu Personaleinsparungen. Dennoch findet in diesem Bereich ein verhältnismäßig reger Personalwechsel statt, da viele Akademiker hier ihre ersten Berufserfahrungen sammeln.
Bei der Vielfalt der Einrichtungen kann es nicht ausbleiben, daß sich die Ziele und Aufgaben der einzelnen Organisationen teilweise überschneiden. Dennoch ist ihre entwicklungspolitische Wirksamkeit und damit der Ausbildungseffekt für Nachwuchskräfte nicht zu unterschätzen. Gerade außerhalb der staatlichen Verwaltung können kleinere und mittlere Organisationen bei ihrer Arbeit menschliche Beziehungen anknüpfen, ohne die eine dauerhafte entwicklungspolitische Zusammenarbeit nicht denkbar ist.

Neben der bereits erwähnten Broschüre *Deutsche Partner der Entwicklungsländer* geben das in der Schriftenreihe zum Handbuch für internationale Zusammenarbeit erschienene Institutionenverzeichnis *Deutsche Partner in der internationalen wissenschaftlichen Zusammenarbeit* und das vom Institut für Auslandsbeziehungen zusammengestellte Verzeichnis *Deutsche Partner im internationalen Kulturaustausch* einen weiteren Überblick. Ferner kann auf das umfangreiche Anschriftenverzeichnis der Deutschen Stiftung für internationale Entwicklung (DSE) *Institutionen der Entwicklung und Zusammenarbeit* (DOK 281/1983 verwiesen werden.

3. Anforderungsprofil

Mannigfaltigkeit der Anforderungen

Angesichts der Mannigfaltigkeit der Aufgaben und der Vielzahl der Programmträger läßt sich das Anforderungsprofil des Mitarbeiters in der Entwicklungshilfe nur annähernd bestimmen. Unter den rd. 6.000 bis 8.000

Deutschen, die im Rahmen der Entwicklungshilfe beschäftigt sind, nehmen die Inlandsmitarbeiter und Regionalbeauftragten der einzelnen Institutionen überwiegend administrative und organisatorische Aufgaben wahr, während die übrigen Mitarbeiter weitgehend praktische Feldarbeit im Ausland durchführen. Andere engagieren sich sozial oder betreiben Aufklärungsarbeit für die Belange der Dritten Welt im In- und Ausland.

Entwicklungshilfepersonal 1981

Vom BMZ finanzierte Entwicklungshilfe-Fachkräfte:

1.	Entsandte Experten der Technischen Hilfe (GTZ)	1 431
2.	Entwicklungshelfer (DED, AGEH, DÜ, WFD, EIRENE, UNV)	1 360
3.	Consulting-Unternehmen (davon 562 im Unterauftrag der GTZ)	760
4.	Politische Stiftungen (FES, KAS, FNS, HSS)	274
5.	Integrierte Fachkräfte (CIM, DAAD)	319
6.	Bundesanstalt für Geowiss. u. Rohstoffe, Hannover und Physikalisch-Technische Bundesanstalt, Braunschweig	100
7.	Sonstige private Träger (u. a. DAHW, CARITAS, DVV)	16
		= 4 260

Darüber hinaus wurden 1981 allein bei der GTZ insgesamt 948 Kurzzeitexperten und Gutachter eingesetzt.
Quelle: *Informationsdienst Entwicklungspolitik* des BMZ, Pressereferat, gemäß Informationsdienst HIZ Nr. 780 vom 15. 5. 1982, Auszug.

Alle diese Formen der Entwicklungshilfe sind insgesamt gleichermaßen notwendig und voneinander abhängig. Für den einzelnen dagegen macht es einen Unterschied, ob er beispielsweise eine Kreditvergabe am Schreibtisch bearbeitet oder ein Wasserbauprojekt am Zeichenbrett entwirft, ob er in der Sahel-Zone Brunnen bohrt und Wasserleitungen legt oder ob er das einheimische Personal in Fragen der landwirtschaftlichen Bewässerung ausbildet und ob seine Frau die Bevölkerung der Umgebung ärztlich betreut. Optimal sind Mitarbeiter, die die Arbeit im In- und Ausland kennen und den Ablauf eines Projekts in allen Phasen bis zur Übergabe an das Gastland miterlebt haben. Gleichwohl zeichnen sich im Anforderungsprofil eines Inlandmitarbeiters andere Hauptmerkmale ab als bei einem Projektmitarbeiter vor Ort.

Der Mitarbeiter in der Zentrale

Wer überwiegend mit Aufgaben der Organisation, Planung, Überprüfung und Abrechnung von Entwicklungsprojekten befaßt ist, wird feststellen, daß seine berufliche Vorbildung, d. h. die Studienfachrichtung nicht die wichtigste Rolle spielt. In den Geschäftsräumen der Zentrale und in den Auslandsbüros trifft man Wirtschafts- und Sozialwissenschaftler ebenso wie Juristen und Politologen, ja sogar Lehrer, Diplom-Pädagogen, Historiker, Völkerkundler und Theologen.

Bevorzugt werden Bewerber mit praktischer Verwaltungs-, Berufs- und Lebenserfahrung, vor allem auf dem Gebiet der Betriebsführung, Organisation und Kalkulation. Es wird begrüßt, wenn sie zu Studien- oder Bildungszwecken bereits einmal im Ausland gewesen sind. Die Hauptverkehrssprachen Englisch und Französisch oder Spanisch sollten sie in Wort und Schrift beherrschen. An persönlichen Eigenschaften werden ein sicheres Auftreten, Verhandlungsgeschick und Durchsetzungsvermögen erwartet. Aus ihrem Lebenslauf geht hervor, daß sie in der Regel schon während ihres Studiums zeitweilig oder ehrenamtlich in Organisationen der Bildungs-, Sozial- und Entwicklungshilfe mitgearbeitet haben. Manche können auch auf praktische Erfahrungen in der Industrie und im Handel verweisen.

Entwicklungshilfe wird in Form von technischer Hilfe, von Kapitalhilfe und von personeller Hilfe geleistet. Diese drei Möglichkeiten sind miteinander eng verzahnt. Es wird daher vorausgesetzt, daß Mitarbeiter im Stab und in der Verwaltung nicht nur keine Vorurteile gegenüber einem der anderen Bereiche hegen, sondern auch Grundkenntnisse aus allen Aufgabenbereichen vorweisen oder zumindest Verständnis für die Gesamtzusammenhänge aufbringen.

Der Mitarbeiter im Projekteinsatz

Bei Auslandsmitarbeitern kommt es hingegen in erster Linie auf **spezifische Fachkenntnisse und einschlägige Berufserfahrungen** an. Sie sollten möglichst schon einmal im Ausland gearbeitet haben und ebenfalls mindestens ein bis zwei Hauptverkehrssprachen beherrschen, beispielsweise Englisch und Französisch oder Spanisch und Portugiesisch. In persönlicher Hinsicht wird ein hohes Maß an Einfühlungsvermögen, Anpassungsbereitschaft, Charakterfestigkeit und Improvisationstalent verlangt. Die Fähigkeit und Bereitschaft zur Teamarbeit ist unerläßlich. Vielfach wird die Fähigkeit zur Personalführung und zur Schulung von einheimischen Nachwuchskräften (Counterparts) verlangt. Nach dem Studium wird in der Regel eine ergänzende Postgraduierten-Ausbildung, wie sie z. B. das *Deutsche Institut für Entwicklungspolitik (DIE)* (Fraunhoferstraße 33–36, 1000 Berlin 10) oder das *Seminar für landwirtschaftliche Entwicklung (SEL)* (Podbielskiallee 66, 1000 Berlin 33) anbieten, gegenüber der Promotion bevorzugt.

Das DIE z. B. führt für jeweils 15–20 Hochschulabsolventen neunmonatige Kurse durch, die den Übergang vom Studium in das Berufsfeld Entwicklungshilfe erleichtern sollen. Bevorzugt werden Wirtschaftswissenschaftler und Bewerber jener Fachrichtungen, die ökonomische Grundkenntnisse besitzen (Juristen, Politologen, Soziologen). Die Ausbildung konzentriert sich auf die Umsetzung theoretischen Wissens in die Praxis. Fester Bestandteil der Kurse ist ein dreimonatiger Arbeitsaufenthalt in einem Entwicklungsland.
Informationen und Bewerbungsunterlagen können bei der o.g. Adresse angefordert werden.

Der Auslandsmitarbeiter sollte auch in kleineren Dingen des täglichen Lebens praktisch veranlagt sein und, last not least, gut Berichte schreiben können. Selbstverständlich muß er physisch und psychisch vollkommen gesund und tropentauglich sein.
In jedem Fall empfiehlt sich für die Mitarbeit in der Entwicklungshilfe, daß sich der Bewerber bereits während seiner Ausbildung einen Überblick über die Ziele und Aufgaben der Entwicklungspolitik verschafft. Das heißt nicht, daß er unbedingt an entwicklungspolitischen Lehrveranstaltungen teilgenommen haben muß, obwohl es hierfür bereits ein reichhaltiges Angebot an den Hochschulen in der Bundesrepublik Deutschland gibt. Einzelheiten sind dem *Studienführer Dritte Welt* zu entnehmen, den die DSE 1982 herausgegeben hat.
Auch die regelmäßige Teilnahme an entwicklungspolitischen Informationsseminaren ist nützlich, soweit sie sich nicht in theoretischen Diskussionen erschöpfen. Darüber hinaus dürfte jede Art von Auslandsstudien und -praktika für einen künftigen Einsatz in der Entwicklungshilfe von Vorteil sein. In diesem Zusammenhang sei noch einmal auf den Ratgeber *Wege ins Ausland* verwiesen, ferner auf die Informationsreihe des DAAD *Stipendien im Ausland.*
Zugegeben, kein Bewerber wird nach seinem Studium alle Voraussetzungen mitbringen. Aber er sollte sich möglichst früh einüben, damit ihm der Einstieg in die Entwicklungshilfe gelingt.

Literaturhinweise

Anschriftenverzeichnis – Addresses. Hrsg. von der Deutschen Stiftung für Internationale Entwicklung (DSE). Bonn 1983

Auslands-Job; Arbeiten, Investieren, Lernen und Leben im Ausland. Hrsg. von Roman Stadtmüller. Bamberg 1983: Verlag Roman Th. Stadtmüller

Auslandsstipendien für Deutsche 1983/84. Hrsg. vom Deutschen Akademischen Austauschdienst (DAAD). Bonn 1982

Deutsche Entwicklungspolitik im Jahre 1982. Hrsg. vom Bundesministerium für wirtschaftliche Zusammenarbeit (BMZ), Pressereferat. Bonn 1983

Deutsche Partner der Entwicklungsländer. Hrsg. von der DSE (Schriftenreihe zum Handbuch für Internationale Zusammenarbeit, Band 1). Baden-Baden 1979: Nomos Verlagsgesellschaft

Deutsche Partner im internationalen Kulturaustausch. Hrsg. vom Institut für Auslandsbeziehungen (Schriftenreihe zum Handbuch für Internationale Zusammenarbeit, Band 3). Baden-Baden 1979: Nomos Verlagsgesellschaft

Deutsche Partner in der internationalen wissenschaftlichen Zusammenarbeit. Hrsg. vom DAAD (Schriftenreihe zum Handbuch für Internationale Zusammenarbeit, Band 2). Baden-Baden 1979: Nomos Verlagsgesellschaft

Menschen helfen Menschen. Nichtstaatliche Entwicklungshilfe aus der Bundesrepublik Deutschland. Hrsg. von Inter Nationes. Bonn 1982

Vademecum der Auslandskulturarbeit. Hrsg. vom Institut für Auslandsbeziehungen. Stuttgart 1980

Wege ins Ausland. Hrsg. vom Bundesverband der Deutschen Industrie. Köln: Industrie-Förderung GmbH

Studienführer Dritte Welt. Hrsg. von der DSE. Bonn 1982

Hans Joachim Hug

Das Nachwuchsförderungsprogramm der Deutschen Gesellschaft für Technische Zusammenarbeit (GTZ) GmbH

Umsteigen in den Bereich der Entwicklungszusammenarbeit ist für Hochschulabsolventen nur begrenzt möglich.

Das ständig steigende Fachkräfteangebot in den Partnerländern und die sich daraus ergebende wachsende Möglichkeit zur Übernahme von Aufgaben in Eigenverantwortung in den Partnerländern bedingen in zunehmendem Maße eine Höherqualifizierung der ausländischen Sachverständigen. Die Anforderungen an „Entsandte Experten" im Bereich der Entwicklungszusammenarbeit werden sich daher vermehrt auf die Wahrnehmung von Koordinierungs- und Managementfunktionen erstrecken. Diese Aufgaben können am ehesten von einem Mitarbeitertyp bewältigt werden, der vom Profil her über einen breiten fachlichen Überblick (Generalist mit berufspraktischer Erfahrung auf mehreren Fachgebieten) und ein hinreichendes Managementpotential verfügt sowie eine ausgeprägte entwicklungspolitische Motivation und Sensibilität mitbringt.
Die Chancen einer GTZ-Experten-Anstellung sind für Hochschulabgänger ohne Berufserfahrung praktisch gleich Null.
In den personellen Engpaßbereichen ist die GTZ dazu übergegangen, aus Mitteln des Bundesministeriums für wirtschaftliche Zusammenarbeit

(BMZ) ein Nachwuchsförderungsprogramm zu entwickeln, wobei folgende Entwicklungsstufen denkbar sind:

1. Einsatz als Praktikant (von 6 Wochen bis 12 Monaten) in der GTZ-Zentrale (Beispielsweise werden 1983 10 Maßnahmen durchgeführt.)
2. Hospitation in einem GTZ-Projekt im Ausland (mind. 3 Monate)
3. Ausbildung als Projektassistent in einem Auslandsvorhaben (Dauer im Normalfall ein Jahr, je nach individuellen bzw. Projekterfordernissen auch länger)
4. Anschließende Übernahme bzw. Einsatz als
   - Sachverständiger in einem Auslandsvorhaben
   - Projektbearbeiter, etwa im Zuge der Personalrotation, in der Zentrale

   (Dauer dieses Stufenabschnittes in der Regel 3 – 5 Jahre, dabei auch Heranziehung zu gutachterlichen oder co-gutachterlichen Aufgaben sowie ggf. Ausbau der Qualifikation durch Weiterbildungsmaßnahmen wie Fortbildungskurse, Arbeitsaufenthalte in entsprechenden Institutionen usw.)
5. Tätigkeit als stellvertretender Projekt- oder Teamleiter oder als Einzelsachverständiger (z. B. Regierungsberater)
6. Tätigkeit als Projekt- oder Teamleiter bzw. hochrangiger Regierungsberater

Nach Durchlaufen der einzelnen Stufen, die in sich aber auch einen Entwicklungsabschluß darstellen können, sollte eine verhältnismäßig breite Einsetzbarkeit des Mitarbeiters gegeben sein, und zwar für die Projektarbeit als Projekt- oder Teamleiter, Regierungsberater und Gutachter bzw. Co-Gutachter, der insbesondere landes- bzw. regionalspezifische Kenntnisse und Erfahrungen einbringt. Hierbei sollten auch für eine Tätigkeit in der Zentrale (Fachkonzeptionist/Projektbearbeiter) Grundlagen geschaffen werden.

Dieser multifunktionale Mitarbeitertyp würde dann im Rahmen der Schwerpunktprogramme auch die Voraussetzung für ein unbefristetes Arbeitsverhältnis mit der GTZ erfüllen.

Der Einstieg für einen Hochschulabsolventen ist üblicherweise im Rahmen des Projektassistenten-Programms möglich.

Nach Maßgabe unseres mittelfristigen Personalbedarfs für das Jahr 1984 sind nur etwa 30 Maßnahmen (im Vergleich zu 40 in den Vorjahren) geplant, die wiederum schwerpunktmäßig im Bereich *Agrarwissenschaften* liegen werden.

Vereinzelt werden auch *Wirtschafts- und Sozialwissenschaftler* im Rahmen

von Beratungsprojekten teils der Klein- und Mittelindustrie, teils von Selbsthilfeorganisationen gesucht. Allerdings gleich zur Warnung: Anfang 1983 erbrachte eine Personalanzeige ‚Wirtschaftswissenschaftler als Projektassistenten' weit über 400 Bewerbungen. Dies nur, um falschen Hoffnungen zu begegnen.
Wichtig: *Lehrer(innen) und Geisteswissenschaftler(innen)* sind bei der GTZ kein Engpaßbereich, daher sind Bewerbungen von Studienabsolventen in diesem Berufsfeld aussichtslos.

Was zu verdienen ist, soll auch gesagt werden. Hier zwei Gehaltsbeispiele:

	ledig	verheiratet
Agrar-Ing. grad. derzeit etwa	DM 2.800	3.100
Dipl.-Agrar-Ing. derzeit etwa	DM 3.000	3.500

Extrem hohe Anforderungen an Fachwissen und persönliche Voraussetzungen werden gestellt.

Die Nachwuchsförderung zielt darauf ab, in personellen Engpaßbereichen in Einklang mit den sich ändernden Inhalten der Entwicklungszusammenarbeit und den unternehmenspolitischen Leitlinien systematisch Nachwuchskräfte heranzubilden, und zwar
— in einer kurzfristigen Perspektive für fachbezogene Aufgaben (Spezialist/Projektmitarbeiter) und
— in einer mittel- und längerfristigen Perspektive für Führungsaufgaben im Bereich des Projektmanagements (Generalist) bzw. für Einzelberatungsmaßnahmen.

In Übereinstimmung mit der Bedarfssituation ist die Nachwuchsförderung im wesentlichen ein Instrument zur systematischen Heranbildung von Nachwuchs für Führungsaufgaben. Das heißt nun aber nicht, daß sich jede Nachwuchskraft auch tatsächlich zu einer Führungskraft entwickeln muß. Vielmehr ist je nach individueller Veranlagung ein Verbleib innerhalb der nachstehend skizzierten Stufenentwicklung auf Projektmitarbeiter- bzw. Spezialistenebene durchaus denkbar und möglich. Nur wird bei der Kandidatenauswahl für das Nachwuchsförderungsprogramm die längerfristige Zielvorstellung und das Vorhandensein eines entsprechenden Entwicklungspotentials bei den Kandidaten als ein wesentliches Kriterium im Auge behalten.

Für eine Einbeziehung in das Projektassistenten-Programm müssen deshalb bei den Kandidaten folgende Voraussetzungen gegeben sein:
— die menschliche und charakterliche Eignung (vor allem im Hinblick auf Teamarbeit, Integrationsvermögen und Motivation);

- grundsätzlich Führungs- und/oder Managementpotential (‚Management'-Erfahrungen auch aus dem außerberuflichen Bereich oder aus Praktika werden geschätzt);
- eine abgeschlossene Berufs-, Fachhochschul- oder Hochschulausbildung und möglichst bereits mehrjährige praktische Berufserfahrung und/oder ergänzende Postgraduiertenausbildung (z. B. Deutsches Institut für Entwicklungspolitik, Berlin; Seminar für Landwirtschaftliche Entwicklung, TU Berlin);
- überdurchschnittliche fachliche Qualifikation (relativ zum Ausbildungs- und Erfahrungsniveau) sowie Bezug der fachlichen Ausrichtung zu personellen Engpaßbereichen und/oder Schwerpunktprogrammen der GTZ;
- Kenntnisse über ökonomische Zusammenhänge (wirtschafts- oder sozialwissenschaftliche Nebenfächer sind erwünscht);
- ein ausgeprägtes Interesse für die Entwicklungsproblematik (der Bewerber sollte sich möglichst bereits mit partnerländerspezifischen Problemen befaßt haben); Aufenthalte in Entwicklungsländern bringen Vorteile;
- die Fähigkeit und Bereitschaft zur Entwicklung neuer konzeptioneller Problemlösungsansätze in dem jeweiligen Fachgebiet;
- solide Grundkenntnisse in einer Weltsprache (Englisch, Französisch oder Spanisch/Portugiesisch), vorzugsweise der des zukünftigen Einsatzlandes (Praxis durch Auslandsaufenthalte wird sehr positiv bewertet).

In das Nachwuchsförderungsprogramm können sowohl deutsche Staatsangehörige wie in Ausnahmefällen auch Vertreter anderer Industrieländer einbezogen werden. Zudem können auch Angehörige aus den Partnerländern in das Programm aufgenommen werden, die aus bestimmten Gründen nicht in ihre Heimatländer zurückkehren können/dürfen.
Wenn Sie die o. a. Voraussetzungen erfüllen, können Sie sich mit Ihrer Bewerbung wenden an:

Deutsche Gesellschaft für Technische Zusammenarbeit GmbH GTZ, Personalabteilung, Dag-Hammarskjöld-Weg 1, Postfach 5180, 6236 Eschborn

Bewerbungen für das *Hospitationsprogramm* werden im Fachbereich 611 in der Zeit vom 1. 10. – 15. 12. jeden Jahres angenommen.
Bewerbungen für das *Praktikantenprogramm* werden im Fachbereich 611 in der Zeit vom 1. 12. – 31. 1. jeden Jahres angenommen.
Bewerbungen für das *Assistentenprogramm* werden in der Abteilung 62 in der Zeit vom 1. 8. – 15. 10. jeden Jahres angenommen.

Deutsche Gesellschaft für Technische Zusammenarbeit (GTZ) GmbH

Evangelische Kirche

Vorbemerkungen

1. Im Bereich der Evangelischen Kirche in Deutschland (EKD) werden über 300.000 Arbeitnehmer, Beamte, Angestellte und Arbeiter haupt- und nebenamtlich beschäftigt. Außer dem des Papstes gibt es wohl keinen Beruf, der in den vielfältigen Arbeitsfeldern der 17 Landeskirchen, der Gemeinden, Diakonischen Werke, der Verbände, Vereine und Verwaltungen nicht vorkommt.
Die Spanne der Tätigkeiten und der Qualifikationen, die sich ihnen zuordnen lassen, reicht vom Kapitän in der Schiffahrtsmission über den Softwarespezialisten in der EDV-Entwicklungs- und Beratungszentrale bis hin zum Dritte-Welt-Diplompädagogen in den Zentralen der Missionswerke, neben vielen Arbeitern und Angestellten in den technischen, kaufmännischen und pflegerischen Bereichen.

2. Die derzeitige Personalpolitik in den Gliederungen der EKD ist aufgrund rückläufiger eigener Haushaltsmittel, aber auch wegen der spärlicher fließenden öffentlichen Zuschüsse infolge des Sozialabbaus generell restriktiv. Gegenwärtig gibt es keinen Bereich kirchlichen Handelns, in dem systematisch der Personalbestand erhöht würde. Aufgrund der sich wandelnden Struktur der Arbeitsfelder, neu auftretender Problem- und Handlungsbereiche und wegen der nicht geringen Fluktuation in vielen Bereichen – z. B. kann man nicht ewig Jugendbildner sein – wird im Bereich der Evangelischen Kirche jedoch noch laufend eingestellt.
Die folgende Darstellung geht also von der Einschätzung aus, daß bei etwa gleichbleibendem Arbeitsplatzvolumen in den Gliederungen der EKD – gerade angesichts der hohen Zahl der Beschäftigten – immer wieder Einstellungen auch in größerem Maße getätigt werden, wenn auch nicht en bloc, sondern eher in kleinen und kleinsten Kontingenten.

Zur Gliederung der kirchlichen Organisation

Für Außenstehende dürfte es unmöglich sein, die innere Struktur der Organisation Evangelische Kirche zu durchschauen. Am ehesten dürfte der Begriff einer föderativen Organisationsstruktur auf die Realität zutreffen. So ist etwa die EKD ausschließlich die Dachorganisation der autonomen Landeskirchen, ohne ihren Untergliederungen gegenüber exekutive Befugnisse zu haben. Auch die Landeskirchen haben außer für ihre eigenen Angestellten in der zentralen Verwaltung und den landeskirchlichen Diensten (z. B.

Landesjugendpfarramt, Männerarbeit, Industrie- und Sozialarbeit etc.) keine Einstellungskompetenzen. Ebenso sieht es in den landeskirchlichen Diakonischen Werken (Innere Mission) aus. Allerdings dürften etwa ein Fünftel der jeweils in einem Kirchengebiet Beschäftigten direkt auf landeskirchlicher Ebene angestellt sein, unter ihnen relativ viele Akademiker in den Stabsstellen der landeskirchlichen Dienste. Für die großen Bereiche der Sozial- und Bildungsarbeit sind in der Regel die Orts-Kirchengemeinden bzw. Gemeindeverbände sowie die Vereine und Verbände im Diakonischen Werk zuständig.

Folgende Vorgehensweise empfiehlt sich deshalb, wenn Sie selbst die Initiative für Bewerbungen ergreifen wollen:

- Im Telefonbuch nachschlagen, zu einem Pfarrer oder anderen Beschäftigten in der regionalen Kirche gehen und eine Liste der örtlichen Anstellungsträger zusammenstellen. In großstädtischen Bereichen können Sie sich diese komplizierte Arbeit erleichtern durch einen Gang zum jeweiligen örtlichen oder regionalen Zusammenschluß der Anstellungsträger (Gemeindeverband, Kirchenkreis, Gesamtgemeinde etc.).
- Auf jeden Fall sollten Sie sich dazu auch schriftlich wenden an die Personalabteilungen der Zusammenschlüsse bzw. Organisationen auf Landeskirchenebene (z. B. Evang. Landeskirche von Kurhessen und Waldeck, Landeskirchenamt oder Diakonisches Werk der Evangelischen Kirche in Hessen und Nassau).
- Schließlich bleibt Ihnen auch nicht erspart, Verbände und Vereine auf örtlicher oder regionaler Ebene anzusprechen, die z. B. Träger evtl. nur einer Ausbildungsstätte, eines Projekts Sozialer Brennpunkt o.ä. sind. Eine kleine Auswahl an Anschriften von Anstellungsträgern können Sie der Adressenliste kirchlicher Einrichtungen am Ende dieses Beitrags entnehmen.

Berufsperspektiven für Hochschulabsolventen

In der folgenden Darstellung werden Pfarrer und Mediziner (in konfessionellen Krankenhäusern und Anstalten) nicht berücksichtigt. Im übrigen orientieren sich die größten und personalintensivsten Bereiche, in denen Akademiker anderer Fachrichtungen tätig sind, an den Hauptzielgruppen kirchlicher Arbeit. Einstellungschancen für Pädagogen und Psychologen, für Geistes- und Sozialwissenschaftler gibt es vor allem

— in der Jugendarbeit
— in der Erwachsenenbildung
— im verzweigten Netz der Sozial- und Beratungsdienste u. a. für Männer, Frauen, Alleinstehende, Familien, Senioren, für die Land- und die In-

dustriejugend, für Ausländer, Asylanten, Suchtabhängige und Strafentlassene
- in der Fort- und Weiterbildung haupt- und ehrenamtlicher Mitarbeiter sowie
- in den kirchlichen Ausbildungseinrichtungen (zumeist Fachschulen).

Weil die EKD eine so komplexe Organisationsstruktur besitzt, wird hier auf eine systematische Darstellung der Bereiche und der unterschiedlichen Anstellungsträger verzichtet. Die folgende Übersicht versucht statt dessen zu zeigen, welche Berufsperspektiven sich für Absolventen verschiedener Studiengänge in der Kirche eröffnen.

Lehrer(innen)

Für sie kommen Stellen in Frage
- als *Jugendbildungsreferent(in)* z. B. für Bildungsurlaub
- als *Referent(in)* in der Jugendverbandsarbeit
- als *Leiter(in)* von Jugendzentren, Häusern der offenen Tür oder Kindergärten
- als *pädagogische Mitarbeiter(in)* in einem Stadtjugendpfarramt, in der Fortbildung Ehrenamtlicher
- als *Leiter(in)/Fachanleiter(in)/Lehrer(in)* in den Einrichtungen und Anstalten der Diakonie, in Familienbildungsstätten und schließlich in den verzweigten Feldern der Gemeinwesenarbeit und den Sozialen Brennpunkten, wo sie die Tätigkeit der Sozialarbeiter(innen) unterstützen.

Diplom-Pädagogen/Pädagoginnen

Diese Qualifikation bietet Aussichten auf einen Teil der o.g. Stellen, darüber hinaus auf die Tätigkeit als
- *pädagogischer* oder *wissenschaftlicher Mitarbeiter* in der Erwachsenenbildung, in Einrichtungen der Mitarbeiterfortbildung sowie in kircheneigenen Ausbildungsstätten (vor allem Fachschulen)
- *Fachreferent(in)* für Hausaufgabenhilfe im Diakonischen Werk.

Musik- und Spiel- bzw. Freizeitpädagogen haben zudem Aussichten als Gemeinde- und Gruppenberater (Animateure) u. a. auf landeskirchlicher Ebene.

Diplom-Psychologen (Psychologinnen)

haben vor allem Chancen, in der psychosozialen Beratung eingestellt zu werden – z. B. in der Familien- und Eheberatung, in der Erziehungs- und Suchtberatung. Entsprechende Zusatz- oder Spezialqualifikationen befähigen insbesondere zur Tätigkeit
- als ausgebildeter *Therapeut* in der Ehe- und Familienberatung

— als *Supervisor* oder *Musik*- und *Spieltherapeut* in Einrichtungen der Mitarbeiterfortbildung
— als *Gemeinde*- und *Gruppenberater* (Animateure) im Rahmen der Erwachsenenbildung und auf landeskirchlicher Ebene
— als *Psychologe* und *Therapeut* in Einrichtungen und Anstalten des Diakonischen Werks
— als *Leiter* oder *Fachanleiter* für die Betreuung von Behinderten
— als *wissenschaftlicher Mitarbeiter* in kirchlichen Ausbildungseinrichtungen (Fachschulen).

Diplom-Politologen(Politologinnen) und Diplom-Soziologen(Soziologinnen)
Auch für sie bestehen Berufsaussichten bei einem Teil jener Stellen, die für Lehrer schon aufgeführt wurden. Besonders folgende Tätigkeiten kommen für diese Fachrichtungen in Frage:
— *Jugendbildungsreferent(in)*
— *Referent(in)* in der Erwachsenenbildung, in der Fort- und Weiterbildung kirchlicher Mitarbeiter sowie in der Jugendverbandsarbeit
— *Lehrer(in)* für Sozialwissenschaft in einer Erzieher-Fachschule.
Ferner bieten sich diese Qualifikationen für Aufgaben in einigen Feldern der Gemeinwesenarbeit und den Sozialen Brennpunkten an – z. B. für die Beratung von Ausländern und (jugendlichen) Arbeitslosen.

Volkswirte haben in bescheidenem Umfang Chancen als *wissenschaftliche Mitarbeiter* z. B. in der Zentrale einer Missionsgesellschaft. Im übrigen kommen **Sozial- und Wirtschaftswissenschaftler(innen)** auch für die Tätigkeit in den überwiegend kleinen Stabsstellen in Frage, die in den meisten Bereichen bestehen und in denen Akademiker die Programm- und Projektplanungen, die Koordinierung und Begleitung der Arbeit vor Ort betreiben.

Für **Germanisten/Germanistinnen** gibt es, ebenfalls in begrenztem Ausmaß, Einstellungschancen in der kirchlichen Publizistik, z. B. bei Regionalblättern und im Evangelischen Pressedienst.

Wichtige Hinweise für Bewerber(innen)

Wer ernsthaft daran interessiert ist, sich bei einem kirchlichen Anstellungsträger zu bewerben, sollte einige Besonderheiten beachten:
a) *Mindestens 25 % der Stellen in den o.g. Bereichen weichen von traditionellen Berufsbildern deutlich ab* – so z. B. die Aufgabe eines pädagogi-

schen Mitarbeiters in der offenen Arbeit mit Singles. Die Anstellungsträger legen in solchen Fällen zumeist auch weniger Wert auf den Nachweis formaler Voraussetzungen als auf das Vorhandensein persönlicher Eignungen und Fähigkeiten, die für eine besondere Aufgabe als wichtig angesehen werden – im o.g. Beispiel also Kontaktfähigkeit, kommunikatives Verhalten und soziale Sensibilität.
Selbstverständlich gibt es in den Kirchen auch große Bereiche, wo etwa durch die Kontrolle öffentlicher Instanzen (Drittmittelgeber wie Landeswohlfahrtsverband und Bundesjugendplan) die Einstellung primär an den formalen Nachweis der geforderten Qualifikation gebunden ist – z. B. der Psychologe als anerkannter Supervisor in der Eheberatung.
In diesem Zusammenhang ein Tip für Akademiker mit psychologischer oder pädagogischer Haupt- und/oder Zusatzausbildung: **Bewerben Sie sich auch dann um eine ausgeschriebene Stelle, wenn Ihre Qualifikation nicht völlig mit den Anforderungen übereinstimmt.** Vielleicht können Sie dieses Defizit durch andere Pluspunkte kompensieren.

b) Einstellungsbedingung ist neben der fachlichen Qualifikation und persönlichen Fähigkeiten/Kenntnissen in der Regel die *Mitgliedschaft in einer christlichen Kirche,* wobei dies nicht unbedingt die evangelische sein muß. In seltenen Fällen wird nach dem persönlichen Engagement in der Kirche gefragt. Auf jeden Fall ist es von Vorteil, wenn man auf eigene (passive und aktive) Erfahrungen – z. B. als Jugendlicher – in und mit kirchlichen Arbeitsfeldern verweisen kann. Die Anstellungsträger erwarten in der Regel offen oder verdeckt eine Affinität des Bewerbers (der Bewerberin) zur Arbeit bzw. zum „Auftrag“ der Kirche.
c) Bewerber(innen) sollten sich auch auf *Fragen nach ihrem familiären Hintergrund* vorbereiten. Wenn der Anstellungsträger die Tätigkeit als „besondere kirchliche Äußerung“ ansieht, wofür es übrigens keine objektiven Kriterien gibt, kann das unverheiratete Zusammenleben mit einem Partner (einer Partnerin) ein wesentlicher Grund für die Ablehnung sein.
d) In den meisten Bereichen kirchlichen Handelns, die für Sozial- und Geisteswissenschaftler in Frage kommen, handelt es sich um „basisnahe“ bzw. – nach kirchlichem Sprachgebrauch – „gemeindenahe“ Tätigkeiten. Deshalb spielen bei Einstellungen neben den schon genannten Faktoren auch *Praxiserfahrungen in vergleichbaren Handlungsfeldern* eine wichtige Rolle. **Scheuen Sie sich nicht, bei einer Bewerbung auch ehren- und nebenamtliche Tätigkeiten aufzuführen – besonders dann, wenn Sie dadurch Fähigkeiten im Umgang mit Menschen nachweisen können.**
e) In aller Regel gehören die oben skizzierten Tätigkeiten zu *kleinen Dienststellen* mit 1 – 10 Beschäftigten. Dieser Umstand prägt den Ar-

beitsstil, weshalb bei Einstellungen darauf geachtet wird, ob Bewerber(innen) dem Profil der Dienststelle entsprechen.
Es ist deshalb sehr zu empfehlen, sich bei der Bewerbung mit den Mitarbeiter(inne)n der Dienststelle persönlich bekannt zu machen bzw. dafür (auch indirekte) Kontakte zu nutzen.

Besoldungs- und arbeitsrechtliche Bedingungen

Wenn sich die evangelischen Kirchen und ihre Einrichtungen bisher (mit einer Ausnahme) auch weigern, ordentliche Tarifverträge mit den Gewerkschaften abzuschließen, so richten sie sich doch in aller Regel nach den Bestimmungen des Bundesangestelltentarifvertrags (BAT) in der jeweiligen Fassung. Dies bezieht sich auf die Eingruppierung und Besoldung sowie auf die wesentlichsten tariflichen Regelungen wie Urlaub, Überstunden etc. Allerdings setzen die Landeskirchen eigenes Recht, indem sie ein je eigenes innerkirchliches Dienstrecht (z. B. Kirchliche Dienstvertragsverordnung/KDO) praktizieren, in dem vor allem die Ausnahmen vom BAT festgehalten sind. Hinzu kommt, daß die Kirchen das Recht haben, eigene Grundsätze der Arbeitnehmerinteressenvertretung zu praktizieren. Von daher wenden sie als Tendenzbetriebe nicht das Betriebsverfassungsgesetz, sondern innerkirchliche Mitarbeitervertretungsgesetze an. Insgesamt gelten Arbeitnehmer in den Kirchen in der Arbeitsrechtsprechung als Arbeitnehmer minderen Rechts.

Wichtige Adressen

EKD und Landeskirchen

Evangelische Kirche in Deutschland (EKD), Kirchenkanzlei, Herrenhäuser Straße 2A, Postfach 210220, 3000 Hannover

Evangelische Landeskirche in Baden, Evangelischer Oberkirchenrat, Blumenstraße 1, 7500 Karlsruhe 1

Evangelisch-Lutherische Kirche in Bayern, Landeskirchenamt, Meiserstraße 13/Postfach 370240, 8000 München 37

Evangelische Kirche in Berlin-Brandenburg, Konsistorium, Bachstraße 1–2, 1000 Berlin 21

Evangelisch-Lutherische Kirche in Braunschweig, Landeskirchenamt, Neuer Weg 88–90, 3340 Wolfenbüttel

Bremische Evangelische Kirche, Kirchenkanzlei/Haus der Kirche, Franziuseck 2–4/Postfach 106929, 2800 Bremen 1

Evangelisch-Lutherische Landeskirche Hannover, Landeskirchenamt, Rote Reihe 6, 3000 Hannover 1

Evangelische Kirche in Hessen und Nassau, Kirchenverwaltung, Paulusplatz 1/Postfach 4447, 6100 Darmstadt

Evangelische Kirche von Kurhessen und Waldeck, Landeskirchenamt/Haus der Kirche, Wilhelmshöher Allee 330, 3500 Kassel-Wilhelmshöhe

Lippische Landeskirche, Landeskirchenamt, Leopoldstraße 27/Postfach 132, 4930 Detmold 1

Nordelbische Evangelisch-Lutherische Kirche (NEK), Nordelbisches Kirchenamt, Dänische Straße 21/35, 2300 Kiel 1

Evangelisch-Reformierte Kirche in Nordwestdeutschland, Landeskirchenrat, Saarstraße 6, 2950 Leer

Evangelisch-Lutherische Kirche in Oldenburg, Büro des Evang.-Luth. Oberkirchenrats, Huntestraße 14/Postfach 1709, 2900 Oldenburg

Evangelische Kirche der Pfalz, Landeskirchenrat, Domplatz 5, 6720 Speyer

Evangelische Kirche im Rheinland, Landeskirchenamt, Hans-Böckler-Straße 7/Postfach 320304, 4000 Düsseldorf 30

Evangelisch-Lutherische Landeskirche Schaumburg-Lippe, Landeskirchenamt, Herderstraße 27, 3062 Bückeburg

Evangelische Kirche von Westfalen, Landeskirchenamt, Altstädter Straße 5, 4800 Bielefeld

Evangelische Landeskirche in Württemberg, Evang. Oberkirchenrat, Gänsheidestraße 2 und 4, 7000 Stuttgart 1

Diakonisches Werk

Diakonisches Werk der Evangelischen Kirche in Deutschland, Stafflenbergstraße 76, 7000 Stuttgart 1

Diakonisches Werk der Evang. Landeskirche in Baden e. V., Vorholzstraße 3–7/Postfach 2169, 7500 Karlsruhe 1

Diakonisches Werk der Evang.-Luth. Kirche in Bayern, Landesverband der Inneren Mission e. V., Pirckheimerstr. 6/Postfach 230320, 8500 Nürnberg 10
– Außenstelle München, Nördl. Auffahrtsallee 14, 8000 München 19

Das Diakonische Werk – Innere Mission und Hilfswerk – der Evang. Kirche in Berlin-Brandenburg (Berlin West), Paulsenstraße 55–56, 1000 Berlin 41 (Steglitz)

Das Diakonische Werk – Innere Mission und Hilfswerk – der Evang.-Luth. Landeskirche in Braunschweig e. V., Peter-Joseph-Krahe-Straße 11, 3300 Braunschweig

Diakonisches Werk Bremen e. V., Am Dobben 112, 2800 Bremen 1

Diakonisches Werk der Evang.-Luth. Landeskirche Hannovers, Ebhardstr. 3a/Lutherhaus, 3000 Hannover 1

Diakonisches Werk in Hessen und Nassau, Ederstraße 12/Postfach 900229, 6000 Frankfurt/M. 90

Diakonisches Werk in Kurhessen-Waldeck e. V., Wichernweg 3/Postfach 101007, 3500 Kassel

Das Diakonische Werk – Innere Mission und Hilfswerk – der Lippischen Landeskirche, Leopoldstraße 10/Postfach 966, 4930 Detmold 1

Nordelbisches Diakonisches Werk e. V., Gesch.St. Hamburg (für den Bereich des Landes Hamburg), Bugenhagenstraße 21, 2000 Hamburg 1

Diakonisches Werk in Schleswig-Holstein e. V. (für den Bereich des Landes Schleswig-Holstein), Kanalufer 48, 2370 Rendsburg
Diakonisches Werk der Evang.-reformierten Kirche in Nordwestdeutschland, Saarstraße 6/Postfach 1380, 2950 Leer/Ostfriesland
Diakonisches Werk der Ev.-Luth. Kirche in Oldenburg e. V., Gottorpstraße 23/Postfach 1603, 2900 Oldenburg
Diakonisches Werk der Evang. Kirche der Pfalz, Gr. Himmelsgasse 6/II/Postfach 1260, 6720 Speyer (Rhein)
Diakonisches Werk der Evang. Kirche im Rheinland, Lenaustraße 41 (Ecke Graf-Recke-Straße)/Haus der Diakone, 4000 Düsseldorf 30
- Verbindungsstelle Rheinland-Pfalz, Mainzer Straße 84, 5400 Koblenz
- Verbindungsstelle Saarland, Deutschherrnstraße 12, 6600 Saarbrücken 1
Das Diakonische Werk der Evang.-Luth. Landeskirche Schaumburg-Lippe, Bahnhofstraße 16, 3060 Stadthagen
Diakonisches Werk der Evang. Kirche von Westfalen – Landesverband der Inneren Mission e. V., Friesenring 34/Postfach 2404, 4400 Münster
Diakonisches Werk der Evang. Kirche in Württemberg e. V., Reinsburgstraße 46–50, 7000 Stuttgart 1

Alle Anschriften aus: *Adressenwerk der Evangelischen Kirchen.* Verlag Otto Lembeck, Evangelisches Verlagswerk. Das Buch führt sämtliche Dienststellen und Organisationen im Bereich der Evangelischen Kirchen auf und kann in allen größeren kirchlichen Dienststellen eingesehen werden.

Klaus Winger

Information, Dokumentation und neue Informationstechnologien

Als im Jahr 1957 der als Sputnik bekanntgewordene erste Satellit die Erde umkreiste und geheimnisvolle Signale aussendete, wurden in den USA sofort Experten daran gesetzt, den Code zu entschlüsseln. Mit einem beträchtlichen Aufwand an Personal und Geld gelang es nach etwa einem halben Jahr die Signale zu dechiffrieren. Das Codesystem war jedoch bereits 1955 in einer sowjetischen Fachzeitschrift veröffentlicht worden, die regelmäßig von einer amerikanischen Übersetzungsstelle ins Englische übertragen wurde und die in mehreren Bibliotheken der USA verfügbar war.
Für derartige Fehlentwicklungen lassen sich eine Fülle von weiteren Beispielen anführen. Es ist offensichtlich, daß die richtige Information, zur richtigen Zeit, an der richtigen Stelle, Zeit und Kosten spart. Jedes Unternehmen, jede Institution und die gesamte Volkswirtschaft ist in der heuti-

gen Zeit darauf angewiesen, die Information als vierten Produktionsfaktor neben Kapital, Arbeit und Energie zu akzeptieren und für die Bereitstellung der benötigten Informationen zu sorgen.
Für die Informationsbereitstellung, d. h. für die vielfältigen Funktionen zwischen dem Produzenten und dem Nutzer von Informationen wird in den unterschiedlichsten Bereichen qualifiziertes Personal benötigt. *Welche Funktionen sind hier auszufüllen?* Es geht im wesentlichen um

- das systematische Sammeln aller Veröffentlichungen und Informationen zu einem oder mehreren Fachgebieten
- die Auswertung nach formalen und inhaltlichen Kriterien
- das Speichern von relevanten Themen, Daten oder Fakten unter sachlichen Gesichtspunkten (Aufbau von Datenbasen und Informationsdatenbanken)
- die Verarbeitung der gespeicherten Informationen zu Informationsdiensten (verfügbar in gedruckter Form oder auch in Speichern von Computern)
- die gezielte Suche und Zusammenstellung von gespeicherten Materialien nach sachlichen oder formalen Vorgaben.

Es ist die Aufgabe von Information und Dokumentation (abgekürzt: IuD), diese Funktionen auszufüllen und auch ständig zu verbessern.

Berufliche Anforderungen und Voraussetzungen

Vorteilhaft sind:

- Grundkenntnisse einer Fachdisziplin, da Informationen in der Regel fachliche Bezüge haben;
- fundierte Kenntnisse der dokumentarischen Arbeitsweisen und Methoden;
- Sprachkenntnisse, da sich z. B. Englisch zur dominierenden Fachsprache in Wissenschaft und Technik entwickelt hat.

Darüber hinaus ist es zweckmäßig, über Kenntnisse in der elektronischen Datenverarbeitung zu verfügen. Mit Hilfe der EDV werden in der Regel Daten, Fakten oder Texte gespeichert und verarbeitet. Zur Bereitstellung von Informationen werden zunehmend auch **neue Informations- und Kommunikationstechniken** (wie z. B. Bildschirmtext) eingesetzt. **Insbesondere hier eröffnen sich neue Tätigkeitsfelder, die aussichtsreiche Zukunftsperspektiven bieten.**

Wo werden Aus- bzw. Weiterbildungsmöglichkeiten angeboten? Wo können Sie nähere Auskünfte erhalten?

Lehrinstitut für Dokumentation der Deutschen Gesellschaft für Dokumentation e. V., Westendstraße 19, 6000 Frankfurt 1, Tel.: (06 11) 74 25 63
Ausbildung zum Dokumentations-Assistenten
Ausbildung zum wissenschaftlichen Dokumentar

Justus-Liebig-Universität Gießen, Staatliche Lehranstalt für Medizinische Dokumentations-Assistenten am Institut für Medizinische Statistik und Dokumentation, Heinrich-Buff-Ring 44, 6300 Gießen, Tel.: (06 41) 70 21
Ausbildung zum staatlich geprüften Medizinischen Dokumentations-Assistenten

Freie Universität Berlin, Fachbereich Kommunikationswissenschaften, Arbeitsbereich Informationswissenschaft, Malteserstraße 74–100, 1000 Berlin 46, Tel.: (0 30) 77 92-858 (Sekretariat Informationswissenschaft)
Hauptfachstudium, Nebenfachstudium und Ergänzungsstudium IuD-Wissenschaft

Universität Düsseldorf, Philosophisches Institut, Universitätsstraße 1, 4000 Düsseldorf 1, Tel.: (02 11) 3 11-29 13
Nebenfachstudium und Ergänzungsstudium Informationswissenschaft

Johann Wolfgang Goethe-Universität, Fachbereich Chemie, Chemische Institute, Niederurseler Hang, 6000 Frankfurt 50, Tel.: (06 11) 58 00-92 23
Ergänzungsstudium Informationswissenschaft in der Chemie

Fachhochschule Hannover, Fachbereich Bibliothekswesen, Information, Dokumentation, Hanomagstraße 8, 3000 Hannover 91, Tel.: (05 11) 44 43 44
Ausbildung zum Dipl.-Dok.
Ausbildung zum Dipl.-Dok., Fachrichtung Biowissenschaften

Fachhochschule des Bundes für öffentliche Verwaltung, Bernhard-Feilchenfeld-Straße 9–11, 5000 Köln 51, Tel.: (02 21) 36 30 71

in Verbindung mit der

Fachhochschule für Bibliotheks- und Dokumentationswesen, Universitätsstraße 33, 5000 Köln 41, Tel.: (02 21) 82 75

und dem

Institut für Bibliothekswissenschaft und Bibliothekarausbildung, Hohenzollerndamm 56, 1000 Berlin 33, Tel.: (0 30) 823-69 66
Ausbildung zum Dipl.-Dok.

Fachhochschule für Bibliotheks- und Dokumentationswesen, Universitätsstraße 33, 5000 Köln 41, Tel.: (02 21) 82 75
Ausbildung zur Befähigung für die Laufbahn des Gehobenen Dienstes an wissenschaftlichen Bibliotheken und Dokumentationseinrichtungen

Universität Konstanz, Sozialwissenschaftliche Fakultät, Fachgruppe Politikwissenschaft/Verwaltungswissenschaft, Informationswissenschaft, Postfach 5560, 7750 Konstanz, Tel.: (0 75 31) 88-28 79
Nebenfachstudium und Ergänzungsstudium Informationswissenschaft

Universität Regensburg, Institut für allgemeine und indogermanische Sprachwissenschaft, Universitätsstraße 31, 8400 Regensburg, Tel.: (09 41) 9 43-33 86

Hauptfachstudium der allgemeinen Sprachwissenschaft mit Teilfach linguistische Informationswissenschaft

Universität des Saarlandes, Fachbereich Grundlagen- und Geschichtswissenschaften der philosophischen Fakultät, Fachrichtung 5.5 – Informationswissenschaft, Waldhausweg 14, 6600 Saarbrücken, Tel.: (06 81) 3 02-37 00

Nebenfachstudium und Ergänzungsstudium Informationswissenschaft

Fachhochschule für öffentliche Verwaltung Stuttgart, Fachbereich wissenschaftliches Bibliotheks- und Dokumentationswesen, c/o Württembergische Landesbibliothek, Konrad-Adenauer-Straße 8, 7000 Stuttgart 1, Tel.: (07 11) 20 23-409

Ausbildung zum Dipl.-Bibl. (FH) bzw. Dipl.-Dok. (FH) an wissenschaftlichen Bibliotheken oder Dokumentationseinrichtungen für den Gehobenen Dienst

Universität Ulm, Schule für Medizinische Dokumentationsassistenten, Schloßbau 38, 7900 Ulm-Wiblingen, Tel.: (07 31) 4 07-270

Ausbildung zum Medizinischen Dokumentar

Die Kombination einer Datenverarbeitungs- und IuD-Ausbildung (EDV-Organisator mit Spezialisierung Bibliotheks- und Dokumentationswesen) wird angeboten von der *Gesellschaft zur Förderung berufsspezifischer Ausbildung (GFBA) e. V.*, Bildungszentrum, Königstor 4–6, 3500 Kassel, Tel.: (05 61) 1 41 92.

Hinter dem Begriff **Informations-Management** verbirgt sich ein Tätigkeitsfeld das u. a. Kenntnisse über Datenbanken, Informationssysteme, Bürokommunikation usw. umfaßt. Außer an der *Universität Konstanz* (s.o.), die ein Ergänzungsstudium zu diesen Aspekten anbietet, beginnt im Herbst 1983 eine einjährige Ausbildung an dem *European Institute for Information Management* (13, rue de Bragance, L-1255 Luxemburg).

Sehr aktuell ist z. Zt. **die neue Medientechnik Bildschirmtext.** Schon jetzt im Feldversuchsstadium sind fast 10 000 Teilnehmer an dieses Telekommunikationssystem angeschlossen. Falls die Erwartungen des Betreibers von Bildschirmtext, der Deutschen Bundespost, zutreffen, werden schon in Kürze Teilnehmerzahlen von mehr als einer Million zu erwarten sein. Die Informationsanbieter benötigen für die Gestaltung, den Aufbau und die Pflege ihrer Bildschirmtext-Angebote schon jetzt und in wesentlich größerem Umfang nach der bundesweiten Einführung von Bildschirmtext im Jahr 1984 qualifiziertes Personal. Neben den *Universitäten FU Berlin* (s.o.), *Konstanz* (s.o.) und *Saarbrücken* (s.o.), die sich im Rahmen ihrer Ergänzungsstudiengänge mit Bildschirmtext befassen, soll beim *Bildungszentrum der GFBA* in Kassel (s.o.) ein Weiterbildungsangebot aufgebaut werden. *Die Gesellschaft für Information und Dokumentation mbH (GID)* (ZE/Kolleg, Lyoner Straße 44–48, 6000 Frankfurt 71, Tel.: (06 11) 66 87-351) wird ab dem 2. Halbjahr 1983 zunehmend Fortbildungskurse zum Bildschirmtext anbieten.

Wie sind die Berufschancen? – Was kann man verdienen?

Natürlich hat die allgemeine Arbeitsmarktsituation auch auf den Informations- und Dokumentationsbereich eingewirkt. Stark gefragt sind nach wie vor Spezialisten für medizinische bzw. biowissenschaftliche Dokumentation. Die zunehmende gesamtwirtschaftliche Bedeutung der Informations- und Kommunikationstechnologien eröffnet in immer stärkerem Umfang neue Tätigkeitsfelder. Die Nachfrage nach qualifiziertem Personal für das Informationsmanagement wird sich unter diesem Einfluß in den nächsten Jahren vergrößern. Ein erheblicher Bedarf an Fachpersonal ist für den Einsatz im Bereich Bildschirmtext zu erwarten.
Zu den Verdienstmöglichkeiten lassen sich keine detaillierten Angaben machen. Die Einkommen sind für den größten Teil der Einsatzfelder eher in mittleren Größenordnungen anzusiedeln. Für Tätigkeiten im Bereich des Informationsmanagement können auch durchaus höhere Gehälter erwartet werden.

Sie können sich umfassender unterrichten mit der Broschüre

Zugang zur Fachinformation für jedermann. Erhältlich bei der Gesellschaft für Information und Dokumentation mbH (GID), Lyoner Straße 44–48, 6000 Frankfurt 71. Einzelexemplare kostenlos.

oder mit dem

Taschenbuch Information & Dokumentation 1983 (ISBN 3-8151-0011-9). Erhältlich im Buchhandel für DM 19,80.

Hans J. Dietschmann

Journalismus

„Wenn Sie Journalist werden wollen, müssen Sie halt versuchen, reinzukommen". Der Satz, der einem erfahrenen Kollegen bei einer Diskussion mit frischgebackenen Abiturienten in München entschlüpfte, klingt banal und trifft doch zugleich den Nagel exakt auf den Kopf. Denn: In kaum einem anderen Berufszweig sind die Möglichkeiten so vielfältig, die Wege so unterschiedlich und die „Einstiege" bisweilen so unkonventionell und überraschend. Hartnäckigkeit sowie Ausdauer können durchaus zum Ziel führen und ein Examen mit der Note eins schnell aufwiegen. Freilich: Der Journalismus, ein Beruf, in den immer mehr Akademiker hineindrängen, kann nur einen kleinen Teil derer aufnehmen, die um „Einlaß" begehren.

Verzagtheit und frühzeitige Resignation sind allerdings fehl am Platze, auch wenn zur Zeit mit rund 100 Bewerbern pro Ausbildungsplatz gerechnet wird und der Stellenmarkt auf absehbare Zeit wenig Positives verheißt.
Es gibt traditionelle Ausbildungswege – mit Abitur, Studium, Bewerbung für ein Volontariat, Auswahlverfahren und Vorstellungsgespräch. Es gibt aber auch die Möglichkeit, sich auf Umwegen und mit langem Atem „hineinzumogeln". So mancher Redakteur hat zunächst als „Freier" bei einer Lokalzeitung begonnen, berichtete längere Zeit über Fußballspiele oder Treffen von Pudel-Fan-Clubs, sei es nebenberuflich, sei es während des Studiums. Der Journalismus ist bislang – allen Unkenrufen zum Trotz – ein offener Beruf geblieben. Studienabbrecher haben zumindest genauso ihre Chance wie der Dr. phil., der 18jährige Abiturient ohne jegliche Berufserfahrung oder der Bürokaufmann, der seine Schreibtalente und -ambitionen erst entdeckte, als er einen Bericht über die Ausstellung des Kaninchenzüchter-Vereins bei seinem Heimatblatt ablieferte. Akademische Titel zählen nicht selten erst in zweiter Linie oder gar nicht. Ein flott formulierter Artikel, an richtiger Stelle gelesen, kann mehr gelten als zehn Semester Publizistik-Studium. Freilich: Gegenläufige Tendenzen zeichnen sich schon seit einiger Zeit ab. Der Trend geht zu strengeren Ansprüchen an die allgemeine Vorbildung und die berufliche Ausbildung des Journalisten.
In der heutigen Mediengesellschaft gilt der Journalismus inzwischen beinahe als ein „Traumberuf". Zahllose Abiturienten und Abiturientinnen schreiben „Reporter" oder „Redakteur" hinter ihren Berufswunsch. Über das, was wirklich auf sie zukommt, wissen nur die wenigsten Bescheid. „Redakteur" kommt von *redigieren,* und das heißt, Manuskripte in Auftrag geben, auf ihre Richtigkeit prüfen und eine gute Überschrift austüfteln. „Hast du Leim und Scher', bist du Redakteur", lautet ein beliebter Spruch von Zeitungsmachern, für die das Zusammenstellen von Meldungen aus der tagtäglichen Nachrichtenflut zur wenig geliebten Routine und Monotonie geworden ist. Leim und Scher' werden zudem immer mehr ersetzt von Bildschirm-Terminals, an denen nicht wenige Journalisten den größten Teil ihrer Arbeitszeit verbringen. Schreibtischarbeit ist jedenfalls die Regel, und so mancher leidet unter dem „Gebärzwang", das heißt der Notwendigkeit, ständig unter Zeitdruck zu arbeiten und mit – bereits morgen vergessenen und häufig alles andere als wichtigen – Neuigkeiten konfrontiert zu sein.
Der „rasende Reporter", wie ihn Egon Erwin Kisch in klassischer Weise zu verkörpern schien, hat wohl schon immer überwiegend als Klischee oder Wunschvorstellung gedient. Nur wenigen gelingt es, als Reporter oder Korrespondent ständig den „Duft der großen, weiten Welt" zu schnuppern, zwischen Hongkong, Sidney, Rio de Janeiro und San Francisco hin- und herzujetten. Routine ist auch im Journalismus die Regel, vom Achtstundentag und dem Sonntagsdienst bis hin zum Urlaub, vom Dienstplan über

Monate im voraus bis zum technischen Ablauf. Emil Dovifat, der als „Vater der modernen Journalistenausbildung" gilt, faßte das so zusammen:

„Journalismus ist eine fest an die Stunde und den Gang der Technik gebundene Tätigkeit. Er verlangt daher eine immer und überall leistungsfähige Arbeitsbereitschaft, ein klares, durchblickendes Erkennen des Zeitgeschehens (. . .) Zu jeder Tages- und Nachtzeit und in schwierigsten Lagen muß der Journalist zu arbeiten bereit und fähig sein. Das Zeitgeschehen schont weder die Stunden der Ruhe noch der Ermüdung".

Auch wenn Journalisten-„Karrieren" oft alles andere als gradlinig verlaufen, so sind doch gewisse Trends eindeutig. Gerade überregionale Tageszeitungen und Rundfunkanstalten geben heute jenem Bewerber kaum noch eine Chance, der nicht ein abgeschlossenes Hochschulstudium vorweisen kann. Ein Fachstudium, beispielsweise Politikwissenschaft, Volks- oder Betriebswirtschaft, ist allemal zu empfehlen – nicht nur, weil später drei angerechnete Ausbildungsjahre einen schnelleren Sprung in der Gehalts-Tabelle (ein Redakteur im fünften Berufsjahr verdiente 1983 rund 3 500 Mark) mit sich bringen. Schon 1980 hatten 39 Prozent der Männer und 20 Prozent der

Frauen im publizistischen Berufsfeld einen Hochschulabschluß, und ihre Zahl steigt. Mehr als 52 Prozent aller Volontäre, stellte das Journalistenzentrum Haus Busch in Hagen fest, sind studienerfahren. Junge Männer und Frauen, die gleich nach dem Abitur ein Volontariat erhalten, werden seltener: Nur noch 17 Prozent gingen diesen – früher nicht unüblichen – Weg.

Einstieg bei der Presse: das Volontariat

Der älteste und am meisten beschrittene Weg in den Journalismus ist der über das Volontariat bei einer Zeitung, Zeitschrift oder Rundfunkanstalt. Von den rund 1 700 Volontären, die 1981 bei verschiedenen Medien arbeiteten, waren rund 70 bei Rundfunkanstalten, 30 bei Nachrichtenagenturen und 100 bei Zeitschriften beschäftigt. Der bei weitem größte Teil lernte bei Tageszeitungen. Hier unterscheidet man Nachrichten und Kommentare, und eine Meldung sollte die fünf W's (Was, wann, wie wer, wo) enthalten. In der Regel dauert das Redaktionsvolontariat zwei Jahre. Der Verlag kann diese Ausbildungszeit jedoch verkürzen – bei Volontären mit abgeschlossener Berufsausbildung bis auf 18 Monate, bei Volontären mit abgeschlossenem Hochschulstudium bis auf zwölf Monate. Das Gehalt beträgt derzeit (1983) im ersten Ausbildungsjahr (vor vollendetem 22. Lebensjahr) 1 443, danach 1 657 Mark. Im zweiten Ausbildungsjahr sind es einheitlich 1 918 Mark.

Aber: Es muß nicht immer und sofort ein abgeschlossenes Hochschulstudium sein. „Gute Lokalredakteure nach wie vor gesucht", stellte die vom Verleger Alfred Neven DuMont herausgegebene medienpolitische Zeitschrift *Die Zeitung* fest. Wen es nicht unbedingt in Großstädte wie Hamburg, München, Frankfurt oder Berlin zieht, der hat in der Provinz allemal die größeren Chancen. (Die Anschriften sind im *Stamm* enthalten, einem *Leitfaden durch Presse und Werbung,* der jährlich mit aktuellen Daten, Informationen und Redaktionsangaben über Zeitungen – mit Nebenausgaben – und Zeitschriften erscheint und in vielen Bibliotheken zugänglich ist.) Wer sich nicht zu schade ist, zunächst einmal über den Faßanstich des Bürgermeisters oder das Treffen der Sänger-Vereinigung „Die Lerchen" zu berichten, der braucht nicht unbedingt Rousseau, Hobbes, Marx und Max Weber studiert zu haben. Dennoch: Auch Provinzzeitungen folgen immer mehr den großen Vorbildern und geben Hochschulabsolventen den Vorzug. In den Lokalredaktionen kleinerer und kleiner Tageszeitungen gibt es die meisten Ausbildungsplätze, während bei überregionalen Blättern wie der *Frankfurter Rundschau* oder der *Süddeutschen Zeitung* die Chancen gleich null sind. Die Übergänge sind durchaus fließend; ein Studium kann auch später erfolgen. Der Wechsel von der Provinzzeitung zu einem überregionalen Blatt erscheint möglich – Hauptsache, es ist geschafft, „reinzukommen". Der Weg zum Berichterstatter über „Gipfelkonferenzen", Minister-Runden und Kanzler-Auftritte kann auch über den Taubenzüchter-Verein oder die Kleingärtner führen.

Wichtig: Freie Mitarbeit und/oder ein Praktikum bei einer Zeitung und/oder Rundfunkanstalt noch während des Studiums oder der Berufsausbildung zahlen sich allemal aus. Bekannte Gesichter haben's bei der Bewerbung für ein Volontariat leichter. Und außerdem: Wer bereits schreiben kann, dies vielleicht bei einer Schülerzeitung gelernt hat, der ist weit lieber gesehen als der hundertprozentige Neuanfänger.

„Ich bin am Abend fix und fertig" – der Stoßseufzer zahlreicher Volontäre belegt, daß es mit der Ausbildung oft nicht zum besten steht. Viele sind frustriert, weil sie gerade dort einspringen müssen, wo eine Lücke klafft. Während größere Tageszeitungen Ausbildungspläne aufstellen und „Volontärsväter" Hilfestellung leisten, ist bei vielen kleineren Blättern daran nicht zu denken. Die Folge: unzureichende Kenntnisse in manchen Bereichen. Von Verlegern und Berufsorganisationen getragene Anfängerseminare, beispielsweise über Fragen des Presserechts, können, falls sie überhaupt besucht werden, das eigentlich Notwendige nur streifen. Nach langer Zeit hat der Bundesverband Deutscher Zeitungsverleger jetzt Ausbildungs-„Grundsätze" vorgelegt. Den journalistischen Berufsverbänden gehen sie allerdings noch lange nicht weit genug (*Deutscher Journalisten-Verband,* Bennauerstraße 60, 5300 Bonn, Tel.: (02 28) 21 90 93/94, und *Deutsche Journalisten-Union* in der IG Druck und Papier, Friedrichstraße 15, 7000 Stuttgart 1, Tel.: (07 11) 2018-235/238). Eine staatlich festgelegte Ausbildung ist noch in weiter Ferne und wahrscheinlich auch gar nicht wünschenswert.

Auf dem Arbeitsmarkt für Journalisten wird es immer enger. Die Zahl der publizistischen Einheiten (Zeitungsausgaben mit einem gemeinsamen „Mantel", im Regelfall dem politischen Teil) ist von 225 im Jahre 1954 auf 124 im Jahre 1981 gesunken; auch die redaktionellen Ausgaben (inhaltliche Abweichungen, vor allem im Lokalteil) unterlagen einem ständigen Schrumpfungsprozeß seit den fünfziger Jahren: Ihre Zahl lag 1981 bei 1 258. So ist es denn auch nicht überraschend, daß die Konkurrenz seit einiger Zeit schärfer wird. Außerdem: Zu den 8 639 Redakteuren in Zeitungsverlagen (Stand 1980) gesellen sich rund 17 000 freie Journalisten, die sich um einen kleiner werdenden Kuchen streiten, seitdem Verlage und Pressestellen eine Sparmaßnahme nach der anderen beschließen. Honorare für „Freie" sinken in den Keller und verdienen bisweilen nicht einmal mehr die Bezeichnung „Zubrot" oder „Feierabend-Entschädigung", wie der Vorsitzende des DJV-Fachausschusses Freie Journalisten kürzlich beklagte.

Da der Bewerberandrang zur Tagespresse so groß ist, lohnt es sich für Hochschulabsolventen, ihre Möglichkeiten in der **Fachpresse** auszuloten. Ein Dauerproblem kommt qualifizierten Akademikern hier entgegen: Wenn ein Redakteursposten neu zu vergeben ist, melden sich überwiegend Interessenten aus zwei Gruppen – die einen sind fachlich ausgewiesen, verfügen aber nicht über das Know-how des Zeitungsmachens; den anderen, den ausgebildeten Redakteuren hingegen fehlen die notwendigen Fachkenntnisse. Die *Arbeitsgemeinschaft Zeitschriftenverlage/AGZV* (c/o Börsenblatt des Deutschen Buchhandels, Großer Hirschgraben 17/21, 6000 Frankfurt/M.) unterstützt deshalb die Förderung von fachlich qualifizierten Nachwuchsredakteuren durch ein *Volontariat*. Es kann bei entsprechender Vorbildung von zwei Jahren auf eins verkürzt werden.

Zur Volontärausbildung in Fachzeitschriften-Verlagen hat die AGZV eine *Handreichung* mit Zusatzinformationen erarbeitet, die Sie bei der o. g. Adresse anfordern können.

Einstieg bei Funk, Fernsehen und Film

Kaum besser stellt sich die Lage in den Rundfunkanstalten dar. Alle Planstellen sind auf Jahre besetzt, Seßhaftigkeit breitet sich aus, der Begriff „Funkbeamter" kommt nicht von ungefähr. Immerhin: Seitdem es Mitte der siebziger Jahre so gut wie keine Ausbildungsmöglichkeiten bei den einzelnen Sendern gab, wurden 1981 70 und 1982 108 Volontärsstellen vergeben. Die Bewerberflut war enorm: Rund 10 000 Interessenten sorgten dafür, daß die Ausbildungsbeauftragten eine besonders umfangreiche „Qual der Wahl" hatten. Um aus der schier endlosen Reihe der anonymen Bewerber hervorzustechen, empfiehlt sich **die rechtzeitige Bewerbung für ein Praktikum oder eine Hospitanz** – beides kann beispielsweise in den Semesterferien absolviert werden. ARD und ZDF stellen insgesamt 622 Hospitantenplätze (überwiegend im Programmbereich) zur Verfügung. Daneben gibt es 585 Praktikantenstellen – bei dieser Zahl handelt es sich allerdings auch um viele Praktikanten aus dem nichtjournalistischen Bereich.
Das Volontariat bei einer Rundfunkanstalt (Hörfunk/Fernsehen) dauert zumeist 18 Monate. Ohne abgeschlossenes Hochschulstudium gilt eine Bewerbung dort als so gut wie aussichtslos. Die folgende Aufstellung wurde dem *Journalist* 5/1983 entnommen:

- *Bayerischer Rundfunk:* keine Volontärsausbildung, 40 bis 50 Hospitanzen (drei Monate). Bayerischer Rundfunk, Rundfunkplatz 1, 8000 München, Tel. (0 89) 5900-0
- *Radio Bremen:* keine Volontärsausbildung, 16 Hospitanzen jährlich (zwei Monate in den Semesterferien). Radio Bremen, Heinrich-Hertz-Straße 13, 2800 Bremen, Tel. (04 21) 23 84-1

- *Deutsche Welle:* zehn Volontärsplätze für eine Ausbildungsdauer von 24 Monaten. 30 Hospitanzen (zwei bis drei Monate). Deutsche Welle, Raderberggürtel 50, 5000 Köln, Tel. (02 21) 389-0
- *Deutschlandfunk:* zwei Volontärsplätze jährlich (15 Monate), 10 bis 15 Hospitanzen (sechs Wochen). Deutschlandfunk, Raderberggürtel 40, 5000 Köln, Tel. (02 21) 3707-1
- *Hessischer Rundfunk:* sechs bis zehn Volontärsplätze, Bewerber müssen sich entweder für Fernsehen oder Hörfunk entscheiden, 50 Hospitanzen (zwei bis drei Monate). Hessischer Rundfunk, Bertramstraße 8, 6000 Frankfurt/M, Tel. (06 11) 155-1
- *Norddeutscher Rundfunk:* 14 Volontärsplätze, 34 Hospitanzen (vier bis sechs Wochen), Norddeutscher Rundfunk, Rothenbaumchaussee 132, 2000 Hamburg 13, Tel. (0 40) 413-1
- *Westdeutscher Rundfunk:* 21 Volontärs-Verträge Mitte 1983, Dauer des Volontariats 20 Monate, Ausbildung von journalistischem und musisch-künstlerischem Nachwuchs, für beide Gruppen im Hörfunk und im Fernsehen, 1982 wurden 63 Hospitanten aufgenommen (ein bis sechs Monate). Westdeutscher Rundfunk, Appellhofplatz 1, 5000 Köln, Tel. (02 21) 220-1
- *Rias Berlin:* 1983 fünf Volontärsplätze (zwischen zwölf und 18 Monaten), zwei Langzeitpraktika und rund zwölf Hospitanzen. Rias Berlin, Kufsteiner Straße, 1000 Berlin, Tel. (0 30) 8503-1
- *Sender Freies Berlin:* vier Volontärsplätze, 60 Hospitanzen (drei Monate). SFB, Masurenallee 8–14, 1000 Berlin, Tel. (0 30) 308-1
- *Saarländischer Rundfunk:* vor 1985 keine Volontärs- oder Hospitantenplätze mehr zu vergeben. Saarländischer Rundfunk, Funkhaus Halberg, 6600 Saarbrücken, Tel. (06 81) 602-1
- *Süddeutscher Rundfunk:* sechs Volontärsstellen (in aller Regel zwei Jahre), 55 bis 65 Hospitanzen (ein bis drei Monate). Süddeutscher Rundfunk, Neckarstraße 230, 7000 Stuttgart, Tel. (07 11) 288-1
- *Südwestfunk:* sechs bis neun Volontärsplätze, Grundausbildung in Hörfunk und Fernsehen, 40 bis 60 Hospitanzen (zwei bis drei Monate). Südwestfunk, Hans-Bredow-Straße, 7570 Baden-Baden, Tel. (0 72 21) 276-1
- *Zweites Deutsches Fernsehen:* In der Regel kann nur Volontär werden, wer zuvor hospitiert hat, jährlich rund 100 Hospitanzen (zwei Monate). ZDF. Deutschhausplatz 1, 6500 Mainz, Tel. (0 61 31) 70-1

Für eine Mitarbeit bei Fernsehen und Film bilden zusätzlich Institute in München und Berlin aus. Die *Hochschule für Fernsehen und Film* (Ohmstraße 11, 8000 München 40) nimmt pro Jahr zwischen 25 und 35 Studenten für ein sechssemestriges Studium auf, das entweder in der Fachrichtung Film und Fernsehspiel oder der Fachrichtung Fernsehpublizistik absolviert wird. – Die *Deutsche Film- und Fernsehakademie* (Pommernallee 1, 1000 Berlin 19) nennt als Ausbildungsziel der drei Studienjahre, „zukünftigen Filmemachern, die selbständig und unabhängig arbeiten wollen, eine theoretische und praktische Basis für ihre spätere professionelle Tätigkeit zu vermitteln“. Hier gibt es jährlich 16 bis 20 Studienplätze.

Welche Möglichkeiten **die neuen Medien,** beispielsweise Privatfunk und -fernsehen, Bildschirmtext und Videotext, eines Tages bieten werden, darüber kann man bislang nur spekulieren. Auf lange Sicht dürfte wohl, wenn sich der Trend fortsetzt, mit neuen Stellen für Journalisten zu rechnen sein.

Journalistenschulen und Hochschul-Studiengänge

Immens ist der Bewerber-Andrang zu den beiden Journalisten-Schulen. Die *Deutsche Journalisten-Schule* (Altheimer Eck 3, 8000 München 2, Tel. (089) 26 60 21) bildet jährlich 45 Nachwuchsjournalisten zu Redakteuren aus. Der achtmonatige Unterricht ist stark praxisbezogen. Es folgen zwei je dreimonatige Praktika bei einer Zeitung, Zeitschrift oder Nachrichtenagentur sowie beim Rundfunk oder in einer Pressestelle. – Jeweils 20 Nachwuchsjournalisten bildet die *Hamburger Journalistenschule* (Fontenay-Allee 14, 2000 Hamburg 13, Tel. (040) 41 18-1), getragen vom Verlagshaus Gruner und Jahr sowie der Wochenzeitung *Die Zeit,* aus. Den Praktika wird hier ebenfalls der größte Raum gegeben – rund drei Viertel der gesamten Ausbildungszeit.
Daneben gibt es an mehreren Universitäten, beispielsweise in Dortmund, München, Hamburg, Bochum, Mainz, Münster, Stuttgart und Bamberg Studiengänge wie Journalistik, Publizistik und Kommunikationswissenschaft als Haupt- oder Nebenfach. Wer ein solches Studium aufnehmen will, sollte allerdings nicht meinen, er sei nach dem Abschluß bereits ein umfassend ausgebildeter und gefragter Journalist. Viele Absolventen klagen über Praxisferne; kurze Hospitanzen reichen bei weitem nicht aus, um die erheblichen praktischen Wissenslücken zu schließen. Wer eine dieser Fachrichtungen studiert, bleibt denn auch nicht selten an einer Universität oder arbeitet als Medienwissenschaftler an einer anderen Einrichtung weiter.

Detaillierte Informationen zu den einzelnen Studiengängen sowie Anschriften finden Sie bei:

Walther von La Roche, *Einführung in den praktischen Journalismus* – mit genauer Beschreibung aller Ausbildungswege, Paul List-Verlag, München 1982 – und

Wege zum Journalismus, herausgegeben vom Bundesverband Deutscher Zeitungsverleger, Riemenschneiderstraße 10, 5300 Bonn 2, Tel. (0228) 37 69 91.

Wolfgang Plischke

Public Relations (Öffentlichkeitsarbeit)

Es handelt sich um ein verhältnismäßig neues Berufsfeld. Erst in unserem technisch-wissenschaftlichen Zeitalter mit den komplexen sozialen Beziehungen und der Massenkommunikation hat sich dieser spezielle Kommunikationsberuf herausgebildet.

Welche Ausbildung wird vorausgesetzt?

Es gibt bisher keine festen Bestimmungen, die den Zugang zu PR-Berufen regeln. Ein Fachhochschul- oder Universitätsstudium wird aber heute als selbstverständlich angesehen. Dabei sollte vor allem eine sozial- und kommunikationswissenschaftliche Basis vorhanden sein. Methoden der empirischen Sozialforschung gehören gleichsam zum Handwerkszeug von PR-Fachleuten. Psychologische, vor allem sozialpsychologische Kenntnisse sind eigentlich unerläßlich. Eine leitende Position ist in vielen Anwendungsbereichen ohne Beherrschung von Englisch und einer anderen Fremdsprache nicht zu erreichen. Selbstverständlich ist die spielende Handhabung der deutschen Sprache in Wort und Schrift.
Die optimalen Ausbildungsanforderungen können ohnehin nur wenige erfüllen, deshalb bieten sich aber Chancen für Geisteswissenschaftler, Sozial- und Wirtschaftswissenschaftler, die wenigstens auf einem Gebiet eine gute Grundlage besitzen. Sie müssen außerdem ein Praktikum von mindestens sechs Monaten Dauer in einer PR-Agentur oder PR-Abteilung eines Unternehmens oder einer Organisation und die beiden Grundkurse des Deutschen Public Relations-Instituts DIPR (ca. 14 Tage) absolviert haben. Das DIPR beabsichtigt, spezielle Kurse für Umsteiger mit Universitäts- und Fachhochschulausbildung einzurichten, Kurse, die Praktikum und PR-Spezialunterricht verbinden und dadurch die zusätzliche Ausbildungszeit abkürzen.

Wo werden PR-Fachkräfte benötigt?

Public Relations-Fachleute finden wir heute in allen Bereichen des öffentlichen Lebens. Denn alle Organisationen müssen vielfältige Beziehungen zu anderen Institutionen und zur Öffentlichkeit pflegen. Das gilt für die Bundes- und Länderregierungen ebenso wie für Gemeinden und viele sonstige Behörden, aber auch für Kirchen und Wohlfahrtseinrichtungen, für Sportvereine, Hochschulen, Theater, Forschungsvereinigungen, Gewerkschaften, Kammern und Verbände, natürlich auch für Wirtschaftsunternehmen.

Manchmal wird versucht, glauben zu machen, Öffentlichkeitsarbeit sei nichts als versteckte Wirtschaftswerbung oder Propaganda. Allein die Tatsache, daß die anderen gesellschaftlichen Bereiche mehr PR-Kräfte beschäftigen als die Unternehmen der Wirtschaft, spricht dagegen.
Die Methoden und Grundlagen sind für Öffentlichkeitsarbeit überall die gleichen. Die Inhalte sind aber ganz verschieden. Denken Sie nur an die unterschiedlichen Ziele des Diakonischen Werkes und des Fußballbundes!
Frauen und Männer haben als PR-Kräfte insgesamt gesehen gleiche Berufschancen. Auf Damen in leitenden PR-Positionen treffen wir zwar nicht in der Bundeswehr, wohl aber in der Wirtschaft, in Gesundheitseinrichtungen, Verbänden und Vereinen und selbstverständlich in PR-Agenturen.

Wieviel PR-Fachleute gibt es, wie werden sie bezahlt?

Die Schätzungen über die Zahl der heute in der Bundesrepublik Deutschland tätigen PR-Leute schwanken zwischen 4 000 und 5 000. Meiner Ansicht nach ist die Zahl zu niedrig gegriffen. Der „Markt" ist sehr unübersichtlich. Es ist außerordentlich schwierig, eine gute PR-Kraft zu finden, die frei ist oder bereit, das Arbeitsgebiet zu wechseln.
Auch über den Nachwuchsbedarf gibt es keine Statistik. Jede Zahl, die hier genannt wird, ist reine Spekulation.
Praktikanten erhalten gewöhnlich den BAFÖG-Satz; Volontäre, die 18 Monate tätig sind, steigen bis auf DM 1 800,–. Nach Ausbildungsabschluß beginnen PR-Kräfte mit DM 2 500,– bis 3 000,– ihr Berufsleben. Sie klettern dann rasch höher. Monatsgehälter in Höhe von DM 5 000,– sind für Dreißigjährige selbstverständlich. Für Anwärter auf Führungspositionen werden daraus bald etwa 100 000,– DM Jahreseinkommen. Spitzenkräfte erhalten DM 200 000,– und mehr. Wohlfahrtsverbände zahlen erheblich weniger als Wirtschaftsunternehmen.

Was tun PR-Fachleute eigentlich?

Das Presse- und Informationsamt der Bundesregierung, also die PR-Stelle der Bundesregierung, beschäftigt rund 700 Menschen. Darunter sind natürlich auch viele Nicht-PR-Fachleute. Die großen Abteilungen der Wirtschaftsunternehmen beschäftigen zwischen 60 und 120 Mitarbeiter. Ziehen Sie ruhig einmal zwei Drittel für Schreiben und technische Dienste ab, dann verbleibt doch noch eine genügend große Zahl von PR-Spezialisten, von denen fast jeder eine andere Aufgabe hat. Wie die Aufgaben verteilt sind, nach welchen Gesichtspunkten, läßt sich kaum allgemein beschreiben.

Denkbar ist eine Einteilung nach Sachfragen, entsprechend den Aufgabengebieten der Organisation. Möglich ist aber auch eine Untergliederung nach den Grundfunktionen von Öffentlichkeitsarbeit: Beraten und Planen (Konzeption), Informieren und Gestalten (Redaktion), Kontaktpflege nach innen und außen (Kontakt), Organisieren und Abwickeln (Organisation). Betrachten wir nur beispielshalber daraus den Bereich Redaktion. Er kann (und dies ist keinesfalls eine vollständige Auflistung) umfassen: Aufarbeitung und Umsetzung wissenschaftlicher, technischer und sonstiger fachlicher Informationen, Unterlagen, Fotos, Zeichnungen, grafischer Darstellungen zur Weitergabe an Meinungsmittler, Journalisten von Fachzeitschriften, Tagespresse, Rundfunk und Fernsehen. Abfassen von Presseinformationen, Pressediensten, Aufsätzen, Vorträgen. Vorbereitung und Leitung von Pressekonferenzen. Organisation von Veranstaltungen, Filmvorführungen. Entwerfen, Schreiben, Redigieren, grafisch Gestalten, Bildauswählen oder Bildherstellen, Herstellungsüberwachen, Distributionsplanen und -überwachen eigener Medien wie Zeitungen, Zeitschriften für Kunden, Nachbarn und andere Interessenten sowie von Prospekten und Broschüren, Konzeption und Gestaltung von Büchern, Bildbänden, Postern, Informationstafeln, Ausstellungen, Dia-Schauen, Tonfilmen, Video- und Tonbändern.

So vielseitig ist allein dieser Ausschnitt aus PR-Tätigkeiten. In größeren Organisationen müssen die Aufgaben aufgeteilt sein. In kleinen Organisationen ist aber manchmal eine Stelle mit ein bis zwei Mitarbeitern dafür zuständig.

Welche Eigenschaften sollten Sie persönlich mitbringen?

Der PR-Beruf ist kein Allerweltsberuf. Er bietet viel an Abwechslung und durchweg gute Bezahlung, aber er verlangt auch einiges. Schlagen Sie sich jeden Gedanken an eine Chance in diesem Berufsfeld aus dem Kopf, wenn Sie nicht folgende Einstellungen, Fähigkeiten und Voraussetzungen mitbringen:

- eine Begabung auf einem der vier Hauptgebiete Konzeption, Redaktion, Kontakt oder Organisation
- die Bereitschaft, diese Tätigkeit nicht als einen Job, sondern als eine Aufgabe anzusehen
- die Festigkeit, einen wohlüberlegten eigenen Standpunkt konsequent zu vertreten
- sich mit den Zielen der Organisation, für die Sie arbeiten, zu identifizieren
- wenn Sie nicht an das Gute glauben

- wenn Sie nicht kommunikationsfreundlich sind
- wenn Sie das demokratisch pluralistische Gesellschaftssystem der Bundesrepublik Deutschland nicht bejahen.

Erst einmal hineinschnuppern

Die sehr abstrakte Darstellung der Public Relations-Tätigkeiten gibt Ihnen noch kein richtiges Bild von der Alltagswirklichkeit des Berufsfeldes Öffentlichkeit. Sie sollten einmal mit einigen PR-Fachleuten zusammentreffen und sich unvoreingenommen mit ihnen unterhalten über die Aufgaben, täglichen Sorgen, Erfolge usf. Überall gibt es in der Bundesrepublik Deutschland Regionalgruppen der Deutschen Public Relations-Gesellschaft (DPRG). Hier werden Meinungen und Erfahrungen ausgetauscht. Das ist der Hauptzweck der Treffen dieser Gruppen. Wenn Sie wollen, stelle ich die Verbindung zu der Ihnen nächstgelegenen Regionalgruppe her. Schreiben Sie kurz Ihre Wünsche an:
Dr. phil. Heinz Flieger, Vereinigung zur Förderung der Public Relations Forschung, Neptunstraße 10, 6200 Wiesbaden

Sie erhalten außerdem Kontakte, Empfehlungen, Auskünfte, Hilfestellung, Vermittlung zu/von:
- PR-bezogenen Studienthemen, wenn Sie Ihr Studium noch nicht abgeschlossen haben
- PR-bezogenen Abschlußarbeiten und Dissertationen
- PR-Fachliteratur
- PR-Praktika
- Lehrgängen des Deutschen Public Relations-Instituts (DIPR).

Heinz Flieger

Sekretärin/Sekretär

Fast klingt es wie Resignation: „Dann muß ich eben Sekretärin werden". Sekretärin – ein Beruf, der gleichermaßen mit positiven und negativen Assoziationen besetzt zu sein scheint. Teils genießt er Ansehen, teils schaut man etwas geringschätzig auf die Sekretärin.
Beseitigt man die überholten Klischeevorstellungen, bleibt ein attraktiver, anspruchsvoller Beruf, der vom Inhalt ausbaufähig ist wie kaum ein anderer, der aber auch Basis sein kann für vielfältige Aufstiegs-Chancen. Nur eines wird verkannt und unterschätzt: Die Fertigkeiten in Kurzschrift und

Maschinenschreiben sind zwar – immer noch – eine wichtige Voraussetzung, machen aber nicht den Beruf der Sekretärin aus.
Sekretärin ist kein Aus-, sondern **ein Fortbildungsberuf.** Das bedeutet eine gründliche Ausbildung und praktische Tätigkeit im Büro. Wer den anerkannten Abschluß „Gepr. Sekretärin/Gepr. Sekretär" laut Rechtsverordnung vom 17. 1. 1975 anstrebt, sollte nach dem Abitur oder einigen Semestern Studium entweder eine *Höhere Handelsschule* absolvieren, besser eine *verkürzte Lehre* durchlaufen mit dem Abschluß Bürogehilfin, Bürokaufmann, Industriekaufmann o. ä. Meist große Firmen bieten für Abiturientinnen eine solche verkürzte Ausbildungsmöglichkeit an. Danach ist der Besuch einer Sekretärinnen-Schule berufsbegleitend möglich, die Berufspraxis nach der Lehre während dieser Zeit wird dann als Prüfungsvoraussetzung angerechnet.
Wer mehrere Semester *Betriebswirtschaft* studiert hat, kann auf Antrag vom Besuch der Höheren Handelsschule befreit werden, sollte aber unbedingt die Fertigkeiten in den *Schreibtechniken* – das ist reine Fleiß- und Übungssache – erwerben, schon weil es dann leichter ist, eine Tätigkeit im Büro zu finden. Wichtig für den Abschluß ist die *praktische Erfahrung in der Welt des Büros,* verbunden mit einem Stückchen Lebenserfahrung. Sie läßt sich mit Erfolg nur sammeln, wenn Interesse, Engagement, Einsatzfreude und -bereitschaft vorhanden sind. Der Student/die Studentin geht zwar zunächst wieder einen „unteren Weg" – denn wer wird nach der Freiheit des Studentenlebens gern „Auszubildender"? –, er/sie wird aber bei Vorhandensein der genannten Eigenschaften und Fähigkeiten bald mit anspruchsvollen Tätigkeiten betraut werden. Je mehr (Hintergrund-)Wissen vorhanden ist, um so besser. Diese gute Basis muß ständig verbreitert werden, sie ist bei dem Beschaffen, Sichten, Selektieren und Speichern von Informationen unabdingbar. Und unsere Gesellschaft ist – und wird verstärkt – eine Informationsgesellschaft.
Wichtig ist auch *der souveräne Umgang mit der Technik im Büro,* die für viele noch Schrecken birgt, weil falsche Vorstellungen dominieren. Der Umgang mit elektronischen Speicherschreibmaschinen, mit Fernkopierern, Bildschirmgeräten sollte zur Selbstverständlichkeit werden. Sie stellen nur so lange eine unüberwindlich erscheinende Hürde dar, wie man sie nicht kennt. Hat man sich aber mit ihnen vertraut gemacht, trägt ihr richtiger Einsatz an einem gemischten Arbeitsplatz zur Humanisierung des Arbeitsplatzes Sekretariat bei. Es gibt Kurse; Hersteller veranstalten Seminare, in denen der Umgang mit der Technik vermittelt wird. Wer deren Besuch nicht scheut, wird schnell anderen überlegen sein und damit gute Chancen für eine Anstellung haben.

Fremdsprachensekretärin

Vom Abitur – oft auch durch Auslands(ferien)aufenthalte – bringen Abiturienten gute Startbedingungen mit. Langfristig Erfolg hat nur, wer außer den „gängigen“ Fremdsprachen wenigstens eine etwas „ausgefallene“ Sprache lernt. Das fängt bei Spanisch oder Italienisch an und geht über Russisch bis zu Japanisch, Chinesisch oder Arabisch. Wenn auch Englisch immer noch die Handelssprache Nummer 1 ist, so bieten zusätzliche Sprachen einen unschätzbaren Vorteil.
Der Umsteiger kann den oben geschilderten Weg gehen und „nebenbei“ die Sprachen lernen mit Zwischenabschlüssen als Fremdsprachenkorrespondent, Wirtschaftskorrespondent (Abschlüsse bei der IHK). Das bedeutet, er hätte zwei anerkannte Berufsabschlüsse.
Bei guter Begabung steht dann immer noch der Weg zum *Dolmetscher* und *Übersetzer* offen. Hier werden aber nur wenige wirklich erstrebenswerte Positionen finden mit einer überdurchschnittlichen Bezahlung, z. B. als Simultandolmetscher.
Eine sprachgewandte, einsatzfreudige Fremdsprachensekretärin kann häufig vielseitiger eingesetzt werden.

Chefassistentin

Immer bietet sich nach weiteren Jahren der Berufserfahrung die Fortbildung zur Chefassistentin, für die gerade die Abiturientin prädestiniert erscheint. Sie arbeitet einer Führungskraft auf oberer Hierarchie-Ebene zu und unterstützt sie bei ihren Führungsaufgaben, z. B. durch Problemanalysen und Vorbereitung von alternativen Entscheidungsmöglichkeiten. Das Gehalt liegt heute bei bester Qualifikation zwischen DM 4 500,– und 6 500,–.

Abteilungsleiter/in

Der erfolgreiche Einsatz als Sekretär/in und Chefassistent/in führt nicht selten zu Positionen wie Verkaufsleitung, Personalleitung, Leiter/in der zentralen Textverarbeitung usw.

Ein Berufsfeld für Männer?

Sekretärin – ein typischer Frauenberuf, so werden viele denken. Aber die Rechtsverordnung vom 17. 1. 75 richtet sich auch an den Mann, denn es heißt dort: Anerkannter Abschluß „Geprüfte Sekretärin/Geprüfter Sekretär". Es gibt ihn auch in der Praxis, den Sekretär, allerdings vorerst nur vereinzelt. Aber vielleicht sorgen die neuen Technologien dafür, daß sich mehr Männer für den Beruf des Sekretärs erwärmen können. Auch ihnen bieten sich Aufstiegsmöglichkeiten, wenn sie die Theorie – während des Studiums erlernt – mit dem Blick für die Praxis zu verbinden verstehen. Reine Wissenschaftler wären jedoch fehl am Platze. Hochschulabsolventen wird oft der Vorwurf gemacht, daß sie die Praxis zu wenig kennen. Wer also bereit ist, ein bißchen tiefer auf der Karriereleiter den Aufstieg zu beginnen, kann unter Umständen einen Theoretiker – mag er noch so intelligent sein – überflügeln. Wichtig sind Führungseigenschaften und -fähigkeiten. Die einen muß jeder mitbringen, die anderen lassen sich lernen, am besten im beruflichen Alltag.
Ein Jungakademiker verdient in der Regel nicht mehr als der Praktiker ohne Hochschulstudium. Genaue Zahlen lassen sich schwer nennen, **Gehälter** schwanken von Branche zu Branche und sind auch regional unterschiedlich. Sie beginnen bei ca. 2 500,– DM, können aber je nach Engagement in wenigen Jahren auf das Doppelte steigen. Und ein Mann denkt vielleicht als Ziel eher an eine selbständige Existenz, z. B. als Berater, Organisator oder Trainer, aber gerade dafür ist die Erfahrung in der Praxis heute unerläßlich.

Referent/Dozent

Institute, die Sekretärinnen/Fremdsprachensekretärinnen/Chefassistentinnen ausbilden, suchen ständig qualifizierte und berufserfahrene Dozenten. Ein *Studium der Volks- und Betriebswirtschaft mit Organisationslehre,* ein *Jurastudium* – selbst wenn kein Staatsexamen vorliegt – befähigt, verbunden mit pädagogischem, besser andragogischem Geschick durchaus zu der Aufgabe, das Wissen als Dozent an Sekretärinnen weiterzugeben. Wichtig ist allerdings auch hier der Einblick in die Realität des Büros, denn gerade dieser Unterricht muß praxisnah gestaltet werden. Praktika, Betriebsbesichtigungen, Gespräche mit den relevanten Gruppen können hier Hilfe bieten, wenn schon keine längere Tätigkeit im Büro möglich war.

Selbständig machen

Auch diesen Gedanken kann man im Auge behalten. Welche Möglichkeiten bieten sich hier?

- Freier Mitarbeiter an Fortbildungsstätten
- ein Schreibbüro leiten
- Beratungstätigkeiten
- organisatorische Tätigkeiten, z. B. Tagungen und Kongresse organisieren (Kongreßbüro).

Wenn ein Umsteiger den Werdegang einer Sekretärin scheut, dann hat er/sie noch nicht die Möglichkeiten erkannt, die sich ihm/ihr auf diesem Wege bieten können, wenn Fähigkeiten, Kenntnisse, Fertigkeiten durch Fleiß – ohne ihn geht es auch hier nicht – erworben werden und – auch das ist wie immer notwendig – gelegentlich Glück mit im Spiel ist. Glück, das ist die Fähigkeit, günstige Gelegenheiten aufzuspüren und zu nutzen!

Weitere Auskünfte erteilen:

Die örtlichen Industrie- und Handelskammern
Bund Deutscher Sekretärinnen e. V., Grunerstr. 38, 4000 Düsseldorf
Deutscher Sekretärinnen-Verband, Ritterstr. 57, 6700 Ludwigshafen

Annelore Schliz

Tourismus

Die folgenden Informationen erhielt ich in erster Linie im Laufe eines Gesprächs, das ich mit Herrn Jean Reuter vom Außendienst der NUR Touristic GmbH in Frankfurt/M. führte. Für seine Auskunftbereitschaft danke ich.– Der Leser sollte berücksichtigen, daß es gewisse Unterschiede zwischen den großen Reiseunternehmen z. B. im Hinblick auf den Einstieg, die Gehaltsregelungen usw. gibt, die hier nicht im Detail dargestellt werden konnten.

Obwohl auch die Touristik Folgen der Wirtschaftskrise zu spüren bekommt, handelt es sich weiterhin um eine Branche mit Zukunft. Der Lebensstandard in der Bundesrepublik schließt bezahlte Ferien ein. Millionen von Berufstätigen mit und ohne Anhang nutzen diese Zeit nach wie vor zu Reisen ins In- und Ausland. Gespart wird weniger *am* als *im* Urlaub: Feriengäste ersetzen lieber ab und an den teuren Restaurantbesuch durch einen preiswerten Imbiß, als ganz auf eine Reise zu verzichten.
Knapp 7 Millionen Pauschalreisen werden derzeit jährlich in der Bundesrepublik gebucht – ingesamt eine recht stabile Zahl. Wer „die schönsten Wochen des Jahres" einer Reisegesellschaft anvertraut, der will etwas erleben – und dafür sorgen vor allem Reiseleiter und Animateure. Etwa 2–3.000 sind mit festen Verträgen in diesen Berufen für deutsche Touristikunternehmen tätig. Bei NUR z. B. werden gegenwärtig pro Jahr 100 Berufsanfänger eingestellt, davon ca. 80 als Reiseleiter und etwa 15–20 als Animateure.
Wenn Reisen ohnehin Ihr Hobby ist und wenn Sie die notwendigen Voraussetzungen mitbringen, dann sollten Sie ernsthaft prüfen (lassen), ob Ihre Zukunft im Tourismus liegt.

Das Tätigkeitsfeld von Reiseleitern und Animateuren

Beide Berufe sind vom Duft der großen weiten Welt umgeben und rufen beim Außenstehenden zunächst sehr angenehme Assozisationen wach: an den Komfort in großen Hotels oder an das leichte Leben unter Palmen an sonnigen Stränden. Obwohl beide Tätigkeiten untrennbar mit der Ferienatmosphäre verknüpft sind, sollten sich Interessenten jedoch vorweg über eines klar sein: Es handelt sich um *Dienstleistungsberufe,* die ihren ganzen Mann/ihre ganze Frau erfordern. Der Homo feriensis ist ein oft anspruchsvolles und manchmal sehr empfindliches Lebewesen. Die Aufgabe von Reiseleitern und Animateuren besteht vor allem darin, den hochgesteckten Erwartungen dieser Spezies gerecht zu werden.
Der *Reiseleiter* betreut die Gruppen am Ferienort – von der Ankunft bis zur Abfahrt. Seine Tätigkeit ist organisatorischer und sozialer Art: Er stellt

Ausflugsprogramme zusammen, führt Besichtigungsfahrten und Restaurantbesuche durch. Er muß sich um das Wohlbefinden der Gäste im Hotel kümmern und ist auch Anlaufstelle für Beschwerden z. B. über die Unterbringung und das Essen.
Animateure arbeiten fast ausschließlich in Ferienclubs. Ihre Hauptaufgabe ist die Unterhaltung der Gäste – vom Frühsport über Spiele am Strand bis zu geselligen Veranstaltungen am Abend, wo es u. a. um Sketche oder Theateraufführungen geht.
Für beide Berufe braucht man Einfühlungsvermögen und die Fähigkeit zum Umgang mit ständig wechselnden Gruppen. Es liegt auf der Hand, daß Kontaktfreude und kommunikatives Verhalten – im verbalen und non-verbalen Bereich – zu den Eigenschaften der Profis gehören.
Unabdingbar ist die Bereitschaft zur Mobilität. Reiseleiter und Animateure müssen sich darauf einstellen, daß ihr Einsatzort in jeder Saison (also zweimal im Jahr) wechselt. Zusammen mit dem ständigen Wechsel der Reisegruppen kann dies zu Problemen führen, die laut Auskunft der Branche Frauen schwerer bewältigen als Männer.
Die Regelung der **Gehälter** wird von den Touristikunternehmen unterschiedlich gehandhabt. Bei NUR besteht das Einkommen von Reiseleitern und Animateuren aus zwei Bestandteilen: einem Grundgehalt, das auf ein Konto in der Bundesrepublik überwiesen wird, sowie den Kosten für Reise, Unterkunft und Verpflegung. Darüber hinaus gibt es am Einsatzort selbst z. B. Provisionen für Veranstaltungen – Nebeneinkünfte, die über die lokale Agentur abgerechnet werden. – Bei anderen Gesellschaften macht das Festgehalt den größten Teil des Einkommens aus. Wie immer aber auch hier verfahren wird – Reiseleiter und Animateure können wohl ganz gut von ihren Einkünften leben. Schließlich muß man auch bedenken, daß z. B. Gastronomen vor Ort Vertretern beider Berufe aus naheliegenden Gründen gern Vergünstigungen einräumen.
Sitzt man beruflich erst einmal fest im Sattel, so gibt es nach oben keine besonderen Altersgrenzen. Chancen zum **Aufstieg** eröffnen sich für Reiseleiter und Animateure im Außen- und Innendienst. Im *Außendienst* kann man zum einen horizontal neue Wege einschlagen und sich spezialisieren – z. B. als Leiter für Rund- oder Fernreisen oder für Kreuzfahrten. Frauen mit Reiseleiterpraxis können auch als Sekretärin für den Chefreiseleiter in einem bestimmten Land tätig werden.– Die vertikale Laufbahn im Außendienst führt nach etwa drei Jahren Berufspraxis zum Assistent des Chefreiseleiters und evtl. nach weiteren zwei bis drei Jahren zum Chefreiseleiter.
Im *Innendienst* gibt es Chancen sowohl in der Zentrale der Unternehmen (z. B. Zuständigkeit für den Hoteleinkauf) als auch für die Leitung eines der zahlreichen lokalen Reisebüros.

Voraussetzungen

Zunächst sind einige persönliche Kriterien zu erfüllen. Aussichten haben nur Bewerber(innen), die

- jung sind: Das Einstellungsalter liegt etwa bei 23–29 Jahren.
- ledig, unabhängig und mobil sind: Auf diese Weise wollen die Gesellschaften Konflikte vermeiden, die durch häufigen Ortswechsel ansonsten leicht entstehen können. Wegen der hohen Anforderungen an die individuelle Mobilität hat es deshalb auch keinen Sinn, wenn sich reiselustige Pärchen gemeinsam bewerben.

Ferner wird erwartet, daß Bewerber(innen) eine *gute Allgemeinbildung* besitzen und *zwei lebende Fremdsprachen* sprechen. Hier können schon wegen der Vielzahl der Reiseländer sehr unterschiedliche Kombinationen zum Zuge kommen. Darüber hinaus spielt bei NUR auch eine Rolle, daß dieses Unternehmen Tochterfirmen u. a. in Belgien und den Niederlanden hat: Für die Betreuung von Reisegruppen aus diesen Ländern sind deshalb Französisch und Niederländisch gefragt.
Normalerweise wird das Abitur als Schulabschluß vorausgesetzt, aber auch Bewerber mit Mittlerer Reife und einer Lehre in einem Dienstleistungsberuf haben noch eine Chance. NUR hat bei Hochschulabgängern keine eindeutigen Prioritäten für bestimmte Fächer. Immerhin dürfte ein Sprach- oder Sportstudium insbesondere für Animateurstellen eine günstige Ausgangsposition verschaffen.

Der Einstieg

Alle großen Reiseunternehmen sind mit einem Überangebot von Bewerbungen konfrontiert und müssen eine Auswahl treffen. Bei NUR sieht das Verfahren so aus:

- Für die rund 100 Reiseleiter- und Animateurstellen, die das Unternehmen gegenwärtig einmal im Jahr neu besetzt, wird – meist im Oktober – durch Zeitungsanzeigen geworben. Insgesamt melden sich im Durchschnitt 2.500 Bewerber. Die Interessenten müssen sich dann telefonisch mit der NUR-Zentrale in Verbindung setzen. Dieses *Telefongespräch* dient zur ersten Vorauswahl und sollte entsprechend ernst genommen werden. Wer dabei z. B. französische Sprachkenntnisse angibt, sollte sich darauf einstellen, daß ein Teil des Gesprächs anschließend französisch geführt wird.
  Wichtig: Es ist durchaus sinnvoll, sich unaufgefordert bereits *vor* dieser Anzeigen- und Telefonaktion schriftlich zu bewerben. Auch diese Interessenten werden berücksichtigt und können mit einem Anruf rechnen.

- Wer ernsthaft in Frage kommt, erhält einen Bewerbungsbogen und wird, für November/Dezember, zu einem zweitätigen *Eignungstest* eingeladen. Geprüft werden: Allgemeinwissen, Einfühlungsvermögen, Fähigkeit zu Gruppendiskussionen, Ausdrucksvermögen, non-verbales Verhalten und mündliche Sprachkenntnisse. Vier Beobachter tragen dazu bei, die endgültige Auswahl zu treffen.
- Wer diesen Test bestanden hat, kann mit einem festen Anstellungsvertrag rechnen, der bereits die *Schulungsphase* einschließt. Sie findet in der Regel im folgenden Frühjahr (März/April) statt und dauert für Reiseleiter zwei, für Animateure drei Wochen. Die Einsteigerschulung besteht aus zwei Teilen. Im sog. Serviceblock mit einem externen Trainer geht es um die Klärung grundlegender Fragen zur Dienstleistung und zum Gästeverhalten. Im anschließenden Praxisteil weisen NUR-Experten die Berufsanfänger in die Bewältigung von Problemen der täglichen Arbeit ein.

Im Laufe der Schulung trifft das Unternehmen die Entscheidung über den jeweiligen Einsatzort. Dabei können sehr unterschiedliche Kriterien eine Rolle spielen, z. B.

— die Sprache im Reiseland und die der Reisegruppe
— der Führerschein, der an manchen Orten erforderlich ist
— das Geschlecht: Hier geht es darum, Wünsche von Hoteliers und nationale Empfindlichkeiten zu berücksichtigen.
— Auch im Hinblick auf das Auftreten müssen Differenzen zwischen den einzelnen Reisezielen beachtet werden.
— Sportliche Fähigkeiten können, auch für Reiseleiter, bei abgelegenen Hotels wichtig sein.

Adressen

Der größte Teil der knapp 7 Millionen Pauschalreisen, die Ferienhungrige Jahr für Jahr in der Bundesrepublik buchen, wird von einigen wenigen großen Reisegesellschaften durchgeführt. Die Einstellung (und Ausbildung) von Reiseleitern und Animateuren konzentriert sich deshalb auch auf diese Firmen. Die Anschriften:

TUI, Touristik Union International, Abteilung Schulung und Ausbildung, Postfach 5949, 3000 Hannoer (Dieses größte Unternehmer der deutschen Touristik-Branche beschäftigt mehr Animateure als NUR, weil viele Ferienclubs zum Angebot gehören.)

NUR Touristic GmbH, Außendienst, Hochhaus am Baseler Platz, Postfach 111343, 6000 Frankfurt/M. 11

ITS – Kaufhof Länderreisen GmbH, Postfach 980220, 5000 Köln 90 (Dieses Unternehmen, mit einem kleineren Anteil an Pauschalreisen als die beiden anderen, stellt fast ausschließlich Reiseleiter ein.)

Horst Linder

Umweltschutz

Der Arbeitsbereich Umweltschutz ist so vielfältig wie schwammig und damit auf den ersten Blick verwirrend. Gleichzeitig bietet der Umweltschutz Zukunftschancen für engagierte Interessenten. Über das Wachstum dieser „Branche" braucht sich der Bewerber nicht den Kopf zu zerbrechen – dafür sorgen schon die anderen Branchen durch ihren Raubbau an Ressourcen und die umweltzerstörenden Auswirkungen ihrer Tätigkeit. Noch hat sich aber der Erhalt der Umwelt als Grundlage eines gewinnorientierten Wirtschaftens und der Sicherung von Absatzmärkten nicht in den Köpfen all derer festgesetzt, die in unserer Wirtschaft die Gesetze des Handelns bestimmen. Eine solche betriebs- wie volkswirtschaftliche Sichtweise könnte dem Umweltschutz zur Expansion verhelfen – quasi als Nebenprodukt könnte das Leben erträglicher, das Überleben möglich werden. Deshalb ist Umweltschutz eine Investition in die Zukunft – eine Investition freilich, die in klingender Münze heute in der Regel wenig einbringt.

Grundsätze

Nach dieser ernüchternden Einleitung sollen einige Grundsätze dazu beitragen, Illusionen zu zerstreuen, die noch mit der Arbeit im Bereich des Umweltschutzes verknüpft sein könnten. Sie sind bunt gemischt, erfreulich wie ernüchternd:

1. Umweltschutz ist kein Job zum Geldverdienen, sondern eine soziale Aufgabe.
2. Im Umweltschutz kann jeder arbeiten und seine Ausbildung einbringen.
3. Umweltschutz geschieht gegen den Widerstand derer, die die Umwelt für ihre Zwecke (z. B. Abfallbeseitigung) gebrauchen oder mißbrauchen.
4. Einen Arbeitsplatz im Umweltschutz muß man sich erarbeiten.
5. Es gibt keine Patentrezepte, wenig Vorbilder, viel mehr Widerstand als Hilfe und keine Garantie auf Erfolg.

6. Vom Gedanken an feste Stellen und Anfangsgehälter, an regelmäßige Gehaltssteigerungen, Weihnachtsgeld und 13. Monatsgehalt kann man getrost Abschied nehmen.
7. Der Schutz der Umwelt ist ein wachsendes Problem. Es besteht eine reelle Chance, sich heute Qualifikationen anzueignen, die morgen nicht nur gebraucht, sondern auch bezahlt werden.

Zur Klärung: Natürlich gibt es auch heute schon Beschäftigungsmöglichkeiten und Arbeitsplätze im Bereich des Umweltschutzes. Staat und Industrie stellen Diplom-Ingenieure mit Zusatzausbildung oder Absolventen aus dem Bereich des Technischen Umweltschutzes ein. Dieser Beitrag richtet sich jedoch an jene, die nicht von vornherein mit diesem Ziel studiert und entsprechende Qualifikationen erworben haben.

Faßt man die Grundsätze zusammen, so läßt sich feststellen: Jemand, der im Umweltschutzbereich tätig wird, muß lange – vielleicht sehr lange – allein von dem Bewußtsein leben, daß er eine gesellschaftlich wichtige Aufgabe ohne großes Entgelt wahrnimmt. Voraussichtlich muß man zeitweise Zusatzarbeiten in anderen Bereichen annehmen, um den Lebensunterhalt zu verdienen. Es kann auch sein, daß es niemals gelingt, in diesem Bereich beruflich Fuß zu fassen. Dennoch: Die Sache des Umweltschutzes lohnt.

Wie fängt man denn nun an?

Der Zugang ist vielfältig: Abfallbeseitigung, Gewässerschutz, Verkehr, Lärmbekämpfung, Luftreinhaltung, umweltfreundliche Energiegewinnung – das alles sind große Teilgebiete des Umweltschutzes, für die es Anknüpfungspunkte in jeder Stadt gibt. Gar nichts halte ich davon, mit großen Rundumschlägen, daheim im Kämmerlein ausgebrütet, nun die Welt verbessern zu wollen. Im Gegenteil – ganz klein mit einem örtlichen Problem angefangen, findet sich am schnellsten der Zugang zum Umweltschutz, verbunden mit zwei Vorteilen: Zum einen lernt man sehr bald Widersacher und Freunde kennen, und zum andern kann man nach kurzer Zeit ermessen, ob man sich für diese Sache eignet.
Im Normalfall braucht man ja gar nicht alleine zu beginnen. Bürgerinitiativen, Vereine, Verbände und auch die Parteien widmen sich mindestens einem, wenn nicht mehreren Problemen des Umweltschutzes. Hier ist Unterstützung, aber auch ein Adressat für erste Tätigkeiten, denn die Mehrheit der Bürger wird man ebenso wie Verwaltung, Industrie oder Politik erst nach einiger Zeit erreichen.
Adressen und Telefonnummern findet man im Telefonbuch, ein Studium der örtlichen Tagespresse ist dem Umweltinteressierten in jedem Fall zu empfehlen: Ohne Kenntnis der lokalen Zusammenhänge und Neuigkeiten geht vor Ort nichts. (Im Adressenteil am Ende dieses Berichtes sind einige Organisationen aufgeführt, über deren Bundes- und Landesverbände man die Anschrift der örtlichen Organisation erfahren kann.)
Ich empfehle jedem, diesen Weg über eine Gruppe vor Ort, möglichst eine Bürgerinitiative, zu gehen, den Kontakt nie abreißen zu lassen und immer wieder zu prüfen, ob man mit dem, was man macht, noch immer jene erreicht, für die man vorgibt zu arbeiten: für die Bürger. Aber das gilt erst für später. Noch haben wir ja gar nichts getan.

Was kann man denn tun?

So vielfältig wie der Umweltschutz sind auch die Möglichkeiten, tätig zu werden. Zu den großen Bereichen gehören:

- Handarbeit mit Axt und Kelle, Faust oder Schaufel, aber auch mit Meßgeräten
- pädagogische Tätigkeiten
- publizistische Arbeiten
- und Verwaltungstätigkeiten.

Ich empfehle, ohne falsche Scheu alles zu versuchen, denn jeder Bereich ist wichtig und auf längere Sicht geeignet, Geld zu verdienen. Mancher eignet sich übrigens zu Dingen, die er vorher nicht für möglich hielt.

Handarbeit: Ob man ein ehemaliges Feuchtgebiet wieder bewässert und Vogelarten ansiedelt, ob man Warntafeln aufstellt, Wanderwege beschriftet und um Verständnis für die bedrohte Pflanzen- und Tierwelt bittet, ob man Lärm- oder Geschwindigkeitsmessungen vornimmt – überall werden Leute gebraucht, die das auch ausführen, was notwendig ist. Nicht jeder ist ein Greenpeace-Kämpfer, und eine stille Arbeit vor Ort erreicht auch ihr Ziel.

Pädagogik: Ein sinnvoll ausgestatteter Informationsstand in der Fußgängerzone mit Schautafeln, der zur Diskussion anregt und die Problematik erhellt, erfordert beträchtliche methodische und didaktische Fähigkeiten, verbunden mit Fachwissen, das man sich aneignen kann.
Pädagogische Fähigkeiten verlangt ebenfalls der Vortrag über Umweltprobleme im eigenen Verein. Von dort ist es nicht weit bis zum Diavortrag bei einer Kirchengemeinde, einer Partei oder Volkshochschule, und schon ist auch der Schritt zur kommerziellen Verwertung gemacht.

Publizistik: Der erste Kontakt zur Lokalzeitung ist schnell hergestellt: Erst ist es nur ein Veranstaltungshinweis, den man unterbringt, doch bald kommt die Bitte, ein paar Zeilen zu schreiben, weil kein Redakteur verfügbar ist, und schon ist man im Geschäft. Der nächste Veranstaltungshinweis gerät schon etwas ausführlicher, und wenn man ein wenig des Deutschen mächtig ist, bleibt es dabei: Die Mitarbeit bei der Lokalzeitung ist gesichert. Auch von den ersten Informationsblättern ist der Weg nicht weit bis zum Mitteilungsblatt für die Vereinsmitglieder, der Broschüre über einen Problembereich, der Mitgliederzeitung. Ein auch überregional interessierendes Problem lockt den Rundfunk an, man versucht, den Kontakt zu halten, beim nächsten Mal wird man versuchen, auch das Fernsehen einzuschalten . . .

Verwaltung: Jeder Verein und jede Gruppe produziert Verwaltungsarbeit. Da sind Einladungen zu schreiben an die Mitglieder, an die Presse, da ist Beitrag zu kassieren, Veranstaltungsräume sind zu bestellen usw. Verwaltungsarbeiten bleiben immer an denjenigen hängen, die angeblich viel Zeit haben. Aber: Ohne Verwaltungsarbeit kommt auch der Umweltschutz nicht aus.

Und woher kommt das Geld?

Es liegt zwar nicht auf der Straße, aber ganz unerreichbar ist es dennoch nicht. Als Grundregel sollte gelten: Man versucht, das Geld außerhalb der Gruppe / des Vereins, in dem man tätig ist, zu beschaffen und sich dort nicht für die Arbeit bezahlen zu lassen. Sollte es trotzdem unvermeidlich

sein, so empfiehlt sich äußerste Sensibilität denen gegenüber, die ausschließlich ehrenamtlich tätig sind. Für angemessen halte ich eine Vergütung, wenn man die Aufgabe eines Geschäftsführers wahrnimmt und das Beitrags- und Spendenaufkommen die Bezahlung zulassen. Sicherlich wird man für einen Betrag von 500,– DM im Monat Arbeit im Werte des Vielfachen leisten müssen, aber das ist üblich.
Als Adressaten außerhalb der eigenen Gruppe, denen man auch guten Gewissens die eigene Arbeit in Rechnung stellen kann, bieten sich an:
— Verwaltung und Parteien
— Gewerkschaften, Kirchen und Verbände
— Verlage und Medien
— Forschungseinrichtungen.

Verwaltung und Parteien: Diese beiden Ansprechpartner gehören auf lokaler Ebene zusammen. Seitdem grüne Fraktion und Ratsherren in die Gemeinderäte eingezogen sind, werden Umweltschutzgruppen oder einzelne Umweltschützer verstärkt beauftragt, Gutachten zu erstellen oder lokale Aufgaben des Natur- und Umweltschutzes gegen Bezahlung wahrzunehmen. Auch wenn man das Gefühl hat, nur das umweltpolitische Feigenblatt der Gemeindepolitiker zu sein, sollte man sich nicht scheuen, den Betrag für das gelieferte Belastungskataster der Gemeinde aus dem kommunalen Haushaltstopf oder der Fraktionskasse anzunehmen.

Gewerkschaften, Kirchen und Verbände: Diese Adressaten (ebenso die Parteien als Bildungseinrichtungen mit den ihnen nahestehenden Stiftungen) sind zugänglich für Vorträge (Diavorträge eignen sich am besten) und Seminare, wofür die Besichtigung der Probleme vor Ort besonders zu empfehlen ist. Bei diesen Aufgaben wird Ihnen ein wissenschaftlicher Abschluß, selbst ein fachfremder zugute kommen, denn ein Diplom-Politologe Hans Meier gilt immer noch mehr als Hans Meier – sei es auch nur für Honorar- und Spesenabrechnungen.
In diesen Bereich gehören auch die *Volkshochschulen*, obwohl dort viele Plätze von jenen besetzt gehalten werden, die anderswo ihre sicheren Beamtengehälter einstreichen. Versuchen Sie es dennoch!

Verlage und Medien: Die freie Mitarbeit bei der Lokalzeitung ist ein mühseliges und wenig einträgliches Geschäft. Man sollte auf jeden Fall versuchen, alle *Lokalzeitungen* zu bedienen. Zusätzlich kann man probieren, den Beitrag überregional zu verkaufen. (Das ist leichter gesagt als getan.) Wenn man den Fuß etwas in der Tür hat, empfehle ich, sich nicht mehr mit Zeilengeld abspeisen zu lassen (erfahrungsgemäß zwischen 10 und 50 Pfennig), sondern eine Pauschale und Fahrtkosten zu vereinbaren. Dann braucht man keine Zeilen mehr zu schinden. Wenn der Lokalchef die letzten beiden

kritischen Absätze rausstreicht, so ist dies aus inhaltlichen Gründen zwar sehr ärgerlich, aber man hat dann wenigstens nicht außerdem noch Honorarverlust.
Bei der Lokalzeitung eröffent sich dem einigermaßen im Umgang mit dem Fotoapparat Begabten noch eine zusätzliche Einnahmequelle, wenn er/sie dem Bericht noch ein passendes Bild beifügt und auf diese Weise mehrere Fliegen mit der Klappe des einen Termins schlägt. 50,– DM für den Bericht, 30,– DM für das Foto und 10,– DM Fahrtkosten – dann hat sich der Aufwand wenigstens gelohnt.
Vergleichsweise schwerer ist es, mit *Verlagen* ins Geschäft zu kommen, jedoch sollte man auch diesen Adressaten nicht außer acht lassen, zumal hier ein einzelner Auftrag wesentlich höhere Entlohnung verspricht. Der Bedarf an Berichten und Abhandlungen aus dem Bereich des Umweltschutzes ist groß; schwierig ist dagegen, dem Verleger klar zu machen, daß man selbst der geeignete Schreiber ist. Hier hilft nur offensives Vorgehen. Da muß man dem Verleger des Heimatbuches eben den schon fertigen Beitrag über die Folgen einer Flußbegradigung (mit Fotos!) unter die Nase halten und nicht darauf warten, daß er gnädig darum bittet. Auch Zeitungsverlage sollten mit den eigenen Werken beglückt werden – vor allem dann, wenn ihre Produkte Sonntagsbeilagen oder Sonderseiten (Wissenschaft, Umwelt, Natur) enthalten.

Forschungseinrichtungen: Daß sich die etablierten Forschungseinrichtungen des Staates, der Industrie und der Universitäten nur sehr mäßig der Hilfe von Bürgern bedienen, die nicht in einer Naturwissenschaft ausgebildet sind, liegt auf der Hand. Jedoch gibt es in der Bundesrepublik inzwischen eine ganze Reihe alternativer Forschungsinstitute, für die nicht die wissenschaftliche Qualifikation des einzelnen entscheidend ist, sondern das Maß der Erfahrungen und Fähigkeiten im Bereich des Umweltschutzes. Hier gibt es Arbeitsmöglichkeiten (Adressen im Anhang), die sich auch als lukrativ erweisen können. Die ökologischen Forschungsinstitute haben nämlich mit zunehmender Lebensdauer ihre wissenschaftliche Arbeit auch zu vermarkten gelernt, und sie mußten dies auch, da die Mitarbeiter nicht in der Industrie arbeiten wollten, die nach ihrer Ansicht für die Umweltzerstörung verantwortlich ist, die sie bekämpfen.
Für die Arbeit in einem dieser Institute bedarf es vor allem einer fundierten Einstellung zu den Problemen des Umweltschutzes, die über den des lohnenswerten Marktes hinausgeht. (Allerdings will ich nicht verhehlen, daß diese Institute inzwischen schon vorwiegend kommerziell ausgerichtete Nachahmer gefunden haben.) Die Mitarbeit für ein solches Institut erfolgt zumeist zu Hause und ist in der Regel mit der Mitgliedschaft und einem Werkvertrag verbunden. Ein wichtiger Vorteil der Mitarbeit besteht in der

Möglichkeit, an die wissenschaftliche Ausbildung aus dem Studium anzuknüpfen. So kann ein *Volkswirtschaftler* an den Problemen einer ökologisch orientierten Wirtschaftsweise arbeiten, ein *Lehrer* ohne Anstellung Unterrichtseinheiten im Bereich Umweltschutz erstellen helfen, und auch der *Sozialwissenschaftler* findet ein reiches Betätigungsfeld. All dies ist aber nur sinnvoll, wenn die Bindung an die Arbeit im Umweltschutzbereich durch eine Tätigkeit vor Ort gesichert ist, und das aus zwei Gründen: Zum einen verliert man auf diese Weise nicht den Bezug zu den Bürgern, für die man arbeitet, und zum zweiten kann man sich hier im kleinen, wenn auch im bescheidenen Rahmen sein Auskommen finanziell sichern, bevor der große Bucherfolg und der Lehrstuhl an der Lieblingsuniversität Wahrheit werden.

Firmengründung und Selbständigkeit

Da der Umweltschutz ein Wachstumsbereich ist, sind hier dem Kreativen Tür und Tor geöffnet. Keinesfalls sollte man sich Hals über Kopf in eine Firmengründung stürzen, sondern – im Gegenteil – sich mehrere Jahre im Umweltschutzbereich umtun, die o.g. Tätigkeiten, sofern sie dem eigenen Können entsprechen, durchprobieren und auf die gute Idee warten. Wenn sie nicht kommt und zusammen mit ihr kein passendes Konzept für Marketing und Finanzierung – dann die Finger weg. Aber ich bin sicher, es gibt eine Menge guter Ideen und täglich neue. Die Bereiche alternative Verkehrsmittel, Müllverwertung und -recycling, schadstofffreie Ernährung usw. warten nur auf Leute mit Ideen zur marktgerechten Umsetzung ohne Umweltbelastung.

Schließlich bietet der Umweltschutzbereich für jede frühere Ausbildung eine zusätzliche Qualifikation, die allein oder in Kombination mit dem vorher Gelernten zu einer Beschäftigung, selbständig oder angestellt, führen kann. So kann der journalistisch Tätige nach Jahren der freien Mitarbeit bei der Zeitung unterkommen oder als freier Journalist seinen Lebensunterhalt verdienen. Aus der Vortragstätigkeit kann sich die Mitarbeit und schließlich die Anstellung bei einer Bildungseinrichtung entwickeln. Manch einer ist auch für eine Geschäftsführertätigkeit geboren. Fazit: Auf keinen Fall besteht Grund zur Resignation.

Zum Schluß der wichtigste Tip

Es ist wie im Kino: Rechtzeitiges Kommen sichert beste Plätze. Beginnen Sie deshalb schon während des Studiums damit, sich nach Tätigkeiten umzuschauen und mit Blick auf den Beruf aktiv zu werden. Wer aufs Examen hin studiert, ohne nach rechts und links zu gucken, hat nicht begriffen, daß man seinen Arbeitsplatz heute erarbeiten muß.

Adressen

Über die folgenden Anschriften können Sie versuchen, Kontakte im Umweltschutz zu bekommen.

Allgemeiner Deutscher Fahrrad Club (ADFC) e. V., Postfach 107744, 2800 Bremen
Arbeitsgemeinschaft der Verbraucher (AGV), Heilsbachstraße 20, 5300 Bonn-Duisdorf
Arbeitsgemeinschaft für Umweltfragen (AGU) e. V., Bennauer Straße 60, 5300 Bonn
Bundesverband Bürgerinitiativen Umweltschutz (BBU) e. V., Friedrich-Ebert-Allee 120, 5300 Bonn
Bund Umwelt und Naturschutz Deutschlands (BUND) e. V., Oskar-Walzel-Straße 17, 5300 Bonn
Deutsche Gesellschaft für Umweltschutz (DGU) e. V., Hebbelstraße 17, 5650 Solingen
Deutscher Alpenverein, Der Beauftragte für Naturschutz und Umwelt, Praterinsel, 8000 München 22
Deutscher Bund für Vogelschutz (DBV) e. V., Favoritpark 2, 7140 Ludwigsburg
Deutscher Naturschutzring (DNR) e. V., Kalkuhlstraße 24, 5300 Bonn 3
Freunde der Erde, Witzlebenstraße 32, 1000 Berlin 19
IFOAM, Internationale Vereinigung organischer Landbaubewegungen, Eisenbahnstraße 28–30, 7500 Karlsruhe
Weltbund zum Schutze des Lebens (WSL), Bretthorststraße 221, 4973 Vlotho
World Wildlife Fund Deutschland (WWF), Bockenheimer Anlage 38, 6000 Frankfurt/M.

Kontakte zu ökologischen Forschungsinstituten können Sie über folgende Adresse erhalten:

Arbeitsgemeinschaft ökologischer Forschungsinstitute (AGÖF), Geschäftsstelle Gruppe Ökologie, Immengarten 31, 3000 Hannover (Dort ist auch die Mitgliederliste der AGÖF erhältlich.)

Arno Krause

Versicherungen

Persönliche Vorbemerkungen eines Umsteigers

Ich war gerade maßlos verärgert über die Arroganz, Borniertheit und Wirklichkeitsferne einer Reihe früherer Kolleginnen und Kollegen, als man mich bat, einen Beitrag für dieses Buch zu schreiben. Ich hatte arbeitslosen Kollegen angeboten, mit mir für einen großen deutschen Versicherungskonzern eine Verkaufsorganisation aufzubauen. Die vielen mehr oder weniger übereinstimmend negativen Reaktionen, die in einem Fall sogar in Entsetzen gipfelten, daß „man" so etwas überhaupt zu unterbreiten wage, zeigten mir erneut: Bei einer großen Zahl arbeitsloser Hochschulabgänger, insbesondere bei ausgebildeten Lehrern ohne Anstellung (und ohne Chance, in absehbarer Zeit eine zu bekommen), ist die Bereitschaft, in einem fachfremden Bereich zu arbeiten, sehr unterentwickelt. An einer Hand war abzuzählen, wer sich überhaupt für ein Informationsgespräch interessierte.

Ich selbst habe im Herbst 1980 mein zweites Staatsexamen für das Lehramt an Gymnasien absolviert und vorher einige Jahre an einer Privatschule unterrichtet, an die ich nach Beendigung des Referendariats noch einmal zurückging. Leicht fiel mir diese Entscheidung nur insofern, als ich gezwungenermaßen Geld zum Leben verdienen mußte; schwer deshalb, weil es nach der hohen Schule des Referendariats eine Mühe war, täglich 5 Stunden die gleiche Klasse in einem Fach zu unterrichten – Woche für Woche: Deutsch für Ostaussiedler.

Ich stellte mir die Frage, ob meine Berufsperspektive damit schon ihren Endpunkt erreicht hätte. Hinzu kamen Fragen und Bemerkungen aus dem Freundes- und Bekanntenkreis, was ich denn künftig zu tun beabsichtige. Man schlug mir vor, in die Werbung zu gehen oder mich bei einem Meinungsforschungsinstitut zu engagieren. Zunächst war ich allerdings noch nicht so weit, jeden Glauben an eine Anstellung aufzugeben. Als ich jedoch nach der ersten Ablehnung erfuhr, daß beim Staat in den folgenden 5–10 Jahren mit keiner festen Einstellung zu rechnen sei, mußte ich mich fragen, wie lange der rein formale Umgang mit Sprache (Konjugation – Deklination – Kommaregeln usw.) sich auf Dauer noch mit meinen Berufsvorstellungen vertragen würde.

Von dieser Stunde an funktionierte auch mein Verdrängungssystem nicht mehr so recht. Das kennt jeder, der sich einmal in einer vergleichbaren Situation befand: Jahrelang hat man bestimmte Disziplinen studiert mit der Überzeugung und Hoffnung, anschließend in einem der Ausbildung adäquaten Beruf arbeiten zu können; man will oder kann nicht glauben, daß „ausgerechnet für mich" keine Stelle frei ist. Aber noch tun sich ja scheinbar Auswege auf: Welcher Student der Geisteswissenschaften trug sich nicht schon einmal mit dem Gedanken, bei einer Zeitung oder anderen Medien unterzukommen?

Als ich, um Wolfgang Neuss zu zitieren, das „Gesetz meines Notstands" in vollem Umfang zu begreifen begann, waren viele der Möglichkeiten, im kulturellen Bereich ein Tätigkeitsfeld zu finden, längst verstellt. Mir war klar: Ein angehender Dreißiger würde sich nicht allzulange den Luxus leisten können, die Zukunft zu verdrängen und in den Tag hinein zu leben. Mein berufliches „Sendungsbewußtsein" hatte auf diese

Weise einen Tiefpunkt erreicht, als ich den Freund einer Schülerin kennenlernte, der gerade aus der Computer- in die Versicherungsbranche übergewechselt war. Er lud mich zu einem Informationsgespräch ein – und damit begann meine zweite berufliche „Karriere“.

Versicherungen – eine Branche mit Zukunft

Die Misere der gesetzlichen Rentenversicherung ist ein ausschlaggebender Faktor für die Expansionschancen der privaten Versicherungsbranche. Regelmäßige Zeitungsleser kamen 1983 kaum umhin, ständig neue Hiobsbotschaften über die Lage der staatlichen Altersversorgung zu registrieren. „Rentenversicherung vor dem Bankrott“ war ein SPIEGEL-Artikel im Februar 1983 überschrieben. Ähnlich schrille Töne begleiteten auch die öffentliche Diskussion über die Grenzen des Sozialstaats.
Unter den in den letzten Jahren veränderten wirtschaftlichen Bedingungen – geringeres Wachstum, erhöhte Arbeitslosigkeit, Geburtenrückgang usw. – stellt sich die Situation augenblicklich so dar: Auf zwei Arbeitnehmer entfällt ein Rentenempfänger! Das Schaubild verdeutlicht, daß 62,3 % der Rentenempfänger 1982 monatlich weniger als DM 900,– erhielten. Diese Misere faßte W. Quartier, Vorstandschef der Bundesversicherungsanstalt

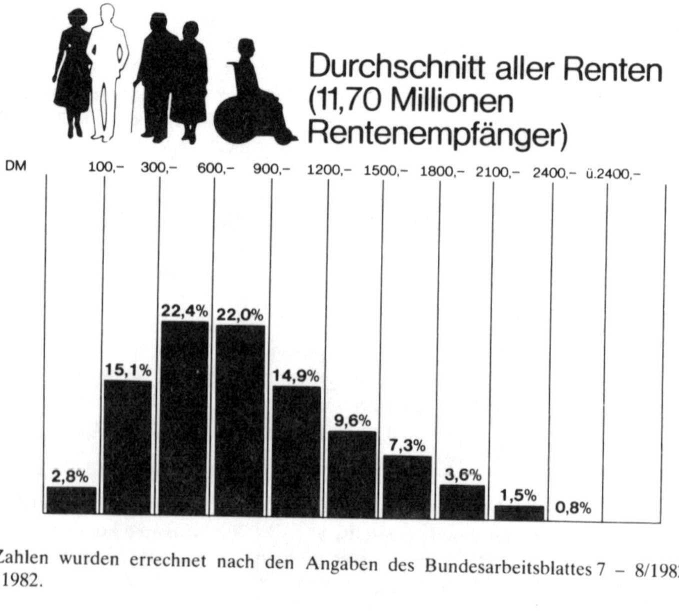

Die Zahlen wurden errechnet nach den Angaben des Bundesarbeitsblattes 7 – 8/1982 vom 1. 11. 1982.

für Angestellte (BfA), so zusammen: „Wer sich fürs Alter nur auf seine Rente vom Staat verläßt, ist arm dran“ (STERN, Okt. 1982).
Nicht erst in den letzten Monaten haben sich die Versicherungsgesellschaften mit dem Problem der staatlichen Altersversorgung beschäftigt; schon seit Jahren bieten sie als Alternative zur gesetzlichen Rentenversicherung (und der betrieblichen Altersversorgung) die *private Altersversorgung* als drittes Bein dieses sogenannten Drei-Säulen-Konzepts an.
Da „man davon ausgehen muß, daß mit einer weiteren Minderung des Rentenniveaus zu rechnen ist“ (BfA-Chef Quartier), vorliegendes Zahlenmaterial und statistische Prognosen dies eindeutig bestätigen, ergibt sich für die Versicherungsgesellschaften die Aufgabe, in den nächsten Jahren verstärkt Aufklärungsarbeit über diverse Möglichkeiten privater Altersversorgung zu leisten.

Chancen für Umsteiger

Eine statistische Erhebung unter erfolgreichen Versicherungsfachleuten, verbunden mit einer psychologischen Analyse, hat ergeben: Keiner der üblichen Berufe läßt ein „Umsteigen“ in den Beruf des Versicherungsfachmanns von vornherein als aussichtslos erscheinen. Mit anderen Worten: Erfolgreiche Versicherungsfachleute können aus allen Berufen kommen.
Es ist deshalb nicht weiter verwunderlich, daß die Versicherungsbranche insgesamt durchaus Berufsaussichten für arbeitslose Hochschulabgänger bietet, und zwar auch für Absolventen fachfremder Studiengänge wie z. B. Geisteswissenschaftler. Für die Versicherungsgesellschaften, die Umsteigern eine Chance eröffnen, ist das **Anforderungsprofil** der Interessenten wichtiger als deren Studienfach. Von Bewerbern wird allgemein erwartet:
- daß „Ideologiediskussionen“ abgeschlossen sind
- die Bereitschaft, leistungsbezogen zu arbeiten und zu verdienen,
- Flexibilität und die Fähigkeit, Gelerntes auch in anderen Bereichen anzuwenden.

Wer diese Voraussetzungen nicht erfüllt, sollte von einer Bewerbung besser Abstand nehmen. Ansonsten hängen die Einstellungschancen von Besonderheiten der einzelnen Gesellschaften ab – z. B. von den Marktkonzeptionen und dem regionalen Engagement.
Da Umsteiger in der Regel über keine Berufserfahrung im künftigen Arbeitsbereich verfügen, ist eine Kurzausbildung üblich. Die Formen dieser Vorbereitung reichen von Schulungskursen (Trainee-Programmen) bis hin zum „training on the job“.
Beträchtliche Unterschiede bestehen auch im Hinblick auf
- die Aufstiegs- bzw. Karrieremöglichkeiten

— die vertragliche Regelung der Beschäftigung: Festanstellung, Nebentätigkeit oder selbständige Mitarbeit
— die Bezahlungsformen: Festgehalt oder Fixum (bei Leistungsvorgabe) plus Abschlußprovisionen
— den Arbeitsplatz: Innen- oder Außendienst
— den Tätigkeitsbereich: Sach- oder Lebens- bzw. Krankenversicherung.

Die Bedingungen differieren, wie sich die Gesellschaften durch Größe, regionale Besonderheiten, gruppenbezogene Präferenzen, Angebots- und Verkaufsstrategien, Expansionsstreben usw. unterscheiden.

Generell ist festzustellen, daß man im Außendienst mehr verdienen kann als im Innendienst. Auch im Angestelltenverhältnis gelten die sonst in der Privatwirtschaft üblichen leistungsbezogenen Kriterien für Verdienst und Aufstieg. Im übrigen ist die erfolgreiche Arbeit im Außendienst ein gutes Sprungbrett für qualifiziertere Aufgaben im Innendienst. Wer dort von Anfang an arbeiten will, wird um eine reguläre Ausbildung nicht herumkommen.

Damit sind die wichtigsten Punkte benannt, über die sich jeder im klaren sein muß, der eine Tätigkeit in der Versicherungsbranche als mögliche Alternative zu geplatzten Berufsvorstellungen ins Auge faßt.

Allein im Bereich der Lebensversicherungen arbeiten in der Bundesrepublik weit über 100 Gesellschaften. Wer sich dafür interessiert, hat vielleicht über einen Bracheninsider im Freundes- oder Bekanntenkreis Zugang zu weiteren Informationen. Ansonsten empfiehlt sich der direkte Kontakt mit den Personalabteilungen der Versicherungen, die Sie im Branchenverzeichnis des Telefonbuchs aufgelistet finden.

Eine außergewöhnliche Möglichkeit

Als ich vor 15 Monaten zu einem Einstellungsgespräch eingeladen wurde, konnte ich mir nicht ernsthaft vorstellen, jemals in der Versicherungsbranche zu arbeiten. Von zwei Bekannten meiner alten Abiturklasse wußte ich, daß sie in der Branche ihr Auskommen gefunden hatten; der eine im Innen-, der andere im Außendienst mit einer von ihm geführten Agentur. Beide im Angestelltenverhältnis, an relativ feste Arbeitszeiten gebunden, in einem beschränkten Tätigkeitsbereich arbeitend. Darin konnte ich keine wünschenswerte Alternative erblicken.

Um so mehr war ich von dem Angebot angetan, mich beim Aufbau einer speziellen Verkaufsorganisation für einen der größten Versicherungskonzerne zu beteiligen. Aufbau, Organisation, Verdienst und Karrieremöglichkeiten unterscheiden sich hier in vielen Punkten vom Herkömmlichen, und die Möglichkeit selbständigen Arbeitens steht im Vordergrund.

Interessenten können – wie ich es tat – an einem Wochenendseminar teilnehmen, und anschließend entscheiden beide Seiten, ob eine Zusammenarbeit in Frage kommt. Die Grundausbildung ist sehr kurz, und die weitere Ausbildung erfolgt als „training on the job". Dabei kann quasi vom ersten Tag an Geld verdient werden.
Dem Bedürfnis nach „Unabhängigkeit" vieler Akademiker kommt entgegen, daß niemand in dieser Sonderorganisation Angestellter der Versicherungsgesellschaft ist. Alle Mitarbeiter, ob haupt- oder nebenberuflich tätig – als Verkäufer oder Führungskraft bzw. Ausbilder – haben Selbständigenstatus.
Daraus ergibt sich ein Höchstmaß an Eigenverantwortlichkeit, individueller Entwicklung, verbunden mit der Möglichkeit, selbst über Arbeitsbereich und -zeit, Aufstieg und Verdienst zu entscheiden.
Nach der kurzen Einarbeitungszeit steht die Möglichkeit offen, sich durch den Besuch von Führungskräfteseminaren am Aufbau dieser Verkaufsorganisation zu engagieren. Das bedeutet, leitende Aufgaben in den Bereichen Mitarbeitereinstellung, -betreuung und -ausbildung zu übernehmen. Auf diese Weise können besonders Lehrer eine Verbindung zur ehemaligen Berufsperspektive herstellen.

Weitere Auskünfte sind über Joachim Roos, Wiesenau 52, 6000 Frankfurt/M. 1 (Tel.: 06 11-72 93 90), zu erhalten.

Joachim Roos

Werbung und Marketing

Ein Blinder sitzt am Rande des New Yorker Central Parks und läßt sich die Frühlingssonne ins Gesicht scheinen. Neben sich sein Hut und ein Schild, das zur Spende einlädt: „Helft den Blinden!" Leute hasten vorbei, bemerken ihn kaum, selten nur fällt eine Münze in den Hut. Ein Spaziergänger bleibt stehen. Er kommt mit dem Blinden ins Gespräch. Dann schreibt er etwas Neues auf das Schild und geht. Von Stund' an steigern sich die Einnahmen beträchtlich, Passanten bleiben stehen, auch der eine oder andere Schein findet sich bald zwischen den Münzen. Erfreut fragt der Blinde seinen Gönner, als der bald wieder vorbeischaut, was er auf das Schild geschrieben habe. „Es ist Mai und ich bin blind", war die Antwort. Der Gönner war Werbetexter und konnte mit seinem Wissen schließlich auch dem Blinden helfen.

Diese Geschichte wird zur Charakterisierung erfolgreicher Werbung in der Branche gerne kolportiert. Im Gegensatz zum spontanen Einsatz des „Kreativen“ – so nennt die Branche halb ironisch, halb ehrfurchtsvoll die für textliche oder grafische Gestaltung Verantwortlichen – wird Werbung allgemein in Teamarbeit sorgfältig geplant. Nichts bleibt dem Zufall überlassen. Neben Findigkeit und Einfallsreichtum der Werbe- und Verkaufsstrategen kommt es auf Markt-, Verbraucher- und Medienforschung ebenso an wie auf die richtige Medienauswahl und strengste Kostenkalkulation. Sieht sich die Werbung auch häufig gerne selbst als umfassende Verpackungskunst, so stehen ihre Türen keineswegs nur dem Künstler offen.
Ein Großteil der Werbe- und Marketingarbeit sind kaufmännische Tätigkeiten, die neben Auftragsakquisition, Kundenbetreuung und buchhalterischen Aufgaben eine Fülle von Dienstleistungen umfassen.

1. Berufe und Laufbahnmöglichkeiten

Ein einheitliches Berufsbild der Werbewirtschaft kann nicht gezeichnet werden. Viele Wege führen in die Werbung. Die üblichen sind eine Lehre zum Werbekaufmann oder ein Fachhochschul- bzw. Hochschulstudium, häufig eine künstlerische oder wirtschaftswissenschaftliche Grundausbildung mit anschließender werbewirtschaftlicher Spezialisierung. Ohne entsprechende Vorbildung kann man über ein Volontariat oder eine Traineestelle mit berufsbegleitendem Studium in die Werbung umsteigen. Anerkannte Berufsbezeichnungen sind neben dem Werbekaufmann der Werbewirt, der Werbefachwirt, der Werbebetriebswirt und der Wirtschafts- bzw. Werbeassistent. Grundsätzlich stehen so wie auch anders Vorgebildeten alle Laufbahnmöglichkeiten offen. Geschäftsführer einer Werbeagentur, Leiter einer Werbeabteilung oder Besitzer einer eigenen Agentur sind denkbare Entwicklungen. Eine ständige berufsbegleitende Fort- und Weiterbildung wird sich für den Werbefachmann, mehr noch für den bislang Fachfremden als unumgänglich erweisen.
In der Werbung kann man je nach Akzentsetzung kreative, verkaufsorientierte und media-orientierte Tätigkeitsfelder unterscheiden. In der Werbevorbereitung sind Marktforscher, Marketingberater, Werbepsychologen, Dokumentationsfachleute und Rechtsberater tätig. Der Fachanwalt für Wettbewerbsrecht wird selbst in größten Agenturen selten eine Festanstellung finden, sondern als freier Mitarbeiter oder Selbständiger von Fall zu Fall konsultiert. Juristen sind aber häufig in der Geschäftsführung großer Agenturen anzutreffen.
Bindeglied zwischen den einzelnen Arbeitsabläufen und den Kunden sind in den Werbeagenturen die Kontakter bzw. Kundenberater und Account-

Leute. In der Planung arbeiten die Mediaspezialisten und Kommunikationsplaner. In der Gestaltung die Kreativdirektoren, Artdirektoren, Grafiker, Texter, bisweilen Designer und Messebauspezialisten. Produktionsfachleute für Film, Funk, Fernsehen und Presse besorgen die Werbedurchführung. Dabei werden sie unterstützt von den Verantwortlichen für den Media-Einkauf, die Abwicklung des Werbemitteleinsatzes, die Terminplanung und -kontrolle (Traffic). Da es sich hier vor allem um kalkulatorische und administrative Tätigkeiten handelt, findet man hier vorwiegend Kaufleute mit speziellen Branchenkenntnissen, u. a. auch aus dem Verlagsbereich.

Zusätzlich zu den geschilderten Werbeberufen stellen sich auch für nebenberufliche Mitarbeiter eine Reihe von Aufgaben: so z. B. für Dolmetscher, Redakteure, Lektoren und Korrektoren. Philologen, Lehrer, Journalisten bieten sich für diese Tätigkeiten an.

2. Akademiker in Werbung und Marketing

Ist Werbung auch etwas für Leute wie Sie und mich? Warum nicht. Die Frankfurter Werbeagentur J. W. Thompson stellte 1976 fest, daß ihre damaligen 366 Mitarbeiter aus 200 verschiedenen Berufen stammten und sie selbst ihren Kunden ungefähr 50 verschiedene Dienstleistungen anbot. Werbung ist also keinesfalls „Closed Shop“ und außer im Marketing, in dem man vorwiegend spezialisierte Betriebswirte, Diplomkaufleute, Psychologen und Soziologen findet, für keine berufliche Vorbildung ausgeschlossen.

Pfarrer sind als erfolgreiche Werbetexter genauso anzutreffen wie ehemalige Philologen oder Autoverkäufer. J. W. Thompson selbst, Gründer der gleichnamigen Agentur, fuhr zur See, bis er die Schiffsplanken gegen feinstes Schreibtischholz eintauschte. Erich Kästner besserte seine kargen Honorare mit Werbeaufträgen auf. Elly Heuss-Knapp, Frau des späteren Bundespräsidenten, schrieb Werbetexte für Nivea.

So offen die Branche ist – auch für Frauen – und so illuster die Namen von Werbeleuten, ein typisches Arbeitsfeld für Akademiker ist sie nicht. Gefragt ist der Praktiker mit analytischem Verstand und Sinn für Planung und Strategie. Arbeitslosen Lehrern, Pädagogen, Sozial- und Geisteswissenschaftlern gegenüber hat man dagegen erhebliche Vorbehalte: Ihnen eilt der Ruf mangelnder Flexibilität und Kreativität voraus. Man sieht in ihnen introvertierte Sozialutopisten, die beamtenrechtliche Versorgung anstreben und sich in mit einer an Leistung, Konsum und Gewinn orientierten Gesellschaft nicht unnötig strapazieren wollen.

Wie immer solche Vorbehalte auch zu bewerten sind – eine kritische Selbsteinschätzung sollte vor dem Motiv stehen, in Werbung und Marketing Fuß zu fassen. Auch wenn ein relativ hohes Gehalt und die Aussicht auf schnelle Beförderung und wachsende Verantwortlichkeit locken, in diesem amerikanisch geprägten Gewerbe sind Erfolg und Karriere nur mit hohem Einsatz zu erkaufen. Der Verschleiß an Menschen und Kreativität ist groß. Andererseits ist die Branche erstaunlich egalitär, denn Diplom oder Dissertation sichern keine Privilegien. Die gesuchten Persönlichkeitsmerkmale des/der erfolgversprechenden Werbemanns/frau sind Intelligenz, Flexibilität, Charme, Durchsetzungsvermögen, Innovationsfähigkeit und Überzeugungskraft. Darüber hinaus sind berufliche Vorkenntnisse von Vorteil: Erfahrungen aus Praktika, Verkaufstätigkeit, journalistischer Arbeit und Fremdsprachenkenntnisse.

3. Die Werbung in wirtschaftlich schwieriger Situation

Schwierig ist es, alle diejenigen in Verkauf und Werbung aufzuzählen, die am Zustandekommen von Werbezielsetzungen und Verkaufspolitik beteiligt sind. In enger Abstimmung mit den für Verkauf bzw. Vertrieb von Produkten Verantwortlichen und getreu den betrieblichen Marketingzielen sind es vor allem die Werbeabteilungen in den Betrieben, aber auch in Verbänden, Vereinen und Behörden, die sich mit Werbetätigkeiten befassen. Verlage, Film, Fernsehen und Presse sorgen für die Verbreitung von Werbung. Die umfassendsten werblichen Aufgaben stellen sich aber in den Werbeagenturen. Die dort anfallenden vielfältigen Anforderungen und Erfahrungsmöglichkeiten und der stetige Bedarf an „kreativer Auffrischung“ lassen einen beruflichen Umstieg in die Werbewirtschaft hier besonders sinnvoll erscheinen. Erfreulich auch, daß von Seiten der Agenturen Interesse an Hochschulabsolventen verschiedenster Fachrichtungen signalisiert wird: Die Gesellschaft für Werbeagenturen (GWA), Interessengemeinschaft der 28 größten Werbeagenturen Deutschlands, hat Ende der siebziger Jahre über Zeitungsannoncen Nachwuchs für Marketing und den kreativen Bereich gesucht. Dieses Interesse wurde in jüngster Zeit etwas durch die rezessive Wirtschaftsentwicklung gebremst, da sich auch die Agenturen gezwungen sehen, Kostensteigerungen durch Personaleinsparungen aufzufangen. Insgesamt jedoch hat die Werbebranche die wirtschaftliche Krise bisher relativ ungeschoren überstanden. Die Wirtschaft hat offenbar trotz Umsatzrückgang ihre Werbeanstrengungen nicht oder nur geringfügig reduziert.

Die weitgehende Aufgeschlossenheit für eine der Werbung fremde berufliche Vorbildung garantiert natürlich noch keinen problemlosen Umstieg.

Abgesehen vom schon genannten Unbehagen bestimmten Fachrichtungen gegenüber und die relativ hohe Fluktuation von geschätzten 2.400 Stellen (Schätzung von 1981) jährlich in Rechnung gestellt, reguliert sich der Arbeitsmarkt in der Werbewirtschaft doch vorwiegend über das schon vorhandene Reservoir und bietet nur wenigen Neuzugängen Aufnahme. Ein bis zwei Traineestellen pro Jahr und ebenso viele Lehrstellen für angehende Werbekaufleute in den größeren Agenturen stecken den Rahmen ab, wobei der Hochschulabsolvent durchaus nicht dem Abiturienten vorgezogen werden muß. Für den einen oder anderen arbeitslosen Akademiker kann deshalb Werbung und Marketing eine Berufsperspektive bieten, keinesfalls jedoch eine grundlegende Lösung der hohen Arbeitslosigkeit bei Sozialwissenschaftlern, bei Geisteswissenschaftlern und Lehrern.

4. Das Wichtigste in Kürze

Zusammenfassung

- Chancen für einige wenige Umsteiger
- Persönlichkeitsmerkmale und verwertbare Vorkenntnisse wichtig
- große Fluktuation, rascher Aufstieg und rascher Fall besonders bei Kreativen
- Laufbahn bis zum Agenturdirektor oder Besitzer einer eigenen Agentur möglich
- Weiterbildung berufsbegleitend möglich und notwendig
- Gehaltsniveau höher als in der übrigen Wirtschaft
- Einstieg: Trainee oder Umschulung zum Werbekaufmann, Werbeassistenten
- Traineegehalt zwischen 2.000 und 3.000 DM, Azubi-Gehalt nach Tarif zur Zeit zwischen 600 und 800 DM
- bei Umschulung Unterstützung durch das Arbeitsamt möglich

Literatur

- Behrens, Karl Christian (Hrsg.): *Handbuch der Werbung*. Wiesbaden: Betriebswirtschaftlicher Verlag Gabler 1970
- Kröter, Hannelore: *Berufe in der Werbung*. Düsseldorf und Wien: Econ 1977
- Poth, Ludwig G.: *Der Werbefachmann. Karrieren im Marketing*. Neuwied: Luchterhand 1977

Auskünfte

- ZAW (Zentralausschuß der Werbewirtschaft). Villichgasse 17, 5300 Bonn 2, Telefon: (02 28) 35 10 25
- GWA (Gesellschaft Werbeagenturen). Friedensstraße 11, 6000 Frankfurt/Main, Telefon: (06 11) 23 50 96

- WDW (Wirtschaftsverband Deutscher Werbeagenturen). Liesegangstraße 10, 4000 Düsseldorf 1, Telefon: (02 11) 35 60 94
- BDW (Bund Deutscher Werbeberater). Adenauerallee 209, 5300 Bonn, Telefon: (02 28) 21 10 47

Adressen von Werbeagenturen finden Sie im Branchentelefonbuch.

Michael Schönberger

Berufskarriere? Nein danke!

Hochschulabsolventen als alternative „neue Selbständige"

Die Arbeitslosigkeit der Hochschulabsolventen, die Aussichtslosigkeit, nach dem Studium in eine entsprechende Berufskarriere einzusteigen, wächst immer mehr. In ihr drückt sich eine zunehmende Entkoppelung des Bildungs- und Beschäftigungssystems aus, deren Anfänge schon vor der allgemeinen Arbeitslosigkeit des letzten Jahrzehnts liegen. „Alternativen" werden versucht zu erkunden und müssen erkundet werden: Studium als Persönlichkeitsbildung statt als Berufsausbildung – aber was danach? Neue zusätzliche Berufsmöglichkeiten für Hochschulabsolventen in Wirtschaft, Staat und Verbänden – aber wer braucht sie, und wer will/kann sie bezahlen? Eigeninitiativen kleinbetrieblicher, oft „alternativer" Art, die von manchen versucht, von vielen gewünscht werden? Über letztere soll hier berichtet werden. Dabei scheint ein Blick auf die Situation der Arbeitsgesellschaft insgesamt ratsam zu sein, auch wenn es sich dabei zunächst um nicht mehr als eher spekulative Vermutungen über deren Entwicklungsrichtung und -möglichkeit handeln kann.

Nicht nur die andauernde Arbeitslosigkeit, der konjunkturpolitisch nicht beizukommen ist, sondern auch die mannigfachen Phänomene eines „Wertwandels" deuten auf einen Wandel unserer Wirtschafts- und Arbeitsgesellschaft hin. Wenn auch offen bleibt, ob man wie Dahrendorf vom „Schwinden der Arbeitsgesellschaft" sprechen kann, so stecken die hochindustrialisierten Länder doch in einem Häutungsprozeß hin zu einer sog. „nachindustriellen" Gesellschaft, die mit weniger Arbeit als bisher in der rationalisierten und automatisierten industriellen Produktion auskommt. Die schwerwiegende Ökologieproblematik, die bereits jetzt durch Wachstumswirtschaft und Bevölkerungsvermehrung entstanden ist, erschwert Wachstums-Durchbrecher-Strategien, um der Arbeitslosigkeit beizukommen. Es geht vielmehr um die Nutzung des Erreichten in stärker autonom gestalteten, eher dezentralen Lebensräumen. Dazu gehören „nachmoderne" Denkweisen und neue Formen von Selbständigkeit. Solche Formen bestehen bereits zahlreich, vor allem in neuen Grauzonen des Erwerbsverhaltens. „Eigenarbeit", „Untergrundwirtschaft", unentgeltliche Projekte, „autonomer" Sektor, „Dualwirtschaft", „Alternativökonomie", „Aussteiger" sind Stichworte in der Diskussion über die Wandlungen von Lebenspraxis und Wahrnehmung. Ich sehe vor allem die „neuen Selbständigen" als Realisierungstypus eines neuartigen Erwerbsverhaltens von zunehmender Bedeutung.

„Neue Selbständige" – neues Arbeitsleben?

Man findet „neue Selbständige" mal mehr zu jungen Unternehmern mit neuen Ideen hin tendierend, mal mehr zu den subkulturellen Alternativversuchen, teils auch mehr zu den Überlebensstrategien von Arbeitslosen. Arbeitslosigkeit allein erklärt das Phänomen der „neuen Selbständigen" nicht. Es sind vor allem **gewandelte Werthaltungen**, die zu Eigeninitiativen des Tätigseins führen oder zumindest von ihnen träumen lassen. Denn weit größer als das Feld realisierter Eigeninitiativen ist der Umkreis der Wünsche und Träume von ihrer Verwirklichung. Diese Wünsche liegen so quer nicht zur gesellschaftlichen Entwicklungstendenz, die durchaus – als *eine* ihrer Möglichkeiten – mehr dezentrale, kleinbetriebliche Arbeitsformen und Experimente zuläßt als bisher. Vor allem in jenen Bereichen von Sozialarbeit, Kultur und Freizeit, die im Übergang zur nachindustriellen Gesellschaft zunehmen, haben „neue Selbständige" gegenüber Staat, Bürokratie und Unternehmen eine ernstzunehmende Chance.
Der idealtypisch gesehene „neue Selbständige" hat für sich oder zusammen mit anderen eine Tätigkeit „entdeckt" und organisiert, die ihn materiell trägt und den Hauptteil seiner Zeit und seines Engagements beansprucht. Mit dieser Tätigkeit kann er sich identifizieren und seine Ideen so verbinden, daß **Arbeiten und Leben** von ihm mehr oder weniger **als Einheit** empfunden werden können. Das schließt nicht aus, daß der Anfang mehr unfreiwillig wegen des Zwangs zum Geldverdienen entstand. Das schließt auch nicht aus, daß das Experiment abgebrochen wird, weil es materiell scheitert oder als zu langweilig oder anstrengend empfunden wird. Der typische „neue Selbständige" verrichtet keine „Eigenarbeit" und auch keine unentgeltliche Gemeinschaftsarbeit, da er von seiner Arbeit leben muß. Am Rande allerdings befinden sich Übergangsformen teilweise unentgeltlich geleisteter Projekte. Ein Teil der „neuen Selbständigen" befindet sich noch in der informellen Ökonomie, genauer in der Untergrundökonomie, ein Teil im Übergang zur formellen Marktökonomie, und ein Teil ist – wie herkömmliche Selbständige auch – Bestandteil der formell erfaßten Wirtschaftssphäre. Ihre Besonderheit ist dann nicht so sehr ökonomischer als vielmehr sozialer und kultureller Art. Denn ihre berufliche und Bildungsherkunft entspricht in der Regel nicht dem Bild des „alten" oder herkömmlichen kleinen Selbständigen. „Anders" als herkömmlich ist häufig auch die Art, wie sie ihre Arbeit organisieren. Und „abweichend" sind schließlich fast immer ihre Orientierungen, vom Politischen bis zur persönlichen Lebensgestaltung. Viele „neue Selbständige" sind „Berufsfehlstarter", deren Berufskarriere nach dem Studium blockiert ist. Ihre Ausbildung hatte dann – im positiven Falle – Bildungscharakter statt Ausbildungsfunktion. Viele aber sind bewußte Abbrecher oder Umsteiger aus Ausbildung und Beruf.

Und manche beginnen ihre eigeninitiierte Tätigkeit zunächst „nebenbei“, bis sie zur Hauptbeschäftigung wird.
Der typische „neue Selbständige“ will seine Wünsche, Ideen und Interessen in einer selbstbestimmten Arbeit verwirklichen, die zugleich seine materielle Existenz gewährleisten soll. In seiner **Arbeitsorientierung** ist er einerseits engagiert und ernsthaft, andererseits aber spielerisch und experimentell. Die kleinbetriebliche Arbeitsorganisation der „neuen Selbständigen“ ist meist wenig formalisiert, auch wenn sie mit ein paar Leuten zusammenarbeiten. Nur selten entstehen Genossenschaften, meist arbeitet ein „neuer Selbständiger“ allein oder mit wenigen Partnern, vielfach auch mit anderen Leuten, die dann häufig nicht formell Angestellte, sondern „halbe Aussteiger mit Gelegenheitsjobs“ sind. Diese Arbeitsverhältnisse sind durchaus oft problematisch. Der Umgangston im Betrieb ist meist egalitär, unförmlich, direkt und gemeinschaftlich, was sich auch im Umgang mit Kunden oder Klienten ausdrückt. Auf *die ökonomischen Zwänge* müssen die „neuen Selbständigen“ mit unterschiedlichen Strategien reagieren: im Finden von Marktlücken, in der Arbeitszeitgestaltung, in der persönlichen materiellen Lebensführung, die oft – gemessen an herkömmlichen Standards – unterdurchschnittlich ist. Kritiker sprechen mitunter auch von „Selbst-Ausbeutung“. Ungenügender oder übersättigter Markt, aber auch ungeübte Wirt-

schaftsführung und Arbeitsorganisation oder mangelnde Kenntnisse, mitunter auch Überdruß oder Zwist unter Beteiligten lassen viele Ansätze scheitern. Neue entstehen dafür in großer Zahl. Ob dauerhafte Biographien mit Familiengründung und Alterssicherung möglich sind, bleibt offen. Groß sind *die finanziellen Probleme* vor allem am Anfang: als Kapital- und Investitionsschwäche und in der Schwierigkeit, Kredite zu erhalten.
Die „neuen Selbständigen" verbreiten sich in verschiedenen Bereichen der Wirtschaftsgesellschaft, vor allem in den Feldern von *Handel, Freizeit, Unterhaltung, Kultur, Sozialarbeit und Sozialpädagogik*. Ihr Arbeitsaufwand ist hoch, ihr Energie-, Technik- und Kapitalaufwand gering. Durch neue Ansätze und Vorbilder entkrampfen sie die kulturelle Krisenhaftigkeit moderner Lebensweisen, zeigen sie Merkmale eines neuartigen, als positiv empfundenen Arbeits-Lebens, auch wenn die vielen „neuen Selbständigen" nicht den oft utopischen und überhöhten Idealen einer Alternativökonomie entsprechen können – und oft auch gar nicht entsprechen wollen.
Die „neuen Selbständigen" können darüber hinaus durchaus einen Beitrag zu einer möglichen **Umstrukturierung der Arbeitsgesellschaft** zu mehr dezentraler Autonomie und selbstbestimmter Arbeit leisten und das Beschäftigungsproblem mildern. Ob dies aber wirklich eintritt, hängt insbesondere auch von der *Politik des Staates und der gesellschaftlichen Verbände* ab. Die politische Einwirkung kann sich als abtötend erweisen: durch Repression. Sie kann aber auch fördernd sein, indem sie hilft, ohne zu instrumentalisieren. Eine solche Politik bedarf sowohl des öffentlichen Nachdenkens und Umdenkens als auch der Phantasie zur Gewinnung geeigneter Instrumente. Sie müßte aus den Bahnen herkömmlicher Mittelstandsförderung und herrschender Arbeitsmarktpolitik heraustreten. Die Förderung kleinbetrieblicher Eigeninitiativen von „neuen Selbständigen" sollte nicht für sich isoliert gesehen werden. Im Rahmen sowohl arbeitsmarktpolitischer wie gesellschaftspolitischer Wünschbarkeit sollte sie einerseits mit Formen einer neuen Arbeitszeitpolitik abgestimmt werden, andererseits mit Formen der Förderung unentgeltlicher Tätigkeit in Haushalt und Gemeinschaftsprojekten. Erst auf diese Weise käme die Gesellschaft einer dualwirtschaftlichen Utopie mit einem erweiterten und abgesicherten Bereich dezentraler und selbstbestimmter Lebenstätigkeiten einen Schritt näher.
Im folgenden soll an drei Beispielen veranschaulicht werden, wie Hochschulabsolventen eine zu ihren herkömmlichen Berufsperspektiven „alternative" Eigeninitiative aufgebaut haben.

Das abc

Eine bemerkenswerte Eigeninitiative ist das *abc*, das *Autonome Bildungs-Centrum* mit Vereinssitz in Hamburg und einer Bildungsstätte in Hüll

(Landkreis Stade). Die auslösende Idee, die 1977/78 in Gesprächen zwischen Gerd St. und Manfred St. – später kam Herbert B. hinzu – entstand, war die Vorstellung, eigenständige Bildungsarbeit in einer eigenen Bildungsstätte durchzuführen. Anfang 1979 wurden zwei Vereine gegründet: ein Trägerverein der hauptamtlichen Mitarbeiter („Projektgruppe“) und der nebenberuflich in der Bildungsarbeit Mitwirkenden, der als gemeinnützig und als freier Träger der Jugendhilfe anerkannt ist, sowie ein Förderverein mit inzwischen 150 Mitgliedern zur praktischen und finanziellen Unterstützung des Projekts.
Im August 1979 kaufte der Verein einen Bauernhof in Hüll, der vor allem in Eigenarbeit von den Vereinsmitgliedern zu einer Bildungs- und Tagungsstätte umgebaut wurde. Im April 1982 wurde ein erstes Probeseminar durchgeführt, sinnfälliges Thema: „Anders arbeiten – anders leben“. Nach Abschluß eines ersten Bauabschnitts begann die Bildungsarbeit dann im September 1982 in größerem Umfang: eigene Bildungsurlaubsseminare, Kooperationsseminare mit anderen Trägern, Tagesveranstaltungen, aber auch Fremdbelegung mit Seminaren anderer Träger. Der Ausbau der Tagungs- und Bildungsstätte geht weiter, unterstützt durch die Mitarbeit ehrenamtlicher Helfer, auch vieler Schüler in ihren Ferien. Das Projekt benötigte zu Beginn eine erhebliche finanzielle Unterstützung durch Förderbeiträge, Spenden und Kredite; später kamen Mittel des Hamburger Senats hinzu. Ab Juli 1982 bewilligte das Arbeitsamt drei ABM-Stellen: für Gerd St., Manfred St. und Sigrid P., die seit 1981 dabei ist, ferner für Konrad G. (seit 1979 dabei) eine Eingliederungsbeihilfe. Für Herbert B. wird aus Projektmitteln eine halbe Stelle ausgewiesen.
Gemeinsam ist allen Mitgliedern der Projektgruppe, daß sie *Erfahrungen aus der Arbeit in der Jugend- oder Erwachsenenbildung* mitbringen. Ein Schwerpunkt, der auch die Ziele der abc-Arbeit prägt, lag dabei in der Gewerkschaftsarbeit. In gewisser Weise versucht das abc eine eigenständige Gewerkschaftsbildungsarbeit. In einem für das abc werbenden Faltblatt heißt es:

„Ziel der Arbeit ist es, den Tendenzen zur Anpassung und Mutlosigkeit, dem Verlust von Selbstbewußtsein und Handlungsfähigkeit, der Unwissenheit über eigene Rechte und Möglichkeiten und der Perspektivlosigkeit entgegenzuwirken.“ „Alternativ“ – wenn man es so nennen will – ist vor allem die Absicht, es nicht bei der „reinen Bearbeitung der Köpfe“ zu belassen, sondern „sinnlich erfahrbar und erlebbar“ zu machen, „daß Veränderungen – auch der eigenen Verhaltensweisen – möglich sind“.

Dazu bietet das Haus neben Plenums- und Arbeitsräumen auch einen Filmraum, eine Holz- und eine Metallwerkstatt, ein Fotolabor, eine Druckerei, Tischtennisplatten, Fahrräder, Fußballplatz usw. Die Projektgruppe lebt beim noch längst nicht abgeschlossenen Ausbau der Bildungsstätte und in ihrem Betrieb die angestrebte **Einheit von Hand- und Kopfarbeit** vor. Es kennzeichnet die Gruppe, daß es nicht so sehr die Arbeitslosigkeit und berufliche Perspektivlosigkeit war, die zum Aufbau der eigenen Bildungsstätte führte, als vielmehr der Wunsch nach einer „anderen", einer selbstbestimmten, nicht von Verbänden abhängigen Bildungsarbeit. So sind denn auch mehrere Mitglieder der Projektgruppe „Umsteiger" aus Verbandsstellen der Jugendbildung. Die allen gemeinsamen Erfahrungen und Interessen der Bildungsarbeit sind mit durchaus unterschiedlichen Hochschulstudiengängen verbunden: Mathematik, Linguistik, Psychologie, Theaterwissenschaft, Volkswirtschaft, Pädagogik usw.

Gerd St. ist 38 Jahre alt, war vor dem abc-Beginn drei Jahre arbeitslos, hat Mathematik und Französisch studiert, anschließend Linguistik, war ein Jahr lang auf einer ABM-Stelle in der Erwachsenenbildung der DAG, ferner Pädagogischer Mitarbeiter an der Volkshochschule und für einige Semester vertretungsweise Linguistikdozent an der Universität Hamburg. In der Projektbroschüre Nr. 1 des abc vom Dezember 1979 schreibt er über sich: „Ich bekam es satt, nur noch mit dem Kopf zu arbeiten, Schreibtischtäter. Entweder außerinstitutionelle Bildungsarbeit mit Hand *und* Kopf, oder keine Kopfarbeit mehr, Tischler oder Zimmermann, eine Arbeit, in der man sich zumindest ein Stück verwirklichen kann."

Manfred St., 39 Jahre alt, hat zunächst Theologie, dann Literatur, Philosophie, Theaterwissenschaften studiert. Zwei Jahre war er Lehrer an einem Abendgymnasium und dann vier Jahre Jugendbildungsreferent der DAG. Dazu sagt er in der Projektbroschüre: „Der Widerspruch zwischen kritischer Bildungsarbeit und konservativer Organisation ist nicht aufzuheben ... Standhalten kann man nur, solange die Kraft reicht. So oder so läuft man Gefahr kaputtzugehen. Die Lösung für mich war das abc."

Eine Arbeitervergangenheit hat Herbert B., 33 Jahre. Nach der Hauptschule wurde er Starkstromelektriker. Vor allem Aufenthalte in der gewerkschaftlichen Heimvolkshochschule Hustedt haben ihn politisiert. Studium der Volks- und Betriebswirtschaft und der Soziologie erst an der Hamburger Hochschule für Wirtschaft und Politik, dann an der Universität Bremen (Dipl.-Ökonom). Über lange Zeit Mitwirkung als Teamer in der Bildungsarbeit der IG Metall, bei der Volkshochschule und bei Arbeit und Leben.

Konrad G., 27 Jahre alt, hat in Hamburg Psychologie studiert und Erfahrungen in der Betreuung von Jugendgruppen gemacht. Drei Jahre war er Dozent bei der Jungen Volkshochschule Hamburg.

Sigrid P., Dipl.-Pädagogin, hat Politik, Pädagogik, Soziologie studiert. Sie war jahrelang in der gewerkschaftlichen Jugendbildungsarbeit aktiv, von 1976 bis 1980 Geschäftsführerin im Landesjugendring Hamburg.

Ina M. hat Geschichte und Deutsch studiert (1. Staatsexamen) sowie an der Hochschule für bildende Künste in Hamburg. Sie bringt in das abc Erfahrungen aus der Straßensozialarbeit in Hamburg-Rahlstedt mit.

Marina M. war zunächst technische Zeichnerin, hat dann an der Hochschule für Wirtschaft und Politik mit Abschluß Sozialwirt (grad.) studiert, anschließend Päd-

agogik mit Schwerpunkt Jugend- und Erwachsenenbildung. Bildungsarbeit in der IG Metall.
Karin A. hat Politik und Germanistik für das höhere Lehramt studiert (1. und 2. Staatsexamen), bevor sie hauptamtliche Mitarbeiterin beim abc wurde.

Station Umwelterziehung Iffens

Eine Eigeninitiative besonderer Art hat der Chemiker Dr. Wolfgang Meiners in seinem Heimatdorf Iffens in Butjadingen (Kreis Wesermarsch) aufgebaut. Die Impulse zu dieser Initiative entstammen seiner Politisierung zur Zeit der Studentenbewegung, als er in Freiburg studierte und in studentischen Fachschaftsgruppen begann, die wirtschaftliche, militärische und vor allem ökologische Problematik mancher industriellen Verwendung und Ausrichtung der Chemie in Frage zu stellen. Ökologische Bildungsarbeit wurde bereits damals sein zentrales Ziel.
Die Eigeninitiative *Station Umwelterziehung Iffens* ist die konsequente Einlösung dieser Zielsetzung. Ihr kam dreierlei zugute: Zunächst das Erbe eines heruntergekommenen Bauernhauses, ein Hallenbau mit riesigen Dimensionen, der sich ideal für den Ausbau zu einer Bildungsstätte eignete. Zweitens die handwerklichen Fähigkeiten des Initiators, die ihm halfen, seit 1978 zusammen mit Freunden die umfangreichen Ausbau- und Renovierungsarbeiten durchzuführen. Drittens eine über die Chemie-Fachqualifikation hinausgehende Befähigung, komplexe Inhalte der Ökologieproblematik in mannigfacher fachlicher Hinsicht aufzugreifen, und insbesondere eine unorthodoxe pädagogische Kreativität, vielfältige, sinnlich ausgerichtete Formen der „Umwelterziehung" zu kombinieren, auch zu erfinden.
Wolfgang Meiners kann als „Umwelt-Animator" begriffen werden. Mit langem Atem, neuen Ideen und großem Engagement ist er geeignet, andere Menschen „anzustecken". Die Initiative Station Umwelterziehung ist sowohl Einmannbetrieb als auch Gruppenbetrieb: Einmannbetrieb in dem Sinne, daß Wolfgang Meiners Anstifter des Projekts ist, auch Eigentümer des Hofes; vor allem wäre ohne seine Ideen, Impulse, Aktivitäten die Initiative nicht denkbar. Gruppenbetrieb aber ist sie in dem Sinne, daß die Entwicklung hin zu einer Projektgruppe durch die Beteiligung mehrerer Praktikanten und Studenten (Biologie, Pädagogik etc.) für befristete Zeit, aber auch unbefristet, mit notgedrungen geringem Entgelt bereits begonnen hat. Die Finanzierung der Ausbauarbeiten und des Lebensunterhalts kann derzeit für mehrere Mitglieder noch nicht aus dem Projekt bestritten werden, ist aber vorgesehen. Wolfgang Meiners hat gegenwärtig noch mehrere Lehraufträge an Volkshochschulen und Fachschulen angenommen.
Die Tätigkeit der Station Umwelterziehung besteht einmal in der Bildungsarbeit in der Station, zum anderen in der *Redaktionsarbeit* für den BUND-

Lehrerservice. Der bekannte Umweltverband BUND – Bund für Umwelt und Naturschutz Deutschland e. V. – hat für etwa 1.000 Abonnenten einen „Lehrerservice“ errichtet, der redaktionell von Wolfgang Meiners betreut wird. In regelmäßigen Rundbriefen erhalten Lehrer Anregungen zum ökologisch ausgerichteten Unterricht.

Die *Bildungsarbeit* in der Station soll Eigenarbeit der Teilnehmer sowie sinnlich-konkrete Betätigung ermöglichen. Neben einem Hausboden und einem entfernter gelegenen „Grodenhaus“ zum Wohnen gibt es einen großen Arbeitsraum, eine Bibliothek, verschiedene Werkräume (auch Foto- und Chemielabor), einen Gemüsegarten, Projekte wie Sonnenkollektor, Windräder usw. Auch die Umgebung wird „umweltpädagogisch“ einbezogen: das Wattenmeer und die Salzwiesen („Groden“) – z. T. Naturschutzgebiet – am Jadebusen, ein einzigartiges Ökosystem mit Brut- und Rastplätzen seltener Seevögel. Die Station bietet Kurse zur Umwelterziehung an, auch für das Training von Gruppenleitern und zur Verwendung von Medien und Experimenten. Sie führt vierwöchige Ökopraktika durch, ermöglicht Mithilfeurlaub, Ferientreffen, Studienurlaub und vermittelt die Unterkunft auch an Gruppen, die ihren Aufenthalt selber organisieren.

Landprojekt „Grummertsort“

Die Landgruppe „Grummertsort“ – benannt nach einem kleinen Ort bei Hude, 20 km östlich von Oldenburg – hat bereits eine wechselvolle Geschichte hinter sich. Sie gehört mit derzeit sieben Männern, sechs Frauen und einigen Kindern zu den größeren Landgruppen, die durch landwirtschaftlich-handwerkliche Produktion zu existieren versuchen. Ausgangspunkt war eine ländliche Wohngemeinschaft. Die Idee dazu entstand während der Studentenzeit einiger Leute, die sich an der Universität Oldenburg wiedertrafen, nachdem sie sich während des Ersatzdienstes bei der Aktion Sühnezeichen in Frankreich kennengelernt hatten. Sie lebten während ihrer Studentenzeit zusammen, bis ihnen die Bude zu eng wurde, weil andere hinzukamen. Die Gruppe kaufte dann 1976 für 70 000 DM ein Haus in Metjendorf in der Nähe von Oldenburg und konnte unentgeltlich auch etwas Land pachten. Zu Beginn waren alle Mitglieder der Wohngemeinschaft in der Ausbildung: zwei in der Tischlerlehre, einer in der Töpferlehre, drei im Studium. Zwei hatten das Studium abgebrochen und eine Lehre begonnen. Das heruntergekommene Haus wurde in Eigenarbeit renoviert, so daß es drei Jahre später, als die Gruppe umzog, für 270 000 DM verkauft werden konnte. Der Umzug wurde notwendig, weil das Haus für inzwischen zwölf Erwachsene und drei Kinder zu klein geworden war.

In der Zwischenzeit war auch deutlich geworden, daß die Gruppe nicht als

bloße Wohngemeinschaft weiterexistieren wollte und konnte, sondern Geld verdienen mußte. Das führte zur Überlegung, eine „alternative“ Landwirtschaft in Verbindung mit Handwerk zu betreiben. Auch diejenigen, die ihr Studium zum Abschluß brachten (Lehrerexamen oder Diplom), beabsichtigten nicht, in einen entsprechenden Beruf zu gehen. Die Gruppe kaufte dann 1979 einen Bauernhof mit 8 ha Land in Grummertsort; später wurden weitere 10 ha hinzugepachtet.
Die Gruppe entwickelte sich aber nicht so gut wie erhofft, so daß es bereits 1980 zum entscheidenden Wechsel kam. Volker H., der von Anfang an dabei war, sagt dazu:

„Ein zentraler Punkt waren sicherlich die persönlichen Konflikte, die in den letzten Jahren entstanden sind und in der Gruppe nicht bewältigt werden konnten und dazu führten, daß Leute auseinandergegangen sind. Ein weiterer Punkt ist ganz sicher auch die beginnende Ernsthaftigkeit des Ganzen, daß mehr und mehr Außeneinkünfte wegfielen wie Arbeitslosenhilfe, Bafög, daß wir mehr und mehr darauf angewiesen waren, unser Geld hier zu verdienen mit dem, was wir hier taten, so daß der Begriff Arbeitsalltag ganz aktuell wurde. Es mußte also den ganzen Tag gearbeitet werden. Es mußten ganz bestimmte Arbeitsergebnisse erbracht werden. Es kam erstmalig eine Art Existenzdruck, materieller Existenzdruck dazu. Das hat eine ganz neue Dimension geschaffen, die auch in bestimmten Situationen Konflikte verstärkte. Unter diesem Existenzdruck haben sich einige Leute neu überlegt, wo es eigentlich lang gehen sollte für sie, ob es letztlich das Leben sein sollte, was sie führen wollten. Einige haben sich deshalb dazu entschlossen, was anderes zu machen.“

Die Mehrheit verließ die Gruppe, fünf blieben. Eine neue geschlossene Gruppe – die „Biodynamischen“, Anthroposophen – kam hinzu und übernahm den Hof. Acht neue Erwachsene, dazu auch Kinder prägen seitdem das Experiment in veränderter Weise. Einige der „Alten“ fühlen sich nur noch teilweise in die stärker philosophisch bestimmte Gruppe integriert. „Freaks“ und „Anthros“ repräsentieren verschiedene Gruppenmentalitäten, letztere sind „kühler“, verstandesmäßiger, verbindlicher, ökonomisch erfolgreicher. Einer der Initiatoren von der ersten Stunde an, ein Diplom-Soziologe, meint dazu:

„Die Lebensgrundlage in der Gruppe hat sich seit der Umorientierung auf anthroposophische Maßstäbe von vorher mehr großfamiliärer Struktur zum Interessenverband gewandelt ... Man kann es nicht als zufällig ansehen, wenn der auf dem Hof verbleibende Rest der Gruppe mit anderen Menschen eine neue Ehe einging, die das ökonomische Rentabilitätsprinzip weitgehend verinnerlicht hatten ... Mit dem Neubeginn der Gruppenzusammensetzung erfolgte eine intensive Umstrukturierung der Arbeitsorganisation. Die Durchrationalisierung aller Arbeitsbereiche wurde angestrebt, d. h. eine primär verstandesmäßig ausgerichtete Planung, Organisation und konsequente Durchführung der landwirtschaftlichen und handwerklichen Arbeit.“

Die Folge wird von den „Freaks" als fehlende Gemütlichkeit wahrgenommen: „Vorher wenig Kopf, viel Herz, viel Hand; jetzt viel Kopf, wenig Herz, viel Hand". Ökonomisch erweist sich die Neuorientierung als erfolgreich. Auch wurde die äußere Gestalt des Hofes verschönert. Verfügungsgewalt haben die Aktiven, die Arbeitsverantwortlichen prägen das Projekt.
Von den derzeit 13 Erwachsenen befindet sich keiner mehr in der Ausbildung, zwei haben ihr Studium abgebrochen, sieben Mitglieder der Landgruppe haben einen Hochschulabschluß (vor allem als Lehrer, aber auch als Diplom-Soziologe und Diplom-Landwirt). Das hauptsächliche Einkommen erzielt die Gruppe durch die eigene Produktion, in der zehn Mitglieder voll mitarbeiten. Die Verantwortlichkeiten sind streng auf die einzelnen Bereiche aufgeteilt: Tischlerei, Ziegen- und Schafhaltung, Kuhhaltung, Gemüsegarten, Bäckerei, Geflügel. Einige arbeiten in erster Linie außerhalb, so Harald C. mit Ökologieseminaren im Volkshochschulbereich.
Als prägnante **„Karriere" zum alternativen Landwirt** kann die Entwicklung von Volker H. gesehen werden. Er sagt über sich selbst:

„Der Übergang vom Berufsleben in das alternative Leben war für mich ein ganz starker sozialer Druck. Ich hatte nur den Volksschulabschluß, habe dann eine Lehre begonnen mit 15 Jahren als Rechtsanwaltsgehilfe, habe dann 10 Jahre den Beruf ausgeführt, irgendwann Mut und Zuspruch bekommen, die Hochschul-Zulassungsprüfung zu versuchen, mich auf ein Gebiet zu begeben, das vorher für mich tabu war, als jemanden von da ‚unten'. ... Lehrer zu werden, war ein Wunschbild für mich, das sich aber im Laufe des Studiums verändert hat. Die Abkehr von der Lehrerperspektive war ein erneuter Bruch, da Bewußtseinsprozesse stattgefunden haben und ich in eine Gruppe kam, die sich intensiv Gedanken gemacht hatte über Perspektiven und sich mit Widersprüchen auseinandergesetzt hatte." Die Erfahrung von 18 Monaten Ausbildungszeit an einer Grundschule führte schließlich endgültig zur Entscheidung, nicht als Lehrer in die Schule zu gehen. „Der zweite Bruch war dann nicht so einschneidend für mich, weil er gemeinsam von der Gruppe mitgetragen wurde und wir alle in einer ähnlichen Situation waren." Volker H. hat sich auf die Kuhhaltung spezialisiert und sich am Aufbau eines Bioladens in Oldenburg beteiligt. Seine Arbeitszeit teilt er zwischen der Tierhaltung auf dem Hof und der Mitarbeit im Bioladen. Zur Umstrukturierung der Gruppe sagt er: „Ich habe mich gefragt, welche von meinen Ansprüchen realisierbar sind, Ansprüche von Zusammenleben, eine Alternative zu schaffen, ein Stück Gegenkultur aufzubauen." Er entschied sich fürs Dabeibleiben; denn „ich weiß, daß ich diese Ansprüche nicht da ‚draußen' verwirklichen kann. Wenn irgendwo, aber auf keinen Fall ‚draußen' in der Gesellschaft unter diesen Arbeitsbedingungen."

Gemeinsamkeiten – Vielfalt – Chancen

Die exemplarisch vorgestellten Eigeninitiativen von Hochschulabsolventen lassen sowohl Gemeinsamkeiten als auch Unterschiede und damit Vielfalt erkennen. Gemeinsam ist ihnen allen sicherlich eine bestimmte *„alternative“ Einstellung*. Sie realisieren keine bereits gesellschaftlich-institutionell vorgegebenen Muster von Selbständigkeit wie etwa ein Arzt, ein Rechtsanwalt oder ein Architekt, der eine Praxis eröffnet. Im Gegenteil, die genannten Projekte sind „Erfindungen“ ihrer Initiatoren, die dann mitunter auch Nachrückenden, Hinzustoßenden eine Chance verschaffen. Sie leben vom Geist, vom Engagement, von der Kreativität derer, die sie ins Leben gerufen haben, aber auch derer, die sie weiterentwickeln. Der heute wohl schon „normal“ zu nennende Zustand der Arbeitslosigkeit unter den Absolventen der meisten Hochschulstudiengänge reicht als Voraussetzung nicht aus. **Begeisterung für eine Idee, für die Möglichkeit, selber etwas anzupacken, es anders als sonst üblich zu machen; der Versuch, Trennungen zwischen Arbeiten und Leben zu verringern; der Wille, sich nicht im Beruf beherrschen zu lassen – all das erst läßt ein Projekt entstehen und sogar durchstehen.** Deutlich ist auch, daß aus dem an der Hochschule gelernten Fach oder Beruf heraus allein kein „alternatives Projekt“ entstehen kann, sondern daß andere – handwerkliche, soziale, kaufmännische, pädagogische usw. – Fähigkeiten und Kenntnisse notwendig dazugehören, oft sogar den Vorrang haben. Umso besser, wenn sie bereits vor oder während des Studiums erworben werden konnten.

Gemeinsam ist den Projekten auch **das Problem** des Geldes, **der Finanzierung** vor allem des Anlaufs, häufig aber auch des Fortbestandes. Ein Erbe, das ein Initiator mitbringt, kann oft den Ausschlag für den Anfang geben. Oder es werden Bafög, Arbeitslosenhilfe, Sozialhilfe, Zuwendungen der Eltern, Einkommen aus Jobs, Nebentätigkeiten oder auch regulärer Berufsarbeit benötigt, solange das Projekt nicht genug für den Lebensunterhalt abwirft – seien die materiellen Ansprüche auch noch so gering. Auch Beiträge, Spenden, günstige Kredite können vieles erleichtern, wenn ein attraktives Projekt etwa über einen Förderverein oder Freundeskreis verfügt. Öffentliche Mittel, ABM-Stellen sind häufig sogar auf Dauer unverzichtbar. Der scharfe Wind der Konkurrenz weht herkömmlichen wie alternativen Kleinbetrieben, „alten“ wie „neuen“ Selbständigen ins Gesicht und bereitet vielen von ihnen den Garaus, was andere nicht hindert, einen Anfang zu wagen. Umso wichtiger ist es, über die begrenzten Möglichkeiten des *Netzwerks Selbsthilfe* hinaus, dessen Hilfe eher in der Beratung als in Geldbeträgen liegen kann, Möglichkeiten staatlicher Unterstützung, Kreditvergabe etc. stärker ins Auge zu fassen (s. dazu den Beitrag auf S. 203 ff.). Die Westberliner Ansätze dazu in der letzten Zeit lassen hoffen, daß die Chancen dafür noch nicht ausgeschöpft sind.

Bereits die wenigen hier beschriebenen Beispiele zeigen auch eine erstaunliche Vielfalt, die sich kaum auf den gemeinsamen Nenner „Alternativökonomie“ bringen läßt, der häufig anspruchsvoll – normativ und dogmatisch –

definiert wird. Um „neue Selbständige" aber handelt es sich allemal. Diese können im *Einmannbetrieb* agieren, wie es im Kern die Initiative von Wolfgang Meiners macht, auch wenn ein *Gruppenprojekt* angestrebt wird. Sie können in einem Betrieb agieren, der den einzelnen ihren durchaus eigenständigen Arbeitsbereich läßt wie in der Landgruppe Grummertsort, oder in einer integrierten Projektgruppe, die um sich herum einen Kreis von Freunden, Mitarbeitern, Förderern, Vereinsmitgliedern geschart hat wie das abc. Auch die *Professionalität* solcher Eigeninitiativen ist durchaus unterschiedlich. Nur zum geringen Teil sind sie auf das vorangegangene Studium bezogen, das in „anders" definierte Berufsformen eingebracht werden soll. Die Projekte abc und Station Umwelterziehung knüpfen mit ihrer jugend- und erwachsenenpädagogischen Ausrichtung an Erfahrungen und Qualifikationen an, die stärker z. B. in der gewerkschaftlichen Bildungsarbeit angeeignet wurden als im Studium. Immerhin kommt der fachwissenschaftlichen Ausbildung hier noch eine gewisse Bedeutung zu. Bei Initiativen wie der Grummertsorter Landgruppe dagegen scheint zwischen Studium und Projekt kaum noch eine fachlich-inhaltliche Verbindung zu bestehen.

Illusionäre Hoffnungen zu erzeugen oder zu bestärken, wäre sicherlich verkehrt. Eine „neue" Art von Selbständigkeit ist dennoch ein gesellschaftliches Phänomen. Sie stellt für einige Betroffene eine Alternative dar zur Kümmernis der Arbeitslosigkeit, aber auch zur befürchteten Entfremdung in einem traditionellen Beruf. Das jeweilige Fachstudium kann nur teilweise und nie ausschließlich als hinreichende Voraussetzung dienen. Orientierungen und Befähigungen müssen hinzutreten, die teils vor, teils neben dem Studium sich entwickeln, teils überhaupt erst im begonnenen Projekt. Mitunter – etwa im geforderten handwerklichen Geschick – haben sie kaum etwas mit dem Studium zu tun. Häufig aber sind es allgemeine Qualifikationen, die durchaus an einer Hochschule gefördert werden können: Kreativität, Teamfähigkeit, Selbständigkeit, Nachdenklichkeit, Lernfähigkeit, Engagement. Eigeninitiativen einer „neuen Selbständigkeit" haben bei den Akteuren meistens eine Vorgeschichte schon vor, in oder neben dem Studium. Man kann hier nicht einfach einsteigen wie bei einem Arbeitsplatz, der schon da ist und besetzt wird. Dafür bieten sie die Chance der Selbständigkeit und der Neuheit, Frische, Unverbrauchtheit des Ansatzes. Es gibt keine Garantie für Lebensstellungen, und Absicherungen sind geringer als in der Regel sonst. Dennoch sind Eigeninitiativen im begrenzten Umfang eine Chance – für diejenigen, die sie beginnen, aber auch als kulturelles Phänomen der Erneuerung für die Gesellschaft. Es bleibt zu hoffen, daß die Entwicklung der Arbeitsgesellschaft fort von der großen Industrie den Kleinbetrieben auch der „neuen Selbständigen" und nicht zuletzt der Hochschulabsolventen künftig mehr Platz ermöglicht als bisher.

Literaturhinweise

Frank Benseler u. a. (Hrsg.): *Zukunft der Arbeit. Eigenarbeit, Alternativökonomie?* Hamburg 1982
Joseph Huber: *Von der Lohnarbeit zur Selbsttätigkeit.* In: Arch⁺, 1982
STATTwerke e. V. und Kollektiv-Leasing Gesellschaft für Selbstverwaltete Betriebe mbH (Hrsg.): *Unser Geldrausch: neue Wege zur Finanzierung kollektiver Produktionsmittel.* Berlin 1983
Cordia Schlegelmilch: *Grauer Arbeitsmarkt für Hochschulabsolventen.* In: Soziale Welt, H. 3/1982
Gerd Vonderach: *Die „neuen Selbständigen". 10 Thesen zur Soziologie eines unvermuteten Phänomens.* In: Mitteilungen aus der Arbeitsmarkt- und Berufsforschung, H. 2/1980

Anschriften der im Aufsatz beschriebenen Initiativen

abc, Autonomes Bildungs-Centrum e. V., Bauernreihe 1, 2168 Drochtersen (Hüll)
Station Umwelterziehung, Beckmannsfelder Weg, 2893 Butjadingen (Iffens)
Landgruppe Grummertsort, Am Hauptmoorweg, 2872 Hude 2 (Grummertsort)

Gerd Vonderach

Zentrum für deutsche Sprache und Kultur – ein Erfahrungsbericht

Der Name – mehr als eine Provokation

„Zentrum für deutsche Sprache und Kultur" – ein konfliktträchtiger Name. Schon manche befürchteten hinter diesem Namen einen konservativen bis rechtsradikalen Verein und fragten uns nach dessen Bedeutung. Viele haben vergessen, daß die Bücher, die vor 50 Jahren verbrannt wurden, die Künstler und Schriftsteller, die damals verboten oder gar ermordet wurden, auch Repräsentanten einer deutschen Kultur waren, die für uns heute noch und wieder von Bedeutung sind. Immer häufiger beobachten wir, wie unbequemen Projekten die Förderung gekürzt oder entzogen wird. Soll das wieder dazu führen, daß nur „staatstragende", fest auf dem Boden der „freiheitlich demokratischen Grundordnung" stehende Vorhaben unterstützt werden? Diese Tendenz bedroht die Existenz vieler alternativer Projekte. Hier sehen wir unsere Aufgabe, das vorhandene Spektrum der alternativen Kultur zu erweitern und zu stärken.

Träume leben

Wir sind vier fertig ausgebildete Lehrer mit verschiedenen Zusatzqualifikationen und vielseitiger Arbeitserfahrung – trotzdem nicht in den „Staatsdienst" übernommen. Dafür erhalten wir alle Arbeitslosenhilfe – noch!? Mit dem Geld kommen wir mehr schlecht als recht über die Runden. Eigentlich können wir ja froh sein, daß wir nicht eingestellt worden sind. Denn die Wirklichkeit in der Schule ist weit entfernt von den Träumen und Wünschen in unseren Köpfen. Jetzt haben wir zumindest genug Zeit, um unsere Träume zu realisieren und somit unseren Lebensvorstellungen ein Stück näherzukommen. Basierend auf unseren Erfahrungen und Fähigkeiten, begannen wir mit unserem Projekt im Januar 1982.

Unser Projekt

Die Idee des Zentrums stammt aus Italien, wo Helmut einen Sprachkurs in einer selbstverwalteten Schule besuchte. Nach diesem Vorbild entwarf er mit einer Gruppe interessierter Lehrer die Satzung für den Verein. Die Eintragung ins Vereinsregister und Anerkennung der Gemeinnützigkeit räumten die ersten formalen Hürden aus dem Wege. Jetzt konnte die eigentliche Arbeit beginnen: Zuerst einmal mußten angemessene Räumlichkeiten gefunden werden. Ein befreundeter Grafiker entwarf ein Plakat, dessen Motiv zum Erkennungszeichen des Zentrums geworden ist. Über Kleinanzeigen in der europäischen Alternativ-Presse erreichen wir unsere „Kunden". Nachdem wir eine Etage mit rd. 200 qm gefunden hatten, konnten wir planmäßig im August mit unseren Feriensprachkursen starten.

Die Feriensprachkurse

Rund 20 junge Leute aus Italien, Frankreich, Spanien, der Schweiz und USA sorgten mit uns für einen erfolgreichen Beginn. Der Unterricht war so konzipiert, daß er das Kennenlernen beschleunigen und zur Kommunikation ermutigen konnte. In Zusatzveranstaltungen informierten wir unsere Gäste über die politische und kulturelle „Landschaft" in Frankfurt und der BRD. Daraus entwickelten sich viele fruchtbare Diskussionen. Ein weiterer Bestandteil unserer Konzeption besteht darin, für die Gäste Unterkünfte bei engagierten Leuten und in Wohngemeinschaften zu besorgen. Dadurch soll der Aufenthalt in Frankfurt eine kontinuierliche Anwendung der Sprache sowie ein Er- und Mitleben unserer Kultur ermöglichen. Die Resultate nach vier Wochen ließen sich nicht nur an den Lernerfolgen, sondern auch an den neu entstandenen Freundschaften ablesen.

Die Abendkurse

Die Ferienkurse liefen im Oktober '82 aus. Wir hatten inzwischen Sprachkurse für ausländische Mitbürger konzipiert, die jetzt anlaufen konnten. Diese Kurse gehen über 4 Monate, jeweils 2 Abende pro Woche und werden mit öffentlichen Mitteln gefördert. Hier machten wir bei den Teilnehmern die interessante Erfahrung, daß der Wunsch nach sozialen Kontakten mindestens genauso groß war wie die Absicht, ihr Deutsch zu verbessern. Dementsprechend haben wir den Unterricht so aufgebaut, daß die Sorgen und Nöte der Teilnehmer auch zur Sprache kamen. In einer lockeren, offenen Atmosphäre konnten sie sich mitteilen und Neues lernen.

So ein Theater

Neben den Sprachkursen konnten wir für den Winter zwei interessante Theater-Workshops vorbereiten. Ein Workshop nach dem Konzept des Polen Grotowski, der wegen der großen Nachfrage wiederholt werden mußte. Das „Theater der Unterdrückten" war das Thema einer weiteren Veranstaltung. Der erfolgreiche Verlauf hat uns in unserer Absicht bestärkt, die verschiedenen Formen des Theaters zu einem wichtigen Bestandteil der Arbeit im Zentrum werden zu lassen.

Autonomie und Selbstverwaltung

Wir versuchen, unsere Arbeit selbst zu organisieren. Wir, das sind Helmut T., Ilona H., Helmut S. und Wolfgang E. Alle vier Lehrer mit sämtlichen Staatsexamina und sonstigen Qualitäten. Wenn ich sage, „wir versuchen", so will ich damit auf die Schwierigkeiten hinweisen, die typisch für selbstverwaltete Betriebe sind. Die selbständige Erfassung, Durchführung und Abrechnung der Arbeit erfordert ein hohes Maß an Verantwortung und Disziplin. Ohne Chef zu arbeiten, das mußten wir auch erst lernen!

Dieser Aspekt wurde allerdings dadurch verstärkt, daß wir seit Beginn nur ehrenamtlich, d. h. ohne Bezahlung arbeiteten. Wir beabsichtigen, in absehbarer Zeit mindestens zwei Stellen zu schaffen, und stehen seit vielen Monaten in Verhandlungen mit dem Arbeitsamt wegen ABM-Stellen und mit der Stadt Frankfurt wegen Zuschüssen. Der Verwaltungsaufwand dafür ist immens, die Hinhaltetaktik der Behörden mit ihren höflichen „leider-sind-im-Moment-keine-Mittel-da"-Zwischenbescheiden frustierend. Am Anfang unseres Projektes dachten wir, effektiver arbeiten zu können, weil der ganze Verwaltungs-Wasserkopf fehlt. Aber für jede Maßnahme müssen Gespräche geführt, Anträge geschrieben, Konzepte ausgearbeitet, Kostenpläne erstellt und Abrechnungen gemacht werden. Das bedeutet für uns eine unsinnige und zeitraubende Bürokratisierung. Ein weiterer negativer Aspekt ist der, daß alle Vereine ihre Lobby bzw. ihre „Vorzeigemitglieder" haben, die im entsprechenden Ausschuß „ihren" Antrag unterstützen und durchbringen. Gerade als neuer, unbekannter Verein ist es deshalb äußerst schwierig, ohne solches Renomée anerkannt oder gar unterstützt zu werden.

Perspektiven unserer Arbeit

Die Perspektiven für unser Projekt sehen wir darin, daß wir unsere Ausbildung als Lehrer nutzen und obendrein unser gesellschaftliches Engagement sowohl mit jungen Europäern als auch mit ausländischen Mitbürgern unter Beweis stellen können. Auf diese Art und Weise kommen wir unserem Ziel, die Trennung von Arbeit und Leben aufzuheben, näher. Wir vermeiden durch die Selbstverwaltung fremdbestimme Arbeit, außerdem bleibt uns das Umsteigen auf Taxi fahren, Versicherungen verkaufen und ähnliche Berufe erspart.

Unsere Anschrift: *Zentrum für deutsche Sprache und Kultur e. V.*, Sandweg 113, 6000 Frankfurt/M. 1, Tel.: (06 11) 49 74 33.

Wolfgang Ellwitz

Unternehmensberatung für den Sprung in die Selbständigkeit

Vielleicht haben Sie auch schon 'mal daran gedacht: Wenn mir niemand Arbeit gibt, dann gebe ich mir eben selber welche. Vor allem dann, wenn Sie gute Ideen dafür haben. Doch dann sind auch oft bereits die Bedenken da: Woher soll ich das nötige Startkapital nehmen? Und von Betriebswirtschaft habe ich sowieso keine Ahnung. Die folgenden betriebswirtschaftlichen Anregungen sollen Starthilfe für die Unternehmensgründung leisten, damit der Sprung in die Selbständigkeit kein Sprung ins gänzlich Ungewisse wird.

1. Erkenne Dich selbst oder Ein Unternehmerprofil braucht auch Kanten

Da den meisten von Ihnen das Kapital fehlt, um Ihre Marktidee als ‚Management by Delegation' zu realisieren, sind Sie in erster Linie selbst gefordert. Deshalb: Prüfen Sie Ihre Unternehmerqualitäten, es hängt viel davon ab!

In den landläufigen Broschüren der Banken und Kammern zur Existenzgründung wird meist die kritische Selbstreflexion favorisiert. Ich meine, daß eine kleine Umfrage im engeren Freundes- und Verwandtenkreis zuverlässigere Antworten zum Thema Unternehmerprofil ergibt. Anonymität und Vergleichbarkeit legen das Polaritätsprofilverfahren nahe.

Die folgenden Fragen sollten auf jeden Fall in der Mini-Umfrage enthalten sein:

Vorname: . . . .
(desjenigen/derjenigen, der/die sich selbständig machen will

	Polaritätsprofil								
		3	2	1	0	1	2	3	
1. Ist er/sie ein Arbeitstier?	(+)								(−)
2. Hat er/sie Organisationstalent?	(+)								(−)
3. Hat er/sie Improvisationstalent?	(+)								(−)
4. Ist er/sie entscheidungsfreudig?	(+)								(−)
5. Ist er/sie gründlich?	(+)								(−)

6. Ist er/sie kreativ?	(+)	3 2 1 0 1 2 3	(−)
7. Ist er/sie extrovertiert?	(+)	3 2 1 0 1 2 3	(−)
8. Hat er/sie Durchsetzungsvermögen?	(+)	3 2 1 0 1 2 3	(−)
9. Hat er/sie Integrationsvermögen?	(+)	3 2 1 0 1 2 3	(−)

Bevor Sie die Fragebögen auswerten, erstellen Sie ein eigenes Profil. Die Differenz aus Fremd- und Selbsteinschätzung ist für ich-bezogene Fragen, die Sie später alleine beantworten müssen, eine gute Maßeinheit, um sich gegebenenfalls wieder auf den Boden der Realitäten zurückzuführen.
Keinenfalls sollten Sie von sich erwarten, daß alle Antworten auf die o. g. Fragen im Bereich ‚mehr als +2' liegen. Um den Schritt in die Selbständigkeit zu wagen, muß man nicht dem Prototyp eines Managers aus dem Unternehmerhandbuch gleichen. **Haben Sie stets die Null-Linie im positiven Bereich überschritten und sind besondere Qualitäten im branchenspezifischen Umfeld vorhanden, so sind die persönlichen Voraussetzungen erfüllt.**
Inwieweit Sie Ihre Unternehmerrolle annehmen, hängt letztlich davon ab, ob Ihnen die selbstgewählte Arbeit und die damit verbundenen Vor- und Nachteile auch langfristig als erstrebenswertes Ziel erscheinen können. Die heilige Allianz aus Lernen und Motivation gilt auch für das Unternehmertum.

2. Die Finanzierung

Sie haben eine Geschäftsidee! Sie glauben oder wissen, daß dies eine Marktnische am Ort ist. Aber leider, leider fehlt es, wie so oft, am nötigen Kleingeld. Prinzipiell läßt sich dazu in Anlehnung an einen Trivialschlager sagen: **Ohne Moos ist wirklich nichts los.** Ihr Eigenkapital sollte mindestens 20 %, besser jedoch ein Drittel der Finanzierungssumme betragen. Am besten ist es, Sie können Ihr Vorhaben ausschließlich mit Eigenkapital finanzieren. Der Verzicht auf professionelle Geldbeschaffer kann Ihnen einiges ersparen (helfen). Oma, Opa, Onkel und Tante, Freunde und Bekannte sind auf jeden Fall billiger als Kommerz & Co.

2.1 Der Finanzbedarf

Wer finanziert werden will, hat auch einen Finanzbedarf, und der sollte als erstes ermittelt werden. Ein gängiges Schema ist die Unterteilung in Anla-

gevermögen, Umlaufvermögen und Betriebskosten. Nicht zu vergessen sind die laufenden Kosten des persönlichen Bedarfs, da ansonsten der unerwartete Hungertod vor der Tür steht.
Da dies eine allgemeine Betrachtung ist, können branchenspezifische Kostenarten und Vermögensbestandteile natürlich keine Berücksichtigung finden.

Gliederungsschema für den Finanzbedarf

		Betrag:
1.	Anlagevermögen	
1.1	Grundstücke und Gebäude	--,-- DM
1.2	Maschinen und maschinelle Anlagen	--,-- DM
1.3	Fuhrpark	--,-- DM
1.4	Betriebs- und Geschäftsausstattung usw.	--,-- DM
	Summe I:	--,-- DM

Es handelt sich somit um Betriebsbestandteile, welche die Grundvoraussetzungen zum Betreiben eines Gewerbes schaffen und nicht veräußert werden sollen. Eine alte Kaufmannsregel (sog. goldene Finanzierungsregel) besagt, daß das Anlagevermögen mit Eigenkapital finanziert werden sollte. Die deutsche Wirtschaftsgeschichte hat zwar bewiesen, daß dem nicht so sein muß, aber der Hinweis darauf sollte hier nicht fehlen.

2.	Umlaufvermögen		Betrag:
2.1	Vorräte	--,-- DM	
2.1.1	Rohstoffe	--,-- DM	
2.1.2	Hilfsstoffe	--,-- DM	
2.1.3	Betriebsstoffe	--,-- DM	
	Summe:		--,-- DM
2.2	Fertige Waren		--,-- DM
2.3	Andere Gegenstände des Umlaufvermögens		--,-- DM
2.3.1	Liquide Mittel bei der Bank und dem Postscheckamt		--,-- DM
2.3.2	Liquide Mittel in der Kasse usw.		--,-- DM
	Summe II:		--,-- DM

Unter Umlaufvermögen versteht man also solche Vermögensteile, die nur kurzfristig im Betrieb bleiben, insbesondere solche Güter, die im Betriebskreislauf den Mehrwert hecken sollen (sehr frei nach Marx).
Letztendlich sind noch die laufenden Kosten zu budgetieren:

3.	Betriebskosten	Betrag:
3.1	Löhne und Gehälter	--,-- DM
3.2	Sozialabgaben	--,-- DM
3.3	Mieten	--,-- DM
3.4	Bankzins für längerfristige Darlehen	.
3.5	Energiekosten	.
3.6	Porto und Telefon	.
3.7	Werbekosten	.
3.8	Reisekosten	.
3.9	Kfz-Kosten usw.	.
	Summe III:	--,-- DM

Welche Summe Sie für Ihren persönlichen Bedarf in Anspruch nehmen wollen, bleibt Ihnen überlassen. Im weiteren wird der persönliche Bedarf als Summe IV geführt.

Unsere Kapitalbedarfsrechnung hat somit folgendes Aussehen:

1. Summe I	--,-- DM
2. Summe II	--,-- DM
3. Summe III Betriebskosten × 3	--,-- DM
4. Summe IV Eigenbedarf × 3	--,-- DM
Zwischenergebnis	--,-- DM
+ 10 %	--,-- DM
Gesamtkapitalbedarf	--,-- DM

Daß bei der Ermittlung des Gesamtkapitalbedarfs Ihr Eigenbedarf und die Betriebskosten mit drei multipliziert, also für ein Vierteljahr berechnet wurden, entspringt dem Prinzip kaufmännischer Vorsicht und keinesfalls wissenschaftlicher Logik. Das gleiche gilt für den 10 %-Bonus. Sie geben sich und dem Projekt dadurch Zeit. Ein zweites Mal trauen Sie sich wahrscheinlich nicht mehr, die ‚Chance Ihres Lebens' beim Schopfe zu fassen. Das Gesetz von ‚trial and error' findet hier in vielen Fällen seine Bestätigung.

Das Prinzip der kaufmännischen Vorsicht führt automatisch zu einem Interessenkonflikt, dem Sie in Ihrem Kaufmannsdasein noch öfters ausgesetzt sein werden. Einerseits empfiehlt es sich, den Kapitalbedarf relativ großzügig zu berechnen, anderseits impliziert ein hoher Kapitalbedarf eine hohe Verschuldung, deren Tilgung und Zinsendienst wiederum Ihr sauer verdientes Geld oft nicht unerheblich schmälern.

Wie Sie günstige Formen der Fremdfinanzierung wahrnehmen können, wird im nächsten Abschnitt dargelegt.

2.2 Die ERP-Kredite

ERP ist die Abkürzung für eines der bedeutendsten Wirtschaftsprogramme der Nachkriegszeit, nämlich für den sog. Marshallplan. Die Buchstabentrias steht für ‚*E*uropean *R*ecovery *P*rogram', zu deutsch: Europäisches Wiederaufbauprogramm, das 1947 ins Leben gerufen wurde. Zur Zeit untersteht das ERP-Sondervermögen dem Bundesminister für Wirtschaft. Kleinere und mittlere Unternehmen haben einen Großteil der Gesamtleistungen (ca. 30 %) kassiert und natürlich auch zurückgezahlt.

ERP-Darlehen zur Förderung der Existenzgründung unterscheiden sich von kommerziellen Investitionskrediten kaum – mit einer Ausnahme jedoch, und die ist recht wichtig. Die Konditionen der ERP-Darlehen sind weit günstiger als die der Bankinstitute:

1. Der Zinsendienst liegt unter den banküblichen Sätzen; die Vergütung der Mittelsbank (meist Ihre Hausbank) ist in ihm enthalten.
2. ERP-Darlehen kennen keine Zinsgleitklauseln, d. h. der Zinssatz bleibt während der gesamten Kreditlaufzeit auf demselben Niveau.
3. Die Tilgung des Darlehens beginnt erst im dritten Jahr der Laufzeit. In den ersten beiden Jahren wird somit Ihre Liquidität nur mit dem Zinsendienst belastet.

Wenn Sie ein ERP-Darlehen zur Förderung der Existenzgründung in Anspruch nehmen wollen, so sind die folgenden Richtlinien unbedingt zu beachten.

Richtlinien für ERP-Kredite

„**Verwendungszweck:** Aus Mitteln des ERP-Sondervermögens können Darlehen für die Existenzgründung zur Finanzierung folgender Vorhaben gewährt werden:

— Investitionen zur Errichtung und Einrichtung von Betrieben, sowie hiermit in Zusammenhang stehende Investitionen innerhalb von 3 Jahren nach Betriebseröffnung,
— Übernahme von Betrieben oder tätigen Beteiligungen,
— Beschaffung eines ersten Warenlagers oder einer ersten Büroausstattung.

Antragsberechtigte: Nachwuchskräfte der gewerblichen Wirtschaft, insbesondere des produzierenden Gewerbes, des Handels, des Handwerks, des Kleingewerbes sowie des Gaststätten- und Beherbergungsgewerbes.
Die Antragsteller sollen mindestens 21 Jahre alt und nicht älter als 50 Jahre sein. Antragsteller, die bei einem Kreditinstitut über mehrere Jahre eigene Mittel angespart haben, werden – bei sonst gleichen Voraussetzungen – bevorzugt berücksichtigt.
Für Spätaussiedler gelten erleichterte Bedingungen; u. a. wird von der Altersgrenze abgesehen. Die besonderen Darlehenskonditionen werden von der Lastenausgleichsbank, Bonn-Bad Godesberg, in einem Merkblatt bekanntgegeben.

Darlehenskonditionen:
(Stand: April 1983)

a) Zinssatz:
   7 % p. a.
   6 % p. a. für Vorhaben im Zonenrandgebiet.
b) Laufzeit:
   Bis 10 Jahre,
   bis 15 Jahre für Bauvorhaben, davon tilgungsfrei höchstens 2 Jahre.
c) Auszahlung: 100 %.
d) Höchstbetrag: 300 000 DM.

Antragsverfahren: Anträge können bei jedem Kreditinstitut gestellt werden. Die ERP-Darlehen werden von der Lastenausgleichsbank, Bonn 2, zur Verfügung gestellt."
(aus: ERP-Fibel, S. 34 f.)

Allgemeine Vergabebedingungen
1. Die Förderungswürdigkeit: Laut Auskunft des Bundeswirtschaftsministeriums werden nur „Vorhaben berücksichtigt, die volkswirtschaftlich förderungswürdig sind, die Wettbewerbs- und Leistungsfähigkeit der geförderten Unternehmen steigern und einen nachhaltigen wirtschaftlichen Erfolg erwarten lassen."
Haben Sie keine Angst wegen der volkswirtschaftlichen Förderungswürdigkeit: Diese Gummiklausel ist wohl eher eine Notbremse als ein wirklich prüfbares Kriterium. Entscheidend ist die Sache mit dem nachhaltigen wirtschaftlichen Erfolg. Im allgemeinen verlangen die Banken eine Umsatz- und Einkommensprognose für ein volles Geschäftsjahr. Bei Übernahme eines Geschäfts genügt im allgemeinen eine Analyse der Bilanz und des Betriebsergebnisses um ein solches ‚Thesenpapier' zu erstellen. Im Falle einer Neugründung ist der Weg zu einem Unternehmensberater oder einem anderen Kundigen zu empfehlen, da eine zu dilettantische Einkommensprognose für die Banker einen Mangel an Professionalität darstellt und Ihren Antrag bei der persönlichen Kreditwürdigung zum Stoppen bringt.
2. Die Anteilsfinanzierung: Die ERP-Mittel dienen nur der anteiligen Finanzierung, d. h. ohne eigene Mittel läuft auch hier nichts. Ab 20 % Eigenkapital können Sie beim großen ‚Monopoly' dabeisein.
3. Die Besicherung: Die ERP-Darlehen sind banküblich abzusichern (Bürgschaften, Lebensversicherungen, Bausparverträge usw.). Wenn es hier Schwierigkeiten geben sollte, wenden Sie sich an die Kreditgarantiegemeinschaften der Handels- und Handwerkskammern und der Länder. Die Zinsvorteile des ERP-Darlehens schmelzen dadurch zwar zusammen, aber die Realisierung Ihres Projekts ist um ein Problem ärmer (Kosten für die Bürgschaft: a) Bearbeitungsgebühr – einmalig 1 % des zu verbürgenden Darlehens und b) Verwaltungsgebühr – 0,75 % jährlich vom jeweils verbürgten Betrag während der Laufzeit).
4. Die Nachfinanzierung: „ERP-Mittel dürfen nicht zur Nachfinanzierung verwendet werden". Die Beantragung muß also vor dem Projektbeginn liegen. Eine etwaige Firmensanierung aus ERP-Darlehen soll so ausgeschlossen werden.
5. Die Rückzahlung: Die ERP-Darlehen sollen in gleichen Halbjahresraten getilgt werden. Sie können auch jederzeit ganz oder teilweise ohne Kündigung zurückgezahlt werden – z. B. wenn Sie im Lotto gewinnen und endlich 'mal wieder schuldenfrei sein wollen.
6. Die Zweckbindung: Die ERP-Gelder sind zweckgebunden. D. h., wenn Sie vorgeben, 150 000,– DM für Anlage- und Umlaufvermögen zu verwenden, dann müssen Sie das auch nachweisen können. Ein Bauernhof in der Toskana ist für die hiesige Volkswirtschaft nämlich nicht sehr sinnvoll, und § 264 des Strafgesetzbuches ahndet eine solche Zweckentfremdung.

7. Der Rechtsanspruch: „Ein Rechtsanspruch auf ERP-Mittel besteht nicht". Mit dieser Ausschlußklausel soll nur ein Kollaps des Sondervermögens verhindert werden. Man stelle sich vor, jede(r) geschäftsfähige Deutsche würde 300 Mille aus dem ERP-Finanzierungsprogramm beantragen und alle formalen und inhaltlichen Voraussetzungen erfüllen. Ein Einklagen soll damit verhindert werden.

8. Die Antragsunterlagen: Die Damen und Herren von der Bank benötigen folgende Unterlagen, um Ihren Antrag bei der Lastenausgleichsbank in Bonn einzureichen:

a) Beschreibung des Unternehmens, einschließlich der in den jeweiligen Einzelrichtlinien vorgesehenen Antragsberechtigung
b) den letzten Jahresabschluß oder vergleichbare Unterlagen
c) Kosten- und Finanzierungsplan
d) die künftigen Erfolgserwartungen (Prognoserechnung unter Berücksichtigung der derzeitigen Marktsituation)
e) einen Besicherungsvorschlag und ggf. den Nachweis einer fachlichen Eignung.

Beachten Sie schließlich noch zweierlei: Zum einen muß das Projekt eine Vollexistenz ermöglichen. Deshalb ist z. B. eine nebenberufliche Halbtagstätigkeit in der Aufbauphase – entgegen der kaufmännischen Vorsicht – nicht zulässig. Zum andern vergeht vom Tage der Beantragung auf ERP-Darlehen bis zur Ausschüttung meistens ein Vierteljahr; manchmal dauert es sogar noch erheblich länger.

2.3 Die Eigenkapitalhilfe

Natürlich müssen Sie nicht ERP-Mittel in Anspruch nehmen. Es gibt noch diverse andere Programme, beispielsweise die sog. Mittelstandsfonds der Bundesländer, die LAB-Ergänzungsprogramme, und die Berliner genießen ohnehin eine Sonderstellung (Berlinförderungsgesetz). Gemeinhin ist dort wie auch im Zonenrandgebiet die Zinsrate um einen Prozentpunkt niedriger als im übrigen Bundesgebiet. – Im übrigen unterscheiden sich Konditionen und Vergabebedingungen der verschiedenen Programme nur in Kleinigkeiten voneinander.

Aufmerksamkeit sollte noch dem Programm der Eigenkapitalhilfe geschenkt werden. Auch hier gilt: keine Finanzierung ohne Eigenkapital. Folgen wir unserem großzügigen Finanzbedarfsplan, dürfte es vielen schwer fallen, auch nur 20 % des Gesamtbetrages aufzubringen. Dies ist auch dem Bundesminister für Wirtschaft bekannt, der deshalb die „Richtlinie für die Gewährung von Eigenkapitalhilfe zur Förderung der Gründung selbstständiger Existenzen" erließ.

Die Voraussetzungen für die Gewährung von Eigenkapitalhilfe entsprechen in vielen Punkten den Vergabebedingungen der ERP-Mittel. Der maßgebliche Unterschied besteht in den Konditionen und der Zielsetzung. Die Eigenkapitalhilfe soll Hilfe zur Selbsthilfe leisten: Wenn Sie wenigstens 12 % der Gesamtfinanzierung Ihres Vorhabens mit baren oder unbaren Vermögenswerten einbringen können, stockt man Ihr Eigenkapital bis zu 40 % des Finanzbedarfs mit großzügigen Konditionen auf. Schlaglichter sind:

- Die ersten zwei Jahre dieses Darlehens sind zinslos!
- Dann beträgt der Zinsendienst im 3. Jahr 2 %, im 4. Jahr 3 % und im 5. Jahr 5 %.
- Die ersten *zehn Jahre* ist dieses Darlehen tilgungsfrei.
- Die Laufzeit beträgt zwanzig Jahre. (Die Kündigung ist 3 Monate vor dem 31. 3. oder 30. 9. möglich.)
- Die Kapitalhaftung bezieht sich nur auf den Antragsteller und seinen Ehegatten. Das bedeutet: Für die Eigenkapitalhilfe sind keine weiteren Sicherheiten (Bürgschaften u. ä.) notwendig.

Neben allem Jubel sind aber auch ein paar Schattenseiten zu vermerken:

- Eigenkapitalhilfe wird nur gewährt, wenn die Investition 40 000,– DM übersteigt.
- Eigenkapitalhilfe wird nur gewährt, wenn ohne sie die Durchführung des Vorhabens wesentlich erschwert würde.
- Eine Kopplung von ERP-Mitteln und Eigenkapitalhilfe ist u. U. problematisch. Bei Beantragung eines Darlehens aus dem ERP-Topf kann es sein, daß das Geld aus der Eigenkapitalhilfe haftungsrechtlich nicht als Eigenkapital anerkannt wird.

Im übrigen sollten Sie diese Probleme ausführlich mit Ihrer Hausbank diskutieren, die stets als Ansprechpartner im Antragsverfahren zu empfehlen ist.

3. Gewerbeanmeldung und Erlaubnispflicht

Der § 1 der Gewerbeordnung (GewO) garantiert die Gewerbefreiheit in der BRD. In Absatz 1 heißt es dort: „Der Betrieb eines Gewerbes ist jedermann gestattet, soweit nicht durch dieses Gesetz *Ausnahmen oder Beschränkungen* . . .“
Die Gewerbefreiheit endet für Sie vorerst mit der **Anmeldung** Ihres Gewerbes **beim jeweiligen Stadt- oder Gemeindeamt.** Das dort auszufüllende Formular besitzt eine unglaubliche Multiplikatoreigenschaft. Es meldet Sie gleichzeitig beim Finanzamt, der Berufsgenossenschaft, dem staatlichen Gewerbeaufsichtsamt, dem Stadtsteueramt, dem Statistischen Landesamt, der IHK oder der Handwerkskammer und ggf. beim Eichamt an. Sollten

Sie gelegentlich von den genannten Institutionen angeschrieben werden, dann wissen Sie, woher ‚die' Ihre Adresse haben.
Zurück zu den Ausnahmen, welche die Gewerbefreiheit einschränken. Ungeachtet der Spezialitäten im Munitions- und Arzneimittelbereich, sind Beschränkungen (i. S. von Genehmigungspflichten) im Handel *nicht* die Regel. Anders im **Handwerk.** Die gesetzlichen Bestimmungen dazu finden Sie in den Paragraphen 1 und 6 ff. der Handwerksordnung (HandwO). Sie besagen in einfachen Worten, daß Sie nur dann ein Handwerk selbständig ausüben dürfen, wenn Sie einen Meistertitel tragen oder eine andere adäquate Ausbildung besitzen – z. B. als Ingenieur mit einer vierjährigen Tätigkeit in der Branche (vgl. § 22 Abs. 1 HandwO). Ausnahmegenehmigungen – vor allem bei Härtefällen – können beim zuständigen Regierungspräsidenten beantragt werden. Bemühungen, die leider nur selten erfolgreich enden. Böse Zungen behaupten, daß die Handwerksordnung die Nachfolgeeinrichtung der mittelalterlichen Zunftordnung sei und daß die Handwerkskammern als Schutzwall für die bestehenden Betriebe dienten.
Andere Möglichkeiten, die Grauzonen in der handwerklichen Produktion (Strohmänner, Kellerwerkstätten u. ä.), können, sollen und dürfen hier nicht erörtert werden.
Eine weitere erlaubnispflichtige Branche ist das **Gaststättengewerbe** (§ 2 Abs. I, s. 1 GaststättenG). Beim zuständigen Ordnungsamt sind Antragsformulare auf Erteilung einer Gaststättenerlaubnis zu bekommen. Der zuständige Beamte wird Sie dann über die einzelnen Anforderungen in Ihrem Falle aufklären (eine Gaststättenübernahme ist weniger problematisch als eine Nutzungsänderung).
Im großen und ganzen unterliegen Handel und Industrie keiner Erlaubnispflicht. Ausnahmen bilden die Produktion von Waffen, Munition und Arzneimitteln, der Vertrieb davon sowie der von unedlen Metallen und Lebensmitteln. Vorsichtshalber ist insgesamt zu empfehlen: **Wenn Sie sich beruflich selbständig machen wollen, prüfen Sie zuerst, ob Ihr Wunschberuf mit gesetzlichen Beschränkungen und Erlaubnispflichten verbunden ist.**

4. Die Rechtsformen

Im allgemeinen werden Sie spätestens bei der Gewerbeanmeldung mit der Rechtsform Ihrer zukünftigen Firma konfrontiert. Besser, Sie wissen vorher einiges über dieses Thema, als daß man Sie unverrichteter Dinge wieder nach Hause schickt.
Bei der Frage, welche Rechtsform wohl die günstigste oder richtige für Sie sei, kann man verschiedene Kriterien berücksichtigen, die von einem Laien kaum befriedigend zu beantworten sind. Neben haftungsrechtlichen Ge-

sichtspunkten sind diverse steuerliche Usancen und Bestimmungen zu beachten und zu gewichten. Ein guter Notar, auf jeden Fall ein Steuerberater, kann Ihnen hier genaueste Auskunft geben. – An dieser Stelle mag es genügen, die Reinformen der Personen- und Kapitalgesellschaften knapp darzulegen und auf die wesentlichen Merkmale einzugehen.

4.1 Die Personengesellschaften

Die **Einzelunternehmung** besteht aus einer Person, die ihre Firma alleine betreibt bzw. führt und grundsätzlich auch alleine und unbeschränkt haftet. Unter *unbeschränkter Haftung* versteht man: Nicht nur das Geschäftsvermögen (Anlage- und Umlaufvermögen), sondern auch Ihr Privatvermögen (Segelyachten, Brillanten, Luxuslimousinen und ähnliche Dinge Ihres gehobenen Umsteigerbedarfs) geht in die Konkursmasse ein. Hoffentlich kommen Sie niemals in diese unangenehme Situation!
Steuerrechtlich sind Sie als Einzelunternehmer der Einkommenssteuer und ggf. auch der Gewerbesteuer unterworfen: Bei 36 000,– DM Gewerbeertrag und einem Gewerbekapital von 120 000,– DM beginnt die Gewerbesteuerpflicht.
Die *Eintragung ins Handelsregister* mit Hilfe eines Notars ist bei Vollkaufleuten zwingend vorgeschrieben. Minderkaufleute (§ 4 HGB) sind davon befreit. (Kleiner Exkurs: Als Minderkaufleute bezeichnet das Gesetz jene, die „einen in kaufmännischer Weise eingerichteten Geschäftsbetrieb *nicht* benötigen“. Typisches Beispiel: die Trinkhalle um die Ecke.)

Eine Erweiterung der Einzelunternehmung ist die sog. **stille Gesellschaft.** Sie entsteht z. B. dadurch, daß Ihr Großvater Ihnen eine Kapitalspritze von 50 000,– DM bewilligt und Sie ihn großzügigerweise mit 5 % am Gewinn beteiligen, ohne daß der alte Herr Mitunternehmer wird. *Haftungsrechtlich* interessant daran ist, daß im Konkursfalle der ‚Stille‘ (hier der Opa) als Gläubiger auftreten kann. Das könnte heißen: Ein Teil der Konkursmasse bleibt in der Familie.

Will der Stille nicht still sein und an den Unternehmensentscheidungen beteiligt werden, liegt entweder eine *atypische stille Gesellschaft* vor oder – und dies ist häufiger der Fall – eine der übrigen Personengesellschaftsformen, z. B. die Gesellschaft des bürgerlichen Rechts, kurz **BGB-Gesellschaft** genannt.
Die BGB-Gesellschafter verpflichten sich durch Vertrag – hier gilt die sog. Formfreiheit, d. h. auch mündliche Absprachen können vertragsgültig sein – ein gesetztes Ziel gemeinsam zu erreichen, z. B. das gemeinsame Betreiben einer Buchhandlung. (Die gesetzlichen Ausführungen zu diesem The-

ma können Sie im BGB unter den §§ 705 ff. nachlesen.) *Haftungsrechtlich* sind alle Gesellschafter im Falle eines Konkurses dran, und zwar mit ihrem gesamten Privatvermögen. Steuerrechtlich gilt hier das gleiche wie für die Einzelunternehmung.
Die BGB-Gesellschaft ist im Handelsregister nicht eintragungsfähig. Dadurch entfällt die zwangsläufige Mitgliedschaft in der IHK, und es entstehen auch keine Kosten für den Notar. Allerdings ist die *Hilfe eines Juristen* beim Erstellen eines Gesellschaftsvertrages zu empfehlen. Im Krisenfall erspart ein klar definierter Gesellschaftsvertrag die finanziellen und nervlichen Kosten eines Rechtsstreits.

Die **offene Handelsgesellschaft (OHG)** ähnelt sehr der BGB-Gesellschaft, denn auch hier gibt es die Vollhaftung der Gesellschafter und deren gemeinsame Geschäftsführerschaft. Ein maßgeblicher Unterschied besteht in der *Eintragungspflicht der OHG ins Handelsregister.*

Kleiner Exkurs zum Handelsregister
Aus dem Handelsregister soll hervorgehen, wer der *Betreiber* eines Gewerbes ist, wo der *Sitz* der Firma ist und wer *Prokura* hat. (Der Prokurist darf den Inhaber in allen Handelsgeschäften vertreten, nicht jedoch in dessen Privatgeschäften.) – Diese Informationen sind jedermann beim jeweiligen Amtsgericht zugänglich.
Man sagt, dies fördere die Rechtssicherheit im Handelsverkehr. Das zielt wohl vor allem auf den Fall des nicht handlungsbevollmächtigten Dritten ab, der unerlaubt ‚für seinen Chef' Verträge abschließt. Ein Schutz des Kunden soll darin bestehen, daß er sich im Handelsregister über die Vertretungsmacht informieren kann. Der Inhaber soll dadurch geschützt sein, daß er dem getäuschten Kunden die Möglichkeit zur Information im Handelsregister vorhalten kann. Macht der Kunde davon keinen Gebrauch, so hat er die Folgen demnach selbst zu verantworten. Rauhe Sitten in der Geschäftswelt. Blindes Vertrauen ist also absolut unangebracht.
Inwieweit das Handelsregister ein wirksames Instrument zur Rechtssicherheit im Handelsverkehr sein kann, soll dahingestellt bleiben. Im übrigen dürfte es hier auch interessanter sein zu erfahren, wie man in dieses Register eingetragen wird. Das Eintragungsverfahren gliedert sich in drei Verfahrensstufen:

a) Die Beantragung muß in schriftlicher Form abgefaßt und unterschrieben sein. Die Unterschrift muß von einem Notar beglaubigt werden. Dieser wird Sie auch über die eintragungspflichtigen und eintragungsfähigen Tatsachen genauestens aufklären.
b) Das Registergericht prüft Ihren Antrag auf Herz und Nieren.
c) Sind alle Voraussetzungen erfüllt, wird der beantragte Text ins Handelsregister eingetragen, im Amtsblatt (örtl. Tagespresse) veröffentlicht, und last not least werden Sie selbstverständlich auch noch in Kenntnis gesetzt.

Abschließend sollte zur OHG noch zweierlei erwähnt werden: Zum einen darf sie nur zum Betrieb eines *Handelsgewerbes* errichtet werden (s. a. § 1 Abs. 2 HGB); zum anderen ist sie gewerbesteuerpflichtig – der Freibetrag bis 36 000,– DM bleibt jedoch erhalten.

Die **Kommanditgesellschaft (KG)** kann man, zumindest haftungsrechtlich, als einen Zwitter zwischen Personen- und Kapitalgesellschaften ansehen. Dies erklärt sich mit den zwei Kategorien von Gesellschaftern in der KG: Zum einen gibt es den *Komplementär* mit Vollhaftung, zum andern den *Kommanditisten,* der ausschließlich mit seiner Einlage haftet. Um eine solche Gesellschaft zu gründen, muß mindestens je ein Komplementär und Kommanditist vorhanden sein.
Auch hier ist die Eintragung in das *Handelsregister* obligatorisch. Die relevanten *Steuerarten* sind hier die Einkommenssteuer und – unter den bei der Einzelunternehmung genannten Voraussetzungen – die Gewerbesteuer.

Die Wahl für die eine oder die andere Rechtsform unter den Personengesellschaften ist demnach weniger ein steuerliches Problem als vielmehr **eine Frage nach den Möglichkeiten der Beteiligung und ggf. auch der Haftung** (s. KG).

4.2 Die Kapitalgesellschaften

Die beiden bekanntesten Formen sind die Gesellschaft mit beschränkter Haftung (GmbH) und die Aktiengesellschaft (AG). Letztere soll hier nur kurz thematisiert werden, da die Gründung einer AG für Umsteiger kaum in Betracht kommt. Mischformen wie die Kommanditgesellschaft auf Aktien (KGaA) oder die ehemals berühmte GmbH & Co KG sollen gänzlich unbeachtet bleiben.
Kapitalgesellschaften sind *juristische Personen.* Unter einer juristischen Person versteht man „eine rechtlich geregelte Organisation, die als Einheit rechtsfähig ist“. Der Clou an einer solchen Gesellschaftsform: Durch den vertraglichen Zusammenschluß der Gesellschafter kommt eine zusätzliche, nämlich die juristische Person ins Spiel, die als einzige mit ihrem ganzen Vermögen haftet. Das Vermögen der Gesellschaft besteht in der Regel aus den Geschäftsanteilen der Gesellschafter. Eine persönliche Haftung gibt es für sie nur dann, wenn die angegebenen Geschäftsanteile noch nicht voll eingezahlt wurden. Für die Gesellschafter bedeutet dies im Falle eines Konkurses, daß sie nicht auf das existentielle Minimum zurückgestutzt werden.

Die **Gesellschaft mit beschränkter Haftung (GmbH)** ist der große Newcomer unter den Gesellschaftsformen geworden. Die letzte GmbHG-Novelle und das modifizierte Körperschaftssteuergesetz sind die mutmaßlichen Motoren dieses Trends. *Voraussetzung* zur Gründung einer GmbH sind *ein Mindeststammkapital von 50 000,– DM* in Bar- und Sachwerten. Die sog. Sachwerte (Firmenwagen, Büroausstattung u. ä.) müssen natürlich zum

Verkehrswert taxiert werden. So kann etwa der alte 2 CV nicht mit 10 000,– DM Neupreis in die zu erstellende Eröffnungsbilanz einfließen, sondern z. B. nur mit 500,– DM – eben genau dem Wert, der sich beim Verkauf an einen ‚neutralen Dritten' erzielen läßt.
Des weiteren bedarf die GmbH einer *Satzung*. Die Mindestinhalte sind die Benennung der Firma und deren Sitz, der Gegenstand des Unternehmens, die Höhe des Stammkapitals und der Betrag der jeweiligen Stammeinlagen der Gesellschafter. Ein GmbH-Gesellschaftsvertrag kann bedeutend umfangreicher gestaltet werden, und dies sollte er auch, vor allem im Fall einer mehrgliedrigen Gesellschaft. Eine *detaillierte Vertragsgliederung* kann Probleme im Kompetenz-, Konflikt- und Gewinn- bzw. Verlustverteilungsbereich von vornherein lösen helfen. Lassen Sie ruhig beim Abfassen des Vertragsentwurfs Katastrophenstimmung aufkommen. Spätere Auseinandersetzungen zwischen den Gesellschaftern müssen dann nicht gerichtlich und somit öffentlich ausgetragen werden. Der Gesellschaftsvertrag kann eine Schiedsgerichtsbarkeit bestimmen, deren Entscheidung maßgeblich und rechtsverbindlich ist. Die Vorteile einer solchen Lösung sind evident: Auf schnellere und billigere Weise kann unter Ausschluß der Öffentlichkeit entschieden werden.
Die *Handelsregistereintragung* ist bei der GmbH *zwingend erforderlich*. Bei einem Mindestverkehrswert von 50 000,– DM fällt also schon ein nettes Sümmchen für den Notar an.
Ferner unterliegt die GmbH bestimmten *Rechnungslegungsvorschriften*. Die Freiheiten eines Minderkaufmanns sind bei der Gründung einer GmbH von vornherein ausgeschlossen. Es gibt *keine persönliche Haftung* der Gesellschafter (Ausnahme: noch nicht voll eingezahlte Geschäftsanteile).
Im Hinblick auf die Steuern kommen einige Anforderungen auf die GmbH und ihre Gesellschafter zu. Kapitalgesellschaften sind grundsätzlich *gewerbesteuerpflichtig*. Ein Freibetrag (wie bei den Personengesellschaften) entfällt leider. Die sog. Hebesätze (Modi, um einen Prozentsatz des zu versteuernden Betrags zu ermitteln) bestimmen die zuständigen Gemeinden. Die Gewerbesteuer ist vierteljährlich im voraus zu bezahlen.
Daneben unterliegt die GmbH wie juristische Personen überhaupt der *Körperschaftssteuer*, dem steuerlichen Äquivalent zur Einkommenssteuer der Personengesellschaften. Für thesaurierte Gewinne, einfacher: für die im Unternehmen verbliebenen Gewinne beträgt der Steuersatz 56 %. Das ist immerhin der Spitzensteuersatz der Einkommenssteuer. Schütten Sie jedoch die Gewinne an die Gesellschafter aus, beträgt die Körperschaftssteuerbelastung nur noch 36 %. Eine Gesetzesänderung sorgte 1977 dafür, daß die Doppelbelastung kompensiert werden kann: Die Gesellschafter haben die Möglichkeit, bei ihrer Einkommenssteuer die Belastung (der GmbH) durch die Körperschaftssteuer anrechnen zu lassen.

Die **Aktiengesellschaft (AG)** kommt meist nur bei größeren Unternehmen zur Anwendung, deren Kapitalbedarf umfangreicher ist als beim ‚Tante-Emma-Laden' um die Ecke. Der verwaltungstechnische Aufwand zur Handhabung einer AG ist vergleichsweise immens. Da die Aktiengesellschaft in diesem Zusammenhang nur eine verschwindende Minderheit der Leser interessieren wird und diese sicher leicht das entsprechende Fachwissen bezahlen kann, sollen einige Schlaglichter zur AG genügen:

a) Die Eintragung in das *Handelsregister* ist bei der AG obligatorisch.
b) Es bedarf zur *Gründung* wenigstens fünf betuchter Personen.
c) Das *Mindestgrundkapital* beträgt *100 000,– DM*.
d) Die *Haftung* ist auf die Kapitaleinlagen beschränkt.
e) Bei der Gründung der Gesellschaft ist eine *Satzung* zu erstellen.
f) Die *notarielle Beurkundung* der Satzung ist auch hier zwingend erforderlich. (Ihr Notar reibt sich jetzt schon die Hände.)
g) Eine Aktiengesellschaft bedarf einer *Gründungsprüfung von einem Wirtschaftsprüfer* (der übrigens noch teurer ist als der Notar).
h) Die besonderen *Bedingungen der Rechnungslegung* einer AG können Sie im Aktiengesetz nachlesen. Ohne einen Steuerberater sollten Sie aber keinenfalls agieren.

Damit verlassen wir das Thema der Rechtsformen. Die Verwirrung, die wir damit bei Ihnen angerichtet haben, ist wahrscheinlich inzwischen so groß, daß Sie sich nicht leichtfertig für die eine oder andere Rechtsform entscheiden. Die Kriterien der Haftung, des Steuergebarens sowie anderer rechtlicher Anforderungen sollten bei der Entscheidung zur Rechtsform Ihres Unternehmens beachtet werden. Juristen, Steuer- und Unternehmensberater sind die maßgeblichen Leute für die obigen Entscheidungsprobleme.

5. Die Buchhaltung

Buchhaltung, der Alptraum aller Nicht-Kaufleute, das berühmte Buch mit den sieben Siegeln: „Wie soll man das noch nebenbei lernen, wozu andere eine dreijährige Lehrzeit benötigen?"
Solch ein Gejammere wird oft bei diesem Thema angestimmt. Ganz so schlimm ist es aber wirklich nicht. Buchführung ist nichts anderes als die kontinuierliche Aufzeichnung aller betriebsrelevanten monetären Vorgänge und kein Deut mehr.
Im Laufe der Handels- und Wirtschaftsgeschichte haben sich bestimmte Buchungsformalismen und Organisationsstrukturen herausgebildet, die unter dem Begriff ‚Doppelte Buchführung' zu subsumieren sind. Wieso man von doppelter Buchführung spricht, wird später noch geklärt werden.
In kleineren Betrieben wird meistens ein amerikanisches Journal (kombiniertes Haupt- und Grundbuch) geführt. Das Journal ist ein Buch, das wie

ein Hausaufgabenheft für Riesen ausschaut, nur daß es eher ein längliches Format besitzt. In diesem Journal wird gebucht.

1. Buchungsprinzip: Jede Buchung hat eine Gegenbuchung, d. h. jeder buchführungstechnisch relevante Geschäftsvorgang berührt mehrere Konten.

Ein erklärendes Beispiel: Sie kaufen bei Ihrem Lieferanten ‚Oberwucherer' Waren im Werte von 1 000,– DM. Durch den Besitz der Waren wird Ihr Warenkonto um die obige Summe größer. Da sie die Ware bei Abnahme gleich bar bezahlt haben, verkleinert sich Ihr Kassenkonto gleichzeitig um 1 000,– DM. Oder ein anderes Beispiel: Sie verkaufen an Ihren Kunden Konsummuffel für 0,15 DM Streichhölzer. Dadurch wird Ihr Kassenbestand vermehrt, Ihr Lagerbestand vermindert sich. Das Prinzip Buchung/Gegenbuchung läßt sich daraus unschwer erkennen.

2. Buchungsprinzip: Wie man an den obigen Beispielen erkennen konnte, wurde das Konto Kasse zuerst belastet und dann bereichert. Da ein ständiges Subtrahieren und Addieren den Kaufleuten zu mühevoll erschien und außerdem die Wahrscheinlichkeit des Verrechnens zu groß wurde, ersann man das Soll- und Habenprinzip. Es besagt: Jedes Konto hat eine Soll- und eine Habenseite. Auf der Sollseite (links) wird nur gebucht, wenn das Konto etwas bekommt. Die Habenseite (rechts) wird nur benutzt, wenn das Konto etwas abgibt.

Nach diesen Prinzipien würde die Buchung der beiden Beispiele folgendermaßen aussehen:
Buchungssatz
a) Waren an Kasse, 1 000,— DM
b) Kasse an Waren, 0,15 DM
Der Buchungssatz nennt immer zuerst die Sollbuchung und markiert dann die Habenbuchung. Das folgende Schema verdeutlicht die Buchungsvorgänge.

Buchungssatz	Kasse		Waren	
	Soll	Haben	Soll	Haben
(Kauf von Ware) a) Waren an Kasse		1 000,–	1 000,–	
(Verkauf von Ware) b) Kasse an Waren	0,15			0,15

Neben den Konten *Kasse* und *Warenbestand* sind natürlich noch diverse andere Konten einzurichten. Die wichtigsten will ich kurz aufzählen, wobei anzumerken ist, daß die Zahl der möglichen Konten Legion ist und die branchenspezifischen Kriterien nicht beachtet werden können. Neben dem

Kassenkonto muß in fast allen Fällen ein *Bankkonto* eingerichtet werden, häufig auch ein *Postscheckkonto.* Da viele Güter auf ‚Ziel' verkauft und gekauft werden, sollten die Konten Forderungen (bei verkauften Waren) und Verbindlichkeiten (bei gekauften Waren) in der ‚Headline' Ihres Journals Eingang finden. Schließlich sollten noch einige *Kostenkonten* eingebracht werden, wobei an Personalkosten, Bürokosten, Kfz-Kosten, Reisekosten, Bewirtung und Geschenke zu denken ist. Auf jeden Fall sollten Sie ein *Sammelkonto* einrichten für Geschäftsvorfälle, die nicht so häufig in Ihrem Betriebsablauf vorkommen, z. B. die Erweiterung Ihres Inventars oder Ihre Anwaltskosten (was ich Ihnen natürlich nicht wünsche). Zu guter Letzt sollten Sie ein *Privatkonto* einrichten, welches Ihre Privatentnahmen und Ihre Privateinlagen verzeichnet.
Bisher ist es eigentlich doch ziemlich einfach gewesen – oder? Warum von doppelter Buchführung die Rede war, ließ sich anhand des 1. Buchungsprinzips (Jede Buchung hat eine Gegenbuchung.) auch unschwer erraten. Vollständigkeitshalber sei noch die Umsatzsteuer erwähnt, die in Ihrer Buchführung ebenfalls als Konto eingerichtet werden muß.

Im Falle des Wareneinkaufs erweitert sich unser Buchungssatz wie folgt:
a) Waren (877,20 DM)
   + MWSt. (122,80 DM) an Kasse (1 000,– DM)

Am Ende eines jeden Monats müssen Sie bis zum 10. des Folgemonats eine Gegenrechnung für das Finanzamt erstellen. Das entsprechende Formular, das vom Finanzamt zur Verfügung gestellt wird, heißt *Umsatzsteuervoranmeldung.* Darauf wird die von Ihnen gezahlte Mehrwertsteuer von der Mehrwertsteuer abgezogen, die andere an Sie bezahlt haben. Der Differenzbetrag ist an das Finanzamt abzuführen.
Wenn Sie die erste Seite Ihres Journals vollgebucht haben, summieren Sie die Zahlen, Konto für Konto, Spalte für Spalte auf und übertragen das Ergebnis auf die nächste Seite. Da es nicht unwahrscheinlich ist, daß sich beim Verbuchen Fehler (im Sinne von Buchen in der falschen Spalte) einschleichen, empfiehlt sich eine einfache *Kontrollrechnung,* die wir dem Buchungsformalismus der doppelten Buchführung verdanken. Sie addieren einfach die Spaltenergebnisse aller Sollseiten und die aller Habenseiten. Die beiden Ergebnisse müssen sich immer auf den Pfennig gleichen. Ist das nicht der Fall, müssen Sie Buchung für Buchung auf Herz und Nieren, richtiger auf Mark und Pfennig untersuchen.
Klar: Diese Einführung in die doppelte Buchführung reicht nicht aus, um buchungssicher zu machen. Dennoch: **Es ist ratsam, die Buchhaltung nicht komplett an Steuerberater zu delegieren.** Es genügt, soll heißen: kostet genug, wenn der Ihre Konten abschließt und bilanziert.
Belegen Sie Kurse für Buchführung an der Volkshochschule. Literatur zu

diesem Thema gibt es in Massen. Kaufen Sie sich aber lieber ein Lehrbuch für Azubis in kaufmännischen Berufen, und verzichten Sie auf komplizierte Monographien zum Thema Rechnungswesen. Sie sparen Frust und Geld. *Beim Einrichten Ihrer Buchführungsorganisation* sollten Sie sich jedoch *mit einem Steuerberater absprechen,* um Systemfehler zu vermeiden.

6. Das Marketing

Eine Kurzformel für Marketing lautet: „marktgerichtete Unternehmenspolitik" oder klarer: *„Alle betrieblichen Funktionen sind absatzorientiert."* Davon sollten Sie Ihr unternehmerisches Handeln weitgehend beeinflussen lassen. Immer wieder werden Sie sich fragen müssen, wie Sie Ihr Produkt an den Markt bringen können, wie das Umfeld zu gestalten ist, wie Sie sich von der Konkurrenz abheben können, wie Sie eine veränderte Preispolitik gegenüber Ihren Kunden rechtfertigen können.
Viele Fragen und keine Antworten. Sie stoßen bei solchen Überlegungen in Teilbereiche des viel gerühmten unternehmerischen Risikos vor. Das hohe Ziel ist die Minimierung des Absatzrisikos. Durch *Marktforschung* können Kernfragen der Verkaufsproblematik wie Bedarf und/oder Kaufinteresse erschlossen werden. Häufig stehen jedoch massive Kostengründe gegen den Einsatz dieses betriebswirtschaftlichen Instruments.
Ein teilweiser Ersatz solcher Art von Know-how durch das Verfahren der **Markterkundung** ist aber möglich und dringend zu empfehlen. Schauen Sie sich einmal genau an, was die Konkurrenz so treibt. Wie ist dort die Preis-/Produktrelation? Wie werden die potentiellen Kunden angesprochen? Analysieren Sie die Postwurfsendungen, Tageszeitungen, Zeitschriften, Plakate und ähnliche Werbeträger, die Ihr Produkt an den Mann/die Frau bringen wollen.
Sollte sich in Ihrer Branche ein einheitliches Bild ergeben, so machen Sie's um Himmels Willen nicht nach. Nutzen Sie die wahrnehmungspsychologische Erkenntnis der sog. Figur-/Grunddifferenzierung. Sie besagt: Unabhängig von der Größe des Gesamtobjekts fällt die Figur durch Prägnanz, Konturen u. ä. eher auf und bleibt im Erinnerungsbild länger haften als der (Hinter-)Grund. Im übertragenen Sinne: Versuchen Sie ‚Figur' zu werden, während die Konkurrenz den ‚Grund' abgeben darf.
Leicht gesagt – schwer getan! Werbung, von Profis gemacht, kostet sehr viel Geld. Wir glauben, das meiste können Sie sich sparen, wenn Sie sich über ein paar Dinge Gedanken machen.

6.1 Die Segment- oder Zielgruppenbestimmung

Wenn Sie nicht gerade Produkte des Grundbedarfs vertreiben, läßt sich der Gesamtmarkt in einzelne Segmente zergliedern. Die Merkmale Ihres Pro-

dukts korrespondieren mit den Merkmalen bestimmter Personengruppen. Wenn die alle bei Ihnen kaufen würden, hätten Sie wahrscheinlich bald ausgesorgt. Meistens bedarf es jedoch besonderer Anstrengungen, um die Mitglieder einer Zielgruppe dazu zu bewegen, ihren Konsumbedarf bei Ihnen abzudecken. Kaufentscheidungen hängen von vielen Komponenten ab. Preis und Qualität sind oft nur vordergründige Entscheidungsmerkmale. Häufig ist die Erreichbarkeit (zentrale Lage und große Sortimentsbreite) viel wichtiger für den Kunden als das Abwägen von kleinen Pfennig- oder Grammdifferenzen.
Die Anmutungsqualität Ihres Produkts ist oft entscheidend für das Qualitätsempfinden des meist ‚laienhaften' Käufers. Hier sind Verpackung und gefälliges Design ausschlaggebender als die reale Leistung Ihres Produkts.

Die gewagte These eines führenden Wissenschaftlers in der Konsumentenerforschung lautet (sehr vergröbert): „Wir sind halt keine ökonomisch entscheidenden Individuen, sondern in der Mehrzahl doch nur Konsumäffchen."
Das knallharte Ausnützen solcher Erkenntnisse gilt zumal in der linken Szene als unfein, wo sie dennoch – in subtileren Formen – genutzt werden. Vielleicht sollte man in dieser Diskussion vom dem Begriff ‚Bedarf' herunterkommen und eher von ‚Befriedigung' sprechen. Das schließt größere Freiräume ein und verhindert überzogenen Konsumpuritanismus.

Über die Kaufentscheidungen und die Kausalität zwischen Käufer- und Gütermerkmalen sollten Sie sich als Nachwuchsunternehmer gründlich den Kopf zerbrechen. Versuchen Sie, diese Begriffe in die harte Verkäuferwirklichkeit zu integrieren. Ihre Firma, Ihr Projekt kann nur existieren, solange Sie im großen Kreislaufsystem dieser Marktwirtschaft mitrotieren. Nebengleise gibt es selten und werden langfristig meist zu Abstellgleisen.

6.2. Das Systemprinzip

Die Verkettung einzelner Produkte miteinander ist ein von der Industrie stark favorisiertes Absatzinstrument der letzten Jahre. Die Verkaufsstrategien lösen sich immer mehr von der Konzentration auf ein Produkt. Vielmehr wird versucht, einen ganzen Bedarfskreis zu verkaufen. Die Möglichkeit der Verkettung von Produkten besteht sowohl im gleichförmigen bzw. abgestimmten Design als auch in der technischen Abhängigkeit der verschiedenen Produkte voneinander. Der verkaufstechnische Vorteil ist evident, erreicht man doch mit dem Verkauf von Produkt A beim Käufer möglicherweise eine Kaufoption auf die Produkte B und C.
Bei dieser Betrachtungsweise fallen herkömmliche Berufe weg wie z. B. der Buchhändler, der ausschließlich Bücher verkauft. An seine Stelle tritt der Bedarfskreisverkäufer, dessen Hauptverkaufsobjekt zwar immer noch die

Literatur ist, indes leisten andere Produkte zur Kostendeckung und zum Betriebsgewinn einen wesentlichen Beitrag.

Um am Beispiel zu bleiben: Zum Bedarfskreis ‚Lesen' gehören außer Büchern auch
- Lesezeichen
- Leselampen
- Bücherstützen
- Bücherregale
- Lesesessel usw.

Selbstverständlich ist es schwierig, den ganzen Bedarfskreis gleichzeitig anzubieten, da Kapitalbindung und Lagerprobleme dem oftmals entgegenstehen. Allerdings könnten Sie durch monatlich wechselnde Verkaufsaktionen mit jeweils einem zusätzlichen Bedarfselement, verstärkt durch Sonderpreispolitik o. ä., die Attraktivität Ihres Geschäftes steigern.

Für eine gründlichere Behandlung des Themas Marketing ist hier leider nicht der Raum. Ich empfehle Ihnen, Ihre Kreativität im Hinblick auf den Verkauf wach zu halten (auch wenn alles ganz gut läuft). Bleiben Sie innovativ, mit der Nase im Wind neuer Strömungen. Erkennen Sie neue Trends und Stilrichtungen frühzeitig, und setzen Sie diese Kenntnis aktiv für das eigene Produkt ein. Sie schaffen sich dadurch die Möglichkeit, Unterkapitalisierung und mangelnde Ausbildung zu kompensieren.

7. Schlußbemerkungen zum Thema Existenzgründung

Die von uns angesprochenen Bereiche der Existenzgründung sind nur als Schwerpunkte zu betrachten. Daneben müssen Sie sich natürlich noch mit allerlei anderen Fragen beschäftigen, z. B. mit der **Kalkulation,** die integraler Bestandteil der Kostenrechnung ist. Die Ausklammerung dieses Themas mag eine These begründen, die sinngemäß nach Prof. Riebel, dem Papst der Kostenrechnung an der Frankfurter Uni, zitiert wird: „Die Preisbildung hängt nicht vom Ergebnis der Kalkulation ab, sondern wird vom Markt und dem Konkurrenzgebaren bestimmt."
Ein anderer bedenkenswerter Themenbereich ist die Frage der **Risikovorsorge.** Als Selbständiger müssen Sie sich selbst versichern. Den Arbeitgeberanteil sollen Sie zu allem Übel auch noch aus eigener Tasche bezahlen. Bei der Krankenversicherung ist der Wechsel zu einer Privatversicherung u. U. lohnend. Des weiteren sollte neben der Rentenversicherung (bei der Landesversicherungsanstalt) als sog. Basisversicherung noch eine Lebensversicherung abgeschlossen werden. Wer Wert auf eine Versorgung im Alter legt, sollte überlegen, ob sich eine solche Investition lohnt.

Unabdingbar erscheint mir noch die **Haftpflichtversicherung,** damit Schadensersatzforderungen Dritter aus Ihrem Betrieb gegen Sie abgedeckt sind. *Spezielle Sachversicherungen* (Feuer-, Diebstahl- und sonstige objektbezogene Versicherungen) sollten Sie ebenfalls erwägen.
Vermeiden Sie aber auf jeden Fall eine Übersicherung. Die Kosten für die Versicherungsbeiträge sollten in einem vernünftigen Verhältnis zur Ertragslage Ihrer Unternehmung stehen.
Andere Problemkreise wie die *Standortfrage* oder die der *optimalen Lagermengenhaltung* werden Sie ebenso beschäftigen wie der *Personaleinsatz* und die damit verbundenen Fragen des *Arbeitsrechts.*
Von der Vielfalt der betriebswirtschaftlichen Überlegungen sollten Sie sich aber keinenfalls ins Bockshorn jagen lassen. Eine Existenzgründung ist immer eine mittelfristige Angelegenheit. Mit der ‚Politik der kleinen Schritte' werden Sie die Probleme mit der Zeit sicher in den berühmten ‚Griff' kriegen. Und bei den fast unausbleiblichen Pannen können Sie sich mit dem Sprichwort trösten: „Bisher ist noch kein Meister vom Himmel gefallen."

8. Wer kann Sie individuell beraten?

Dieses Kapitel war zur allgemeinen Orientierung bestimmt. Wenn Sie weitergehende Detailfragen haben und wissen wollen, wie sich Ihre besondere Idee für den Sprung in die Selbständigkeit am besten realisieren läßt, dann ist professionelle Hilfestellung zu empfehlen.
Die Dienstleistung von *Unternehmensberatern* ist teuer und preiswert zugleich. Teuer, weil die Honorare hoch sind – renommierte Unternehmensberater verlangen Tagessätze, die deutlich über 1 000,– DM liegen. Dennoch kann die Beratung preiswert sein, weil das Bundeswirtschaftsministerium solche Hilfe für Existenzgründungen hoch subventioniert: 1983 zahlte das Ministerium 90 % Zuschuß bei Tagessätzen bis zu 680,– DM. (Über die Bedingungen wissen die Berater Bescheid, die auch den Antrag abwickeln und das Geld erhalten.) Die Anschriften von Unternehmensberatern finden Sie im Branchenteil des Telefonbuchs.
Die folgende Übersicht enthält Adressen von *Projektberatungen,* die mit dem *Netzwerk Selbsthilfe e. V.* zusammenarbeiten – einer Einrichtung, die insbesondere von arbeitslosen Hochschulabgängern gegründet wurde. Auch bei diesen Kontaktstellen erhalten Sie sachkundige Unterstützung für die Existenzgründung. Sie sollten davon ausgehen, daß bei den entstehenden Kosten die o. g. Subvention berücksichtigt wird.

Aachen: ASPON (Ideen für Selbstorganisation), Luisenstr. 17, 5100 Aachen, Tel.: 0241/51 42 23 (Kontakt: Dagmar Erwert, Monika Lütkemeier)

Augsburg: Netzwerk Augsburg, Völkstr. 29, 8900 Augsburg, Tel.: 0921/3 55 08 (Kontakt: Heinz Hütter)

Berlin: STATTwerke im Mehringhof, Gneisenaustr. 2, 1000 Berlin 61, Tel.: 030/ 6 11 59 04/6 91 30 94 (Kontakt: Michael Makowski, Manfred Gutzmer, Sibylle Göttert, Werner Leise)

Bremen: Netzwerk Bremen-Nordniedersachsen, Fehrfeld 60, 2800 Bremen, Tel.: 0421/70 45 81 (Kontakt: Heinz Gerken, Jürgen Sosna)

Essen: Jürgen Richter, Bewerungestr. 3, 4300 Essen 14, Tel.: 0201/51 76 45

Frankfurt/M.: Wirtschaftswunder Unternehmensberatungsgesellschaft, Dietrich Karnath & Partner GbR, Mulanskystr. 8, 6000 Frankfurt/M. 90, Tel./ 0611/70 29 26

Freiburg/Br.: Netzwerk Dreyecksland, Habsburger Str. 9, 7800 Freiburg, Tel.: 0761/ 70 02 70 (Kontakt: Max Achatz)

Hamburg: Netzwerk Hamburg im Werkhof, Gaußstr. 17, 2000 Hamburg 50, Tel.: 040/39 51 51 (Kontakt: Ralf Aden, Michael Krakowski, Markus Jordan)

Hannover: AG TILT, Annenstr. 11, 3000 Hannover, Tel.: 0511/85 13 63 (Kontakt: Gerd Bohne, Frank Kaspar)

Karlsruhe: IBEK GmbH, Postfach 210515, Gluckstr. 14, 7500 Karlsruhe, Tel.: 0721/ 55 52 71 (Kontakt: Irene Reifenhäuser, Joachim Karnath)

Köln: L. Claußnitzer, Worringer Str. 28, 5000 Köln 1

Marburg: Buchladen Roter Stern, Am Grün 28, 3550 Marburg, Tel.: 06421/2 47 87 (Kontakt: Roland Kreling, Helmut Schwarz)

München: Netzwerk München, c/o ZOFF, Heßstr. 80, 8000 München 40, Tel.: 089/ 52 49 96 (Kontakt: Manfred Denzinger, Gerhard Kölbl, Friederike Eder-Sengle)

Nürnberg: Druckladen, Äußere Großweidmühlstr. 16, 8500 Nürnberg, Tel.: 0911/ 33 05 39 (Kontakt: Arno Huber)

Remscheid: Jochen Stade, Oberhützer Str. 59 a, 5630 Remscheid, Tel.: 02191/ 8 36 43

Rüsselsheim: Guido Bertsch, Walter-Flex-Str. 85, 6090 Rüsselsheim

Saarbrücken: Zukunftswerkstatt Saar e. V., Alte Feuerwache, II. OG., Am Landwehrplatz, 6600 Saarbrücken 2

Schwaikheim: Norbert Krauss, Bachstr. 9, 7052 Schwaikheim

Wuppertal: Netzwerk Bergisch-Land, c/o Die Börse, Viehhofstr. 125, 5600 Wuppertal 1 (Kontakt: Klaus Kocanda, Friedhelm Keuken)

Literatur

Gesetzestexte

Bürgerliches Gesetzbuch. München ^{27}1983. Beck-Texte im dtv

Handelsgesetzbuch. München ^{17}1978. Beck-Texte im dtv

Gewerbeordnung (mit Handwerksordnung und Gaststättengesetz). München ^{16}1982. Beck-Texte im dtv

Steuergesetze. München ^{5}1979. Beck-Texte im dtv

Lehrbücher

Brox, H.: *Handelsrecht und Wertpapierrecht.* München ^{2}1981. Verlag C. H. Beck

Hahn/Lenz/Tunnissen: *Einführung in die kaufmännische Buchführung und Bilanz.* Bad Homburg ^{46}1974. Verlag Dr. Max Gehlen

Rauser, H.: *Steuerlehre.* Darmstadt ^{6}1979. Winklers Verlag

Veröffentlichungen zur Existenzgründung

Arbeitsgruppe „Unter Geiern": *Unter Geiern.* Berlin ^{2}1982. Stattbuch Verlag (Eine freakig-informative Einführung in die Unternehmensgründung, mit Fallbeispielen zu den drei Themen der Broschüre: Rechtsform, Buchhaltung, Finanzierung.)

Das ERP-Programm 1983/84. Bonn 1983 (Diese Broschüre können Sie beim Bundeswirtschaftsministerium, Referat für Öffentlichkeitsarbeit, Villemombler Str., 5300 Bonn 1, anfordern.)

Ich mache mich selbständig: Unter diesem Titel haben in einigen Bundesländern (z. B. in Bayern und Hessen) die Industrie- und Handelskammern Broschüren herausgegeben. Bitte erkundigen Sie sich bei den örtlichen Einrichtungen der IHK.

Planungshilfe Existenzgründung ist der Titel einer Broschüre, die der Deutsche Industrie- und Handelstag herausgegeben hat und die sich auf den Einzelhandel, das Dienstleistungsgewerbe sowie die Hotel- und Gaststättenbranche bezieht. Die Schrift ist zum Preis von 8,– DM beim Deutschen Industrie- und Handelstag, Abteilung Information, Postfach 1446, 5300 Bonn, zu beziehen.

Dietrich Karnath

Chancen im Ausland

Alles hinter sich lassen, einfach aussteigen und woanders neu beginnen – mit diesem Gedanken werden viele spielen, die sich auf dem deutschen Arbeitsmarkt kaum noch Chancen ausrechnen. Manche würden auch große Anstrengungen auf sich nehmen, um der Bundesrepublik den Rücken zu kehren.

Soziale, wirtschaftliche und berufliche Probleme aber sind in anderen Ländern kaum geringer. Es liegt z. B. auf der Hand, daß sich Staaten mit hoher Arbeitslosigkeit gegen Immigranten schützen, die den Einheimischen die knapp gewordenen Arbeitsplätze streitig machen. Die klassischen Einwanderungsländer USA, Kanada, Australien und Neuseeland nehmen derzeit nur noch Einwanderer auf, die einen besonders gefragten oder hochspezialisierten Beruf ausüben, mehrjährige Berufserfahrung haben oder für die industrielle bzw. wissenschaftliche Entwicklung des Landes benötigt werden. Die Maßstäbe hierfür sind ungemein streng und werden in Zukunft eher noch verschärft.

Alle Organisationen, die sich mit einer Auslandsvermittlung befassen, werden immer wieder auf zwei Voraussetzungen für eine längerfristige Perspektive hinweisen: gute Fremdsprachenkenntnisse und mehrjährige Berufserfahrung. Als Umsteiger haben Sie im Ausland nichts zu bestellen, denn Sie gelten dort als Hilfsarbeiter oder anzulernende Arbeitskraft – und davon gibt es überall genug. Chancen bestehen allenfalls auf schmalen Pfaden, z. B. im Tourismus (s. S. 165 ff.) oder – für befristete Aktivitäten – im pädagogischen Bereich (s. S. 230 ff.).

Wer als Umsteiger für immer ins Ausland will, sollte sein Vorhaben langfristig angehen. Getreu der alten chinesischen Weisheit, daß auch die längste Reise mit dem ersten Schritt beginnt, sollten Sie jede, auch die kleinste Möglichkeit nutzen, um Auslandserfahrung zu sammeln und Fremdsprachen zu lernen oder zu vertiefen (s. a. entsprechende Hinweise im Kapitel über „Jobs"). Als Nebeneffekt zahlreicher Auslandsaufenthalte ergeben sich mitunter *Kontakte,* die Ihnen vielleicht später zu einer längerfristigen Perspektive im Ausland verhelfen können.

Einige deutsche Institutionen und Organisationen werden Ihnen Wege ins Ausland aufzeigen. Diese *Praktika, Seminare, Sprachkurse und ähnliche Veranstaltungen* sind sehr begehrt, und oft handelt es sich nur um wenige Stellen. Eine systematische Wahrnehmung der Chancen aber kann sich lohnen. Die zahlreichen Anschriften sind in einigen Broschüren zusammengefaßt (s. Literaturhinweise).

Eine andere Möglichkeit, später einmal ins Ausland zu kommen, besteht für den, der gute Fremdsprachenkenntnisse (vor allem in Englisch, Franzö-

sisch oder Spanisch) hat: Er kann sich vorrangig bei mittleren und kleineren *Firmen mit internationalen Geschäftsbeziehungen oder Auslandsfilialen* bewerben. Denn nicht immer können Firmen für ihre Auslandsaktivitäten genügend Mitarbeiter aus den eigenen Reihen stellen. Ein Hochschulabsolvent, der ausdrücklich ins Ausland zu gehen wünscht, kann für ein solches Unternehmen von Interesse sein. Durch eine interne Trainee-Ausbildung, die er ja auch als Inland-Umsteiger absolvieren müßte, ließe er sich auf zukünftige Aufgaben vorbereiten. Allerdings gehen viele deutsche Firmen langsam dazu über, ausländisches Personal im Ausland anzulernen, da die deutschen Arbeitskräfte oft sehr hohe Gehaltsvorstellungen haben.
Hartnäckige Umsteiger werden versuchen, auf eigene Faust eine Anstellung im Ausland zu finden, etwa durch eine Anzeige in deutschsprachigen Zeitungen oder durch Kontaktaufnahme zu deutschsprachigen Vereinen oder auf anderen Wegen. Es ist nicht auszuschließen, daß diese Eigeninitiative in einigen Fällen zum Erfolg führt, zumal sich jeder EG-Bürger ungehindert eine Arbeit in einem anderen EG-Staat suchen kann. Sofern es aber um die klassischen Einwanderungsländer geht, sei von diesen Unternehmungen jedoch abgeraten: Hohe Kosten vor und während Ihrer Arbeitssuche (Flugkosten, Unterkunft, Verpflegung und sonstige Reisekosten), vor allem aber die strengen Einreise- und Aufenthaltsbestimmungen sprechen

dagegen. Es ist schon schwierig genug, als Ausländer einen Arbeitgeber zu finden. Noch schwieriger ist es, eine Einwanderungserlaubnis zu erhalten. Sie ist von einer Arbeitsgenehmigung abhängig, sofern Sie sich nicht auf besondere Gründe (etwa Familienzusammenführung) berufen können.
Die *Arbeitsgenehmigung* wird in der Regel nur dann erteilt, wenn Ihr Arbeitgeber vor der nationalen Arbeitsverwaltung nachweisen kann, daß er sich lange vergeblich bemüht hat, für diese Arbeit eine einheimische Kraft zu finden – und nun auf Sie angewiesen ist. Auch in Übersee gibt es ungelernte Arbeitskräfte und Umsteiger in Hülle und Fülle, weshalb dem Arbeitgeber der geforderte Nachweis kaum gelingen wird – es sei denn, daß für eine Arbeit unbedingt deutsche Sprach- oder Fachkenntnisse erforderlich sind. Leichter wird das Auswandern nur dann, wenn Sie einen ausländischen Ehepartner haben. Nähere Einzelheiten über die Bestimmung bei einer Familienzusammenführung erfahren Sie von der jeweiligen *Botschaft.*

1. Informationsquellen

1.1 Die Zentralstelle für Arbeitsvermittlung (ZAV)

Diese Dienststelle der Bundesanstalt für Arbeit sollte bei Ihren Bemühungen um eine Auslandsarbeit die erste Anlaufstelle sein. Hier werden Sie erfahren, wie Ihre Chancen zu beurteilen sind. Die ZAV kann grundsätzlich nur Stellen anbieten, die ihr aus dem Ausland bzw. für eine Tätigkeit im Ausland gemeldet werden. Eigene Initiativen wird sie auf fremden Arbeitsmärkten in der Regel nicht einleiten. Sie hat so gut wie keine Möglichkeiten, für Sie in ausländischen Zeitungen Inserate zu veröffentlichen oder Ihre Bewerbungsunterlagen unaufgefordert vorzulegen.
Einen Eindruck von den effektiven Chancen, in anderen Ländern eine Stelle zu finden, gibt das statistische Verhältnis von Anfragen und Vermittlungen, das die Auslandsabteilung der ZAV 1982 registrierte: 95.000 Erstanfragen und rund 12.000 Bewerbungen standen knapp 4.100 Vermittlungen ins Ausland gegenüber! Diese Diskrepanz ist vor allem darauf zurückzuführen, daß den meisten Interessenten die nötigen fachlichen und fremdsprachlichen Kenntnisse fehlten – abgesehen davon, daß in vielen Fällen auch illusionäre Vorstellungen über die Möglichkeiten eines Auslandseinsatzes bestanden. Von den angebotenen Stellen wurden ca. 65 % aus Entwicklungsländern, 23 % aus Industrieländern und 12 % von Internationalen Organisationen gemeldet. Für geistes- und gesellschaftswissenschaftlich orientierte Berufsanfänger standen fast keine Stellen zur Disposition: 8 % der Stellen gingen an Fachleute aus dem Bereich Erziehung und Sozialwesen und nur 3 % an Geistes- und Gesellschaftswissenschaftler.

Die ZAV vermittelt zwar im Programm für Beigeordnete Sachverständige auch Nachwuchskräfte zu Internationalen Organisationen, aber die Voraussetzungen sind sehr hoch gesteckt: erstklassige Kenntnisse in 2 Weltsprachen und eine mindestens 2–3jährige Berufserfahrung. Für arbeitslose Umsteiger, die als Berufsanfänger ins Ausland wollen, ist hier momentan nichts zu holen.

Zentralstelle für Arbeitsvermittlung, Auslandsabteilung, Feuerbachstr. 42–46, 6000 Frankfurt/M. 1, Tel.: (06 11) 71 11-1

1.2 Das Bundesverwaltungsamt

Postfach 278008, Habsburgerring 9, 5000 Köln 1, Tel.: (02 21) 20 05-1

Das Bundesverwaltungsamt hat u. a. die Aufgabe, Auswanderungswillige über Fragen eines Auslandsaufenthaltes zu informieren. Die länderspezifischen Merkblätter, die es zu diesem Zweck zusammenstellt, sind zu einem geringen Preis über die zahlreichen Beratungsstellen erhältlich, deren Adressen Ihnen das Amt gerne mitteilt (s. a. unten).

Solche Merkblätter gibt es zu rund 130 Ländern mit Angaben über wichtige Aspekte der nationalen Lebensbedingungen: Wirtschaft/Lebenshaltungskosten/Arbeitsmarkt (Arbeitsvertrag/Gehälter)/Einreise- und Einwanderungsbestimmungen/Steuern/Rechtssystem/Sozialwesen/Bildungswesen/Kultur und allgemeine Lebensweise/Presse, Funk und Fernsehen. Die Merkblätter enthalten auch wichtige Kontaktadressen: diplomatische Vertretungen, deutsche Vereine, Kulturinstitute.

Die Informationen sind auf einen breiten Leserkreis zugeschnitten. Daher muß die persönliche Beratung im Vordergrund stehen. Nehmen Sie deshalb nach gründlichem Studium der Merkblätter Kontakt mit einer Beratungsstelle auf – am besten fernmündlich, um lange Wartezeiten zu vermeiden. Die Telefonnummern finden Sie unter folgenden Namen im Telefonbuch aufgeführt:

Arbeiterwohlfahrt: Bremen
Beratungsstelle für Auslandstätige und Auswanderer des Instituts für Auslandsbeziehungen: Stuttgart
Deutscher Verband Katholischer Mädchensozialarbeit: Freiburg/Br., München
Deutsches Rotes Kreuz: Mannheim, Münster, Oldenburg
Evangelische Auslandsberatung: Hamburg
Evangelische Auswanderermission: Bremen
Evangelische Kirche/Diakonisches Werk: Braunschweig, Düsseldorf, Frankfurt/M., Hannover, Kassel, München, Münster, Nürnberg, Rendsburg, Speyer, Stuttgart
Öffentliche Auskunfts- und Beratungsstelle: Bremen, Bremerhaven, Hamburg, München
Raphaels-Werk/„Dienst am Menschen unterwegs“: Aachen, Augsburg, Berlin, Bremen, Dortmund, Düsseldorf, Essen, Frankfurt/M., Fulda, Hamburg, Hannover,

Köln, Landshut, Lübeck, Marktredwitz, München, Münster, Nürnberg, Offenburg, Paderborn, Passau, Regensburg, Rosenheim, Saarbrücken, Speyer, Stuttgart, Trier, Würzburg

Verein für Internationale Jugendarbeit: Augsburg, Berlin, Bielefeld, Bonn, Darmstadt, Düsseldorf, Hannover, Karlsruhe, Kassel, Kiel, Köln, Nürnberg, Oberursel, Stuttgart

1.3 Weitere Informationsquellen

Die Auslandshandelskammern können Ihnen bei der Suche nach Anschriften deutscher Firmen und ihrer Niederlassungen im Ausland behilflich sein. Sie stehen in direktem Kontakt mit den deutschen Industrie- und Handelskammern, als deren Dachorganisation der Deutsche Industrie- und Handelstag (DIHT) fungiert. Die Auslandshandelskammern geben zwar in erster Linie ihren beitragzahlenden Mitgliedern Auskunft, können aber gegen eine Gebühr, die sich nach dem Umfang der erbetenen Informationen richtet, auch von Nicht-Mitgliedern in Anspruch genommen werden. Die Adressen der Auslandshandelskammern erhalten Sie von allen örtlichen Industrie- und Handelskammern.

Die Bundesstelle für Außenhandelsinformation (BfAI) veröffentlicht Berichte über die wirtschaftliche Struktur vieler Länder und deren aktuelle Wirtschaftslage. Diese Materialien gibt sie gegen einen geringen Selbstkostenpreis auch an Auslandstätige und Auswanderer ab.

Bundesstelle für Außenhandelsinformation, Blaubach 13, 5000 Köln 1, Tel.: 0221/ 20 57-1

Das Statistische Bundesamt gibt Länderberichte heraus, die über den Verlag W. Kohlhammer GmbH, (Postfach 41 11 20, Philipp-Reis-Str. 3, 6200 Wiesbaden, Tel.: 06131/59 344) bezogen werden können.

Wolfgang Henniger

2. Pädagogische Arbeit im Ausland

2.1 Lehrer im Ausland

Unterschiede, die man beachten sollte

Im Stellenmarkt überregionaler Zeitungen (Die Welt, Die Zeit, Frankfurter Allgemeine Zeitung) kann man es hin und wieder lesen: Gesucht wird der Lehrer mit der Fächerkombination X/Y für die Deutsche Schule in Puntas Arenas in Chile, eine Grundschullehrerin für die Deutsche Schule in

Mailand, oder ein deutsches Unternehmen sucht einen deutschen Lehrer zur Betreuung der Kinder von Werksangehörigen. Die Arbeitsstelle liegt bei einer Großbaustelle im Nahen oder Fernen Osten.
Deutsche Lehrer werden immer wieder für den Unterricht an Schulen in deutscher Trägerschaft (= mit deutschen Mitteln gefördert) gewünscht, für pädagogische und betreuerische Maßnahmen im Rahmen von Entwicklungshilfeprojekten, für den ausländischen Schul- und Verwaltungsdienst (Austausch mit ausländischen Lehrkräften) oder im Zusammenhang von Auslandsaufträgen großer Unternehmen, die zusammen mit ihren Werksangehörigen deren Familien mitreisen lassen (diese Stellen sind meist auf 1–2 Jahre befristet).
Grundsätzlich muß man unterscheiden zwischen Stellen, die nur an bereits beamtete Lehrer vergeben werden, und jenen Posten, die auch für arbeitslose Pädagogen mehr oder weniger offen sind. Arbeitslose Bewerber mit 2. Staatsexamen haben nur sehr begrenzte Chancen auf eine Einstellung. Interessenten, die lediglich das 1. Staatsexamen vorweisen können, haben allenfalls dann Aussichten, wenn sie über eine Lehrbefähigung für Deutsch als Fremdsprache verfügen.
Wer sich über den freien Stellenmarkt ins Ausland vermitteln läßt, muß damit rechnen, daß er keineswegs die gleiche oder eine ähnlich hohe Entlohnung erwarten kann wie zu Hause. Auch im Hinblick auf die soziale Sicherheit (Krankenversicherung, Arbeitslosen-, Unfall- und Rentenversicherung) muß man mit Einbußen rechnen. Häufig wird man wie die einheimischen Lehrkräfte bezahlt. In Ägypten sind das ca. 200 Mark. Auch wenn man eine andere Kaufkraft berücksichtigt – für einen nach westlicher Sicht minimalen Komfort reicht das kaum, und für das Ticket nach Hause müssen die lieben Verwandten aufkommen.
Vor Antritt eines Auslandsaufenthaltes muß deshalb Klarheit herrschen über die Höhe der Entlohnung, über Unterkunft, Heimaturlaub, dessen Finanzierung, über Krankenversorgung, Rückführung im Falle von Krankheit, Invalidität oder Tod. Sie sollten vertragliche Abmachungen über die Fortführung Ihrer Renten- und sonstigen Versicherungen treffen und sich der finanziellen Hilfe für Ihre berufliche Wiedereingliederung nach der Rückkehr versichern.
Vergessen Sie natürlich nicht, sich über die klimatischen Bedingungen an Ihrem Einsatzort zu informieren. In Puntas Arenas/Chile regnet es z. B. an durchschnittlich 300 Tagen im Jahr, es liegt in der Nähe von Feuerland. Lassen Sie sich vorher von Ihrem Arzt auf Ihre körperliche Eignung hin untersuchen.
Wer als Lehrer ins Ausland gehen will, ist nicht nur auf den Stellenmarkt in den Zeitungen angewiesen. Eine Reihe von Behörden und Organisationen ist mit der Vermittlung deutscher Lehrkräfte ins Ausland befaßt.

Kontaktadressen

Bundesverwaltungsamt, Zentralstelle für das Auslandsschulwesen, Postfach 278 008, 5000 Köln 1, Tel.: (02 21) 2005-1
Die dem Auswärtigen Amt unterstellte Behörde ist die Anlaufstelle für die Vermittlung deutscher Lehrer an die Deutschen Schulen im Ausland. Gegenwärtig werden Auslandseinsätze nur für beamtete Lehrkräfte mit mindestens zwei Jahren Berufserfahrung organisiert. Das „Sonderprogramm zur Beschäftigung voll ausgebildeter, noch nicht beamteter Lehrkräfte an amtlich geförderten Schulen im Ausland" ist z. Zt. außer Kraft gesetzt, da den jährlich etwa 400 Bewerbungen lediglich 10–15 Stellen gegenüberstanden. Eine Wiederaufnahme des Programms ist nicht absehbar.

GTZ-Deutsche Gesellschaft für Technische Zusammenarbeit, Dag-Hammarskjöld-Weg-1, 6236 Eschborn, Tel.: (0 61 96) 401-1
Einige wenige von der GTZ unter Vertrag genommene Lehrer verschiedener Schulstufen unterrichten die Kinder von Entwicklungshelfern, die an GTZ-Großprojekten in der Dritten Welt arbeiten. Ansonsten vermittelt die GTZ mehr Ausbilder und Gewerbelehrer in KFZ-, Elektro- und Metallberufen, ferner Spezialisten aus den verschiedensten naturwissenschaftlich-technischen Berufen.

Berliner Missionswerk, Handjerstr. 19/20, 1000 Berlin 41, Tel.: (0 30) 85 10 21
Im Auftrag des Berliner Missionswerks arbeiten derzeit 4 deutsche Lehrer in der von Israel besetzten Westbank. Verschiedene Bildungseinrichtungen der evangelischen Kirche im Westjordanland kommen den benachteiligten palästinensischen Bewohnern zugute.
Für lutherische Partnerkirchen in Asien, Südafrika und Tansania wirbt das Missionswerk auch Mitarbeiter für theologische, medizinische und pädagogische Aufgaben in diesen Ländern an.

DÜ-Dienste in Übersee, Arbeitsgemeinschaft der Evangelischen Kirche in Deutschland, Gerokstr. 17, 7000 Stuttgart 1, Tel.: (07 11) 24 70 81
Im Rahmen der entwicklungspädagogischen und evangelisatorischen Einsätze der lutherischen Kirchen werden auf Wunsch der dortigen Landeskirchen auch Lehrer vermittelt.

Pädagogischer Austauschdienst, Sekretariat der Ständigen Konferenz der Kultusminister, Nassestr. 8, 5300 Bonn 1, Tel.: (02 28) 50 11
Im pädagogischen Austausch, in dessen Genuß ansonsten nur beamtete Lehrer aus dem deutschen Schuldienst kommen, können Sie auch als Fremdsprachenassistent an ausländischen Schulen arbeiten (weitere Einzelheiten s. S. 236 f.).

Katholische Kirche:
Arbeitsgemeinschaft für Entwicklung, Theodor-Hürth-Str. 2–6, 5000 Köln 21, Tel.: (02 21) 81 50 21
Internationales Katholisches Missionswerk e. V. (Missio), Hermannstr. 14, 5100 Aachen, Tel.: (02 41) 4 76 41

Miserior-Aktion gegen Hunger und Krankheit, Mozartstr. 9, 5100 Aachen, Tel.: (02 41) 44 20

Adveniat, Bernestr. 5, 4300 Essen 1, Tel.: (02 01) 2 20 41

Für allgemeinbildende Lehrer gibt es nur wenig Einsatzmöglichkeiten im Rahmen der katholischen Missionsarbeit, da das Schulwesen in den Händen der großen Orden (Benediktiner, Franziskaner, Weiße Väter, Steyler Mission, Jesuiten) liegt, die Lehrer aus den eigenen Reihen bestellen. In Verbindung mit Zusatzqualifikationen, einer medizinischen Ausbildung und als Ausbilder für gewerbliche, technische Berufe, kann es zu einer Vermittlung kommen.

Zentralstelle für Arbeitsvermittlung, Abteilung Ausland, Feuerbachstr. 42–46, 6000 Frankfurt/M. 1, Tel.: (06 11) 71 11-1

Bei der ZAV gehen gelegentlich Stellenangebote für deutsche Lehrer ein, die zu *ortsüblichen Bedingungen* beschäftigt werden sollen. Die Bezahlung ist also niedriger als in der Bundesrepublik. Hin- und Rückreise müssen selbst getragen werden. Mittel für die Eingliederung bei der Rückkehr werden nicht gezahlt.

Im Rahmen von Entwicklungshilfeprojekten werden mitunter Stellen für *Gewerbelehrer* im technischen Bereich ausgeschrieben.

Deutsche Unternehmen oder Firmenkonsortien, die im Ausland (vor allem in arabischen Ländern) Industrie- und Bauvorhaben durchführen, wenden sich bei der Suche nach Lehrern für die firmeneigenen Schulen ebenfalls an die ZAV. Jährlich gehen etwa 10–20 Stellenangebote ein. Die Verträge für *Baustellenlehrer* sind auf 1–2 Jahre befristet. Dabei werden Bewerber mit Berufserfahrung bevorzugt, jedoch können auch arbeitslose Interessenten mit 2. Staatsexamen vermittelt werden.

Privatlehrer werden in einzelnen Fällen über die ZAV gesucht. Bei der Auswahl der Bewerber/innen wird auf ein persönliches Vertrauensverhältnis selbstverständlich großer Wert gelegt. Als Privatlehrer werden auch Lehrbefähigte ohne Berufserfahrung eingestellt, denen es vor allem um erste Auslandserfahrungen geht.

Auxilia, 102 Rue d'Aguesseau, F-92 100 Boulogne-Billancourt, Frankreich

Zeitlich befristete Einsätze in der Behinderten-, Kranken- und Gefangenenpädagogik im französischsprachigen Ausland organisiert Auxilia. Ausreichende Französischkenntnisse sind Bedingung.

International Christian Youth Exchange, International Office, Bachstr. 1–2, 1000 Berlin 21, Tel.: (0 30) 3 13 70 46

Einen 1jährigen Aufenthalt an einer ausländischen Schule, in sozialpädagogischen Projekten und der Entwicklungshilfe bietet der ICYE an. Sie nehmen an einem 4 wöchigen Vorbereitungsseminar teil, sollten nicht über 25 Jahre alt sein und eine gute Konstitution besitzen. Kosten für Verpflegung, Unterkunft, Versicherung und Reise entstehen Ihnen nicht. Sie erhalten ein Taschengeld.

AIDE A TOUTE DETRESSE (ATD QUART MONDE), 122 Rue du Géneral Leclerc, F-95480 Pierrelaye, Frankreich

Auch Lehrer sind für 2–3jährige Einsätze in Erziehungs-, Gesundheits- und sozialen Projekten in Frankreich gesucht. Vor Beginn absolvieren Sie einen 1jährigen Vorbereitungskurs. Das Gehalt vereinbaren Sie in freier Verhandlung.

Verband deutscher Lehrer im Ausland e. V., Dorfhalde 26, 7890 Waldhut 1, Tel.: (0 77 51) 43 67

Der Verband hat sich zum Ziel gesetzt, das Auslandsschulwesen zu fördern und die Interessen deutscher Auslandslehrer wahrzunehmen. Er gibt Jahresberichte deutscher Auslandsschulen und die Zeitschrift „Der deutsche Lehrer im Ausland“ heraus.

Michael Schönberger

2.2 Deutscher Akademischer Austauschdienst (DAAD)

Vermittlung wissenschaftlicher Lehrkräfte bzw. Lektorenvermittlung, Kennedyallee 50, 5300 Bonn 2, Tel.: (02 28) 88 21

Der DAAD ist eine Selbstverwaltungsorganisation der Hochschulen in der Bundesrepublik. Zu seinen Aufgaben gehört es u. a., deutsche wissenschaftliche Lehrkräfte aller Fachrichtungen an ausländische Universitäten zu vermitteln. Die ausländischen Hochschulen halten entsprechende Stellen bereit, während der DAAD die Vorauswahl der Bewerber übernimmt. Wer dieses Verfahren erfolgreich besteht, wird von der Auslandsuniversität eingestellt und zumeist wie einheimische Mitglieder des Lehrkörpers besoldet. Der DAAD zahlt eine Ausgleichszulage und, im Rahmen seiner Richtlinien, Übersiedlungskosten, Mietzuschuß, Schulbeihilfen, Zuschüsse zur Alters- und Hinterbliebenenversorgung, Kosten für den Gesundheitsdienst, Beihilfen im Krankheitsfall und – bei Tätigkeit in Übersee – Fahrtkostenzuschüsse für den Heimaturlaub. Die **finanzielle Vergütung** entspricht etwa der eines Studienrates, ist also, zumal für Berufsanfänger, durchaus attraktiv.

Im übrigen handelt es sich durchweg um zeitlich befristete Positionen (mindestens 1 Jahr, maximal 5 Jahre), die keine dauerhafte Berufsperspektive bieten. Es liegt allerdings auf der Hand, daß eine berufliche Neuorientierung nach einem solchen Auslandsaufenthalt mit sehr viel günstigeren Startvoraussetzungen (Lehr- bzw. Unterrichtspraxis, Auslandserfahrung und Kontakte) verbunden ist als der bloße Hochschulabschluß.

Eine Vorstellung vom Gesamtumfang der Stellen, die der DAAD in diesem Rahmen fördert, geben folgende Zahlen: 1982 wurden 124 Langzeit- und 165 Kurzzeitdozenten gefördert, hinzu kamen 1981/82 insgesamt 372 Lektoren für deutsche Sprache und Literatur. Das Gros der Vermittlungen nehmen also die Lektorenstellen ein, auf die nun ausführlicher eingegangen wird.

Lektoren für die deutsche Sprache

Die Voraussetzungen werden im Einzelfall durch die ausländische Hochschule festgelegt. Einige Anforderungen sind generell zu beachten:

- Zum Zeitpunkt der Bewerbung muß man den *Studienabschluß* (Magister, Promotion, 1. bzw. 2. Staatsexamen für das Lehramt an Gymnasien) nachweisen können. In der Regel wird *Germanistik* als Haupt- oder Nebenfach erwartet (in Frankreich ersatzweise auch Romanistik), vorzugsweise kombiniert mit Geschichte oder Politik, Geographie, Wirtschaftswissenschaften oder der jeweiligen Landessprache.
- Die meisten ausländischen Hochschulen setzen *sprachdidaktische Erfahrungen*, vorzugsweise mit Deutsch als Fremdsprache voraus.
- Die Anforderungen an die *Kenntnis der jeweiligen Landessprache* differieren. Die Spanne reicht von „sehr guten" Kenntnissen (Französisch oder Englisch) über „gute" Kenntnisse (Italienisch, Spanisch) und „Grundkenntnisse" (z. B. Portugiesisch) bis zur geforderten Bereitschaft, die Landessprache zu erlernen (z. B. Türkisch). Für Länder wie etwa China spielen Sprachkenntnisse keine Rolle.
- deutsche Staatsangehörigkeit und Aufenthalt in der Bundesrepublik während der letzten 2–3 Jahre
- Die Altersgrenze zum Zeitpunkt der Bewerbung liegt für Großbritannien und Irland bei 30 Jahren, im übrigen Europa bei 35 und in Übersee bei 40 Jahren.

Die Aufgaben der Lektoren differieren an den einzelnen Hochschulen. In der Regel umfassen sie Unterricht in Deutsch als Fremdsprache, Lehrveranstaltungen auf dem Gebiet der deutschen Literatur- und Sprachwissenschaft sowie landeskundliche Veranstaltungen. Der Sprachunterricht, der auch Konversationskurse einschließen kann, wendet sich an zukünftige Deutschlehrer und Hörer aller Fakultäten. An manchen Hochschulen wird vom Lektor z. B. auch die Mitarbeit an der Lehrerfortbildung und der Lehrplanentwicklung, die Erstellung von Lehrmaterialien oder die Betreuung von Examensarbeiten erwartet.

Die Vertragsdauer beläuft sich in Großbritannien und Irland auf 1–2 Jahre; im übrigen Europa schwankt sie zwischen 1–5 Jahren; in Übersee liegt sie zwischen 2–5 Jahren.

Das Bewerbungsverfahren: Die Stellen werden vom DAAD in der Regel mindestens ein Jahr vor Beginn der Tätigkeit ausgeschrieben (Inserate z. B. in der ZEIT). Die Ausschreibungen können beim DAAD angefordert werden. Aufgrund der „vorläufigen Bewerbungsunterlagen" (formaler Nachweis der Voraussetzungen, persönliche Motivation, Referenzen) lädt der DAAD die in Frage kommenden Interessenten zu einem Informationsgespräch ein. Dann wird man ggf. zur endgültigen Bewerbung (u. a. mit Gutachten von zwei Hochschullehrern) aufgefordert. Ein Auswahlausschuß mit deutschen und ausländischen Fachvertretern führt anschließend mit geeignet erscheinenden Kandidaten ein Bewerbungsgespräch (ca. 20 Minuten). Dabei können wissenschaftliche, landeskundliche und berufliche Themen angeschnitten werden. Soweit dies zu den formalen Voraussetzungen gehört, wird ein Teil des Gesprächs in der jeweiligen Landessprache geführt. Aufgrund der Unterlagen und des persönlichen Eindrucks nimmt der Ausschuß seine Auswahl vor. Die endgültige Entscheidung ist der ausländischen Hochschule überlassen. Wer dieses Verfahren erfolgreich besteht, erhält schließlich einen Dienstvertrag von der Hochschule und eine Förderungszusage vom DAAD.

Gabi Ebert-Fritz

2.3 Pädagogischer Austauschdienst

beim Sekretariat der Ständigen Konferenz der Kultusminister der Länder in der Bundesrepublik Deutschland, Postfach 2240, Nassestr. 8, 5300 Bonn 1, Tel.: (02 28) 50 11)

Eine Tätigkeit als **Fremdsprachenassistent(in)** bietet keine eigenständige Berufsperspektive. Man kann dadurch jedoch vorhandene Sprachkenntnisse vertiefen und Auslandserfahrungen sammeln. Beides erleichtert den Einstieg in international orientierte Berufsfelder.
Der Pädagogische Austauschdienst vermittelt für 8–11 Monate Fremdsprachenassistenten an ausländische Schulen in Europa (Großbritannien, Republik Irland, Frankreich, Italien, Belgien, Niederlande, Schweiz, Spanien) und Übersee (Australien, Kanada, USA). Pro Jahr werden etwa 1.200 Stellen angeboten. Der Austausch ist in erster Linie für angehende Philologen gedacht, aber auch Hochschulabgänger mit nicht-philologischen Fächern können sich Hoffnungen machen. In Europa können auch angehende und ausgebildete Grund-, Haupt- und Realschullehrer assistieren, in Übersee dagegen nur Gymnasiallehrer mit Staatsexamen (Ausnahme: Realschullehrer mit 1. Examen für Kanada).
Die Hauptaufgabe eines Fremdsprachenassistenten besteht darin, den ausländischen Schülern beim Erlernen der deutschen Sprache zu helfen. Besonderer Wert wird auf Konversationsübungen gelegt. Die Themen können frei gewählt werden, meist steht Landeskunde im Vordergrund. Der Deutschunterricht wird mitunter in eigener Regie geführt und umfaßt 12 Stunden pro Woche. Ein Fremdsprachenassistent kann in seltenen Fällen auch an eine Universität vermittelt werden.
Großen Raum nehmen die außerschulischen Aktivitäten ein. Oft stehen Kino- und Theaterbesuche an; Ausflüge werden unternommen oder länge-

re Klassenfahrten organisiert. Gelegentlich muß man auch mit deutschen Clubs Kontakt halten und ihnen bei der Durchführung von Programmen helfen.
Wer sich bewerben will und neben sehr guten Sprachkenntnissen auch die **Voraussetzungen** erfüllt, weder verheiratet noch älter als 30 zu sein, sollte den Pädagogischen Austauschdienst um Zusendung der Bewerbungsbögen bitten. Sie müssen dann noch Lichtbilder, Gesundheitszeugnis (für Übersee) und Gutachten zweier Universitätslehrer vorlegen. Bewerbungsschluß für Europa und Kanada ist der 15. Januar. Bewerbungen für Australien müssen bis zum 1. März und für die USA bis zum 1. Oktober eingetroffen sein.
Nach Prüfung der eingereichten Bewerbungsunterlagen werden Sie ggf. zu einem Auswahlgespräch eingeladen. Das Interview findet in jenem Bundesland statt, in dem Sie sich beworben haben. Es wird zeitweilig in der entsprechenden Fremdsprache geführt. Die Kandidaten werden zu folgenden Themen befragt: Landeskunde/Tagespolitik/Kultur (speziell Literatur)/aktuelle Wirtschaftslage/Allgemeinwissen/Fremdsprachenkenntnisse/Unterrichtsdidaktik/persönliche Motivation.
Das **Gehalt** richtet sich nach den nationalen Lebensbedingungen. So verdient etwa ein Fremdsprachenassistent in England monatlich ca. 250 Pfund, in Frankreich 3.200 Francs. Dies liegt nur wenig unter dem Anfangsgehalt der Lehrer des Gastlandes. Die Reisekosten müssen Sie allerdings selber tragen.

Wem die Vermittlung über den Pädagogischen Austauschdienst nicht gelingt, der kann es auf direktem Weg versuchen und einige Auslandsuniversitäten anschreiben (Anschriftenverzeichnisse finden Sie in der Hochschulbibliothek). Voraussetzung: Germanistikstudium oder Erfahrungen im Deutschunterricht für Ausländer.

3. Weitere Einstellungsträger

3.1 Goethe-Institut

Goethe-Institut zur Pflege der deutschen Sprache im Ausland und zur Förderung der internationalen Zusammenarbeit e. V., Lenbachplatz 3, Postfach 20 10 09, 8000 München 2, Tel.: (0 89) 5 99 91)

Das Goethe-Institut verfolgt das Ziel, die deutsche Sprache im Ausland zu pflegen und die internationale kulturelle Zusammenarbeit zu fördern. Diese weltweit verbreitete Organisation beschäftigt mehr als 3.000 Mitarbeiter in rund 60 Ländern. Nur einige wenige werden in der Bundesrepublik eingesetzt.

Die Arbeit eines Goethe-Institutes konzentriert sich auf die folgenden Aktivitäten:

- Deutschkurse für Erwachsene im In- und Ausland
- Ausbildung von Deutschlehrern aus Entwicklungsländern und Fortbildung von ausländischen Deutschlehrern und Hochschulgermanisten
- Zusammenarbeit mit ausländischen Schulen und Deutschlehrern im Gastland sowie Durchführung von Fachkongressen
- Planung und Durchführung von Kulturveranstaltungen (Vorträge, Musik, Theater, Film, Ausstellungen, Seminare etc.)
- Aufbau und Führung von Bibliotheken im Ausland.

Pro Jahr stellt das Goethe-Institut zur Zeit nur ca. 20 Nachwuchskräfte ein. Eine Steigerung des Bedarfs ist nicht erkennbar. Die Chance einer Anstellung ist daher äußerst gering. Es gilt folgende **Voraussetzungen** zu erfüllen:

- abgeschlossenes Universitätsstudium (bei Philologen 2. Staatsexamen erwünscht.)
- Fremdsprachenkenntnisse in wenigstens 2 modernen Fremdsprachen (Weniger geläufige Sprachen sind erwünscht.)
- ausgeprägte Interessen auf kulturellem Gebiet und Aufgeschlossenheit für politische und gesellschaftliche Probleme der Gegenwart
- Alter zwischen 25 und 32 Jahren
- Tropentauglichkeit (Nachweis hierüber aber erst bei Zulassung zur Ausbildung).

Nach Sichtung der Bewerbungsunterlagen werden die besten Kandidaten zu einem einwöchigen Auswahlseminar eingeladen. Für die Auserwählten folgt dann eine einjährige Ausbildung mit dem Schwerpunkt Deutsch als Fremdsprache. Anschließend wird die Nachwuchskraft fest angestellt und zunächst als Dozent im Inland eingesetzt. Dabei geht es um die Vorbereitung, Erteilung und Nachbereitung des Unterrichts sowie die Erledigung allgemeiner Aufgaben (Beratung, kulturelle Aktivitäten, Konferenzteilnahme etc.).
Nach Bewährung im Inland wird ein Dozent ins Ausland entsandt, wobei persönliche Interessen und fachliche Qualifikation Berücksichtigung finden. Ein Dozent weilt für 5–7 Jahre in einem Land, kann oftmals einen zweiten Auslandsaufenthalt anhängen und wird aber dann wieder einige Jahre im Inland verbringen müssen.
Man kann sich auch vor Ort von einem Goethe-Institut als Sprachlehrer einstellen lassen. Zur Zeit gibt es etwa 600 solcher Ortslehrkräfte.

3.2 *Auswärtiges Amt*

Rund um den Globus arbeiten die Mitarbeiter des Auswärtigen Amtes, um die auswärtigen Beziehungen zu pflegen und die außenpolitischen Aufgaben der Bundesregierung durchzuführen. Aus dem großen Kreis der Interessenten werden jährlich etwa 300 Bewerber für das langwierige Auswahlverfahren zugelassen. Am Ende können aber nur ca. 30 Nachwuchskräfte pro Jahr für den *höheren Dienst* eingestellt werden. Die **Anforderungen** an neue Mitarbeiter sind hoch:

- abgeschlossenes Hochschulstudium (bevorzugte Fächer: Geschichte, Politik, Volkswirtschaft, internationales Recht)
- die Fähigkeit, sich in Englisch und Französisch mit politischen, wirtschaftlichen und kulturellen Fragen auseinanderzusetzen, und zwar schriftlich und mündlich. Es geht dabei nicht um perfekte Sprachkenntnisse, sondern um ausbaufähige Grundkenntnisse. Gute Chancen werden Bewerbern eingeräumt, die Kenntnisse in seltenen Sprachen haben.
- ein fundiertes Grundwissen in neuer Geschichte und Politik, in Völker- und Staatsrecht und in Volkswirtschaft
- persönliche Qualitäten wie eine schnelle Auffassungsgabe, sicheres und natürliches Auftreten, psychische Belastbarkeit, Kontaktfreude, Initiative, Kooperationsfähigkeit und Entschlußfreude
- Der Bewerber darf nicht älter als 32 Jahre alt sein.
- Tropentauglichkeit.

Bewerbungsschluß ist der 30. September.

Einzelheiten über das Bewerbungsverfahren und die Vorbereitung darauf, über Ausbildung, Laufbahnen und Aufgaben im Auswärtigen Dienst enhält ein Informationspapier, das Sie beim *Auswärtigen Amt, Aus- und Fortbildungsstätte,* Gudenauer Weg 134–136, 5300 Bonn 1 (Tel.: 0228/171) beziehen können.
Weitere Informationen finden Sie in den von der Bundesanstalt für Arbeit herausgegebenen *Blättern zur Berufskunde „Beamter des höheren Auswärtigen Dienstes“* bzw. *„Beamter/Beamtin des gehobenen Auswärtigen Dienstes“*. Beide Blätter erhalten Sie kostenlos bei: W. Bertelsmann Verlag K. G., Postfach 1020, 4800 Bielefeld. Sie können die Blätter auch in der Stadtbibliothek einsehen.

Literatur

Grätz, F.: *Berufschancen im Ausland. Orientierung über Alternativen, Arbeits- und Lebensbedingungen, Einkommen und Zusatzleistungen.* (Für Experten, Manager, Studierende und Berufsanfänger, Entwicklungshelfer, Organisationen) Lexika-Verlag

In der „Schriftenreihe zum Handbuch für Internationale Zusammenarbeit“ (Nomos Verlagsgesellschaft, Baden-Baden) sind folgende Verzeichnisse erschienen:

DAAD Deutscher Akademischer Austauschdienst: *Deutsche Partner in der internationalen wissenschaftlichen Zusammenarbeit. Verzeichnis deutscher Institutionen.* Bearbeitet und ausgewählt von M. Stassen und H. Wilhelm. Stand: Juni 1979 (158 Seiten)

Deutsche Partner der Entwicklungsländer. Verzeichnis deutscher Institutionen. Bearbeitet und ausgewählt von M. Adameck und R. Schlette. Stand: Ende 1978

Institut für Auslandsbeziehungen: *Deutsche Partner im internationalen Kulturaustausch. Verzeichnis deutscher Institutionen.* Bearbeitet und ausgewählt von G. Kuhn und H. Wilhelm. Stand: Juni 1979

ZAV-Auslandsinformationen gibt es u. a. für *Wirtschaftswissenschaftler* (Bezugsadresse s. S. 233).

Weitere Literaturangaben finden Sie im Kapitel über „Jobs“.

Wolfgang Henniger

Jobben mit Kalkül

Der Job in den Semesterferien gehört bei vielen Studenten zum unwillkommenen Muß nach der harten Vorlesungszeit. Das zweite Staatsexamen in der Tasche, sieht man sich wieder vor die Situation gestellt, mit Taxifahren, Büro- und Aushilfsarbeiten sein Dasein fristen zu müssen. Vielleicht zählt man nicht zu denen, die Arbeitslosenhilfe beanspruchen können, und so ist man froh, wenn die JOB-Vermittlung beim Arbeitsamt, eine private Zeitarbeitsfirma oder der „Messe-Service" für vorübergehende Beschäftigung sorgen.

Es gibt eine Reihe von Gründen, die für und die gegen eine befristete Beschäftigung durch einen Job sprechen. Um mit dem *Contra* zu beginnen: Bei einer nur zeitweisen Beschäftigung verliert man unter Umständen den Anspruch auf Arbeitslosengeld oder -hilfe oder riskiert zumindest eine Kürzung dieser Bezüge. Außerdem hat man kaum Zeit, sich um eine „richtige" Stelle zu kümmern.

Zu den *Pro*-Argumenten gehört, daß eine im Lebenslauf ausgewiesene langanhaltende Arbeitslosigkeit – trotz Tausenden Gleichbetroffener – keineswegs eine Empfehlung für einen potentiellen Arbeitgeber bedeutet. Kann man dagegen schreiben, an welchen Orten, in welchen Branchen, an welchen Aufgaben man Erfahrungen und Kenntnisse erworben hat, dann beweist man zumindest, daß man die Arbeitslosigkeit nicht tatenlos über sich ergehen ließ. Die so demonstrierte Aktivität und Flexibilität wird schnell zu einem Bonus, mit dem man sich aus dem Heer der Mitbewerber hervortut, wenn sich Erfahrungen und Kenntnisse – z. B. Fremdsprachen – in der angestreben Berufsperspektive verwerten lassen.

- Jobs sollten ebenso wie Praktika, freie Mitarbeit und Auslandsaufenthalte nicht nur unter dem Gesichtspunkt einer *direkten* beruflichen Verwertung gesehen werden, sind sie doch *eine Chance, den eigenen geistigen, sozialen und politischen Horizont zu erweitern.*
- Am Arbeitsmarkt, auf dem Sie sich vielleicht Hunderten von gleich oder ähnlich qualifizierten Mitbewerbern konfrontiert sehen, gewinnen so erworbene *individualisierende Persönlichkeitsmerkmale und -werte* leicht entscheidende Bedeutung.

Wirtschaftliche Notlagen werden bekanntlich von gewissen Zeitgenossen ausgenutzt. Schon deshalb, aber auch im Hinblick auf Steuern und Versicherungsschutz sollte man einige Dinge beachten, um unliebsame Erfahrungen zu vermeiden.

Soziales

Bevor Sie ein Arbeitsverhältnis eingehen, sollten Sie sich darüber im klaren sein, ob Sie einen Arbeits- oder Werksvertrag abschließen. Zwischen beiden Vertragsarten bestehen beträchtliche steuerliche und sozialrechtliche Unterschiede:

Einen **Werksvertrag** schließen Sie zum Beispiel ab, wenn Sie für einen Vertragspartner ein Auto überführen und dafür eine Pauschalsumme erhalten. Sie arbeiten dann quasi als Ihr eigener Unternehmer, auf eigenes Risiko und mit eigener Haftung. Sie sind nicht unfallversichert und werden bei Unfällen und Beschädigung fremden Eigentums schadenersatzpflichtig.
Für die von Ihnen erbrachte Leistung werden keine Lohnsteuer und keine Sozialabgaben fällig. Dafür müssen Sie Mehrwertsteuer zahlen, wenn Sie einen Umsatz von mehr als DM 20.000,– im Jahr erreichen, und Einkommenssteuer entrichten, sobald Sie über den Grundfreibetrag für Ledige von DM 4.266,– und für Verheiratete von DM 8.532,– kommen.
Sollten Sie diesen „Nebentätigkeiten" als abhängig Beschäftigter nachgehen, so müssen Sie bei Ihrer Einkommenssteuererklärung bzw. Ihrem Lohnsteuer-Jahresausgleich alle Einkünfte angeben, die mehr als DM 800,– ausmachen. (Die Nebeneinkünfte sind dann steuerfrei, wenn Ihr Gesamteinkommen nicht über DM 24.000,– bzw. 48.000,– bei Verheirateten liegt.)

Als abhängig Beschäftigter schließen Sie einen **Arbeitsvertrag** – unabhängig davon, ob Ihre Tätigkeit von Art, Umfang oder zeitlich befristet ist. Von Ihrem Lohn werden anteilig Beiträge für die Kranken-, Renten-, Arbeitslosenversicherung einbehalten. Ihr Arbeitgeber zahlt den gleichen Betrag dazu und versichert Sie darüber hinaus bei der gesetzlichen Unfallversicherung der zuständigen Berufsgenossenschaft.
Ob Sie als Packer oder als Sekretariatsaushilfe jobben, Sie unterliegen den *Betriebsvereinbarungen* und den *Tarifverträgen.* Nach diesen richtet sich z. B. die Dauer Ihres Urlaubs. (Sie haben Anspruch auf 1/12 Jahresurlaub pro Monat, mindestens aber 1 1/2 Tage pro Monat. Das gilt gleichermaßen, ob Sie nur 3 Stunden oder 8 Stunden täglich arbeiten.) Zuschläge für Überstunden, Feiertags- und Nachtarbeit sind dabei ebenso vereinbart wie die Sozialleistungen: Urlaubsgeld, Essensgeldzuschüsse, Fahrgeld und Weihnachtsgeld. Unbefristete Arbeitsverhältnisse unterliegen dem gesetzlichen Kündigungsschutz. Dessen Fristen können nur beliebig unterschritten werden, wenn Sie weniger als 3 Monate arbeiten. Nach 3 Monaten geht Ihr Job automatisch in ein unbefristetes Arbeitsverhältnis über. Kettenarbeitsverträge sind nicht zulässig.

Ein Sonderfall sind die **Studenten.** Diese brauchen während der Semesterferien keine Sozialabgaben zu zahlen. Bei einer Arbeit während der Vorlesungszeit auch dann nicht, wenn das Arbeitsverhältnis auf höchstens 2 Monate befristet ist oder nicht länger als 26 Wochen bzw. 182 Tage im Jahr dauert und die wöchentliche Arbeitszeit 20 Stunden nicht überschreitet. Da die Arbeitslosenversicherung eine Zwangsversicherung ist und freiwillige Beitragszahlungen nicht möglich sind, kann sich ein Student gegen finanzielle Einbußen bei Arbeitslosigkeit nach dem Studium kaum absichern.

Praktikanten können sozialrechtlich wie Studenten behandelt werden, wenn das Praktikum in einem Studiengang oder einer Prüfungsordnung vorgesehen ist. Für nicht mehr (oder noch nicht) Immatrikulierte müssen vom Arbeitgeber Sozialabgaben abgeführt werden; bei einem unentgeltlichen Praktikum in Höhe eines fiktiven Gehalts von DM 30,– monatlich.

Diese steuerlichen und sozialrechtlichen Richtlinien gelten natürlich nur für einen Job im Inland. Im Ausland sind die Arbeitsbedingungen und die sozialen und steuerlichen Regelungen sehr unterschiedlich. Es empfiehlt sich daher, vor Antritt eines Auslandsjobs Arbeitsbedingungen sowie die steuerlichen und sozialrechtlichen Konsequenzen bei den Trägern der Maßnahme, den Generalkonsulaten der Länder oder der Deutschen Botschaft im Lande sowie bei Ihrer Krankenversicherung zu erfragen. Eine *schriftliche Abfassung Ihres Arbeitsvertrages* ist generell zu empfehlen, schon aus Gründen der Beweissicherung im Streitfall. In diesem Vertrag sollten die Art und Höhe des Lohns (stundenweise oder pauschal), die Dauer und der Beginn der Beschäftigung, etwaige Zuschläge zum Grundlohn bei Mehrarbeit an Samstagen, Sonn- und Feiertagen, die tägliche Arbeitszeit, Fahrgeld und Essensgeld festgelegt werden.

Jobs sinnvoll planen und auswählen

Der sinnvoll geplante und ausgewählte Job kann Teil einer langfristigen Strategie der Arbeitsplatzsuche sein. Praktika, Volontariat und freie Mitarbeit sollten der Berufsorientierung dienen. Man knüpft neue Kontakte, erfährt sich selbst in Bewährungssituationen, prüft seine Eignung und Talente für bisher nicht gedachte Aufgaben, erwirbt Kenntnisse und Kompetenzen.

Bei der Suche nach dem Job sollte man mit Kalkül vorgehen. Vieles, was für die Suche nach einem dauerhaften Arbeitsverhältnis gilt, zählt auch bei einem Job.

- *Lektüre von Stellenanzeigen:* Neben der Lektüre des Stellenmarktes von Tages- und überregionaler Wochenpresse (Welt, Zeit, FAZ, Süddeutsche Zeitung, Frankfurter Rundschau) sollte man Branchenorgane, Fachzeitschriften und Informationsdienste der Wirtschaft studieren – z. B. Börsenblatt des Dt. Buchhandels, Der Journalist, Kress report (Werbewirtschaft). Da das Abonnement der Zeitschriften zu teuer ist, sollte man sie lieber in Bibliotheken oder Zeitungsarchiven einsehen.
- *Selbst inserieren:* Inserate in solchen Zeitschriften können dann sinnvoll sein, wenn man sich von seiner „Schokoladenseite“ präsentiert und exo-

tische Vorzüge angeben kann – z. B. Kenntnisse in Bulgarisch, Fachmann für Ost-West-Geschäfte. Der Phantasie seien keine Grenzen gesetzt – aber bitte: Sie müssen dann auch wirklich über diese Fähigkeiten verfügen.

- *Melden Sie sich bei einer der JOB-Vermittlungsstellen,* die es an vielen Arbeitsämtern gibt.
- Versuchen Sie, Jobs zu bekommen, bei denen Sie *Spezialqualifikationen* erwerben oder erweitern können, die Ihre Berufssituation allgemein verbessern, aber auch für die langfristig angestrebte Arbeit von Bedeutung sind: z. B. Schreibmaschinenfertigkeiten, Steno, kaufmännische Kenntnisse und Fremdsprachen.
- Bieten Sie sich für Jobs *unaufgefordert* in einer *Kurzbewerbung* an, in der Sie Ihre Motive und mögliche Anknüpfungspunkte für eine Zusammenarbeit aufzeigen.
- Nutzen Sie *private Kontakte.* Lassen Sie andere für Sie werben, sich für Sie umhören.
- Versuchen Sie, die *Adressaten* Ihrer Anschreiben *beim Namen* zu *nennen.* Ein Brief an die Personalabteilung oder an „Sehr geehrte Damen und Herren" landet häufig im Papierkorb. Namen und Adressen erfährt man aus dem *Hoppenstedt* (Handbuch der Großunternehmen. Darmstadt, Verlag Hoppenstedt und Co, erscheint jährlich neu) oder mit einem unverbindlichen Anruf in der Zentrale des Unternehmens. Lassen Sie sich nicht abwimmeln, bleiben Sie hartnäckig, aber höflich – Sie werben für sich.

Das Angebot von Zeitarbeitsfirmen

Zeitarbeitsfirmen (Manpower, Adia, Randstad u. a.) vermitteln Personal zeitlich befristet im In- und europäischen Ausland an Firmen, die trotz personeller Engpässe keine zusätzlichen Arbeitskräfte einstellen wollen. Während Ihres Einsatzes in diesen Firmen und in der Zeit zwischen den einzelnen Arbeitseinsätzen bleiben Sie Angestellter der Zeitarbeitsfirma.
In kaufmännische Bereiche vor allem, in Sekretärinnen- und Textverarbeitungsstellen vermitteln die Zeitarbeitsfirmen ihre Angestellten. Gesucht aber sind auch Handwerker, EDV-Leute, Dolmetscher und andere Fremdsprachenberufe.
Akademiker können ebenfalls über Zeitarbeitsfirmen einen Job finden. Gefragt sind in der Regel weniger Ihre akademischen Qualifikationen als praktische, kaufmännische und bürotechnische Fertigkeiten (Steno, Maschinenschreiben, EDV und Fremdsprachen), die Sie während Ihres Studiums oder vorher erworben haben. Berufspraxis ist von Vorteil. Wo sie

fehlt, sollten Sie zumindest Ihre Qualifikationen nachweisen können. Lassen Sie sich für Ihre Jobs Zeugnisse ausstellen.
Wer regelmäßig in den Semesterferien gejobbt hat, vielleicht früher schon einmal von der Zeitarbeitsfirma vermittelt werden konnte, wird anderen Bewerbern vorgezogen.
Adressen von Zeitarbeitsfirmen finden Sie im Branchentelefonbuch.

Jobs, Praktika und Volontariate im Ausland

(Informationen über *längerfristige* Arbeitsperspektiven finden Sie im *Ausland*-Kapitel auf S. 226 ff.).

Umfangreiche Zusammenstellungen möglicher *Jobs im In- und Ausland, in Europa, in den USA, in Kanada und der Dritten Welt* können Sie z. B. preiswert bei der Firma BSM in Wiesbaden bestellen.

Um nur ein paar Jobs aus dem vielfältigen Angebot zu nennen: Work camps, Friedensdienste, Sommerjobs, Praktika, Au-Pair, Entwicklungshilfe-Projekte, Jugendaustausch, Famulantenaustausch, Aushilfe in Büro, Gastronomie und anderem Dienstleistungsgewerbe, Reiseleiter, Animateur, Sport- und Gymnastiklehrer, Erntehilfen, Fließbandarbeiter, Landschaft- und Umweltschutzeinsatz, Behindertenbetreuung, Sprachdozent, sozialpädagogische Betreuung und vieles andere mehr.
Sie erhalten nützliche Tips über notwendige Arbeits- und Reisepapiere, Höchstaufenthaltsdauer im Land, Informationen über Dauer und Art der Jobs, Entlohnung und übrige Leistungen. Die Kontaktadressen sind angegeben. Bezugsadresse: Firma BSM GmbH, Postfach 4367, 6200 Wiesbaden.

- Broschüre: *Sommerjobs und Work camps in den USA.* DM 8,–
- Broschüre: *Sommerjobs und Work camps in Kanada.* DM 6,–
- Info: *Mehrjährige Einsätze in der 3. Welt.* DM 6,–
- Broschüre: *Jobs in Europa 83.* DM 19,80 (erscheint jährlich neu)

Die folgende Information über *„Führer für Ferienjobs" in Frankreich, Großbritannien und Israel* enthielt DER SPIEGEL (Nr. 27 v. 4. 7. 1983):

„Hilfe bei der Suche nach einer Sommerarbeit im Ausland leisten drei Bücher, die in dem Oxforder Verlag Vacation Work erschienen sind – gleichsam eine Arbeitsmarktbörse für junge Leute, die während der Ferien billig in Frankreich (Titel: „Emplois d'Eté en France") oder Großbritannien („The Directory of Summer Jobs in Britain") leben wollen. Die meisten Angebote kommen von Hotels, Farmen, Sportzentren, Segelschulen und anderen Saisonbetrieben; angegeben sind die Höhe der Löhnung, Unterbringungsmöglichkeiten an der Arbeitsstelle sowie die notwendige Qualifikation des Bewerbers. In einem weiteren Buch aus dieser Reihe („Kibbutz Volunteer") sind Kibbuzim in Israel zusammengestellt, die – gegen Kost, Logis und ein kleines Taschengeld – Helfer bei sich aufnehmen."
Die Bücher können Sie beziehen bei: Interconnections, Belfortstr. 55, 7800 Freiburg.

Informationen über Arbeitsmöglichkeiten in einem Land Ihrer Wahl erhalten Sie bei den *„servis“ Zeitarbeit-Vermittlungen der Arbeitsämter* (in vielen Großstädten der Bundesrepublik), bei den *Filialen der Zeitarbeitsfirmen Manpower und Adia,* bei den *JOB Zeitpersonal-Vermittlungen Ihres zuständigen Arbeitsamtes* und über die Beratungs- und Vermittlungsstellen des *Vereins für Internationale Jugendarbeit* (Büros in: Berlin, Hamburg, Kiel, Hannover, Kassel, Düsseldorf, Krefeld, Bielefeld, Köln, Bonn, Darmstadt, Oberursel, Stuttgart, Karlsruhe, Nürnberg, Augsburg, München). Die Adressen finden Sie im Telefonbuch.
Auslandsaufenthalte veranstalten schließlich auch viele gemeinnützige Organisationen. Deren Angebot, Ziele und Anschriften erschließt Ihnen die

Übersicht über Chancen des persönlichen Engagements im Ausland. Diese Kurzinformation erhalten Sie auf Anforderung von der *Arbeitsgemeinschaft für Entwicklungshilfe e. V.,* Theodor-Hürth-Str. 2–6, 5000 Köln 21 (Tel.: 0221/81 50 21).

Einzelheiten über Ausbildungsprogramme, Stipendien und Förderungsmöglichkeiten für Auslandsaufenthalte enthält das folgende Buch:

H. G. Brodach/I. Hackenbroch/C. Kreklau: *Wege ins Ausland. Ein Ratgeber für Ausbildung, Beruf und Freizeit im Ausland.* Weltforum Verlag, München/Köln/London 1982.

Schließlich noch ein Hinweis auf die Broschüre, die jährlich erscheint und aktuelle Informationen über Auslandsstipendien gibt:

Auslandsstipendien für Deutsche. Herausgegeben vom Deutschen Akademischen Austauschdienst (DAAD), Kennedyallee 50, 5300 Bonn 2

Michael Schönberger

Hilfen der Arbeitsverwaltung für arbeitslose Hochschulabgänger

Der Beitrag soll einen kurzen Überblick insbesondere über die finanziellen Möglichkeiten der Arbeitsämter für arbeitslose Akademiker geben. Dabei ist die Darstellung speziell auf die Situation dieses Personenkreises abgestimmt. Die Zusammenstellung erhebt keinen Anspruch auf Vollständigkeit; sie bezieht sich auf die rechtliche Situation im Juli 1983, gilt also vorbehaltlich weiterer Gesetzesänderungen[1]. Es bietet sich an, im Einzelfall die zuständigen Arbeitsvermittler oder -berater in den Arbeitsämtern zu fragen.

1. Finanzielle Hilfen

1.1 Das Arbeitslosengeld

Anspruch auf Arbeitslosengeld hat ein Arbeitnehmer, wenn er
- arbeitslos ist
- die Anwartschaftszeit erfüllt hat
- sich beim Arbeitsamt persönlich arbeitslos gemeldet und Arbeitslosengeld beantragt hat
- der Arbeitsvermittlung zur Verfügung steht.

Diese vier Mindestvoraussetzungen sollen nun kurz erläutert werden.
Arbeitslos ist jeder, der vorübergehend nicht in einem Beschäftigungsverhältnis steht oder nur eine **kurzzeitige Beschäftigung** ausübt. Unter kurzzeitiger Beschäftigung sind alle entlohnten Tätigkeiten zu verstehen, die üblicherweise weniger als 20 Stunden wöchentlich an Arbeitszeit beanspruchen.

Bei *Lehrern* wird die Vor- und Nacharbeit von Unterrichtsstunden berücksichtigt. Dabei wird wie folgt gerechnet: Beträgt das volle Stundenkontingent eines im allgemeinen Schuldienst beschäftigten Lehrers in der Regel 24 Stunden (dies ist je nach Bundesland und Schulart unterschiedlich), werden diese mit 40 Wochenarbeitsstunden gleichgesetzt. Auf der Grundlage dieses Stundenkontingents gilt ein Lehrer, der *weniger* als 12 Stunden Unterricht pro Woche erteilt, als arbeitslos. Bei 12 Stunden

1 Auf die aller Voraussicht nach ab 1. 1. 1984 in Kraft tretenden Gesetzesänderungen wird – soweit sie bereits bekannt sind – in den Fußnoten eingegangen. Dabei sind diese Angaben den „Sozialpolitischen Informationen der Bundesregierung“ vom 12. 7. 83 entnommen.

und mehr pro Woche ist er dann im Sinne des Arbeitsförderungsgesetzes nicht mehr arbeitslos. Dies gilt auch, wenn er mit mehreren Stundenverträgen, die jeweils für sich unter 12 Stunden pro Woche liegen, insgesamt 12 Stunden und mehr Unterricht erteilt. Dies gilt nicht für andere Tätigkeiten: Jobbt z. B. ein Arbeitnehmer 19 Stunden pro Woche, gilt er als kurzzeitig beschäftigt, ist also noch arbeitslos; arbeitet er regelmäßig mehr als 20 Stunden pro Woche, liegt der Status der Arbeitslosigkeit nicht mehr vor.

Die **Anwartschaftszeit** erfüllt jeder, der in den letzten drei Jahren vor der Antragstellung mindestens 360 Tage beitragspflichtig zur Arbeitslosenversicherung beschäftigt war. Beitragspflichtig sind alle Arbeitnehmer, die *mehr als kurzzeitig* (s. o.) unselbständig tätig sind, nicht dagegen die *Beamten.*

Man muß **persönlich** beim Arbeitsamt erscheinen, um sich **arbeitslos** zu **melden und Arbeitslosengeld** zu **beantragen.**

> **Wichtig:** Arbeitslosengeld wird **täglich** bewilligt und abgerechnet. Beginn der Leistungsbewilligung ist **frühestens** der Tag der **persönlichen** Arbeitslosmeldung und Antragstellung. Deshalb nach Möglichkeit **vor** dem ersten Tag der tatsächlichen Arbeitslosigkeit beim Arbeitsamt vorsprechen.

Der Arbeitsvermittlung zur Verfügung steht, wer bereit ist, jede **zumutbare Beschäftigung** anzunehmen und an zumutbaren Maßnahmen zur beruflichen Ausbildung, Fortbildung und Umschulung sowie zur Verbesserung der Vermittlungsaussichten teilzunehmen *und* wer das Arbeitsamt täglich aufsuchen kann bzw. für das Arbeitsamt erreichbar ist.
Der Verfügbarkeit stehen entgegen

— der regelmäßige Besuch einer Schule oder Hochschule (s. a. unter „Leistungen bei Fortbildung und Umschulung")
— Krankheitszeiten. Bei Krankheit ist die Krankschreibung dem Arbeitsamt zuzuleiten. Arbeitslosengeld, -hilfe sowie Unterhaltsgeld werden im Krankheitsfall maximal 6 Wochen weitergewährt. Danach entsteht Anspruch auf Krankengeld, das in der Regel von der Krankenkasse übernommen wird.
— Urlaubszeiten, wenn sie 3 Wochen überschreiten. Bis zu dieser Dauer kann nach *persönlicher* Rücksprache mit dem Arbeitsvermittler *vor* Antritt der Reise je nach Arbeitsmarktlage Verfügbarkeit angenommen werden.

Die Definition der **Zumutbarkeit** ist äußerst schwierig, konfliktträchtig und hängt sehr stark von den örtlich unterschiedlichen Arbeitsmarktbedingungen sowie den persönlichen Verhältnissen des Arbeitslosen ab. Wichtig ist jedoch, daß die Einschränkung auf bestimmte Tätigkeiten der Verfügbarkeit entgegensteht. So steht z. B. ein Lehrer, der ausschließlich bereit ist, im Rahmen eines Beamtenverhältnisses tätig zu werden, der Arbeitsvermittlung nicht zur Verfügung.[2] Welche Tätigkeiten im einzelnen nach dem Gesetz als zumutbar anzusehen sind, hängt u. a. von der *Dauer der Arbeitslosigkeit* und der *familiären Situation des Arbeitslosen* ab und ist im persönlichen Gespräch mit dem zuständigen Arbeitsvermittler zu klären. Z. B. ist es einem ledigen Akademiker, der keine Angehörigen in seinem Haushalt zu betreuen hat, eher zuzumuten, einen Arbeitsvertrag außerhalb des Nahbereichs (= Umzug) anzunehmen als einem Verheirateten mit Kind. Oder: Nach längerer Arbeitssuche (nach dem Gesetz: 6 Monate) ist es einem Akademiker zuzumuten, daß er eine Tätigkeit ausübt, die keinen wissenschaftlichen Hochschulabschluß voraussetzt, z. B. die eines Sozialarbeiters (dies entspräche einer Vergütungsgruppe V b oder entsprechend A 9 bei Beamtenbesoldung).

Wenn die hier skizzierten Mindestvoraussetzungen erfüllt sind, so richtet sich die **Anspruchsdauer** des Arbeitslosengeldes nach den nachgewiesenen Zeiten beitragspflichtiger Beschäftigung während der letzten vier Jahre. Das Schaubild auf auf S. 250 soll dies verdeutlichen.

Die **Höhe des Arbeitslosengeldes** beträgt 68 %[3] des sogenannten pauschalierten Nettoeinkommens, das der Antragsteller innerhalb des letzten Lohnabrechnungszeitraumes erzielt hat.

Beispiel: Es wurden vor Antragstellung brutto 3.500,– DM pro Monat verdient. Davon werden je nach Familienstand und Lohnsteuerklasse pauschal diejenigen Beträge abgezogen, die ein Angestellter üblicherweise an Lohn- und Kirchensteuer sowie an Beiträgen zur Renten-, Arbeitslosen- und Krankenversicherung bezahlt. Der verbleibende Rest entspricht dem sog. *pauschalierten Nettoeinkommen.* Hiervon werden 68 % als Arbeitslosengeld ausbezahlt.

1.2 Arbeitslosenhilfe

Anspruch auf Arbeitslosenhilfe hat ein Arbeitnehmer, wenn er
— arbeitslos ist

2 Dies hat jedoch – entgegen einer verbreiteten Meinung – nichts damit zu tun, daß bei einer Arbeitslosmeldung eine evtl. noch laufende Bewerbung beim Kultusministerium nicht weiter aufrechterhalten werden darf. Beides ist vollständig unabhängig voneinander.

3 Geplante Gesetzesänderung ab 1. 1. 84: 63 % für Antragsteller ohne Kinder, 68 % für alle übrigen.

	Beschäftigungsdauer	Anspruchsdauer
	Kalendertage (= Mo bis So) innerhalb der Rahmenfrist	Wochentage (= Mo bis Sa) mit Anspruch auf Arbeitslosengeld
	0-359	0
1. Stufe: innerhalb einer Rahmenfrist von **3 Jahren**	360-539	104
2.-6. Stufe: innerhalb einer Rahmenfrist von **4 Jahren**	540-719	156
	720-899	208
	900-1079	260
	1080-lebenslänglich	312

Entnommen aus: Arbeitslosenprojekt TUWAS (Hrsg.): *Leitfaden für Arbeitslose.* Ergänzungen und Berichtigungen zur 3. Auflage. Frankfurt/M. 1983

— sich beim Arbeitsamt persönlich arbeitslos gemeldet und Arbeitslosenhilfe beantragt hat
— der Arbeitsvermittlung zur Verfügung steht
— bedürftig ist **und** im letzten Jahr vor der Arbeitslosmeldung Arbeitslosengeld bezogen **oder** zumindest 150 Kalendertage in einer beitragspflichtigen Beschäftigung gestanden hat.

Während die ersten drei Voraussetzungen bereits im vorangegangenen Abschnitt beschrieben wurden, bedarf die letzte einiger Erläuterungen.
Anders als beim Arbeitslosengeld spielt die **Bedürftigkeit** und damit der Nachweis des Gesamteinkommens der Familie bei der Bewilligung von Arbeitslosenhilfe eine zentrale Rolle. Es würde den Rahmen dieses Beitrags sprengen, im einzelnen darzustellen, welche Teile des Einkommens von Eltern und Ehegatten und in welcher Höhe angerechnet werden. Als Faustregel kann gelten, daß derjenige aller Voraussicht nach Anspruch auf Arbeitslosenhilfe hat, der während des Studiums eine Förderung nach dem Bundesausbildungsförderungsgesetz (BAföG) in Anspruch nehmen konnte, wenn sich die finanzielle Situation der Familie nicht maßgeblich geändert hat.

Wichtig: Es empfiehlt sich generell, einen Antrag auf Arbeitslosenhilfe zu stellen, um im Einzelfall den Anspruch klären zu lassen. Wichtig ist diese Antragstellung auch deshalb, weil – selbst dann, wenn keine Leistungen bewilligt werden – die Ablehnung wegen fehlender Bedürftigkeit eine der Voraussetzungen ist, um die Zeiten der Arbeitslosigkeit bei Beendigung der Arbeitslosigkeit als Rentenausfallzeiten anerkannt zu bekommen.
Wichtig ist auch, daß im Rahmen der **Mitwirkungspflicht** nach dem Sozialgesetzbuch die entsprechenden Einkommensnachweise geführt werden *müssen.* Wird der Nachweis nicht geführt (dies gilt auch für Eltern und Ehegatten), verfällt der Anspruch auf eine Sozialleistung generell. Die Unterhaltspflicht der Eltern ist nicht an Altersgrenzen gebunden (umgekehrt auch nicht!), sondern sogar einklagbar im Rahmen des BGB.

Für den Anspruch auf Arbeitslosenhilfe (und – nur dafür!) sind **Beschäftigungszeiten im Rahmen eines öffentlich-rechtlichen Dienstverhältnisses** (= Beamtenverhältnis) den Zeiten einer beitragspflichtigen Beschäftigung **gleichgestellt.** Bei Vorliegen aller anderen Voraussetzungen hat also z. B. ein Lehrer oder Jurist im Anschluß an mindestens 150 Tage **Referendariat** einen Anspruch auf Arbeitslosenhilfe.

Wichtig: Arbeitslosenhilfe wird – wie Arbeitslosengeld – täglich bewilligt und ausbezahlt. Beginn der Leistungsbewilligung ist **frühestens** der Tag der **persönlichen** Arbeitslosmeldung und Antragsstellung. Deshalb nach Möglichkeit **vor** dem ersten Tag der tatsächlichen Arbeitslosigkeit beim Arbeitsamt vorsprechen.

Die **Höhe** der Arbeitslosenhilfe beträgt maximal 58 %[4] des pauschalierten Nettoeinkommens. Wird die Arbeitslosenhilfe im Anschluß an das Arbeitslosengeld gewährt, wird das Arbeitsentgelt zugrunde gelegt, das bei der Berechnung des Arbeitslosengeldes festgelegt wurde. Bestand kein Anspruch auf Arbeitslosengeld, wird das Bemessungsentgelt *fiktiv* festgesetzt.
Bei dieser **fiktiven Festlegung** ist von dem am Wohnsitz des Antragstellers üblichen, unter Berücksichtigung seiner Qualifikation und seines Alters erzielbaren Einkommen auszugehen. Dabei ist es zunächst unerheblich, ob dem Antragsteller bestimmte Stellen angeboten werden können. Aus-

4 Geplante Gesetzesänderung ab 1. 1. 84: 56 % für Leistungsempfänger ohne Kinder, 58 % für alle übrigen.

schlaggebend ist vielmehr, was Arbeitnehmer mit vergleichbarer Qualifikation in bestehenden Beschäftigungsverhältnissen an Einkommen erzielen.

Zur Erläuterung: Gymnasiallehrer mit abgeschlossenem Referendariat werden in der Region X überwiegend in der Vergütungsgruppe BAT II a beschäftigt; also wird bei der fiktiven Bemessung diese Vergütung zugrunde gelegt. In der Region Y kann dies die Vergütungsgruppe BAT III sein etc.
Bei Antragstellern, deren Anspruch auf Arbeitslosengeld oder -hilfe im Rahmen eines *Ausbildungs*verhältnisses erworben wurde – hierzu zählen beispielsweise **Lehrer** und **Juristen** unmittelbar nach erfolgreich abgeschlossenem Referendariat – werden von diesem fiktiv erzielbaren Einkommen nur 75 %[5] bei der Berechnung zugrunde gelegt.

Zusammenfassendes Beispiel: Bei einem Gymnasiallehrer (27 Jahre alt, verheiratet, 1 Kind) wird ein fiktives Gehalt nach BAT III festgelegt, wonach er (1983) ein monatliches Bruttoeinkommen von DM 3.279,68 beziehen würde. Da er Berufsanfänger ist, beträgt das sogenannte Bemessungsentgelt 2.609,76 DM (= 75 %). 58 % des pauschalierten Nettoeinkommens (s. o.) beträgt dann – bei Lohnsteuerklasse III – 286,20 DM pro Woche oder 1.240,30 DM pro Monat. Dies wäre der *Höchstsatz* der Arbeitslosenhilfe. Auf diesen Betrag werden dann Einkommen von Eltern und Ehegatten angerechnet.

1.3 Versicherungsschutz

Während der Dauer des Bezugs von Arbeitslosengeld oder -hilfe oder Unterhaltsgeld (bei Förderung von Maßnahmen der beruflichen Bildung) übernimmt die Bundesanstalt für Arbeit die Kosten der *Krankenversicherung.* Dabei kann der Antragsteller seine bereits bestehende Mitgliedschaft bei einer *gesetzlichen* Krankenversicherung aufrechterhalten. Bestand vor der Arbeitslosmeldung noch keine Beitragspflicht zu einer gesetzlichen Krankenversicherung, ist der Bezieher der o. a. Leistungen automatisch bei der Allgemeinen Ortskrankenkasse (AOK) versichert, eine Wahl der Krankenkasse ist dann nicht möglich.
Weiterhin werden Beiträge zur *Rentenversicherung* abgeführt. Die Zeiten der Arbeitslosigkeit (auch bei Arbeitslosengeld bzw. -hilfebezug) werden jedoch seit 1. 1. 1983 lediglich als sogenannte *Rentenausfallzeiten* gewertet. Rentenausfallzeiten (hierzu gehören auch Zeiten der Ausbildung) sind ein wesentlicher Bestimmungfaktor bei der Berechnung der Rentenhöhe, wenn eine Rentenanwartschaft erworben wurde. Nähere Auskünfte enthalten entsprechende Merkblätter der Bundesversicherungsanstalt für Angestellte (BfA).
Wichtig: Als Erwerbstätiger ist man in der Regel in der gesetzlichen Krankenversicherung pflichtversichert, wenn das monatliche Bruttogehalt die

5 Geplante Gesetzesänderung ab 1. 1. 84: 50 %.

Beitragsbemessungsgrenze (1983: 3.750,– DM pro Monat) nicht übersteigt. Falls nach dem Ausscheiden aus dem Arbeitsverhältnis kein Anspruch auf Arbeitslosengeld, -hilfe oder Unterhaltsgeld besteht, entfällt nach vier Wochen der Krankenversicherungsschutz, d. h. Sie müßten alle Kosten selbst bezahlen. Deshalb der dringende Rat z. B. an Lehrer und Juristen nach dem Referendariat: **Beantragen Sie innerhalb der 4-Wochen-Frist die freiwillige Mitgliedschaft in einer gesetzlichen Krankenversicherung.**
Daneben gibt es – je nach persönlicher Situation – mehrere Wege, den Schutz der Krankenversicherung aufrechtzuerhalten, wenn man keinen Anspruch auf die entsprechende Leistung der Arbeitsverwaltung hat:

- Mitversicherung bei Eltern (Höchstalter ist jedoch das 25. bzw. 27. Lebensjahr)
- Mitversicherung beim Ehepartner, sofern dieser krankenversichert ist
- Studententarif, wenn Immatrikulation aufrechterhalten wird
- Sondertarif für Arbeitslose, den fast jede Krankenversicherung anbietet gegen Vorlage einer entsprechenden Bescheinigung des Arbeitsamtes.

In jedem Fall sollte sich der Hochschulabsolvent bei seiner Krankenversicherung oder der AOK umfassend informieren.

1.4 Nebeneinkommen bei Arbeitslosengeld- oder -hilfebezug

Einkommen wird nach Abzug von Steuern, Sozialversicherungsbeiträgen und Werbungskosten (dazu gehören z. B. Fahrkosten zwischen Wohn- und Arbeitsstätte) zur Hälfte angerechnet, soweit es 15,– DM pro Woche übersteigt. Nebeneinkommen plus Arbeitslosengeld bzw. -hilfe darf jedoch nie 80 % des der Bemessung zugrunde liegenden pauschalierten Nettoeinkommens überschreiten. Ist dies dennoch der Fall, so wird das Nebeneinkommen, das diesen Betrag übersteigt, voll auf das Arbeitslosengeld bzw. die Arbeitslosenhilfe angerechnet.

Beispiel:

Bewilligtes Arbeitslosengeld (entspricht einem pauschalierten Nettoeinkommen von 294,11 DM pro Woche)	200,— DM pro Woche
Nebenverdienst	200,— DM pro Woche
./. Freibetrag	./. 15,— DM pro Woche
Damit verbleiben als anzurechnender Nebenverdienst also	= 185,— DM pro Woche
Hiervon werden 50 % angerechnet (= erster Anrechnungsbetrag)	92,50 DM pro Woche

verbleibendes Arbeitslosengeld	107,50 DM pro Woche
+ Nebenverdienst	+ 200,— DM pro Woche
verbleibendes Gesamteinkommen	= 307,50 DM pro Woche
Da aber dieses Gesamteinkommen 80 % des pauschalierten Nettoeinkommens nicht übersteigen darf, muß in diesem Fall ein zweiter Anrechnungsbetrag berücksichtigt werden:	
verbleibendes Gesamteinkommen	= 307,50 DM pro Woche
./. 80 % des pauschalierten Nettoeinkommens (= 80 % von 294,11 DM)	./. 235,29 DM pro Woche
zweiter Anrechnungsbetrag	= 72,21 DM pro Woche
verbleibendes Arbeitslosengeld (s. o.)	107,50 DM pro Woche
./. zweiter Anrechnungsbetrag	./. 72,21 DM pro Woche
tatsächlich auszuzahlendes Arbeitslosengeld	= 35,29 DM pro Woche
tatsächlich verbleibendes Gesamteinkommen (= 80 % des pauschalierten Nettoeinkommens)	235,29 DM pro Woche

1.5 Leistungen des Arbeitsamtes bei Fortbildung und Umschulung

Grundsätzlich können im Rahmen des Arbeitsförderungsgesetzes (AFG) nur Fortbildungen und Umschulungen gefördert werden, die **nicht** üblicherweise an einer Fachhochschule oder Hochschule angeboten werden.

Das heißt, jedes weitere Studium – sei es ein Aufbaustudium oder ein neues grundständiges Studium – ist nicht förderungsfähig im Rahmen des AFG. Im übrigen widerspricht die Immatrikulation an einer Schule, Fachhochschule oder Hochschule mit dem Ziel eines berufsqualifizierenden Abschlusses *grundsätzlich* der Verfügbarkeit im o. g. Sinn. Dies gilt auch für Immatrikulationen, die u. U. im Zuge einer Promotion notwendig sind. **Jede Immatrikulation führt daher zum Ruhen eines Anspruchs auf Arbeitslosengeld oder -hilfe! Einzige Ausnahme:** Wenn die Immatrikulation lediglich aufrechterhalten wird, um Vorteile, die der Studentenstatus mit sich bringt (z. B. kostengünstiger Krankenversicherungstarif), in Anspruch nehmen zu können. Dies wird allerdings grundsätzlich nur dann angenommen, wenn Absolventen eines Studienganges **nach** bestandenem Examen die Immatrikulation weiterlaufen lassen.

Anspruch auf die Förderung einer Fortbildung oder Umschulung durch das Arbeitsamt hat derjenige, der

— nach Abschluß seiner Ausbildung 3 Jahre beruflich tätig war
— **und** innerhalb der letzten 3 Jahre vor Beginn der Bildungsmaßnahme mindestens 2 Jahre beitragspflichtig im o. g. Sinne tätig war
— **oder** Arbeitslosengeld aufgrund einer Anspruchs*dauer* in Höhe von mindestens 156 Tagen bezogen hat (oder daran *anschließend* Arbeitslosenhilfe).

Auf den Nachweis der geforderten dreijährigen Berufstätigkeit nach Abschluß der Ausbildung kann u. a. verzichtet werden, wenn der Antragsteller arbeitslos ist und in absehbarer Zeit beruflich nicht eingegliedert werden kann oder von Arbeitslosigkeit bedroht ist (z. B. bei befristeten Arbeitsverhältnissen). **Die Förderungsbedingung für arbeitslose Umsteiger** reduziert sich deshalb häufig auf den Nachweis von mindestens 2 Jahren beitragspflichtiger Beschäftigung (nicht Beamtentätigkeit! s. o.) innerhalb der letzten 3 Jahre vor Beginn der Bildungsmaßnahme bzw. den Bezug von Arbeitslosengeld aufgrund von mindestens $1\frac{1}{2}$ Jahren beitragspflichtiger Zeiten innerhalb von drei Jahren (dies ergibt einen Anspruch auf 156 Tage Arbeitslosengeldbezug, s. o.).

Die Förderung beträgt in der Regel maximal 2 Jahre und beinhaltet folgende Leistungen:

1. Unterhaltsgeld in Höhe von 68 %[6], bei Antragstellern mit mindestens einem Kind oder einem pflegebedürftigen Ehegatten im Haushalt 75 %[7]

6 Geplante Gesetzesänderung ab 1. 1. 84: 63 %.
7 Geplante Gesetzesänderung ab 1. 1. 84: 70 %.

des pauschalierten Nettoeinkommens (Berechnung s. Arbeitslosengeld)
2. Krankenversicherungs- und Rentenversicherungsbeiträge
3. Bei notwendiger auswärtiger Unterkunft und Verpflegung – also immer dann, wenn die Bildungsmaßnahme nicht im Tagespendelbereich besucht werden kann – erhalten Alleinstehende eine zusätzliche Pauschale von 210,– DM, alle anderen 330,– DM pro Monat.
4. Zuschüsse zu den mit der Maßnahme zusammenhängenden Kosten wie Lehrgangsgebühren, Lernmittel (bis zu einer vom Arbeitsamt für jede Maßnahme einzeln festzusetzenden Höchstgrenze), Fahrkosten, Arbeitskleidung.

Das heißt: Sind die Förderungsvoraussetzungen erfüllt, entstehen dem Teilnehmer an einer arbeitsmarktpolitisch notwendigen Maßnahme keine wesentlichen Zusatzkosten. Anders bei denjenigen, die keine beitragspflichtigen Zeiten nachweisen können. Für diesen Personenkreis sieht das Gesetz folgende Sonderregelung vor:

Personen ohne beitragspflichtige Zeiten im o. g. Sinne können bei Teilnahme an einer arbeitsmarktpolitisch **notwendigen** Bildungsmaßnahme diejenigen Leistungen bewilligt bekommen, die unter den Ziffern 3 und 4 aufgezeigt wurden (unter bestimmten Voraussetzungen auch die Rückerstattung von Krankenversicherungsbeiträgen), wenn sie sich verpflichten, in den auf den Abschluß der Maßnahme folgenden 4 Jahren mindestens 3 Jahre beitragspflichtig zu arbeiten. Die Einhaltung dieser Verpflichtung wird nach 4 Jahren überprüft. Wurde sie nicht eingehalten, ohne daß ein wichtiger Grund vorliegt, kann es zu Rückforderungen der geleisteten Zahlungen kommen. Hierbei ist die Anerkennung eines wichtigen Grundes im Einzelfall in einem Gespräch zu klären und hängt im wesentlichen von persönlichen und arbeitsmarktlichen Faktoren ab. Dies ist jedoch insbesondere für diejenigen Akademiker wichtig, die ein Beamtenverhältnis anstreben. Falls sie im Anschluß an eine geförderte Bildungsmaßnahme in ein Beamtenverhältnis eintreten, haben sie unter Umständen mit der Rückforderung von gewährten Leistungen zu rechnen.
In allen Fällen bietet sich im Anschluß an eine Bildungsmaßnahme stets die Fortsetzung des Kontakts zum Arbeitsamt an.
Wichtig ist auch, daß die Teilnahme an einer beruflichen Vollzeit-Bildungsmaßnahme zugleich bedeutet, daß der Teilnehmer dem Arbeitsmarkt **nicht** zur Verfügung steht und damit eine unabdingbare Voraussetzung für den Bezug von Arbeitslosengeld oder -hilfe nicht erfüllt wird. Daß heißt, Arbeitslosengeld oder -hilfe wird also in der Regel nicht weitergezahlt. Bei kurzen Fortbildungsmaßnahmen existiert eine Sonderregelung, die im einzelnen mit dem Arbeitsberater „vor Ort“ geklärt werden muß.

Noch einige Bemerkungen zu den **Arten von Bildungsmaßnahmen,** die im Rahmen des Arbeitsförderungsgesetzes gefördert werden können:
Die **Umschulung** erfolgt entweder an Fachschulen, in betrieblichen oder überbetrieblichen Einrichtungen. Die für die Erstausbildung vorgeschriebene Ausbildungszeit wird – mit wenigen Ausnahmen – grundsätzlich verkürzt: Die Förderungsdauer beträgt in der Regel höchstens 2 Jahre.
Fortbildungsmaßnahmen werden sehr häufig als sog. „Auftragsmaßnahmen" von seiten der Arbeitsämter bzw. Fachvermittlungsdienste angeboten. Diese Maßnahmen knüpfen meist an die berufliche Qualifikation des Antragstellers an und vermitteln Zusatzkenntnisse, die die Einmündung in ein Dauerarbeitsverhältnis erleichtern sollen. Die Fachvermittlungsdienste bei den Arbeitsämtern bieten häufig Fortbildungsmaßnahmen für Umsteiger an, die das eine oder andere alternative Berufsfeld erschließen.
Eine weitere Kategorie von Bildungsmaßnahmen versteckt sich hinter dem Terminus **Maßnahmen zur Verbesserung der Vermittlungsaussichten.** Darunter werden Kurzmaßnahmen bis zu 6 Wochen verstanden, in denen Arbeitslosen möglichst umfassend Informationen über Berufe, Arbeitsmarkt, rechtliche Fragen bis hin zu Tips über potentielle Arbeitgeber und Bewerberverhalten vermittelt werden. Diese Kurzmaßnahmen, auch als Berufsorientierungsseminare bekannt, werden von einigen Fachvermittlungsdiensten in der Bundesrepublik speziell für Akademiker angeboten. (Über einige Beispiele solcher Bildungsmaßnahmen, die speziell für Hochschulabgänger konzipiert sind, informiert der Beitrag auf S. 95 ff.)

1.6 Leistungen zur Förderung der Arbeitsaufnahme

Unabhängig von den bisher skizzierten Leistungen können im Rahmen des Arbeitsförderungsgesetzes für **Arbeitslose** und für Personen, die von **Arbeitslosigkeit unmittelbar bedroht** sind (z. B. aufgrund eines befristeten Vertrages, der Beendigung der Ausbildung oder einer bereits ausgesprochenen Kündigung), auch Kosten übernommen werden, die im weitesten Sinne mit der Arbeitsaufnahme zusammenhängen. Voraussetzung ist hierfür die Bedürftigkeit des Antragstellers und das Anstreben einer beitragspflichtigen Beschäftigung. Leistungen zur Förderung der Arbeitsaufnahme können also auch gewährt werden, wenn kein Anspruch auf Arbeitslosengeld oder -hilfe besteht.
Mögliche Leistungen können sein: **Bewerbungskosten, Reisekosten** zu Vorstellungsgesprächen, **Umzugskosten** bei Aufnahme eines Dauerarbeitsverhältnisses (in der Regel als Darlehen!) u.a.m. Wichtig ist grundsätzlich die Antragstellung, **bevor** die Kosten entstehen. Welche Kosten im einzelnen übernommen werden, sollte beim zuständigen Arbeitsvermittler erfragt werden. Einzelheiten enthält auch das Merkblatt Nr. 3, das bei den Arbeitsämtern angefordert werden kann.

2. Sonstige Hilfen der Arbeitsämter

Neben der Auszahlung der o. g. finanziellen Leistungen im Rahmen des Arbeitsförderungsgesetzes gehört zu den Aufgaben der Arbeitsverwaltung selbstverständlich die Vermittlung und Beratung von Arbeitsuchenden. Da jedoch keine Meldepflicht für vakante Stellen existiert, können die Mitarbeiter der Arbeitsämter nur diejenigen Stellen vorschlagen, bei deren Besetzung sie von seiten der Arbeitgeber eingeschaltet werden. Dabei handelt es sich überwiegend um beitragspflichtige Beschäftigungsverhältnisse. Bei der Besetzung von Beamtenpositionen werden die Arbeitsämter üblicherweise nicht eingeschaltet. Die Auswahlkriterien sowie die Auswahl der Bewerber bei der Besetzung von Angestellten- und/oder Beamtenstellen für Lehrer liegen in der alleinigen Zuständigkeit der Kultusministerien. Eine Hilfe bei der Suche von Beamtenstellen ist daher von seiten der Arbeitsämter nur selten zu erwarten.
Eine Besonderheit bei der Vermittlungstätigkeit der Arbeitsämter sind die sog. **Arbeitsbeschaffungsmaßnahmen (ABM),** die in der öffentlichen Diskussion eine große und umstrittene Rolle spielen. Arbeitsbeschaffungsmaßnahmen sind beitragspflichtige Beschäftigungsverhältnisse bei Arbeitgebern, die durch Zuschüsse der Arbeitsverwaltung überwiegend oder ganz finanziert werden, wenn bestimmte Voraussetzungen erfüllt sind. Auf die ziemlich komplizierte Rechtslage kann im einzelnen nicht eingegangen werden. Deshalb sollen lediglich die für arbeitslose Akademiker wichtigsten Punkte aufgelistet werden:

- Die Zuweisung ist auf einen vom Arbeitsvermittler festzulegenden Zeitraum befristet.
- ABM gibt es nur in bestimmten Arbeitsamtsbezirken.
- Zugewiesen werden in der Regel nur Arbeitslose, die
  - in absehbarer Zeit nicht anderweitig vermittelt werden können
  - mindestens 6 Monate arbeitslos gemeldet waren
  - **und** zum Zeitpunkt der Zuweisung Arbeitslosengeld oder -hilfe beziehen.
- Die Vermittlung in ein Dauerarbeitsverhältnis hat ebenso Vorrang wie die Teilnahme an einer beruflichen Bildungsmaßnahme. D. h.: Während der Teilnahme an einer ABM laufen die Vermittlungsbemühungen weiter. Kann ein Dauerarbeitsplatz oder eine berufliche Bildungsmaßnahme angeboten werden, hat dies unter Umständen eine sofortige Abberufung aus der ABM zur Folge. Während der Teilnahme an einer ABM ist also weiterhin Kontakt zur Vermittlungsstelle im Arbeitsamt zu halten. Der Teilnehmer hat auch weiterhin Mitwirkungspflichten, muß also zu Einladungen von seiner Vermittlungsstelle erscheinen, Adressenänderungen bekanntgeben u. a.m.

3. Wer ist Ansprechpartner?

Die Zuständigkeit innerhalb der Arbeitsverwaltung ist nach dem Wohnorts- oder genauer: nach dem **Aufenthaltsprinzip** geregelt. Bei Arbeitslosmeldungen ist deshalb immer dasjenige Arbeitsamt aufzusuchen, in dessen Bezirk der Arbeitslose sich überwiegend aufhält, damit er auch kurzfristig seinen Arbeitsvermittler aufsuchen kann.
Bei der Vermittlung und Beratung von Akademikern werden die Arbeitsämter durch 19 sog. Fachvermittlungsdienste für besonders qualifizierte Fach- und Führungskräfte (FVD) sowie die Zentralstelle für Arbeitsvermittlung (ZAV) in Frankfurt unterstützt. Die ZAV ist für Berufsanfänger nur dann interessant, wenn sie aus einer der folgenden Fachrichtungen kommen:

— Humanmedizin
— Tiermedizin
— Pharmazie
— Biologie
— Volks- und Völkerkunde sowie Geschichte
— Religionswissenschaft bzw. Theologie.

Absolventen anderer Fachrichtungen finden ihren Gesprächspartner bei dem Fachvermittlungsdienst, in dessen Bezirk sie *wohnen.* Da alle Fachvermittlungsdienste durch ein EDV-System untereinander verbunden sind, ist es möglich, regionale Wünsche zu berücksichtigen und im Bedarfsfall die Stellenangebote in der gesamten Bundesrepublik in die Vermittlungsbemühungen einzubeziehen.
Für einen **Umsteiger** ergeben sich also zwei mögliche Wege:

— Wohnt er nicht in einer Stadt, in der ein Fachvermittlungsdienst existiert, wendet er sich an sein Heimatarbeitsamt. Dort werden alle mit der Zahlung von Arbeitslosengeld und -hilfe zusammenhängenden Fragen geklärt und die notwendigen Verfahren eingeleitet. Gleichzeitig schaltet das Arbeitsamt automatisch den zuständigen Fachvermittlungsdienst ein.
— Er kann sich direkt mit seinen Beratungs- und Vermittlungswünschen an „seinen" Fachvermittlungsdienst bzw. – kommt er aus einer der o. g. Fachrichtungen – an die Zentralstelle für Arbeitsvermittlung wenden. (Adressen und Zuständigkeiten s. unten). Bei direkter Kontaktaufnahme ist es sinnvoll, vorher einen Beratungstermin zu vereinbaren, um unnötige Fahrten zu sparen.

Darüber hinaus bietet die Bundesanstalt für Arbeit einen weiteren Informationsservice für Akademiker an: Von der Arbeitsmarktinformationsstelle bei der ZAV in Frankfurt können aktuelle Informationen über den Arbeitsmarkt für Hochschul- und Fachhochschulabsolventen kostenlos angefordert werden.

Adressen

Zentralstelle für Arbeitsvermittlung, Feuerbachstr. 42–46, 6000 Frankfurt/M. 1, Tel.: (06 11) 7111-1

Fachvermittlungsdienste (FVD) gibt es beim Arbeitsamt:
(In Klammern ist angegeben, für welche Arbeitsamtsbezirke der jeweilige FVD zuständig ist.)

Augsburg: Sieglindenstr. 19, 8900 Augsburg, Tel.: (08 21)/31 51-1 (Augsburg, Donauwörth, Kempten, Memmingen)

Berlin: Charlottenstr. 90–94, 1000 Berlin 61, Tel.: (0 30)/25 84-1 (Landesarbeitsamt – Bereich Berlin)

Bielefeld: Friedenstr. 19, 4800 Bielefeld, Tel.: (05 21)/5 87-1 (Ahlen, Bielefeld, Coesfeld, Detmold, Herford, Meschede, Münster, Paderborn, Rheine)

Bochum: Hofsteder Str. 128, 4630 Bochum, Tel.: (02 34)/6 23-1 (Bochum, Dortmund, Essen, Gelsenkirchen, Hagen, Hamm, Iserlohn, Oberhausen, Recklinghausen, Soest)

Bremen: Außer der Schleifmühle 4, 2800 Bremen 1, Tel.: (04 21)/32 02 49 (Bremen, Bremerhaven, Emden, Leer, Nordhorn, Oldenburg, Osnabrück, Stade, Vechta, Verden, Wilhelmshaven)

Düsseldorf: Fritz-Roeber-Str. 2, 4000 Düsseldorf 1, Tel.: (02 11)/82 26-1 (Aachen, Düsseldorf, Duisburg, Krefeld, Mönchengladbach, Solingen, Wesel, Wuppertal)

Frankfurt: Fischerfeldstr. 10–12, 6000 Frankfurt/M. 1, Tel.: (06 11)/21 71-0 (Darmstadt, Frankfurt, Fulda, Hanau, Limburg, Offenbach, Wiesbaden)

Gießen: Landgraf-Philipp-Platz 3–7, 6300 Gießen 11, Tel.: (06 41)/305-1 (Bad Hersfeld, Gießen, Kassel, Korbach, Marburg, Wetzlar)

Hamburg: Kurt-Schumacher-Allee 16, 2000 Hamburg, Tel.: (0 40)/2 48 44-1 (Bad Oldesloe, Elmshorn, Hamburg, Heide)

Hannover: Hanomagstr. 9, 3000 Hannover 91, Tel.: (05 11)/47 37-0 (Braunschweig, Celle, Goslar, Göttingen, Hameln, Hannover, Helmstedt, Hildesheim, Lüneburg, Nienburg, Uelzen)

Karlsruhe: Werderstr. 40 (Werderplatz), 7500 Karlsruhe, Tel.: (07 21)/59 05-1 (Freiburg, Heidelberg, Karlsruhe, Lörrach, Mannheim, Nagold, Offenburg, Pforzheim, Rastatt)

Kiel: Muhliusstr. 38, 2300 Kiel 1, Tel.: (04 31)/907-1 (Flensburg, Kiel, Lübeck, Neumünster)

Köln: Luxemburger Str. 121, 5000 Köln 41, Tel.: (02 21)/475-0 (Bergisch Gladbach, Bonn, Brühl, Düren, Köln, Siegen)

Mainz: Schießgartenstr. 6, 6500 Mainz, Tel.: (061 31)/252-1 (Bad Kreuznach, Koblenz, Ludwigshafen, Mainz, Mayen, Montabaur, Neustadt, Neuwied)

München: Lindwurmstr. 117, 8000 München 2, Tel.: (0 89)/51 54-1 (Deggendorf, Freising, Ingolstadt, Landshut, München, Passau, Pfarrkirchen, Rosenheim, Traunstein, Weilheim)

Nürnberg: Kontumazgarten 19, 8500 Nürnberg 80, Tel.: (09 11)/28 74-0 (Ansbach, Bamberg, Bayreuth, Coburg, Hof, Nürnberg, Regensburg, Schwandorf, Weiden, Weißenburg)
Saarbrücken: Am Arbeitsamt 1–5, 6600 Saarbrücken 1, Tel.: (06 81)/50 04-0 (Kaiserslautern, Neunkirchen, Pirmasens, Saarbrücken, Saarlouis, Trier)
Stuttgart: Neckarstr. 155, 7000 Stuttgart, Tel.: (07 11)/26 30-1 (Aalen, Balingen, Göppingen, Heilbronn, Konstanz, Ludwigsburg, Ravensburg, Reutlingen, Rottweil, Schwäbisch Hall, Stuttgart, Tauberbischofsheim, Ulm, Villingen, Schwenningen, Waiblingen)
Würzburg: Ludwigskai 2–3, 8700 Würzburg, Tel.: (09 31)/807-1 (Aschaffenburg, Schweinfurt, Würzburg)

Verena Mellin

Notiz zu den Autoren

Blümke, Malte
Gymnasiallehrer, Referent für Lehrerarbeitslosigkeit im Philologenverband, Mitglied des Hauptpersonalrates beim Kultusministerium Rheinland-Pfalz
Wehrbüschstraße 13, 5568 Daun

Böhme, Gisela
Vorstand Wirtschaftsakademie für Lehrer e. V.
Hindenburgring 12 A, 3388 Bad Harzburg 1

Degenhardt, M. A. Blanca
Mitarbeiterin im DFG-Projekt „Kognitive Kontrolle in Krisensituationen: Arbeitslosigkeit bei Lehrern" (Universitäten München und Augsburg), Institut für Empirische Pädagogik der Universität München
Unertlstraße 13, 8000 München 40

Dietschmann, Dipl.-Chem. Dr. Hans J.
Mitarbeiter der Gesellschaft für Information und Dokumentation mbH (GID), Frankfurt/M.
Herrenweg 14, 6272 Niedernhausen

Ebert-Fritz, Gabi
Lehrerin; z. Zt. Lektorin für deutsche Sprache und Literatur an der Universität Newcastle / England

Ellwitz, Wolfgang
Lehrer, Mitarbeiter beim „Zentrum für deutsche Sprache und Kultur"
Nonnbornstraße 8, 6233 Kelkheim

Falk, Dr. Dipl.-Hdl. Rüdiger
Leiter des Referats Allgemeinbildendes Schulwesen im Institut der deutschen Wirtschaft, Gustav-Heinemann-Ufer 84–88, 5000 Köln-51

Flieger, Dr. Heinz
Geschäftsführender Vorstand der Vereinigung zur Förderung der Public Relations-Forschung, Vorstandsmitglied Deutsches Institut für Public Relations
Neptunstraße 10, 6200 Wiesbaden

Geiss, Dipl.-Soz. Bärbel
Journalistin, Öffentlichkeitsarbeit bei der Deutschen Angestellten-Akademie (DAA), Institut Marburg, Ernst-Giller-Straße 20, 3550 Marburg

Heise, Dr. Christoph
Haupt- und Realschullehrer, Gewerkschaftssekretär
Kettenhofweg 101, 6000 Frankfurt/M. 1

Henniger, Wolfgang
Seit 1981 Pressearbeit im Öffentlichen Dienst
Eschersheimer Landstraße 524, 6000 Frankfurt/M. 50

Henssler, Dr. Roland
Ehemaliger Direktor des Control-Data-Instituts Frankfurt
Panoramastraße 67, 7064 Remshalden-Gronbach

Hug, Hans Joachim
Mitarbeiter der Zentralstelle für Arbeitsvermittlung (ZAV); Vermittlung für Fach- und Führungskräfte in Entwicklungsländer und zu internationalen Organisationen
Hauptstraße 3, 6451 Hammersbach

Kandler, Maya
Lehrerin, Mitarbeiterin im DFG-Projekt „Kognitive Kontrolle in Krisensituationen: Arbeitslosigkeit bei Lehrern“ (Universitäten München und Augsburg), Institut für Empirische Pädagogik der Universität München
Volkartstraße 42, 8000 München 19

Karnath, Dipl.-Betriebswirt Dietrich
Betreiber der Wirtschaftswunder Unternehmensberatungsgesellschaft. Arbeitsschwerpunkte: Existenzgründungsberatung, Marketing und allg. Betriebswirtschaft
Mulanskystraße 8, 6000 Frankfurt/M. 90

Kraut-Ebert, Dipl.-Päd. Doris
Leiterin der Berufsorientierungsseminare für arbeitslose Akademiker beim Bildungswerk der DAG, Bockenheimer Landstraße 72, 6000 Frankfurt/M. 1

Krause, Arno
Freier Journalist, Mitarbeiter des Öko-Instituts Freiburg
Lachendämmle 8, 7800 Freiburg/Breisgau

Linder, Andreas
Verlagsvertreter
von Eichendorffstraße 28 a, 6384 Schmitten 2

Linder, Horst
Verlagslektor
Große Seestraße 46, 6000 Frankfurt/M. 90

Lohr, Dipl.-Päd. Rita
Fachbereichsleiterin für „Kulturelle Bildung“ beim Landesverband der Volkshochschulen Niedersachsen e. V.
Yorckstraße 1, 3000 Hannover 1

Maus, Dr. Thomas
Leiter der MBSE-Lehrerfortbildung in Frankfurt beim Internationalen Bund für Sozialarbeit
Wittelsbacher Allee 25, 6000 Frankfurt/M. 1

Mayring, M. A. Philipp
Mitarbeiter im DFG-Projekt „Kognitive Kontrolle in Krisensituationen: Arbeitslosigkeit bei Lehrern“ (Universitäten München und Augsburg), Institut für Empirische Pädagogik der Universität München
Ruppertstraße 8, 8000 München 2

Mellin, Dipl.-Volksw. Verena
Leiterin eines Berufsbereichs im Fachvermittlungsdienst für besonders qualifizierte Fach- und Führungskräfte (FVD) beim Arbeitsamt Saarbrücken
Am Arbeitsamt 1–5, 6600 Saarbrücken 1

Plischke, Wolfgang
Freier Journalist
Löwengasse 50, 6000 Frankfurt/M. 60

Puth, Klaus
Grafiker
Bettinastraße 71, 6050 Offenbach/M.

Roos, Joachim
Leitender Repräsentant der HMI-Organisation
Wiesenau 52, 6000 Frankfurt/M.

Schliz, Annelore
Leiterin des Sekretärinnen-Fachseminars Köln, Dozentin in Großfirmen, bei Industrie- und Handelskammern, beim Rationalisierungskuratorium der deutschen Wirtschaft, Vorsitzende und Geschäftsführerin des Bundes Deutscher Sekretärinnen e. V., Grunerstraße 38, 4000 Düsseldorf 1

Schnorbach, Dipl.-Päd. Hermann
Grundschullehrer
Oppenheimer Straße 33, 6000 Frankfurt/M. 70

Schönberger, Michael
Lektor in einem Wiesbadener Fachverlag
Burgweg 12, 6240 Königstein/Ts.

Strehmel, M. A. Petra
Mitarbeiterin im DFG-Projekt „Kognitive Kontrolle in Krisensituationen: Arbeitslosigkeit bei Lehrern" (Universitäten München und Augsburg), Institut für Empirische Pädagogik der Universität München
Leipziger Straße 37, 8000 München 50

Vonderach, Dr. Gerd
Professor für Soziologie an der Universität Oldenburg
Rauhehorst 102, 2900 Oldenburg

Weiß, Dr. Reinhold
Referent im Institut der deutschen Wirtschaft Köln; Referat: Bildung und Gesellschaft, Gustav-Heinemann-Ufer 84–88, 5000 Köln 51

Winger, Dipl.-Päd. Klaus
Sozialsekretär im Amt für Industrie- und Sozialarbeit der Evang. Kirche in Hessen und Nassau, Region Frankfurt, Ostendstraße 59, 6000 Frankfurt/M.

Sachverzeichnis